改正日本民法問答正解
総則編物権編債権編

柿嵜欽吾
山田正賢著

明治三十一年四版

改正 日本民法問答正解

総則編
物権編
債権編

日本立法資料全集　別巻　1220

信山社

法學士梅謙次郎
山田正賢
両先生著

改正
日本民法問答正解

總則編
物權編
債權編

中村鍾美堂

朕帝國議會ノ協贊ヲ經タル民法中修正ノ件ヲ裁可シ茲ニ之ヲ公布セシム

御名御璽

明治二十九年四月二十三日

内閣總理大臣　侯爵　伊藤博文
海軍大臣　侯爵　西鄉從道
陸軍大臣　侯爵　大山巖
農商務大臣　子爵　榎本武揚
内務大臣　伯爵　板垣退助
外務大臣　伯爵　陸奥宗光
大藏大臣　子爵　渡邊國武
司法大臣　芳川顯正
文部大臣　侯爵　西園寺公望
遞信大臣　白根專一
拓殖大臣　子爵　高島鞆之助

法律第八十九號

民法第一編第二編第三編別冊ノ通定ム

此法律施行ノ期日ハ勅令ヲ以テ之ヲ定ム

明治二十三年法律第二十八號民法財産編財産取得編債權擔保編證據編ハ此法律發布ノ日ヨリ廢止ス

民法問答正解目次

第三編　債權

民法問答正解目次終

民法問答正解

法學士　柿崎欽吾
山田正賢　同著

緒言《チヨゲン》

○抑《ソモソ》モ國《クニ》アレハ必ス法律《ハフリツ》ナカルヘカラス法律《ハフリツ》ノ國家《コクカ》ニ於《オ》ケル猶《ナ》ホ人身《ジン〳〵》及ヒ一家《カ》ノ規則《キソク》ノ如《ゴト》シ人身《シン〳〵》規則《キソク》ナケレハ其《ソ》ノ人必《ヒトカナラ》ス衰弱《スヰジヤク》シ一家規則《カキソク》ナケレハ其《ソ》ノ家必《イヘカナラ》ス亂《ミダ》レ一國法律《ハフリツ》ナケレハ其ノ國必《クニカナラ》ス亂《ミダ》レン正當《セイタウ》ナル法律《ハフリツ》ハ實《ジツ》ニ國家《コクカ》ノ基礎《キソ》ナリ而《シカ》シテ法律《ハフリツ》ノ重《オ》モナルモノ六アリ憲法《ケンパフ》、刑法《ケイハフ》、刑事《ケイジ》訴訟法《ソシヨウハフ》、民法《ミンパフ》、商法《シヤウハフ》、民事訴《ミンジソ》訟法《シヨウハフ》是レナリ前三法律《ゼンサンハフリツ》ハ國《クニ》ト民《タミ》トノ關係《クワンケイ》ヲ定《サダ》ムルモノナルカ故《ユヱ》ニ公法《コウハフ》ニシテ後《ノチ》ノ三法律《ハフリツ》ハ民《タミ》ト民トノ關《クワン》係《ケイ》ヲ定《サダ》ムルモノナルカ故《ユヱ》ニ私法《シハフ》ナリ

我國古來民法《ワガクニコライミンパフ》ナキニアラス又維新《ヰシン》以來《イライ》布令《フレイ》布告《フコク》等《トウ》ヲ以《モツ》テ民《タミ》ト民トノ關係《クワンケイ》ヲ定メタルモノ少《スク》ナカラザリシト雖モ未《イマ》タ完備《クワンビ》シタルモノ存《ソン》セサリキ明治二十三年ニ至《イタ》リ始《ハジ》メテ民法《ミンパフ》ヲ制定《セイテイ》シ明治二十六年一月一日ヨリ施行《シカウ》スヘキ旨《ムネ》ヲ公布《コウフ》セラレタリ然《シカ》レトモ該法典《ガイハフテン》ハ外國人《クワイコクジン》ノ起草《キサウ》ニ成《ナ》レルモノナルヲ以テ我《ワ》カ國《クニ》ノ人情《ニンジヤウ》風俗《フウゾク》ニ適《テキ》セサル所アリ且《カ》ツ最近《サイキン》ノ學理《ガクリ》ニ違《タガ》フモノアリトノ理由《リユウ》ヲ以テ修正ノ爲ニ明治二十九年十二月三

緒言

十一日マテ其ノ施行《シカウ》ヲ延期《エンキ》スルコト丶ナリ爾來《シライ》政府《セイフ》ニ於テ調査委員《チウサイヰン》ヲ設《マウ》ケ十分《ブン》ナル討議《トウギ》ヲ盡《ツク》シ日本ノ習《シウ》慣及《クワンオヨ》ヒ舊來《キウライ》ノ法律《ハフリツ》ハ固《モト》ヨリ諸外國《シヨグワイコク》ノ法律《ハフリツ》ヲモ參照《サンシヤウ》セシメ二年有餘《イウヨ》ニシテ全ク大部分《ダイブヽン》ノ修正《シウセイ》ヲ終《ヲハ》リ之《コレ》ヲ第九議會《ギクワイ》ニ提出《テイシユツ》シ兩院ノ可決ヲ得漸《ヤウヤ》クニシテ今日《コンニチ》ノ公布《コウフ》ヲ見《ミ》ルニ至レリ取《トツ》テ之《コレ》ヲ見《ミ》ルニ先《マ》ツ第一ニ法文《ハフブン》ノ歐文直譯体《オウブンチヨクヤクタイ》ニアラサル点《テン》ニ於テ舊民法《キウミンパフ》ニ優《マサ》ルコト万々ナリ若《モ》シ夫《ソ》レ其ノ規定事項《キテイジカウ》ニ至《イタツ》テハ豈啻《アニタヽ》ニ雲泥《ウンデイ》ノ差《サ》ノミナランヤ

新民法《シンミンパフ》ニ於《オイ》テハ編《ヘン》ヲ分《ワカツ》テ五トス總則《ソウソク》、物權《ブツケン》、債權《サイケン》、親族《シンゾク》、相續《サウゾク》是レナリ而《シカ》シテ今回發布《コンクワイハツプ》セラレタルハ總則《ソウソク》、物權《ブツケン》、債權《サイケン》ノ三編《ベン》ニシテ他《タ》ノ二編《ヘン》ハ後年《コウネン》ニ讓《ユヅ》ルコト丶ナレリ蓋《ケダ》シ修正未《シウセイイマ》タ成《ナ》ラサルカ故ナラン

第一編　總則

○本編《はんぺん》を別《わか》て六章とす第一章《しやう》に於《おい》ては人《ひと》第二章に於《おい》ても法人第三章《はふじんだいさんしやう》に於《おい》ては物第四章《ものだいしやう》に於《おい》ては法《はふ》律行爲《りつかうゐ》第五章に於ては期間《きかん》第六章に於《おい》ては時效《じかう》のことを規定《きてい》したり
總則《そうそく》は民法全体《みんぱうぜんたい》に關《くわん》する法則《はふそく》を規定《きてい》したるものなるか故《ゆゑ》に第二編以下《へんいか》皆《みな》この適用《てきよう》を受《う》くるものとす

第一章　人

○本章《ほんしやう》は天然人《てんねんじん》のことを規定《きてい》したるものにして別《わかつ》て四節《せつ》となす第《だい》一節《せつ》に於《おい》ては私權《しけん》の享有《きやういう》第二節に於《おい》ては能力《のうりよく》第三節《せつ》に於《おい》ても住所第《ぢうしよだい》四節《せつ》に於《おい》ては失踪《しつそう》のことを規定《きてい》したり此《こ》の他人《たにん》に關《くわん》して必要《ひつえう》なる國民《こくみん》の分限《ぶんげん》、親子《しんし》の關係《くわんけい》、婚姻《こんゐん》、離婚《りこん》、後見人等《こうけんにんとう》の法則《はふそく》は人事篇《じんじへん》に於《おい》て規定《きてい》すへきものとす

第一節　私權ノ享有

第一條　私權ノ享有ハ出生ニ始マル

問　私權《しけん》とは何《なん》ぞや

答　私權《しけん》とは民法《みんぱふ》に於て保護《ほご》する所の權利《けんり》を謂《い》ふものにして各人相互《かくじんあひたがひ》の關係人《くわんけいにん》又は外物《ぐわいぶつ》との關係上より生《せう》するものなり所有權《しよいうけん》の如き債權《さいけん》の如き然《しか》り

問　私權《しけん》は孰《いづ》れの時《とき》に享有《きやういう》することを得《う》るや

答　私權《しけん》の享有《きやういう》は出生《しゆつせい》に始《はじ》まる故《ゆゑ》に未《いま》た出生《しゆつせい》せさる胎內《たいない》の子《こ》又は死体《したい》にて分娩《ぶんべん》したるもの丶如きは私《し》

權《けん》を享有《きやういう》することを得《え》さるものとす但《たゞ》し生《い》きて分娩《ぶんべん》したる以上は生存時間《せいぞんじかん》の長短《ちやうたん》を問《と》はす私權《しけん》を享有《きやういう》することを得へきや當然《たうぜん》なり要《えう》するに私權の享有《きやういう》に付ては唯《たゞ》一の條件《でうけん》あるのみ即ち現に此世《このよ》に生存《せいぞん》する人たること是《これ》なり

現《けん》に此世《このよ》に生存しつゝあるの人は男女老幼《だんぢよらうえう》の別《べつ》なく皆《みな》私權《しけん》を享有するの能力《のうりよく》あること前陳《ぜんちん》の如《ごと》しと雖も其權利《けんり》は各人皆平等《かくじんみなびやうどう》なりと思考《しかう》すへからす何となれは甲の有《いう》することを得る私權と雖も身《み》分上《ぶんじやう》の差異《さゐ》によりて乙《おつ》之を有すること能《あた》はさるものあれはなり又《また》私權《しけん》を享有《きやういう》するの能力《のうりよく》あるものは之を行使《かうし》するの能力必《のうりよくかなら》す之に伴《ともな》ふものと解《かい》すへからす何となれは之を有するも之を行《おこな》ふこと能《あた》はさるものあれはなり

第二條　外國人ハ法例又ハ條約ニ禁止アル場合ヲ除ク外私權ヲ享有ス

問　外國人は私權を享有することを得るや

答　外國人《ぐわいこくじん》は我國《わがくに》に於《おい》て凡《すべ》ての私權《しけん》を享有《きやういう》するを以て原則《げんそく》とす何《なん》となれは私權は彼《か》の政權《せいけん》と異《こと》なりて人の此世《このよ》に於《おい》て其天性《てんせい》を遂《と》くるに必要《ひつえう》なる權能《けんのう》なれはなり然《しか》れとも例外《れいぐわい》として法例《はふれい》又は條約《でうやく》に禁《きん》止《し》ある場合《ばあひ》は其私權を享有《きやういう》することを得《え》さるものとす

第二節　能力

第三條　滿二十年ヲ以テ成年トス

問　成年者とは何そや

答　知識《ちしき》は人によりて其發達《そのはつたつ》を異《こと》にし多少《たせう》の遲速《ちそく》あるを免《まぬか》れすと雖《いへと》も其度《そのど》に從ひ人毎《ひとごと》に其成年《そのせいねい》を定むると能《あた》はさるか故に普通人《ふつうじん》を標準《ひやうじゆん》とし私權《しけん》の行使《かうし》に關《くわん》する適法《てきはふ》の年令《ねんれい》を滿《まん》二十年と定《さだ》めたり而して男女《だんぢよ》を問《と》はす滿二十年に達《たつ》したる者を成年者《せいねんしや》と云ひ其以下の者を未成年者《みせいねんしや》と云ふ

成年者は獨立《どくりつ》して其財產《そのざいさん》を管理《くわんり》し他人《たにん》と契約《けいやく》する等其他享有する一切の私權《しけん》を行使《かうし》することを得るも未成年者《みせいねんしや》は之と反す但し各々《おの〱》多少《たせう》の例外《れいぐわい》あるものと知るへし

本條《ほんでう》は一般《はん》の成年《せいねん》にして或る場合《ばあひ》に於ては特別《とくべつ》の規定《きてい》を設《まうけ》たることあり婚姻《こんいん》の年令《ねんれい》の如《ごと》き然《しか》り

第四條　未成年者カ法律行爲ヲ爲スニハ其法定代理人ノ同意ヲ得ルコトヲ要ス但單ニ權利ヲ得又ハ義務ヲ免ルヘキ行爲ハ此限ニ在ラス

前項ノ規定ニ反スル行爲ハ之ヲ取消スコトヲ得

問　未成年者《みせいねんしや》は法律行爲《はふりつかうゐ》を爲《な》すことを得《う》るや

答　未成年者即《みせいねんしやすなは》ち滿《まん》二十年に達せさる幼者《えうしや》は法定代理人《はふていだいりにん》の同意《どうい》を得すして賣買《ばい〲》、贈與《ぞうよ》、交換等其他凡《かうくわんとうそのたすべ》ての法律行爲《はふりつかうゐ》を爲すことを得《え》さるものとす若《も》し之に背《そむ》き同意《どうい》を得すして爲したるときは其行爲《そのかうゐ》を取消《とりけ》すことを得へし

然《しか》れとも義務《ぎむ》を負《お》はすして單《たん》に權利《けんり》のみを得る行爲《かうゐ》又は權利《けんり》を失《うしな》はすして單《たん》に義務《ぎむ》を免《まぬか》るへき行爲《かうゐ》は法定代理人《はふていだいりにん》の同意なきも之を行ふことを得へく又之を行ふも後《のち》に至りて取消《とりけ》すことを得《え》さるものとす何となれは寸毫も幼者《えうしや》の利益《りえき》を損《そん》ずる所なけれはなり

第五條　法定代理人カ目的ヲ定メテ處分ヲ許シタル財產ハ其目的ノ範圍內ニ於テ未成年者隨意ニ之ヲ處分スルコトヲ得目的ヲ定メスシテ處分ヲ許シタル財產ヲ處分スル亦同シ

問　未成年者《みせいねんしや》自由《じいう》に財產《ざいさん》を處分《しよぶん》することを得《う》る場合《ばあひ》ありや

答　法定代理人《はふていだいりにん》か目的《もくてき》を定《さだ》めて處分《しよぶん》を許《ゆる》したる財產《ざいさん》は其目的《そのもくてき》の範圍內《はんゐない》に於《おい》て未成年者隨意《みせいねんしやずいい》に之を處分《しよぶん》することを得《う》へし故《ゆへ》に法定代理人《はふていだいりにん》が此《この》百金《きん》は書籍購求《しよせきかうきう》の爲又は慈善《じぜん》の爲《ため》に費消《ひしよう》することを得《う》へしと定《さだ》めたるときの如《ごと》き又は此器物《このきぶつ》は學資《がくし》を得《え》んが爲《ため》に賣却《ばいきやく》することを得《う》へしと定めたるときの如きは其目的《そのもくてき》の範圍內《はんゐない》に於て即ち第一の場合《ばあひ》に於ては書籍購求《しよせきかうきう》の爲《ため》又は慈善《じぜん》の爲に費消《ひしよう》することを得へく第二の場合《ばあひ》に於ては學資《がくし》を得んが爲に其器物《きぶつ》を賣却《ばいきやく》することを得へし法定代理人《はふていだいりにん》が目的《もくてき》を定めすして處分《しよぶん》を許したるときは未成年者《みせいねんしや》は其財產《そのざいさん》を自由《じいう》に處分《しよぶん》することを得《う》るものとす
右《みぎ》第一の場合《ばあひ》に於て未成年者其目的《みせいねんしやそのもくてき》の範圍外《はんゐぐわい》に處分《しよぶん》したるとき例《たと》へは書籍購求《しよせきかうきう》の爲にあらすして無《む》用《よう》の器具《きぐ》を購求《かうきう》するか爲に費消《ひしよう》したるとき又は學資《がくし》を得んか爲にあらすして人に贈與《ぞうよ》したるときの如き第二の場合《ばあひ》に於て無用《むよう》に之を處分《しよぶん》えたるときの如《ごと》きは如何《いかん》曰《いは》く第《だい》一の場合《ばあひ》に於ては前條《ぜんでう》第二項《かう》により其行爲《そのかうゐ》を取消《とりけ》すことを得へきも第二の場合に於ても之《これ》と反《はん》す

第六條　一種又ハ數種ノ營業ヲ許サレタル未成年者ハ其營業ニ關シテハ成年者ト

同一ノ能力ヲ有ス

前項ノ場合ニ於テ未成年者カ未タ其營業ニ堪ヘサル事跡アルトキハ其法定代理人ハ親族編ノ規定ニ從ヒ其許可ヲ取消シ又ハ之ヲ制限スルコトヲ得

問　未成年者《みせいねんしや》か或る行爲《かうゐ》に關《くわん》し成年者と同一の能力《のうりよく》を有する場合《ばあひ》ありや

答　一種《しゆ》又は數種《すうしゆ》の營業《えいぎやう》を許されたる未成年者《みせいねんしや》は其營業に關《くわん》しては成年者《せいねんしや》と同しく賣買交換其他凡《ばいばいかうくわんそのたすべ》ての法律行爲を爲すことを得へし

然《しか》れとも損失其他《そんしつそのた》の事情《じやう》により未成年者《みせいねんしや》か未た其營業《そのえいげふ》に堪《た》へさる事跡《じせき》あるときは其法定代理人《そのはふていだいりにん》は親族編《しんぞくへん》の規定《きてい》に從《したが》ひ其許可《そのきよか》を取消《とりけ》して營業《えいげふ》をなすことを禁《きん》し又は之を制限《せいげん》することを得るものとす

第七條　心神喪失ノ常況ニ在ル者ニ付テハ裁判所ハ本人、配偶者、四親等内ノ親族、戸主、後見人、保佐人又ハ檢事ノ請求ニ因リ禁治産ノ宣告ヲ爲スコトヲ得

問　禁治産は何人の請求により如何なる人に對して宣告するものなるや

答　心神喪失《しんしんさうしつ》の常況《じやうけう》に在る者に付ては裁判所《さいばんしよ》は本人《ほんにん》、配偶者《はいぐうしや》（夫又は婦）四親等内《しんとうない》の親族《しんぞく》、戸主、後見人《こうけんにん》保佐人《ほさにん》又は檢事《けんじ》の請求《せいきう》に因《よ》り禁治産《きんちさん》の宣告《せんこく》を爲《な》すことを得るものとす

條文心神喪失《でうぶんしんしんさうしつ》の常況《じやうけう》に在《あ》る者《もの》云々とあり故に心神喪失するも其常況《そのじやうけう》にあらさるものに對しては禁治産《きんちさん》の宣告《せんこく》を爲《な》すことを得す心神喪失の常況に在る者とは常《つね》に心神喪失しつゝある者を謂《い》ふ

禁治産《きんちさん》に刑事上《けいじじやう》の禁治産《きんちさん》と民事《みんじ》上の禁治産とあり而して本條《ほんでう》は民事《みんじ》上の禁治産を定めたるものなり

第八條　禁治産者ハ之ヲ後見ニ付ス

○前條《ぜんでう》により禁治産《きんちさん》の宣告《せんこく》を爲したるものには後見人を附《ふ》するものとす何《なん》となれは心神《しんく》喪失の常況あるものは自《みづか》ら財産《ざいさん》を治《おさ》むること能《あた》はされはなり

第九條　禁治産者ノ行爲ハ之ヲ取消スコトヲ得

問　禁治産者《きんちさんしや》の法律行爲《はふりつかうゐ》も之を取消《とりけ》すことを得《う》るや

答　禁治産者《きんちさんしや》は自《みづか》ら財産《ざいさん》を治むること能《あた》はさるものなるか故に賣買交換其他凡《ばいばいかうくわんそのたすべ》て法律行爲《はふりつかうゐ》を爲すの能力なきものとす從《したがつ》て之を爲したるときも損得《そんとく》の如何《いかん》に關《くわん》せす其行爲《そのかうゐ》を取消《とりけ》すことを得《う》へし

第十條　禁治産ノ原因止ミタルトキハ裁判所ハ第七條ニ掲ケタル者ノ請求ニ因リ其宣告ヲ取消スコトヲ要ス

問　禁治産《きんちさん》の原因《げんゐん》止《や》みたるときは如何《いかん》にすへきや

答　禁治産《きんちさん》の原因止《げんゐんや》みたるとき即ち心神喪失《しんくさうしつ》の常況《じやうけう》に在る者快復《ものくわいふく》して心神壯健《しんくさうけん》となりたるときは裁判《さいばん》所《しよ》は本人、配偶者《はいぐうしや》、四親等内《しんとうない》の親族《しんぞく》、戸主《こしゆ》、後見人《こうけんにん》、保佐人《ほさにん》又は檢事《けんじ》の請求《せいきう》に因《よ》り其宣告《そのせんこく》を取消《とりけ》すへきものとす

宣告《せんこく》の取消《とりけし》あると同時《どうじ》に禁治産者《きんちさんしや》にあらさるにより第八條《でう》によりて付《ふ》されたる後見《こうけん》も從《したがつ》て止《や》むへ

さは當然《たうぜん》なり

第十一條　心神耗弱者、聾者、啞者、盲者及ヒ浪費者ハ準禁治産者トシテ之ニ保佐人ヲ附スルコトヲ得

○心神耗弱者《しんくもうじやくしや》とは心神喪失《しんくそうしつ》までには至《いた》らさるも疾病其他《しつぺいそのた》の原因《げんゐん》により心神衰弱《しんくすゐじやく》して普通《ふつう》の判断力《はんだんりよく》を欠《かく》ものを云《い》ひ聾者《ろうしや》とて耳聞《みゝきこ》へさる者を云ひ啞者《あしや》とは口言《くちい》ふ能《あた》はさるものを云ひ浪費者《ろうひしや》とは常《つね》に濫《みだ》りに財《ざい》産《さん》を費消《ひしよう》するものを云ふ

心神耗弱者《しんくもうじやくしや》、聾者《ろうしや》、啞者《あしや》、盲者《もうしや》及ひ浪費者《ろうひしや》は準禁治産者《じゆんきんちさんしや》として之に保佐人《ほさにん》を附《ふ》することを得《う》るものとす

蓋《けだ》し普通人《ふつうにん》に比較《ひかく》して甚《はなは》た其能力《そのゝうりよく》の異《こと》なるものあるか故なり

第十二條　準禁治産者カ左ニ掲ケタル行爲ヲ爲スニハ其保佐人ノ同意ヲ得ルコトヲ要ス

一　元本ヲ領收シ又ハ之ヲ利用スルコト

二　借財又ハ保證ヲ爲スコト

三　不動産又ハ重要ナル動産ニ關スル權利ノ得喪ヲ目的トスル行爲ヲ爲スコト

四　訴訟行爲ヲ爲スコト

五　贈與、和解又ハ仲裁契約ヲ爲スコト

六　相續ヲ承認シ又ハ之ヲ抛棄スルコト
七　贈與若クハ遺贈ヲ拒絶シ又ハ負擔附ノ遺贈若クハ贈與ヲ受諾スルコト
八　新築、改築、增築又ハ大修繕ヲ爲スコト
九　第六百二條ニ定メタル期間ヲ超ユル賃貸借ヲ爲スコト

裁判所ハ場合ニ依リ準禁治産者カ前項ニ揭ケサル行爲ヲ爲スニモ亦其保佐人ノ同意アルコトヲ要スル旨ヲ宣告スルコトヲ得

前二項ノ規定ニ反スル行爲ハ之ヲ取消スコトヲ得

問　準禁治産者《じゆんきんちさんしや》か保佐人《ほさにん》の同意《どうい》を得《う》るにあらされは爲すこと能《あた》はさる行爲《かうゐ》如何《いかん》

答　準禁治産者《じゆんきんちさんしや》か左《さ》に揭《かゝ》けたる行爲《かうゐ》を爲すには其保佐人の同意《どい》を得さるへからす

一　元本《げんほん》を領收《りやうしう》し又は之を利用《りよう》すること

元本とは貸金《かしきん》の場合《ばあひ》に於ては其貸附《かしつけ》たる元金預《もときんあづ》け金《きん》の場合《ばあひ》に於ては其預《あづ》けたる元金の如きを云ふ此の元金は保佐人《ほさにん》の同意《どうい》を得さる時は準禁治産者自ら之を受取《うけと》り又は之を利用《りよう》即ち他《た》に貸附又は預入をなすことを得さるものとす但し條文元本《でうぶんげんほん》とあるか故に元本より生する利足《りそく》の如《ごと》きは保佐人の同意を得すして領收《りやうしう》することを得へきは當然《たうぜん》なり

二　借財《しやくざい》又は保證《ほしよう》を爲すこと

故に金額《きんがく》の多少《たせう》を問《と》はす借財《しやくざい》をなすこと又は連帶保證《れんたいほしよう》と否《いな》とを問《と》はす他人の借財に關《くわん》し其

返濟《へんさい》の保證《ほしよう》をなすことを得さるものとす

三　不《ふ》動産《どうさん》又は重要《ちうよう》なる動産《どうさん》に關《くわん》する權利《けんり》の得喪《とくさう》を目的とする行爲を爲すこと

故に不動産又は高價《かうか》なる動産に關する權利《けんり》の得喪即ち賣買《ばいばい》交換《かうくわん》等《とう》を目的《もくてき》とする行爲を爲すことを得さるものとす

動産《どうさん》不《ふ》動産《どうさん》のことは物權《ぶつけん》の部《ぶ》に於て詳說《しやうせつ》すへく又如何《いか》なる動産は重要《ちうよう》なるものにして如何なる動産は重要ならさるものなるやは事實《じじつ》の問題《もんだい》に屬《ぞく》するものとす

四　訴訟《そしよう》行爲《かうゐ》を爲《な》すこと

故に保佐人《ほさにん》の同意《どうい》なきときは自《みづか》ら原告《げんこく》となりて出訴《しゆつそ》すること被告《ひこく》となりて自ら答辯《たふべん》することゝ控訴《こうそ》若くは上告《じやうこく》すること其他《そのた》訴訟《そしよう》に關《くわん》する一切《さい》の行爲をなすことを得さるものとす

五　贈與《ぞうよ》、和解《わかい》又は仲裁契約《ちうさいけいやく》を爲《な》すこと

贈與《ぞうよ》、和解《わかい》又は仲裁契約等のとは後《のち》に明《あきら》かなりこゝにては準禁治産者《じゆんきんちさんしや》は保佐人《ほさにん》の同意《どうい》を得すして之等《これら》のとを爲すを得さるを知《し》れは足《た》れり

六　相續《さうぞく》を承認《しようにん》し又は之を拋棄《はふき》すること

故に他人《たにん》の相續《さうぞく》たることを引受《ひきう》け又は之を拋棄《はふき》することを得さるものとす

七　遺贈《いぞう》若《も》しくは贈與を拒絕《きよぜつ》し又は負擔附《ふたんつき》の遺贈《いぞう》若くは贈與を受諾《じゆだく》すること

故に遺贈《いぞう》若《も》しくは贈與を拒絕《きよぜつ》し又は負擔附の遺贈若くは贈與を受諾《じゆだく》することを得さるものと、

す何となれは二箇《にか》の場合《ばあひ》共《とも》に準禁治産者《じゆんきんちさんしや》の不利益《ふりえき》に歸《き》すれはなり然れとも遺贈《いぞう》即《すなは》ち死者《ししや》の財産《ざいさん》を無償《むしよう》にて受《う》くること若くは贈與を受諾し又は負擔附《ふたんつき》の遺贈《いぞう》若くは贈與を拒絶《きよぜつ》することは保佐人の同意を得すして之を行《おこな》ふことを得《う》へし

八　新築改築増築《しんちくかいちくぞうちく》又は大修繕《だいしゆぜん》を爲すこと

故に保佐人《ほさにん》の同意《どうい》を得《え》すして家屋倉庫等《かおくそうことう》を新築《しんちく》し改築《かいちく》し増築《ぞうちく》し又は大修繕をなすことを得《え》さるものとす

九　第六百二條に定《さだ》めたる期間《きかん》を超《こ》ゆる賃貸借《ちんたいしやく》を爲《な》すこと

故に準禁治産者《じゆんきんちさんしや》は保佐人《ほさにん》の同意《どうい》を得《え》すして左《さ》の期間《きかん》を超《こ》ゆる賃貸借《ちんたいしやく》を爲《な》すことを得さるものとす

一、樹木《じゆもく》の栽植《さいしよく》又は伐採《ばつさい》を目的《もくてき》とする山林《さんりん》の賃貸借《ちんたいしやく》は十年

二、其他《そのた》の土地《とち》の賃貸借《ちんたいしやく》は五年

三、建物《たてもの》の賃貸借は三年

四、動産《どうさん》の賃貸借《ちんたいしやく》は六个月

裁判所《さいばんしよ》は場合《ばあひ》に依《よ》り準禁治産者《じゆんきんちさんしや》か前項《ぜんかう》に掲《かゝ》けさる行爲を爲すにも亦其保佐人の同意《どうい》あることを要《えう》する旨《むね》を宣告《せんこく》することを得へし

若《も》し準禁治産者《じゆんきんちさんしや》が保佐人の同意を得すして本條第一より第九までの行爲《かうゐ》を爲したるとき又は其以外《いぐわい》の

行爲と雖も第二項により保佐人の同意あることを要する旨を宣告《せんこく》せられたる行爲を同意なくして行ひたるときは準禁治産者《じゆんきんちさんしや》に不利益《ふりゑき》なるを理由《りゆう》として之を取消《とりけ》すことを得《う》るものとす

第十三條　第七條及ヒ第十條ノ規定ハ準禁治産ニ之ヲ準用ス

○第七條及び第十條の規定《きてい》は準禁治産《じゆんきんちさん》に之を準用《じゆんよう》す故に心神耗弱者《しんしんもうじやくしや》、聾者《ろうしや》、啞者《あしや》、盲者《まうしや》及び浪費者《らうひしや》に付ては裁判所《さいばんしよ》は本人《ほんにん》、配偶者《はいぐうしや》、四親等内《しんとうない》の親族《しんぞく》、戸主《こしゆ》、後見人《かうけんにん》、又は檢事《けんじ》の請求《せいきう》に因《よ》り準禁治産《じゆんきんちさん》の宣告《せんこく》を爲《な》すことを得へく其原因止みたるときは之等の者の請求《せいきう》に因《よ》り其宣告を取消《とりけ》すへきものとす

第十四條　妻カ左ニ揭ケタル行爲ヲ爲スニハ夫ノ許可ヲ受クルコトヲ要ス

一　第十二條第一項第一號乃至第六號ニ揭ケタル行爲ヲ爲スコト

二　贈與若クハ遺贈ヲ受諾シ又ハ之ヲ拒絶スルコト

三　身體ニ羈絆ヲ受クヘキ契約ヲ爲スコト

前項ノ規定ニ反スル行爲ハ之ヲ取消スコトヲ得

問　妻《さい》か夫《ふ》の許可《きよか》を受《う》くることを要する行爲《かうい》如何《いかん》

答　妻《さい》か左に揭けたる行爲を爲すには夫の許可《きよか》を受《う》くへきものとす

一　元本《げんぽん》を領收《りやうしう》し又は之を利用《りよう》すること、借財《しやくざい》又は保證《ほしよう》を爲すこと、不動産《ふどうさん》又は重要《ちうよう》なる動産《どうさん》に關《くわん》する權利《けんり》の得喪《とくさう》を目的《もくてき》とする行爲を爲すこと、訴訟行爲《そしようかうい》を爲すこと、贈與《ぞうよ》和解《わかい》又は仲裁契約《ちうさいけいやく》を爲すこと、相續《さうぞく》を承認《しやうにん》し又は之を拋棄《はうき》すること

二　贈與《ぞうよ》若《もし》くは遺贈《いぞう》を受諾《じゆだく》し又は之を拒絶《きよぜつ》すること

單《たん》に贈與《ぞうよ》若《もし》くは遺贈《いぞう》とあるか故に負擔附《ふたんづき》なると否《いな》とを問《と》はさるものとす一見《いつけん》すれは本号《ほんごう》と第十二條第七と同一《どういつ》なるか如く從《したが》て本條第一に第十二條第一項第一号乃至第七号に掲《かゝ》けたる云々と規定《きてい》し第二号を删除すへきか如し然れとも本号と第十二條第七号とは同一ならす第七号に遺贈若《いぞうもし》くは贈與《ぞうよ》を拒絶《きよぜつ》し又は負擔附《ふたんづき》の遺贈若《いぞうもし》くは贈與《ぞうよ》を受諾《じゆだく》することゝあり故に負擔附にあらさる遺贈若くは贈與を拒絶《きよぜつ》し又は負擔附の遺贈若くは贈與を受諾することを得さるも負擔附の遺贈若《いぞうもし》くは贈與《ぞうよ》を拒絶し又は負擔附《ふたんづき》にあらさる遺贈若くは贈與を受諾《じゆだく》するは該條《がいでう》の禁《きん》する所にあらす而も本條第二号は之を禁《きん》す之れ特に本号を設《まう》け前第一号に第十二條第一項《かう》第一号乃至第七号に掲《かゝ》けたる云々と云はさる所以《ゆゑん》なり

三　身体《しんたい》に羈絆《きはん》を受《う》くへき契約《けいやく》を爲《な》すこと

故《ゆゑ》に年季奉公《ねんきほうこう》をなすこと又は決《けつ》してなさゝること幾年間《いくねんかん》又は終身私立學校《しゆうしんしりつがくかう》の教師《けうし》となることと又は決《けつ》して幾年間《いくねんかん》又は終身教師《しゆうしんけうし》とならさること必《かなら》す外國《ぐわいこく》に遊學《いうがく》することと又はせさること等凡《すべ》て身体《しんたい》に羈絆《きはん》を受《う》くへき契約《けいやく》を爲《な》すことを得《う》さるものとす

前三箇《ぜんさんか》の塲合《ばあひ》に於《おい》て夫の許可《きよか》を受くることを要する所以《ゆゑん》は或《あるひ》は妻《さい》の夫《ふ》に對《たい》する義務《ぎむ》に背《そむ》き或は妻の不《ふ》名譽《めいよ》若くは損失《そんしつ》が延て夫の不名譽若くは損失《そんしつ》となることあるか故なり故に右の規定《きてい》に反《はん》する行爲《かうい》は之を取消《とりけ》すことを得《う》るものとす

第十五條　一種又ハ數種ノ營業ヲ許サレタル妻ハ其營業ニ關シテハ獨立人ト同一ノ能力ヲ有ス

問　一種《いつしゆ》又は數種《すうしゆ》の營業《えいげふ》を許《ゆる》されたる妻の能力如何《のうりよくいかん》

答　妻《さい》か或《あ》る行爲《かうい》を爲《な》すには夫の許可《きよか》を受《う》くることを要するも夫より一種《いつしゆ》又は數種《すうしゆ》の營業《えいげふ》を許《ゆる》されたるときは其營業に關しては獨立人《どくりつにん》と同一《どういつ》の能力《のうりよく》を有するものとす

第十六條　夫ハ其與ヘタル許可ヲ取消シ又ハ之ヲ制限スルコトヲ得但其取消又ハ制限ハ之ヲ以テ善意ノ第三者ニ對抗スルコトヲ得ス

問　夫《ふ》は其與《そのあたへ》たる許可《きよか》を取消《とりけ》し又は之を制限《せいげん》することを得《う》るか

答　夫《ふ》は其妻《そのさい》に與《あた》へたる第十四條及第十五條の許可《きよか》を取消し又は之を制限《せいげん》することを得《う》るものとす然《しか》れとも其取消《そのとりけし》又も制限は之を以て善意《ぜんい》の第三者に對抗《たいかう》することを得す故《ゆゑ》に夫は其與へたる許可《きよか》を取消《とりけ》し又は之を制限《せいげん》して其以前《そのいぜん》になしたる第三者の契約《けいやく》又は取引《とりひき》を無效《むかう》とすることを能はさるは勿論取消《もちろんとりけし》又は制限《せいげん》ありたる後《のち》と雖《いへど》も之を知《し》らすして且つ重大《ぢゆうだい》の過失《くわしつ》なくしてなしたる善意《ぜんい》の第三者の權利《けんり》を害《がい》することを得さるものとす

第十七條　左ノ場合ニ於テハ妻ハ夫ノ許可ヲ受クルコトヲ要セス

一　夫ノ生死分明ナラサルトキ

二　夫カ妻ヲ遺棄シタルトキ

三　夫カ禁治産者又ハ準禁治産者ナルトキ
四　夫カ瘋癲ノ爲メ病院又ハ私宅ニ監置セラルルトキ
五　夫カ禁錮一年以上ノ刑ニ處セラレ其刑ノ執行中ニ在ルトキ
六　夫婦ノ利益相反スルトキ

問　妻《さい》か夫《ふ》の許可《きよか》を受《う》くることを要《えう》せさる場合《ばあひ》如何《いかん》

答　左に記載《きさい》したる六ケの場合《ばあひ》中其一あるときは妻は夫の許可《きよか》を得《え》すして第十四條に掲《かゝ》けたる行爲又は營業《えいげう》を獨立人《どくりつにん》と同一の能力《のうりよく》を以て爲すことを得るものとす

一　夫《ふ》の生死分明《せいしぶんめい》ならさるとき
生死分明《せいしぶんめい》ならされは足《た》る其原因《そのげんいん》の如何《いかん》を問《と》はす又必すしも失踪《しつそう》の宣告《せんこく》を受《う》けたることを要せす但し果《はた》して生死分明《せいしぶんめい》ならさるものと認《みと》むへきや否《いな》やは事實《じじつ》の問題《もんだい》なり

二　夫《ふ》か妻《さい》を遺棄《いき》したるとき
遺棄《いき》とは俗《ぞく》に所謂《いはゆる》置《お》き去《さ》りの事《こと》にして何等《なんら》の保護《ほご》をも與《あた》へさるを云ふ但し必すしも夫《ふ》か遠《ゑん》方《ぱう》に去ることを要《えう》せす居を異《こと》にして何等《なんら》生活《せいくわつ》の道《みち》を與《あた》へされは足《た》る

三　夫《ふ》か禁治産者《きんぢさんしや》又は準禁治産者《じゆんきんぢさんしや》なるとき
禁治産者のことは第七條に準禁治産者のことは第十一條に明《あきら》かなり

四　夫《ふ》か瘋癲《ふうてん》の爲め病院《びやうゐん》又は私宅《したく》に監置《かんち》せらるゝとき

五　夫か禁錮《きんこ》一年以上の刑《けい》に處《しよ》せられ其刑の執行中《しつかうちう》に在るとき

六　夫婦《ふうふ》の利益相反《りえきあいはん》するとき

夫婦の利益相反するときとは或《あ》る行爲《かうい》が夫に取りては利益《りえき》なるも婦に於ては不利益《ふりえき》となり又は婦に取りては利益なるも夫に於ては不利益となる場合《ばあひ》を云ふ故に婦相續《ふそうぞく》を承認《しようにん》すれは夫相續することと能はさるも婦之を抛棄《はうき》すれは夫之を相續することを得《う》へき場合《ばあひ》の如きは婦は夫の許可《きよか》を受《う》けすして相續《そうぞく》することを得るものとす

第十八條　夫カ未成年者ナルトキハ第四條ノ規定ニ依ルニ非サレハ妻ノ行爲ヲ許可スルコトヲ得ス

○夫か未成年者即ち年令二十歳未滿なるときは法定代理人の同意《どうい》を得るにあらされは妻《さい》の行爲《かうい》を許可《きよか》することを得さるものとす蓋《けだ》し其能力《そのうりよく》未《いま》た完全《くわんぜん》ならさるか故なり

第十九條　無能力者ノ相手方ハ其無能力者カ能力者ト爲リタル後之ニ對シテ一个月以上ノ期間内ニ其取消シ得ヘキ行爲ヲ追認スルヤ否ヤヲ確答スヘキ旨ヲ催告スルコトヲ得若シ無能力者カ其期間内ニ確答ヲ發セサルトキハ其行爲ヲ追認シタルモノト看做ス

無能力者カ未タ能力者トナラサル時ニ於テ夫又ハ法定代理人ニ對シ前項ノ催告ヲ爲スモ其期間内ニ確答ヲ發セサルトキ亦同シ但法定代理人ニ對シテハ其權限內

ノ行爲ニ付テノミ此催告ヲ爲スコトヲ得

特別ノ方式ヲ要スル行爲ニ付テハ右ノ期間內ニ其方式ヲ踐ミタル通知ヲ發セサルトキハ之ヲ取消シタルモノト看做ス

準禁治產者及ヒ妻ニ對シテハ第一項ノ期間內ニ保佐人ノ同意又ハ夫ノ許可ヲ得テ其行爲ヲ追認スヘキ旨ヲ催告スルコトヲ得若シ準禁治產者又ハ妻カ其期間內ニ右ノ同意又ハ許可ヲ得タル通知ヲ發セサルトキハ之ヲ取消シタルモノト看做ス

問　取消《とりけ》し得《う》へき行爲に對《たい》し追認《ついにん》を催告《さいこく》することを得るや

答　左に之を詳說《しやうせつ》すへし

無能力者《むのうりよくしや》の相手《あひて》方《かた》即ち未《み》成年者《せいねんしや》、禁治《きんち》產者《さんしや》、準禁治產者《じゆんきんちさんしや》又は有夫《ゆうふ》の婦《ふ》と賣買交換《ばいばいかうくわん》其他法律行爲《はふりつかうい》を爲したる有能力者《ゆうのうりよくしや》は其一方の相手《あいて》方《かた》たる無能力者《むのうりよくしや》が能力者と爲りたる後《のち》即ち未成年者が成年となり禁治產者又は準禁治產者が其宣告《そのせんこく》を取消《とりけ》され有夫《ゆうふ》の婦が夫の死去《しきよ》若《も》くは許可《きよか》又は其他《そのた》の原因《げんいん》により能力者《のうりよくしや》と爲りたる後《のち》之に對《たひ》して一个月以上の期間內《きげんない》に其取消《とりけ》し得へき行爲即ち無能力者たるときに爲したる行爲を追認《つゐにん》するや否《いな》やを確答《かくたふ》すへき旨《むね》を催告《さいこく》することを得るものとす而して取消《とりけ》すへき旨即ち追認《ついにん》せさる旨を確答したるときは其以前の行爲の取消さるへきは當然《たうぜん》なるも若し其期間內に確答を發せさるときは法律《はふりつ》は其行爲を追認したるものと看做《みな》す追認とは前に爲したる行爲を認《みと》め其缺欠《けつぼう》を補充《ほじゆう》して完全《くわんぜん》

の効力《かうりよく》を有《いう》せしむるを云ふ

右は無能力者《むのうりよくしや》が有能力者《いうのうりよくしや》となりたる場合《ばあひ》なり然《しか》らは無能力が未た有能力者《いうのうりよくしや》とならさるときは如何《いかん》相手方も其行爲を追認《ついにん》せしむること能《あた》はさるか之れに對《たい》する答《こたへ》は本條第二項《かう》以下に明《あきら》かなり第二《だい》項《かう》に曰く無能力か未た能力者とならさる時に於て夫又は法定代理人に對し前項の催促を爲すも其期間内《きげんない》に確《かく》答《たう》を發《はつ》せさるとき亦同《またおな》しと故に無能力者《むのうりよくしや》は未《いま》た能力者とならさる時《とき》に於て妻なるときは其夫に禁治産《きんじさん》者《しや》又は未成年者《みせいねんしや》なるときは其法定代理《そのはふていだいり》人《にん》に對《たい》して前項《ぜんかう》の催告《さいこく》を爲すことを得《う》へく之を爲《な》すも其期間内に確答《かくたう》を發《はつ》せさるときは其行爲を追認《ついにん》したるものと看做《みな》すものとす但し法定代理人に對しては其權限《そのけんげん》内《ない》の行爲《かうい》に付てのみ此催告を爲すことを得へきも權限外の行爲に付ては催告《さいこく》を爲すことを得さるものとす

然《しか》れとも特別《とくべつ》の方式《はうしき》を要《えう》する行爲に付ては右の期間内《きげんない》に其方式を踐《ふ》みたる通知《つうち》を發《はつ》せさるときも之を取消《とりけ》したるものと看做すへし故に登記《とき》公證其他特別《こうしようそのたとくべつ》の方式を要する行爲と然らさる行爲とによりて其催告《さいこく》の結果を異にす即ち特別の方式を要せさる行爲に就てなしたる催告に確答《かくとう》せさるときは之を追認したるものと看做《みな》すへきも特別の方式を要する場合に於ては其方式《はうしき》を踐《ふ》みたるの通知なき以上は之を取消したるものと看做すものとす此の如く特別の方式を要すると否とに依て催告《さいこく》の結果《けつくわ》を異にする所以は特別の方式を要せさる場合《ばあひ》に於ては取消《とりけ》すへき旨の通知なき以上は追認したりと推定《すいてい》することを得へきも反對《はんたい》の場合《ばあひ》に於ては其方式を踐《ふ》まさる以上は追認《ついにん》したるものと推定《すいてい》すること能《あた》はされはなり

準禁治産者《じゆんきんじさんしや》及《およ》ひ有夫《ゆうふ》の婦《ふ》に對《たい》しては第一項《かう》の期間內《きげんない》に保佐《ほさ》人の同意《どうい》又は夫《ふ》の許可《きよか》を得て其行爲を追認《ついにん》すへき旨《むね》を催告《さいそく》することを得へく若《も》し準禁治産者《じゆんきんじさんしや》又は妻か其期間內に右の同意又は許可を得たる通知を發せさるときは之を取消《とりけ》したるものと看做《みな》すへし其追認《そのついにん》したるものと看做《みな》さゝる所以は此場合《このばあひ》に於ては保佐人《ほさにん》の同意《だうい》又は夫の許可《きよか》を受くることを要するか故に特別《とくべつ》の方式《はうしき》を要する前項の場合《ばあひ》と異なる所なれはなり

準禁治産者《じゆんきんじさんしや》及ひ妻《さい》に對《たい》して直接《ちよくせつ》に催告《さいこく》することを得る所以《ゆゑん》は他の無能力者《むのうりよくしや》卽ち未成年者《みせいねんしや》又は禁治産者《きんじさんしや》と異《こと》にして天然上《てんぜんじやう》の能力完全《のうりよくくわんぜん》なるか又は法定代理人《はふていだいりにん》なきものなれはなり又本條第二項に保佐人《ほさにん》のことを云はさる所以は保佐人は代理人《だいりにん》にあらさるか故に之に向て催告するも何等《なんら》法律《はふりつ》上の效果《かうか》を生せさるものなれはなり

第二十條 無能力者カ能力者タルコトヲ信セシムル爲メ詐術ヲ用ヰタルトキハ其行爲ヲ取消スコトヲ得ス

問　無能力者《むのうりよくしや》か詐術《さじゆつ》を用《もち》ゐて爲したる行爲《かうい》の效力《かうりよく》如何《いかん》

答　無能力者卽ち未成年者《みせいねんしや》禁治産者《きんじさんしや》準禁治産者《じゆんきんじさんしや》及ひ有夫の婦等の爲したる行爲は之を取消《とりけ》すことを得るも能力者《のうりよく》たるへしと信せしむるか爲に詐術《さじゆつ》を用ゐたるときは其行爲を取消すことを得さるものとす

第三節　住所

第二十一條　各人ノ生活ノ本據ヲ以テ其住所トス

問　人《ひと》の住所《じゆうしよ》は如何《いかん》

答　各人《かくじん》の生活《せいくわつ》の本據《ほんきよ》を以て法律上《はふりつじやう》其住所《じゆうしよ》と認《みと》むるものとす故に例《たと》へ《ママ》東京《とうきやう》に本店《ほんてん》を置《お》き横濱《よこはま》京都《きやうと》大《おほ》坂神戸《さかかうべ》長崎等《ながさきたう》に支店《してん》を設《まう》け各地《かくち》に邸宅《ていたく》を有《ゆう》して擴《ひろ》く商業《しやうげう》を營《いとな》むものゝ如きは其生活《せいくわつ》の本據《ほんきよ》たる東京を以て住所《じゆうしよ》と認《みと》むるものとす

第二十二條　住所ノ知レサル場合ニ於テハ居所ヲ以テ住所ト看做ス

問　住所の知れさるときは如何

答　原因《げんいん》の如何《いかん》を問《と》はす住所《じゆうしよ》の知《し》れさる場合《ばあひ》に於ては現在《げんざい》の居所《きよしよ》を以て其住所と看做《みな》すへきものとす

第二十三條　日本ニ住所ヲ有セサル者ハ其日本人タルト外國人タルトヲ問ハス日本ニ於ケル居所ヲ以テ其住所ト看做ス但法例ノ定ムル所ニ從ヒ其住所ノ法律ニ依ルヘキ場合ハ此限ニ在ラス

問　日本に住所を有せさるときは如何

答　日本《にほん》に住所《じゆうしよ》を有せさる者は其日本人たると外國人たるとを問はす法例《はふれい》の定むる所に從ひ其住所の法律《はふりつ》に依るへき場合の外は日本に於ける居所《きよしよ》を以て其住所と看做《みな》すへきものとす

第二十四條　或行爲ニ付キ假住所ヲ選定シタルトキハ其行爲ニ關シテハ之ヲ住所ト看做ス

○或行爲《あるかうい》に付例《たと》へは訴訟事件《そしようじけん》等に付假住所《かりじゆうしよ》を選定《せんてい》したるときは其行爲に關《くわん》しては之を住所《じゆうしよ》と看做《みな》すへきものとす

第四節　失踪

第二十五條　從來ノ住所又ハ居所ヲ去リタル者カ其財産ノ管理人ヲ置カサリシトキハ裁判所ハ利害關係人又ハ檢事ノ請求ニ因リ其財産ノ管理ニ付キ必要ナル處分ヲ命スルコトヲ得本人ノ不在中管理人ノ權限カ消滅シタルトキ亦同シ

本人カ後日ニ至リ管理人ヲ置キタルトキハ裁判所ハ其管理人、利害關係人又ハ檢事ノ請求ニ因リ其命令ヲ取消スコトヲ要ス

問　本人の不在中管理人を置くことを得る場合如何

答　財産《ざいさん》の管理人《くわんりにん》を置《お》かすして從來《じゆうらい》の住所《じゆうしよ》又は居所《きよしよ》を去《さ》りたるものあるとき又は管理人を置きたるも本人の未《いま》た歸《かへ》り來らさる間に其權限消滅《そのけんげんしようめつ》したるときは裁判所は利害關係人《りがいくわんけいにん》又は檢事《けんじ》の請求《せいきう》に因《よ》り其《その》財産《ざいさん》の管理《くわんり》に付き必要《ひつえう》なる處分例《しよぶんたと》へは家屋《かおく》の修繕菓物《しゆうぜんくわもつ》又は敗腐物《ふはいぶつ》の賣却等《ばいきやくとう》を命《めい》することを得《う》るものとす

若《も》し本人《ほんにん》か後日《ごじつ》に至《いた》り管理人《くわんりにん》を置《お》きたるときは裁判所《さいばんしよ》は其管理人、利害《りがい》關係人又は檢事《けんじ》の請求《せいきう》に因り其命令《めいれい》を取消《とりけ》すへきものとす

第二十六條　不在者カ管理人ヲ置キタル場合ニ於テ其不在者ノ生死分明ナラサル

トキハ裁判所ハ利害關係人又ハ検事ノ請求ニ因リ管理人ヲ改任スルコトヲ得

問 不在者《ふざいしや》の置《お》きたる管理人《くわんりにん》は之を改任《かいにん》することを得《う》るか

答 前條《ぜんでう》の不在者か管理人を置《お》きたる場合に於て其不在者の生死《せいし》分明《ぶんめい》ならさるときは裁判所は利害關《りがいくわん》係人《けいにん》又は検事《けんじ》の請求に因り管理人を改任《かいにん》するの必要《ひつえう》ありと認《みと》むるときは之を改任することを得るものとす

第二十七條 前二條ノ規定ニ依リ裁判所ニ於テ選任シタル管理人ハ其管理スヘキ財産ノ目錄ヲ調製スルコトヲ要ス但其費用ハ不在者ノ財産ヲ以テ之ヲ支辨ス

不在者ノ生死分明ナラサル場合ニ於テ利害關係人又ハ検事ノ請求アルトキハ裁判所ハ不在者カ置キタル管理人ニモ前項ノ手續ヲ命スルコトヲ得

右ノ外總テ裁判所カ不在者ノ財産ノ保存ニ必要ト認ムル處分ハ之ヲ管理人ニ命スルコトヲ得

○前二條《ぜんでう》の規定《きてい》に依《よ》り裁判所《さいばんしよ》より選任《せんにん》せられたる管理人は不在者《ふざいしや》の費用《ひよう》を以て其管理《そのくわんり》すへき財産《ざいさん》の目錄《もくろく》を調製《ちやうせい》すへきものとす

不在者《ふざいしや》の生死《せいし》分明《ぶんめい》ならさる場合《ばあひ》に於て利害《りがい》關係人又は検事《けんじ》の請求《せいきう》あるときは裁判所《さいばんしよ》は不在者《ふざいしや》か置《お》きたる管理人にも前項の手續《てつゞき》を命《めい》することを得るものとす

右財産目錄《みぎざいさんもくろく》を調製《ちやうせい》するの外《ほか》裁判所は不在者《ふざいしや》の財産《ざいさん》の保存《ほぞん》に必要《ひつえう》なりと認《みと》むる處分《しよぶん》は之を管理人《くわんりにん》に命《めい》す

ることを得るものとす

第二十八條　管理人カ第百三條ニ定メタル權限ヲ超ユル行爲ヲ必要トスルトキハ裁判所ノ許可ヲ得テ之ヲ爲スコトヲ得不在者ノ生死分明ナラサル場合ニ於テ其管理人カ不在者ノ定メ置キタル權限ヲ超ユル行爲ヲ必要トスルトキ亦同シ

問　管理人《くわんりにん》か第百三條に定《さだ》めたる權限《けんげん》を超《こ》ゆる行爲《かうい》をなすことを得《う》るや

答　管理人《くわんりにん》か左《さ》の權限《けんげん》を超《こ》ゆる行爲を必要《ひつえう》とするとき

一　保存行爲《ほぞんかうい》

二　代理《だいり》の目的《もくてき》たる物《もの》又は權利《けんり》の性質《せいしつ》を變《へん》せさる範圍內《はんいない》に於て其利用《そのりよう》又は改良《かいりやう》を目的《もくてき》とする行爲は裁判所《さいばんしよ》の許可《きよか》を得《え》て之を爲すことを得へく又不在者《ふざいしや》の生死《せいし》分明《ぶんめい》ならさる場合《ばあひ》に於て其管理人か不在者の定め置きたる行爲を必要《ひつえう》とするときも裁判所《さいばんしよ》の許可《きよか》を得《え》て之を爲すことを得るものとす

第二十九條　裁判所ハ管理人ヲシテ財產ノ管理及ヒ返還ニ付キ相當ノ擔保ヲ供セシムルコトヲ得

裁判所ハ管理人ト不在者トノ關係其他ノ事情ニ依リ不在者ノ財產中ヨリ相當ノ報酬ヲ管理人ニ與フルコトヲ得

問　裁判所も管理人《くわんりにん》に擔保《たんぽ》を供《きやう》することを命《めい》することを得るや又相當《さうたう》の報酬《ほうしう》を與《あた》ふるの職權《しよくけん》あるや

答　裁判所は必要《ひつえう》と認《みと》むるときは管理人《くわんりにん》をして財產《ざいさん》の管理《くわんり》及ひ返還《へんくわん》に付き相當《さうたう》い擔保《たんぽ》を供せしむるこ

とを得《う》へく又管理人と不在者との關係《くわんけい》其他の事情《じじやう》に依り不在者の財産中より相當の報酬を管理人に與《あた》ふることを得るものとす

第三十條　不在者ノ生死カ七年間分明ナラサルトキハ裁判所ハ利害關係人ノ請求ニ因リ失踪ノ宣告ヲ爲スコトヲ得

戰地ニ臨ミタル者、沈沒シタル船舶中ニ在リタル者其他死亡ノ原因タルヘキ危難ニ遭遇シタル者ノ生死カ戰爭ノ止ミタル後、船舶ノ沈沒シタル後又ハ其他ノ危難ノ去リタル後三年間分明ナラサルトキ亦同シ

問　失踪《しつそう》の宣告《せんこく》をなすことを得《う》る場合《ばあひ》如何《いかん》

答　不在者《ふざいしや》の生死《せいし》か滿《まん》七年間分明ならさるときは裁判所《さいばんしよ》は利害關係人《りがいくわんけいにん》の請求《せいきう》に因り失踪《しつそう》の宣告《せんこく》を爲すことを得るものとす然れとも左の場合《ばあひ》に於ては七年を待《ま》たすして失踪《しつそう》の宣告《せんこく》をなすことを得へし

一　戰地《せんち》に臨《のぞ》みたる者《もの》なること、戰爭《せんさう》の止《や》みたる後《のち》三年間其生死分明ならさること

二　沈沒《ちんぼつ》したる船舶中《せんぱくちう》に在りたる者なること、沈沒後三年間其生死分明ならさること

三　右《みぎ》の他死亡《たしばう》の原因《げんいん》たるへき危難《きなん》に遭遇《さうぐう》したる者なること、其危難《きなん》の去《さ》りたる後三年間生死分明ならさること

第三十一條　失踪ノ宣告ヲ受ケタル者ハ前條ノ期間滿了ノ時ニ死亡シタルモノト看做ス

○失踪《しつそ》の宣告《せんこくう》を受けたる者は前條の期間滿了《きかんまんりやう》の時《とき》に死亡《しばう》したるものと看做《みな》すものとす

第三十二條　失踪者ノ生存スルコト又ハ前條ニ定メタル時ト異ナリタル時ニ死亡シタルコトノ證明アルトキハ裁判所ハ本人又ハ利害關係人ノ請求ニ因リ失踪ノ宣告ヲ取消スコトヲ要ス但失踪ノ宣告後其取消前ニ善意ヲ以テ爲シタル行爲ハ其效力ヲ變セス

失踪ノ宣告ニ因リテ財産ヲ得タル者ハ其取消ニ因リテ權利ヲ失フモ現ニ利益ヲ受クル限度ニ於テノミ其財産ヲ返還スル義務ヲ負フ

問　失踪《しつそう》の宣告《せんこく》を取消《とりけ》すことを得《う》る場合如何《ばあひいかん》

答　失踪者《しつそうしや》の生存《せいそん》すること又は前條《ぜんでう》に定《さだ》めたる時と異《こと》なりたる時即ち死亡《しばう》したるものと看做《みな》したる日より前又は後《のち》に死亡《しばう》したることの證明《しやうめい》あるときは裁判所《さいばんしよ》は本人《ほんにん》又は利害關係人《りがいくわんけいにん》の請求《せいきう》に因《よ》り前に下したる失踪《しつそう》の宣告《せんこく》を取消《とりけ》すへきものとす但失踪の宣告後其取消前《とりけしぜん》に善意《ぜんい》を以て即ち生存《せいそん》することを知らすして又は前條に定めたる時《とき》と異《こと》なりたる時に死亡したることを知らすして爲したる行爲は其效力《かうりよく》を變《へん》せさるものとす

問　失踪《しつそう》の宣告《せんこく》に因りて財産《ざいさん》を得たるものは取消《とりけし》の場合《ばあひ》に其全部《ぜんぶ》を返還《へんくわん》すへきや

答　失踪《しつそう》の宣告《せんこく》に因《よ》りて財産《ざいさん》を得《え》たる者は其取消に因りて權利を失ふも現《げん》に利益《りえき》を受《う》くる限度《げんど》に於てのみ其財産を返還《へんくわん》する義務《ぎむ》を負《お》ふものとす故に一萬圓を得るも其半《なかば》を損失《そんしつ》し現《げん》に利する所五千圓

に止まるときは五千圓を返還《へんくわん》して以て其義務《ぎむ》を免《まぬ》かるゝことを得《う》るものとす

第二章　法人

○本章《ほんしやう》は法人《はふじん》のことを規定《きてい》したるものにして別《わけ》て四節となす第一節に於ては法人の設立《せつりつ》第二節に於ては法人《はふじん》の管理《くわんり》第三節に於ては法人の解散《かいさん》第四節に於ては罰則《ばつそく》を規定《きてい》す

第一節　法人ノ設立

第三十三條　法人ハ本法其他ノ法律ノ規定ニ依ルニ非サレハ成立スルコトヲ得ス

問　法人《はふじん》とは何《なん》ぞや

答　法人とは自然人以外《しぜんじんいぐわい》に人格《じんかく》を有《いう》するものゝ稱《しよう》にして本法其他《た》の法律の規定《きてい》に依《よ》るに非《あら》されは成立《せいりつ》することを得さるものとす

第三十四條　祭祀、宗教、慈善、學術、技藝其他公益ニ關スル社團又ハ財團ニシテ營利ヲ目的トセサルモノハ主務官廳ノ許可ヲ得テ之ヲ法人ト爲スコトヲ得

問　如何《いか》なるものは民法《みんぱう》によりて法人となすことを得るや

答　祭祀《さいし》、宗教《しゆうきやう》、慈善《ぜん》、學術《がくじゆつ》、技藝其他《ぎげいそのた》公益《こうえき》に關《くわん》する社團《しやだん》又は財團《ざいだん》にして營利《えいり》を目的《もくてき》とせさるものは主務管廳《しゆむくわんてう》の許可《きよか》を得《え》て之を法人《はふじん》と爲すことを得るものとす

社團《しやだん》とは自然人《じぜんじん》の集合《しふがふ》して一團体《だんたい》となりたるものを云ひ財團《ざいだん》とは一種《しゆ》又は數種《すうしゆ》の財産《ざいさん》を集合《しふがふ》して一團となしたるものを云ふ何れも主務管廳《しゆむくわんてう》の許可《きよか》を得《え》て法人となすことを得るものとす

第三十五條　營利ヲ目的トスル社團ハ商事會社設立ノ條件ニ從ヒ之ヲ法人ト爲スコトヲ得

前項ノ社團法人ニハ總テ商事會社ニ關スル規定ヲ準用ス

○前條《ぜんでう》に營利《えいり》を目的《もくてき》とせさるものと云々とあり然《しか》らば營利《えいり》を目的《もくてき》とする社團《しやだん》は法人と爲すことを得さるや否《いな》やの疑を生すへし之れ本條《ほんでう》の規定《きてい》ある所以《ゆえん》なり

營利《えいり》を目的《もくてき》とせさる社團《しやだん》は本節《ほんせつ》の規定《きてい》に從《したが》いて法人《はふじん》と爲すことを得るも營利《えいり》を目的《もくてき》とする社團《しやだん》は商業《しやうげふ》會社設立《くわいしやせつりつ》の條件《でうけん》に從《したが》ふにあらされは法人《はふじん》となすことを得さるものとす

前項《ぜんかう》の社團法人《しやだんはふじん》には總《すべ》て商事會社《しやうじくわいしや》に關する規定《きてい》を準用《じゆんよう》すへきものとす

本條《ほんでう》の所謂《いはゆる》營利を目的とする社團とは商業を營む商業會社以外に於て營利を目的とする社團を云ふものなり

本條に財團のことを云はさるハ法人となすへき財團《ざいだん》にして營利《えいり》を目的とすることなきか故なり

第三十六條　外國法人ハ國、國ノ行政區畫及ヒ商事會社ヲ除ク外其成立ヲ認許セス但法律又ハ條約ニ依リテ認許セラレタルモノハ此限ニ在ラス

前項ノ規定ニ依リテ認許セラレタル外國法人ハ日本ニ成立スル同種ノ者ト同一ノ私權ヲ有ス但外國人カ享有スルコトヲ得サル權利及ヒ法律又ハ條約中ニ特別ノ規定アルモノハ此限ニ在ラス

問　外國法人《ぐわいこくはふじん》は日本《にほん》に於《おい》て其成立《そのせいりつ》を認《みと》むるや否《いな》

答　外國法人《ぐわいこくはふじん》は法律《はふりつ》又は條約《でうやく》に依《よ》りて認許《にんきよ》せられたる者《もの》の外《ほか》國《くに》、國《くに》の行政區劃《ぎやうせいくくわく》及ひ商事會社《しやうじくわいしや》を除《のぞ》く外其成立《ほかそのせいりつ》を認許《にんきよ》せさるものとす
前項《ぜんかう》の規定《きてい》に依《よ》りて認許《にんきよ》せられたる外國法人《ぐわいこくはふじん》即ち國《くに》、國の行政區劃《ぎやうせいくくわく》、商事會社《しやうじくわいしや》及ひ法律《はふりつ》又は條約《でうやく》に依《よ》りて認許《にんきよ》したる法人《はふじん》は外國人《ぐわいこくじん》か享有《きやういう》することを得《え》さる權利《けんり》及ひ法律又《はふりつまた》は條約中《でうやくちう》に特別《とくべつ》の規定《きてい》あるものゝ外《ほか》は日本《にほん》に成立《せいりつ》する同種《どうしゆ》の者《もの》と同一の私權《しけん》を有するものとす

第三十七條　社團法人ノ設立者ハ定款ヲ作リ之ニ左ノ事項ヲ記載スルコトヲ要ス

一　目的
二　名稱
三　事務所
四　資産ニ關スル規定
五　理事ノ任免ニ關スル規定
六　社員タル資格ノ得喪ニ關スル規定

問　社團法人《しやだんはふじん》の定款《ていくわん》に記載《きさい》すへき事項《じかう》如何《いかん》

答　社團法人《しやだんはふじん》の設立者《せつりつしや》は定款《ていくわん》を作《つく》り之《これ》に左《さ》の事項《じかう》を記載《きさい》すへきものとす

一　此《こ》の社團《しやだん》は如何《いか》なる目的《もくてき》を有《いう》するかと云《い》ふこと

二　其社團《そのしやだん》の名稱《めいしよう》のこと
三　事務所《じむしよ》のこと即《すなは》ち其社團《そのしやだん》のある場所《ばしよ》
四　資産《しさん》は幾干《いくばく》にして如何《いか》に之《これ》を處理《しより》するかとのこと
五　如何《いか》にして理事《りじ》を任《にん》し又之《またこれ》を免《めん》するかと云ふこと
六　社員《しやゐん》の資格《しかく》は如何《いか》にして之《これ》を得《に》又之《またこれ》を喪《うしな》ふかと云《い》ふこと

第三十八條　社團法人ノ定款ハ總社員ノ四分ノ三以上同意アルトキニ限リ之ヲ變更スルコトヲ得但定款ニ別段ノ定アルトキハ此限ニ在ラス

定款ノ變更ハ主務官廳ノ認可ヲ受クルニ非サレハ其效力ヲ生セス

問　定款《ていくわん》を變更《へんかう》するには如何《いか》なる手續《てつゞき》を要《えう》するや

答　社團法人《しやだんはふじん》の定款《ていくわん》も定款に別段《べつだん》の定《さだめ》あるときの外總社員《ほかそうしやゐん》の四分《ぶん》の三以上《いじやう》の同意《どうい》あるにあらされは之《これ》を變更《へんかう》することを得《え》さるものとす但《たゞ》し之を變更《へんかう》するも主務官廳《しゆむくわんちやう》の認可《にんか》を受《う》くるに非《あら》されも其效力《そのかうりよく》を生《しやう》せさるものとす

第三十九條　財團法人ノ設立者ハ其設立ヲ目的トスル寄附行爲ヲ以テ第三十七條第一號乃至第五號ニ揭ケタル事項ヲ定ムルコトヲ要ス

問　寄附行爲《きふかうゐ》を以《もつ》て定《さだ》むへき事項如何《じかういかん》

答　財團法人《ざいだんはふじん》の設立者《せつりつしや》は其設立《そのせつりつ》を目的《もくてき》とする寄附行爲《きふかうゐ》を以《もつ》て左《さ》の事項《じかう》を定《さだ》むへきものとす

一 目的《もくてき》
二 名稱《めいしよう》
三 事務所《じむしよ》
四 資産《しさん》に關《くわん》する規定《きてい》
五 理事《りじ》の任免《にんめん》に關《くわん》する規定《きてい》

寄附行爲《きふかうゐ》とは公益上《こうえきじやう》の目的《もくてき》の爲《た》め自己《じこ》の財産《ざいさん》を無償《むしやう》にて提供《ていけう》し之《これ》に依《よ》りて財團法人《ざいだんはふじん》を設立《せつりつ》せんとする單獨行爲《たんどくかうゐ》を云ふ

第四十條 財團法人ノ設立者カ其名稱、事務所又ハ理事任免ノ方法ヲ定メスシテ死亡シタルトキハ裁判所ハ利害關係人又ハ檢事ノ請求ニ因リ之ヲ定ムルコトヲ要ス

○財團法人《さいだんはふじん》の設立者《せつりつしや》か其名稱《そのめいしよう》、事務所《じむしよ》又《また》は理事《りじ》任免《にんめん》の方法《はうはふ》を定《さだ》めすして死亡《しばう》したるときは裁判所《さいばんしよ》は利《り》害關係人《がいくわんけいにん》又《また》は檢事《けんじ》の請求《せいきう》に因《よ》りて之《これ》を定《さだ》むへきものとす

第四十一條 生前處分ヲ以テ寄附行爲ヲ爲ストキハ贈與ニ關スル規定ヲ準用ス
遺言ヲ以テ寄附行爲ヲ爲ストキハ遺贈ニ關スル規定ヲ準用ス

○寄附行爲《きふかうゐ》は恰《あたか》も贈與《ぞうよ》の如《ごと》く生存中《せいぞんちう》の法律行爲《はふりつかうゐ》に依《よ》りて之《これ》を行《おこな》ふことを得《う》へく又《また》遺《ゐ》贈《ぞう》の如《ごと》く遺言《ゐげん》に依《よ》りて之《これ》を爲《な》すことを得《う》へし而《しか》して前《さき》の場合《ばあひ》に於《おい》ては贈與《ぞうよ》に關《くわん》する規定《きてい》を後《のち》の場合《ばあひ》に於《おい》ては遺贈《ゐぞう》に關《くわん》す

る規定《ていてい》を準用《じゆんよう》すへきものとす

第四十二條　生前處分ヲ以テ寄附行爲ヲ爲シタルトキハ寄附財産ハ法人設立ノ許可アリタル時ヨリ法人ノ財産ヲ組成ス

遺言ヲ以テ寄附行爲ヲ爲シタルトキハ寄附財産ハ遺言カ效力ヲ生シタル時ヨリ法人ニ歸屬シタルモノト看做ス

問　生前處分《せいぜんしよぶん》を以《もつ》て又《また》は遺言《ゐげん》を以《もつ》て寄附行爲《きふかうゐ》を爲《な》えたるときは其財産《そのざいさん》は何《いつ》れの時《とき》より法人《はふじん》に屬《ぞく》するや

答　生前處分《せいぜんしよぶん》を以《もつ》て寄附行爲《きふかうゐ》を爲《な》したるときは其《その》寄附財産《ざいさん》は法人設立《はふじんせつりつ》の許可《きよか》ありたる時《とき》より法人《はふじん》の財《さい》産《さん》を組成《そせい》するものとす

之《これ》と反《はん》し遺言《ゐげん》を以《もつ》て死後《しご》に寄附行爲《きふかうゐ》を爲《な》したるときは其寄附財産《そのきふざいさん》は遺言《ゐげん》か效力《かうりよく》を生《しやう》したる時即《ときすなは》ち遺《ゐ》言者《げんしや》か死去《しきよ》したる時《とき》より法人《はふじん》の所有《しよいう》に屬《ぞく》したるものと看做《みな》すものとす故《ゆゑ》に後日《ごじつ》法人設立《はふじんせつりつ》の許可《きよか》ありたる時《とき》は遺言《いげん》か效力《かうりよく》を生《しやう》したる時《とき》に遡《さかのぼ》り其寄附財産《そのきふざいさん》より生《しやう》する果實其他《くわじつそのた》の利益《りえき》を受《う》くることを得《う》へし

第四十三條　法人ハ法令ノ規定ニ從ヒ定款又ハ寄附行爲ニ因リテ定マリタル目的ノ範圍內ニ於テ權利ヲ有シ義務ヲ負フ

問　法人《はふじん》は權利《けんり》を有《いう》し義務《ぎむ》を負《お》ふことを得《う》るや

答　法人《はふじん》は法律命令《はふりつめいれい》の定《さだ》むる所《ところ》に從《したが》ひ社團法人《しやだんはふじん》なるときは其定欵財團法人《そのていくわんざいだんはふじん》なるときは其寄附行爲《そのきふかうゐ》に因《よ》

りて定《さだ》まりたる目的《もくてき》の範圍内《はんゐない》に於《おい》て權利《けんり》を有《いう》し義務《ぎむ》を負《お》ふの能力《のうりよく》を有《いう》するものとす

第四十四條　法人ハ理事其他ノ代理人カ其職務ヲ行フニ付キ他人ニ加ヘタル損害ヲ賠償スル責ニ任ス

法人ノ目的ノ範圍内ニ在ラサル行爲ニ因リテ他人ニ損害ヲ加ヘタルトキハ其事項ノ議決ヲ賛成シタル社員、理事及ヒ之ヲ履行シタル理事其他ノ代理人連帶シテ其賠償ノ責ニ任ス

問　法人《はふじん》か他人《たにん》に損害《そんがい》を加《くは》へたるときは何人之《なんぴとこれ》を賠償《ばいしやう》すへきや

答　社團法人《しやだんはふじん》と財團法人《ざいだんはふじん》とを問《と》はす凡《すべ》て法人《はふじん》は理事其他《りじそのた》の代理人《だいりにん》か其職務《そのしよくむ》を行《おこな》ふに付《つ》き他人《たにん》に損害《そんがい》を加《くは》へたるときは之《これ》か賠償《ばいしやう》の責《せめ》に任《にん》すへきものとす然《しか》れとも法人《はふじん》の目的《もくてき》の範圍内《はんゐない》に在《あ》らさる行爲《かうゐ》に因《よ》りて他人《たにん》に損害《そんがい》を加《くは》へたるときは法人《はふじん》に賠償《ばいしやう》の責《せき》任《にん》わるへきにわらす然《しか》らは此場合《このばあい》に於《おい》ては何人《なんぴと》か其責《そのせめ》に任《にん》するやと云《い》ふに其事項《そのじかう》の議決《ぎけつ》を賛成《さんせい》したる社員《しやゐん》、理事《りじ》及《およ》ひ其議決《そのぎけつ》を履行《りかう》したる理事其他《りじそのた》の代理人《だいりにん》連帶《れんたい》して損害賠償《そんがいばいしやう》の責《せめ》に任《にん》すへきものとす（連帶《れんたい》のことは第《だい》三編《べん》第《だい》一章《しやう》第三節《だいせつ》第三款《くわん》に明《あきら》かなり）

第四十五條　法人ハ其設立ノ日ヨリ二週間内ニ各事務所ノ所在地ニ於テ登記ヲ爲スコトヲ要ス

法人ノ設立ハ其主タル事務所ノ所在地ニ於テ登記ヲ爲スニ非サレハ之ヲ以テ他

人ニ對抗スルコトヲ得ス

法人設立ノ後新ニ事務所ヲ設ケタルトキハ一週間内ニ登記ヲ為スコトヲ要ス

問　法人《はふじん》を設立《せつりつ》したるときは之《これ》を登記《とうき》することを要《にう》するや

答　法人《はふじん》は其設立《そのせつりつ》の日《ひ》より二週間内《しうかんない》に各事務所《かくじむしよ》の所地在《しよざいち》に於《おい》て即《すなは》ち東京《とうきやう》に事務所《じむしよ》を置《お》きたる時《とき》は東京に於《おい》て東京、京都《きやうと》、大坂《おほさか》の三ケ所に置《お》きたるときは三ケ所《しよ》に於《おい》て次條《じでう》に定《さだ》めたる事項《じかう》を登記《とうき》すへきものとす而《しか》して右《みぎ》三个所中東京《しよちうとうきやう》を以《もつ》て本部《ほんぶ》となしたるときは東京《とうきやう》を以て主《しゆ》たる事務所《じむしよ》の所在地《しよざいち》とす主《しゆ》たる事務所《じむしよ》の所在地《しよざいち》に於《おい》て其設立《そのせつりつ》のことを登記《とうき》せさるときは之《これ》を以《もつ》て他人《たにん》に對抗《たいかう》することを得《え》さるものとす對抗《たいかう》とは法人《はふじん》の成立《せいりつ》を他人《たにん》に認《みと》めしめ此權利《このけんり》は法人《はふじん》の權利《けんり》なり又《また》は此義務《このぎむ》は法人《はふじん》の義務《ぎむ》なりと主張《しゆちやう》することを謂ふ
法人設立《はふじんせつりつ》の後新《ごあらた》に事務所《じむしよ》を設《まう》けたるときは一週間内《しうかんない》に登記《とうき》の手續《てつゞき》をなすへきものとす

第四十六條　登記スヘキ事項左ノ如シ

一　目的
二　名稱
三　事務所
四　設立許可ノ年月日
五　存立時期ヲ定メタルトキハ其時期

六　資産ノ總額
七　出資ノ方法ヲ定メタルトキハ其方法
八　理事ノ氏名、住所
前項ニ揭ケタル事項中ニ變更ヲ生シタルトキハ一週間內ニ其登記ヲ爲スコトヲ要ス登記前ニ在リテハ其變更ヲ以テ他人ニ對抗スルコトヲ得ス

問　登記《とうき》すへき事項《じかう》如何《いかん》

答　登記《とうき》すへき事項《じかう》左《さ》の如《ごと》し

一　目的《もくてき》のこと
二　名稱《めいしやう》のこと
三　事務所《じむしよ》のこと
四　主務管廳《しゆむくわんちやう》の許可《きよか》を受《う》けて設立《せつりつ》したる年月日《ねんがつぴ》のこと
五　存立期限《ぞんりつきげん》を定《さだ》めたるときは其期限《そのきげん》のこと
六　法人《はふじん》の有《いう》する資産《しさん》の總額《そうがく》
七　出資《しゆつし》の方法《はうはふ》を定《さだ》めたるときは其方法《そのはうはふ》のこと
八　理事《りじ》の氏名及其住所《しめいおよびそのぢうしよ》

後日《ごじつ》に至《いた》り右《みぎ》の事項中《じかうちう》に變更《へんかう》を生《しやう》したるときは一週間內《しうかんない》に其變更《そのへんかう》の登記《とうき》をなすへく若《も》し之《これ》を爲《な》さゝ

るときは知《し》らさる他人《たにん》に對《たい》して其變更《そのへんかう》の効《かう》なきものとす

第四十七條　第四十五條第一項及ヒ前條ノ規定ニ依リ登記スヘキ事項ニシテ官廳ノ許可ヲ要スルモノハ其許可書ノ到達シタル時ヨリ登記ノ期間ヲ起算ス

○第四十五條第《だい》一項及《かうおよ》ひ前條《ぜんでう》の規定《きてい》に依《よ》り登記《とうき》すへき事項《じかう》にして官廳《くわんちやう》の許可《きよか》を要《えう》するものは其許可書《そのきよかしよ》の到達《たうたつ》したる時《とき》より二週間《しうかん》又《また》は一週間と云《い》ふ登記《とうき》の期間《きかん》を起算《きさん》するものとす

第四十八條　法人カ其事務所ヲ移轉シタルトキハ舊所在地ニ於テハ一週間内ニ移轉ノ登記ヲ爲シ新所在地ニ於テハ同期間内ニ第四十六條第一項ニ定メタル登記ヲ爲スコトヲ要ス

同一ノ登記所ノ管轄區域内ニ於テ事務所ヲ移轉シタルトキハ其移轉ノミノ登記ヲ爲スコトヲ要ス

○法人《はふじん》か其事務所《そのじむしよ》を移轉《いてん》したるときは舊所在地《きうしよざいち》に於《おい》ては一週間内《しうかんない》に移轉《いてん》の登記《とうき》を爲《な》し新所在地《しんしよざいち》に於《おい》ては同《おな》しく一週間内に第四十六條《でう》第一項即《かうすなは》ち一より八までの事項《じかう》を登記《とうき》すへきものとす
同《どう》一の登記所《とうきしよ》の管轄區域内《くわんかつくいきない》に於《おい》て事務所《じむしよ》を移轉《いてん》したるときは第四十六條《でう》第一項《かう》に列記《れつき》したる事項《じかう》を再《ふたゝ》ひ登記《とうき》するの必要《ひつえう》なきか故《ゆゑ》に其移轉《そのいてん》のことのみを登記《とうき》すへきものとす

第四十九條　第四十五條第三項、第四十六條及ヒ前條ノ規定ハ外國法人カ日本ニ事務所ヲ設クル場合ニモ亦之ヲ適用ス但外國ニ於テ生シタル事項ニ付テハ其通

知ノ到達シタル時ヨリ登記ノ期間ヲ起算ス
外國法人カ初メテ日本ニ事務所ヲ設ケタルトキハ其事務所ノ所在地ニ於テ登記ヲ為スマテハ他人ハ其法人ノ成立ヲ否認スルコトヲ得

○第四十五條第三項《かう》第四十六條及《でうおよ》び前條《ぜんでう》の規定《きてい》も外國法人《ぐわいこくはふじん》か日本《にほん》に事務所《じむしよ》を設《まう》くる場合《ばあひ》にも亦之《またこれ》を適《てき》用《よう》するものとす但《たゞし》外國《ぐわいこく》に於《おい》て生《しやう》したる事項《じかう》例《たと》へは第四十六條に列記《れつき》したる事項中外國《じかうちうぐわいこく》に於《おい》て變更《へんかう》を生《しやう》したるものあるときは其通知《そのつうち》の日本に到達《たうだつ》したる時《とき》より登記《とうき》の期間《きかん》を起算《きさん》するものとす
外國法人《ぐわいこくはふじん》か初《はじ》めて日本《にほん》に事務所《じむしよ》を設《まう》けたるときは其事務所《そのじむしよ》の所在地《しよざいち》に於《おい》て登記《とうき》を為《な》すまては他人《たにん》は其《その》法人《はふじん》の成立《せいりつ》を否認《ひにん》することを得《う》るものとす

第五十條　法人ノ住所ハ其主タル事務所ノ所在地ニ在ルモノトス

問　法人《はふじん》の住所《ぢうしよ》は如何《いかん》

答　法人《はふじん》の住所《ぢうしよ》は其主《そのしゆ》たる事務所《じむしよ》の所在地即《しよざいちすなは》ち數《すう》ヶ所《しよ》に事務所《じむしよ》を有《いう》するときは其本部《そのほんぶ》のある所《ところ》に在《あ》るものとす

第五十一條　法人ハ設立ノ時及ヒ毎年初ノ三个月内ニ財産目錄ヲ作リ常ニ之ヲ事務所ニ備ヘ置クコトヲ要ス但特ニ事業年度ヲ設クルモノハ設立ノ時及ヒ其年度ノ終ニ於テ之ヲ作ルコトヲ要ス
社團法人ハ社員名簿ヲ備ヘ置キ社員ノ變更アル毎ニ之ヲ訂正スルコトヲ要ス

問　法人《はふじん》は財産目録《ざいさんもくろく》を作《つく》ることを要《えう》するや

答　法人《はふじん》は設立《せつりつ》したる時及《ときおよ》ひ毎年初《まいねんはじめ》の三个《か》月内即《げつないすなは》ち一月より三月までの間《あひだ》に財産目録《ざいさんもくろく》を作《つく》り常《つね》に之《これ》を事務所《じむしよ》に備《そな》へ置《お》くへきものとす但特《たゞしとく》に事《じ》業年度《げふねんど》を設《まう》くるもの例《たと》へは毎年《まいねん》六月十二月の半季《はんき》又《また》は滿《まん》三ケ年《ねん》を以て一年度《ねんど》と定《さだ》めたるもの丶如《ごと》きは設立《せつりつ》の時及《ときおよ》ひ其年度《そのねんど》の終《をはり》に於《おい》て其目録《そのもくろく》を調製《ちやうせい》すへきものとす

社團法人《しやだんはふじん》は社員名簿《しやゐんめいぼ》を備《そな》へ置《お》き社員《しやゐん》の變更《へんかう》ある毎《ごと》に其名簿《そのめいぼ》を訂正《ていせい》すへきものとす

第二節　法人ノ管理

第五十二條　法人ニハ一人又ハ數人ノ理事ヲ置クコトヲ要ス

理事數人アル場合ニ於テ定款又ハ寄附行爲ニ別段ノ定ナキトキハ法人ノ事務ハ理事ノ過半數ヲ以テ之ヲ決ス

問　法の人《はふじん》事務《じむ》は何人之《なんぴとこれ》を行《おこな》ふへきや

答　社團法人《しやだんはふじん》たると財團法人《さいだんはふじん》たるとを問《と》はす法人《はふじん》にて一人《にん》又は數人《すうにん》の理事《りじ》を置《お》くへきものとす

理事數人《りじすうにん》なる場合《ばあひ》に於《おい》て社團法人《しやだんはふじん》は其の定款財團法人《ていくわんさいだんはふじん》は其の寄附行爲《かうゐ》に別段《べつだん》の定なきときは法人《はふじん》の事務《じむ》は理事の過失數《くわしつすう》を以て之を決《けつ》すへきものとす

第五十三條　理事ハ總テ法人ノ事務ニ付キ法人ヲ代表ス但定款ノ規定又ハ寄附行爲ノ趣旨ニ違反スルコトヲ得ス又社團法人ニ在リテハ總會ノ決議ニ從フコトヲ

要ス

問　法人を代表《だいへう》する人は何人《なんぴと》なるや

答　理事《りじ》は總《すべ》て法人の事務《じむ》に付き法人を代表《だいへう》するものとす蓋《けだ》し法人は無形《むけい》の人にして有形《いうけい》の人にあらさるか故《ゆゑ》に自《みづか》ら其の事務を處理《しより》することを能《あた》はす之を處理《しより》するには必《かなら》すや有形人《いうけいじん》の手《て》を待《ま》たさるへからす之れ法人《はふじん》に理事《りじ》を必要《ひつよう》とする所以《ゆゑん》にして又理事《りじ》の爲したることは法人《はふじん》の爲したるものと見做《みな》す所以《ゆゑん》なり如斯《かくのごとく》理事《りじ》は法人《はふじん》に代《かわ》りて法人《はふじん》の事務《じむ》を處理《しより》するものなれとも然《しか》れとも決《けつ》して定款《ていくわん》の規定《きてい》又《また》は寄附行爲《きふかうゐ》の趣旨《しゆし》に違反《ゐはん》することを得す又社團法人《またしやだんはふじん》に在《あ》りては總會《そうくわい》の決議《けつぎ》に違反《ゐはん》することを得さるものとす

問　財團法人《ざいだんはふじん》に在《あ》りては總會《そうくわい》の決議《けつぎ》に從《したが》ふことを要《えう》せさるや

答　社團法人《しやだんはふじん》は自然人《しぜんじん》の團体《だんたい》なるか故《ゆゑ》に本條《ほんでう》に所謂總會《いはゆるそうくわい》なるものあるも財團法人《ざいだんはふじん》は財產《ざいさん》の集合体《しふがふたい》なるか故《ゆゑ》に總會《そうくわい》なるものなく從《したが》て其《そ》の總會《そうくわい》の決議に從《したが》ふを要するや否《いな》やの問題《もんだい》を生することなきものとす之《こ》れ本條末文《ほんでうまつぶん》に社團法人《しやだんはふじん》のみを言《いふ》て財團法人を言《い》はさる所以《ゆゑん》なり

第五十四條　理事ノ代理權ニ加ヘタル制限ハ之ヲ以テ善意ノ第三者ニ對抗スルコトヲ得ス

問　理事《りじ》の代理權《だいりけん》に制限《せいげん》を加へたるときは之を以て他人に對抗《たいかう》することを得るや

答　理事の代理權《だいりけん》に加へたる制限《せいげん》は之を以て善意《ぜんい》の第三者即《すなは》ち代理權に制限を加へたることを知らさ

る他人に對抗《たいかう》することを得さるものとす例《たと》へは理事一人にては訴訟《そしよう》行爲を爲すことを得す又は千圓以上の物品《ぶつぴん》を購求《かうきう》することを得すと定めて理事の代理權を制限《せいげん》したるときの如き之を以て其の制限あることを知らさる第三者に對抗《たいかう》し斯の如き制限《せいげん》あるか故に以前になしたる代理《だいり》行爲《かうゐ》は無效《むかう》なりと主張《しゆちやう》することを得さるものとす

第五十五條　理事ハ定款、寄附行爲又ハ總會ノ決議ニ依リテ禁止セラレサルトキニ限リ特定ノ行爲ノ代理ヲ他人ニ委任スルコトヲ得

○理事《りじ》は定款《ていくわん》、寄附《きふ》行爲《かうゐ》又は總會《そうくわい》の決議《けつぎ》に依《よ》りて禁止《きんし》せられたるときの外《ほか》は特定《とくてい》の行爲の代理《だいり》を他人に委任《ゐにん》することを得《う》るものとす

問　特定《とくてい》の行爲《かうゐ》とは何ぞ

答　特《とく》に定めたる或《あ》る一箇《か》又は二箇の行爲《かうゐ》例《たと》へは或る貸借事件《たいしやくじけん》の訴訟行爲と云ふか如き米百俵《びやう》を買ひ入るへしと云ふか如き登記《とうき》の爲《ため》裁判所に出頭《しゆつとう》すへしと云ふか如き然り而して條文特定《でうぶんとくてい》の行爲の代理とあるか故に理事《りじ》か法人の代理人として爲すへき行爲《かうゐ》の全部又は一部を包括的《ほうくわつてき》に即ち特に此の事又は彼の事件と云はすして余の爲すへき職務《しよくむ》の全部又は職務中賣買《ばいばい》に關《くわん》する一切の件と云ふか如く包括的に他人に委任《ゐにん》することを得さるものとす

問　定款《ていくわん》寄附行爲又は總會の決議に依り特定《とくてい》の行爲と雖も他人に委任することを得すと定《さだ》めたるときは此の制限《せいげん》は何人に對しても效力《かうりよく》を有するや否《いな》

答　此《こ》の場合に於て理事《りじ》其の制限に背きて他人に特定行爲《かうゐ》を委任したるときは即《すなは》ち前條の支配を受くへきものとす故に此禁止《きんし》あることを知《し》らすして委任《ゐにん》を受けたる法人《はふじん》の代理《だいり》人《にん》の代理即ち復代理《ふくだいり》を受諾《だく》したるときは法人《ほうにん》に對《たい》して其《そ》の關係《くわんけい》によりて生《しやう》したる權利《けんり》を主張《しゆちやう》することを得《う》へく此《こ》の復代理《ふくだいり》人《にん》と取引《とりひき》を爲《な》したる第《だい》三者《しや》も善意《ぜんい》にて即《すなは》ち復代理《ふくだいり》の禁止《きんし》あることを知《し》らすして爲《な》したるときは法人《ほふにん》に對《たい》して其《そ》の取引《とりひき》に依《より》て得《え》たる權利《けんり》を主張《しゆちやう》することを得《う》るものとす

第五十六條　理事ノ缺ケタル場合ニ於テ遲滯ノ爲メ損害ヲ生スル虞アルトキハ裁判所ハ利害關係人又ハ檢事ノ請求ニ因リ假理事ヲ選任ス

問　裁判所《さいばんしよ》に於《おい》て假理事《かりりじ》を選任《せんにん》する場合《ばあひ》ありや

答　辭任《じにん》死亡《しばう》其《そ》の他《た》の爲《た》め理事《りじ》の全《まつた》く缺《か》けたる場合《ばあい》に於《おい》て遲滯《ちたい》の爲《た》め損害《そんがい》を生《しやう》する虞《おそれ》あるとき例《たと》へは契約《けいやく》履行《りかう》の期限經過《きげんけいくわ》により損害賠償《そんがいばいしやう》の義務《ぎむ》を負擔《ふたん》せさるへからさるか如《ごと》き虞《おそれ》あるときは裁判所《さいばんしよ》は其《そ》の法人《はふにん》に利害《りがい》の關係《くわんけい》を有《いう》する人又《ひとまた》は檢事《けんじ》の請求《せいきう》に因《よ》り假理事《かりりじ》を選任《せんにん》することを得《う》るものとす

第五十七條　法人ト理事トノ利益相反スル事項ニ付テハ理事ハ代理權ヲ有セス此場合ニ於テハ前條ノ規定ニ依リテ特別代理人ヲ選任スルコトヲ要ス

問　理事《りじ》が法人《はふにん》の代理權《だいりけん》を有《いう》せさる場合《ばあい》ありや

答　法人《はふにん》と理事《りじ》との利益相反《りえきあいはん》する事項即《じこうすなは》ち或《あ》る事項《じこう》に付《つ》き法人《はふじん》に利益《りえき》なるときは理事《りじ》に不利益《ふりえき》の結果《けつくわ》を來《きた》し理事《りじ》に利益《りえき》なるときは法人《はふにん》に不利益《ふりえき》の結果《けつくわ》を來《きた》すときの如《ごと》きイ理事《りじ》は其《そ》の事項《じこう》に付《つ》き代理權《だいりけん》

を有《いう》せさるものとす故《ゆゑ》に例《たと》へは三人《にん》の理事中《りじちう》二人《にん》に此事情《このじじやう》あるときは他《た》の一人《いちにん》に於《おい》て處理《しより》すへく三人共《にんとも》に法人《はふにん》と反對《はんたい》の利益《りえき》を有《いう》するときは第《だい》五十五條《でう》の規定《きてい》により特別代理人《とくべつだいりにん》を撰定《せんてい》して其《そ》の事項《じかう》を委任《ゐにん》すへきものとす

第五十八條　法人ニハ定款寄附行爲又ハ總會ノ決議ヲ以テ一人又ハ數人ノ監事ヲ置クコトヲ得

〇法人《はふにん》には定款寄附《ていくわんきふ》行爲《かうゐ》又《また》は總會《そうくわい》の決議《けつぎ》を以《もつ》て一人又《にんまた》は數人《すうにん》の監事《かんじ》を置《お》くことを得《う》るものとす監事《かんじ》とは商事會社《しやうじくわいしや》に於《お》ける監査役《かんさやく》の如《ごと》く理事《りじ》の職務《しよくむ》を監督《かんとく》するものを謂《い》ふ

問　監事《かんじ》は理事《りじ》の如《ごと》く法人《はふじん》には必《かなら》す置《お》かさるへからさるものなるや

答　條文《でうぶん》置《お》く事《こと》を得《う》とあり故《ゆゑ》に監事《かんじ》を置《お》くと否《いな》とは法人《はふにん》の自由權内《じゆうけんない》にあるものとす蓋《けだ》し監事《かんじ》は法人《はふにん》の監督機關《かんとくきくわん》なりと雖《いへど》も理事《りじ》の如《ごと》く必要缺《ひつえうか》くへからさる機關《きくわん》に非《あら》す法人《はふにん》の事業《じげふ》の性質範圍《せいしつはんゐ》又《また》は社員《しやいん》の多《た》寡等《くわとう》によりて或《あるひ》は之《これ》を置《お》くことを必要《ひつえう》とし或《ある》は必要《ひつえう》とせさるへし之《こ》れ法人《はふたん》の自由問題《じゆうもんだい》となしたる所《ゆゑ》以《ん》なり

第五十九條　監事ノ職務左ノ如シ

一　法人ノ財産ノ狀況ヲ監査スルコト

二　理事ノ業務執行ノ狀況ヲ監査スルコト

三　財産ノ狀況又ハ業務ノ執行ニ付キ不整ノ廉アルコトヲ發見シタルトキハ

之ヲ總會又ハ主務官廳ニ報告スルコト

四　前號ノ報告ヲ爲ス爲メ必要アルトキハ總會ヲ招集スルコト

問　監事《かんじ》の職務《しよくむ》の如何《いかん》

答　本條《ほんでう》は監事《かんじ》の職務《しよくむ》を規定《きてい》したるものにして其《その》職務《しよくむ》に四《よつ》あり左《さ》の如《ごと》し

一　法人《はふにん》の財産《ざいさん》は目下《もくか》如何《いか》なる有様《ありさま》にあるや權利《けんり》に屬《ぞく》するものよりも負債《ふさい》に屬《ぞく》するもの多《おほ》きにあらさるか法人《はふにん》の所有《しよいう》する此《こ》の家屋《かおく》が他人《たにん》に抵當《ていたう》として差入《さしい》れあるにあらさるかと云《い》ふか如《ごと》き詳細《しやうさい》の有様《ありさま》を取調《とりしら》ぶること

二　理事《りじ》の業務《げふむ》執行《しつかう》の狀況《じやうきやう》即ち正當《せいたう》に業務《げふむ》を執行《しつかう》しつゝあるや法人《はふにん》に對《たい》して職務上《しよくむじやう》餘《あま》りに不親切《ふしんせつ》なるにはあらさるかと云《い》ふか如《ごと》き其の他《た》凡《すべ》て理事《りじ》が平常《へいじやう》執務《しつむ》の有様《ありさま》を監査《かんさ》すること

三　財産《ざいさん》の狀況《じやうきやう》又《また》は業務《げふむ》の執行《しつかう》に付き不整《ふせい》の廉《かど》あることゝ例《たと》へは財産目錄《ざいさんもくろく》不完全《ふくわんぜん》なるが爲《ため》に法人《はふにん》の財産明確《ざいさんめいかく》ならさることと正當《せいたう》の理由《りゆう》なくして多額《たがく》の負債《ふさい》をなしたることと登記事項《とうきじかう》に變更《へんかう》を生《しやう》したるも一週間内《しうかんない》に其の登記《とうき》を爲《な》さゝるがごとく定款寄附行爲《ていくわんきふかうゐ》又《また》は總會《そうくわい》の決議《けつぎ》に違背《ゐはい》したることと故《ことさ》らに損失《そんしつ》を招《まね》くが如《ごと》き模樣《もやう》あることと等《とう》を發見《はつけん》したるときは社團法人《しやだんはふにん》に付《つい》ては之を總會《そうくわい》に財團法人《ざいだんはふにん》に付《つい》ては之を主務官廳《しゆむくわんちやう》に報告《はうこく》すること

四　前號《ぜんがう》の報告《はうこく》を爲《な》す爲《た》め必要《ひつえう》あるときは總會《そうくわい》を招集《しやうしう》すること

問　監事《かんじ》を置《お》かさるときは本條《ほんでう》の職務《しよくむ》は何人《なんぴと》之を行《おこな》ふへきや

答　財團法人《さいだんはふにん》に付《つい》ては理事《りじ》の他《た》に社員《しやいん》なきか故《ゆゑ》に主務官廳《しゆむくわんちやう》の監督《かんとく》に一任《いちにん》する外社團法人《ほかしやだんはふにん》の場合《ばあひ》に於《おい》て監事《かんじ》を置《お》かさるときは社員之《しやいんこれ》を行《おこな》ふへきものとす但《たゞ》し社員《しやいん》の之を行《おこな》ふは一の權利《けんり》にして義務《ぎむ》にあらさるは當然《たうぜん》なり

第六十條　社團法人ノ理事ハ少クトモ毎年一回社員ノ通常總會ヲ開クコトヲ要ス

○社團法人《しやだんはふじん》の理事《りじ》は少《すくな》くとも毎年《まいねん》一回社員《くわいしやいん》の通常總會《つうじやうそうくわい》を開《ひら》き財産《ざいさん》の狀況《じやうきやう》其の他法人《たほふじん》に關《くわん》する一切《さい》の事《じ》項《こう》を報告《はうこく》すへきものとす

第六十一條　社團法人ノ理事ハ必要アリト認ムルトキハ何時ニテモ臨時總會ヲ招集スルコトヲ得

總社員ノ五分ノ一以上ヨリ會議ノ目的タル事項ヲ示シテ請求ヲ爲シタルトキハ理事ハ臨時總會ヲ招集スルコトヲ要ス但此定數ハ定款ヲ以テ之ヲ增減スルコトヲ得

○本條《ほんでう》は臨時總會《りんじそうくわい》を招集《せうしう》する場合《ばあひ》を規定《きてい》したるものにして其の場合《ばあひ》二あり左定如し

一　理事《りじ》に於《おい》て必要《ひつえう》と認《みと》めたるとき

二　總社員《そうしやいん》の五分《ごぶん》の一以上《いじやう》より會議《くわいぎ》の目的《もくてき》たる事項《じかう》を示して請求《せいきう》したるとき但《たゞ》しこゝに五分《ぶん》の一と云《い》ふも定款《ていかん》に定《さだ》めなき場合《ばあひ》に於《おい》ての定數《ていすう》なるか故《ゆゑ》に定款《ていくわん》を以《もつ》て特《とく》に此定數《このていすう》を定《さだ》めたるときは其の規定《きてい》によるへきものとす

問　臨時總會《りんじそうくわい》とは何《なん》ぞや

答　臨時総會《りんじそうくわい》とは通常總會《つうじやうそうくわい》に對《たい》するの稱《しやう》にして每年定期《まいねんていき》に開《ひら》く所《ところ》の總會《そうくわい》の外《ほか》に或《あ》る事項《じかう》を議《ぎ》せんか爲に開會《かいくわい》するものを云ふ

問　總社員《そうしやいん》の五分《ぶん》の一以上《いじやう》より會議《くわいぎ》の目的《もくてき》たる事項《じかう》を示《しめ》さすして請求《せいきう》あるときは理事《りじ》は總會《そうくわい》を開《ひら》くことを得《じ》さるや

答　理事《りじ》に於《おい》て必要《ひつえう》ありと認《みと》むるときも之《これ》を開《ひら》くことを得《う》べし只條文目的《たゞてうぶんもくてき》たる事項《じかう》を示《しめ》して請求《せいきう》したるときは招集《せうしう》することを要《えう》すとあるか故《ゆゑ》に其の目的《もくてき》たる事項《じかう》を示《しめ》さゝるときは之を招集《せうしう》すると否《いな》とも理事《りじ》の自由權內《じゆうけんない》にあるものとす

第六十二條　總會ノ招集ハ少クトモ五日前ニ其會議ノ目的タル事項ヲ示シ定款ニ定メタル方法ニ從ヒテ之ヲ爲スコトヲ要ス

○理事總會《りじそうくわい》を招集《せうしう》するには少《すくな》くとも五日前《いつかぜん》に其《そ》の會議《くわいぎ》の目的《もくてき》たる事項《じかう》を示《しめ》し定款《ていくわん》に定《さだ》めたる方法《はうはふ》に從《したが》ひて之《これ》を爲《な》すへきものとす

問　條文總會《でうぶんそうくわい》の語中《ごちう》には通常總會《つうじやうそうくわい》をも包含《はうがん》するものなるや否《いな》

答　包含《はうがん》すへし然《しか》れとも通常總會《つうじやうそうくわい》は每年開《まいねんひら》く所《ところ》の諸般《しよはん》の報告《はうこく》をなす爲《ため》の定式會《ていしきくわい》なるが故《ゆゑ》に通常總會《つうじやうそうくわい》を終《おは》り引續《ひきつゞ》きて臨時會《りんじくわい》を開《ひら》き或《あ》る事項《じかう》を協議《けふぎ》せんとする場合《ばあひ》の外《ほか》は通常總會《つうじやうそうくわい》を開《ひら》くべき旨《むね》を報告《はうこく》すれば足《た》るべく敢《あへ》て其《そ》の會議《くわいぎ》の目的《もくてき》たる事項《じかう》を示《しめ》すの要《えう》なきものとす

問　本條《ほんでう》の期日《きじつ》は定款を以《もつ》て増減《ぞうげん》ずることを得《う》るや
答　五日間《いつかかん》とあるを増加《ぞうか》して七日《なぬか》又《また》は十日前《とうかぜん》となすことを得《う》へきも短縮《たんしゆく》して三日又《また》は二日となすことを得さるものとす
問　何故《なにゆゑ》に會議《くわいぎ》の目的《もくてき》たる事項《じかう》を示《しめ》して招集《せうしう》するを要《えう》するや
答　豫《あらかじ》め其《そ》の事項《じかう》の利害《りがい》を考究《かうきう》せしめて輕忽《けいこつ》の議決《ぎけつ》をなさゞらしめんか爲《ため》にして五日前《いつかぜん》とある規定《きてい》と相待《あいまつ》て其效用《そのかうよう》をなすものなり

第六十三條　社團法人ノ事務ハ定款ヲ以テ理事其他ノ役員ニ委任シタルモノヲ除ク外總テ總會ノ決議ニ依リテ之ヲ行フ

○社團法人《しやだんはうじん》の事務《じむ》は一々總會《いちいちそうくわい》の決議《けつぎ》を待《まつ》て行《おこな》ふこと能《あた》はす又事《またこと》の大小《だいしやう》を問《とは》はすして悉《ことごと》く理事《りじ》に一任《いちにん》すること能《あた》はす從《したがつ》て或《あ》る事務《じむ》に付《つい》ては理事其《りじそ》の他《た》の役員《やくいん》に委任《いにん》し或《あ》る事項《じかう》に付《つい》ては總會《そうくわい》の決議《けつぎ》を待《まつ》て行《おこな》ふべきものあり而《しか》して如何《いか》なる事務《じむ》は之《これ》を理事其《りじそ》の他《た》の役員《やくいん》に委任《いにん》すへきやは定款《ていくわん》を以《もつ》て定《さだ》むへきものとす故に理事《りじ》其の他《た》の役員《やくいん》は定款《ていくわん》に於て委任《いにん》せられたるものゝ外《ほか》は總《すべ》て總會《そうくわい》の決議《けつぎ》に依《より》て之を行《おこな》ふものとす

第六十四條　總會ニ於テハ第六十二條ノ規定ニ依リテ豫メ通知ヲ爲シタル事項ニ付テノミ決議ヲ爲スコトヲ得但定款ニ別段ノ定アルトキハ此限ニ在ラス

○總會《そうくわい》に於ては定款に別段《べつだん》の定あるときの外《ほか》第六十二條の規定《きてい》に依りて豫《あらかじ》め通知《つうち》を爲したる事項《じかう》に付

てのみ決議《けつぎ》を爲すへきものとす此の規定《きてい》ある所以《ゆゑん》は豫《あらかじ》め通知を爲さゝる事項《じかう》に付ても決議《けつぎ》をなすことを許《ゆる》すときは一時《じ》の事情《じじやう》の爲《ため》又は二三の人に瞞着《まんちやく》せられて輕忽《けいこつ》に事を決《けつ》し爲に社團法人《しやだんはふじん》の前途《ぜんと》を誤《あやま》るか如き恐《おそ》れあるか故《ゆゑ》なり

問　豫《あらかじ》め通知《つうち》を爲したる事項《じかう》と密接《みつせつ》の關係《くわんけい》あるものは如何《いかん》

答　通知《つうち》したる事項《じかう》と密接《みつせつ》して分離《ぶんり》すへからさるものなるときは一々之を通知《つうち》せさるも其の事項《じかう》中に包含《はうがん》せらるゝものとして決議《けつぎ》をなすことを得へし但《たゞ》し通知《つうち》したる事項《じかう》と果《はた》して密接《みつせつ》して分離《ぶんり》すへからさる事項《じかう》なるや否《いな》やは其の總會《そうくわい》に於て決《けつ》すへきものとす

第六十五條　各社員ノ表決權ハ平等ナルモノトス
總會ニ出席セサル社員ハ書面ヲ以テ表决ヲ爲シ又ハ代理人ヲ出タスコトヲ得
前二項ノ規定ハ定款ニ別段ノ定アル場合ニハ之ヲ適用セス

○總會《そうくわい》の議事《ぎじ》に於ける各社員《かくしやゐん》の表决權《へうけつけん》は平等《びやうどう》なるものとす故に出金額《しゆつきんがく》の多少《たせう》に依て權利《けんり》を異《こと》にすることなし蓋《けだ》し彼《か》の商事會社《しやうじくわいしや》の如く營利を目的とするものにあらすして公益を目的とする所の法人《はふじん》なるか故《ゆゑ》に其の基本《きほん》を人に定《さだ》め一人《にん》一票《べう》と云ふの穩當《おんたう》なるが故《ゆゑ》なり

總會《そうくわい》に出席《しゆつせき》せさる社員《しやゐん》は書面《しよめん》を以て表決《へうけつ》を爲し又は代理人《だいりにん》を出《い》たすことを得るものとす

右《みぎ》二項《かう》の規定《きてい》は定款《ていくわん》に別段《べつだん》の定《さだめ》ある場合《ばあい》例《たとへ》へは各社員《かくしやゐん》の表決權《へうけつけん》に出資額《しゆつしがく》を以て差等《さとう》を設《まう》けたるとき書面《しよめん》を以て表決《へうけつ》を爲すことを禁《きん》したるとき代理人《だいりにん》の資格《しかく》を制限《せいげん》したるときの如《ごと》きは其の定款《ていくわん》によるべき

ものとす

第六十六條　社團法人ト或社員トノ關係ニ付キ議決ヲ爲ス場合ニ於テハ其社員ハ表決權ヲ有セス

○社團法人《しやだんはふじん》と或社員《あるしやゐん》即《すなは》ち社團法人《しやだんはふじん》を組成《そせい》する一員《ゐん》との關係《くわんけい》に付き議決《ぎけつ》を爲す場合《ばあい》に於ては其社員《しやゐん》は表決權《へうけつけん》を有《いう》せさるものとす

問　然《しか》らは其の社員《しやゐん》は總會《そうくわい》に出席《しゆつせき》することを得さるか

答　總會《そうくわい》に出席《しゆつせき》することを得へし故に其事《こと》に關《くわん》して發言討論《はつげんたうろん》するも自由《じいう》なり只《たゞ》其事を決《けつ》する場合《ばあひ》に當《あた》り可否數《かひすう》に加《くは》はることを得さるのみ

第六十七條　法人ノ業務ハ主務官廳ノ監督ニ屬ス

主務官廳ハ何時ニテモ職權ヲ以テ法人ノ業務及ヒ財産ノ狀況ヲ檢査スルコトヲ得

○法人《はふじん》の業務《げふむ》は主務官廳《しゆむくわんちやう》の監督《かんとく》を受《う》くへきものとす

主務官廳は何時《なんどき》にても職權《しよくけん》を以て法人《はふじん》の業務《げふむ》及《およ》ひ財産《ざいさん》の狀況《じやうきやう》を撿査《けんさ》することを得へく理事《りじ》は之を拒《こば》むことを得す

第三節　法人ノ解散

第六十八條　法人ハ左ノ事由ニ因リテ解散ス

一　定款又ハ寄附行爲ヲ以テ定メタル解散事由ノ發生
二　法人ノ目的タル事業ノ成功又ハ其成功ノ不能
三　破產
四　設立許可ノ取消
社團法人ハ前項ニ揭ケタル場合ノ外左ノ事由ニ因リテ解散ス
一　總會ノ決議
二　社員ノ缺亡

問　法人《はふじん》解散《かいさん》の原因《げんゐん》如何《いかん》

答　社團法人《しやだんはふじん》たると財團《さいだん》法人たるとを問《と》はす凡《すべ》て法人は左《さ》の事由《じいう》に因《よ》りて解散《かいさん》するものとす

一　定款《ていくわん》又は寄附行爲《きふかうゐ》を以て或《あ》る事由《じいう》の發生《はつせい》したる場合《ばあい》には當然解散《たうぜんかいさん》すへきものと定《さだ》めたるとき
例《たと》へは寄附行爲《きふかうゐ》を以て甲地《とうち》に帝國大學《ていこくだいがく》を設立《せつりつ》するに當《あた》り若《も》し甲地又は乙地《おつち》に政府《せいふ》に於て大學《だいがく》を設立《せつりつ》したるときは之を廢《はい》すと定《さだ》めたるときの如き又は病理研究《びやうりけんきう》の爲に社團《しやだん》法人を設立《せつりつ》するに當《あた》り其の定款《ていくわん》に政府《せいふ》に於て病理研究所《びやうりけんきうしよ》を設《まう》けたるときは之を廢《はい》すと定《さだ》めたるときの如き後《ご》日《じつ》に至《いた》り政府《せいふ》に於て大學《だいがく》又は病理研究所《びやうりけんきうしよ》を設立《せつりつ》したるときは條文《でうぶん》の所謂解散事由《いはゆるかいさんじいう》の發生《はつせい》あるものとして其の法人《はふじん》は當然解散《たうぜんかいさん》すへきものとす

二　法人《はふじん》の目的《もくてき》としたる事業《じげふ》を成功《せいこう》したるとき又は到底《たうてい》其目的《もくてき》を達《たつ》すること能《あた》はさるに至《いた》りたる

とき例《たと》へは肺病治療法研究《はいびやうちれうはふけんきう》の爲め社團法人《しやだんはふじん》を設立《せつりつ》し研究《けんきう》の末圓滿《すゑゑんまん》なる治療法《ちれうはふ》を發見《はつけん》したるときは其の法人《はふじん》の目的《もくてき》は最早成功《もはやせいかう》したるものなるか故《ゆゑ》に法人を以後《いご》に繼續《けいぞく》するの必要《ひつえう》なく又目的《もくてき》なきを以て以後《いご》に存在《そんざい》すること能《あた》はす又地《ち》を離《はな》るゝこと百里以上《りいじやう》の空中《くうちう》に樓閣《ろうかく》を築《きづ》くへきことを目的《もくてき》とし寄附行爲《きふかうゐ》を以て財團法人を設立《せつりつ》したるも研究《けんきう》の末斯《すゑかく》の如《ごと》きことは到底人力《たうていじんりよく》の及はさる所なること明《あきら》かなるときの如《ごと》きは其の目的不能《もくてきふのう》なるが故に之を以後《いご》に繼續《けいぞく》すること能《あた》はす故に其の目的全《もくてきまつた》く遂《と》け終《をは》りたるとき若《も》くは到底《たうてい》遂くること能《あた》はさるときは其の法人《はふじん》を解散《かいさん》すへきものとす

三　法人《はふじん》の財産中權利《ざいさんちうけんり》に屬《ぞく》するものよりも負債《ふさい》に屬《ぞく》するもの多《おほ》くして到底負債《たうていふさい》を完償《くわんしやう》すること能はさるが爲に破産即《はさんすなは》ち俗《ぞく》に所謂身代限《いはゆるしんだいかぎり》を爲したるときの如き又其の法人《はふじん》を解散《かいさん》すへきものとす

四　官廳《くわんちやう》の許可《きよか》を受《う》けて法人を設立《せつりつ》したる後《のち》に至《いた》り其の許可《きよか》を取消《とりけ》されたるときの如き又解散《かいさん》の原因《げんゐん》となるものとす

以上四箇《か》の原因《げんいん》の外《はい》社團法人は尚《な》は左《さ》の二箇の原因《げんゐん》に因《よ》りて解散《かいさん》するものとす故に財團法人解散《ざいだんはふじんかいさん》の原因《げんゐん》は四箇《か》なるも社團法人解散の原因は六箇なり

一　總會《そうくわい》に於《おい》て次條《じでう》により解散《かいさん》の決議《けつぎ》をなしたるとき

二　社員《しやゐん》の缺亡《けつぼう》を來《きた》したるとき

問　社員《しやゐん》の缺亡《けつばう》とは何《なん》ぞ

答　總社員《そうしやゐん》の全《まつた》く存在《そんざい》せさるに至《いた》りたるを云ふ故に始《はじ》め百人《にん》の社員《しやゐん》ありしも死亡退社等《しばうたいしやとう》の爲に其の半《なかば》は以上《いじやう》を失《うしな》ふも又は一人に減少《げんせう》するも社團法人《しやだんはふじん》は尚《な》ほ存立《そんりつ》し得るものとす

第六十九條　社團法人ハ總社員ノ四分ノ三以上ノ承諾アルニ非サレハ解散ノ決議ヲ爲スコトヲ得ス但定款ニ別段ノ定アルトキハ此限ニ在ラス

○社團法人《しやだんはふじん》は總社員《そうしやゐん》の四分《ぶん》の三以上《いじやう》の承諾《しようだく》あるときの外決議《けつぎ》を以て解散《かいさん》することを得さるものとす但《たゞ》し定款《ていくわん》に於て四分《ぶん》の一又は二と定《さだ》めたるときの如き其の定款《ていくわん》に依《よ》るへきは當然《たうぜん》なり

問　前條《ぜんでう》によりて社團法人《しやだんはふじん》を解散《かいさん》する場合《ばあい》には必《かなら》す本條《ほんでう》の決議《けつぎ》を要《えう》するか

答　否前條《いなぜんでう》第一項《かう》の第一第二第三第四の原因《げんゐん》の爲に解散《かいさん》するときの如きは決議《けつぎ》を要《えう》せさるものとす何《なん》となれは決議《けつぎ》なきも當然解散《たうぜんかいさん》せらるへきものなれはなり故に本條《ほんでう》の決議《けつぎ》を要《えう》するは前條《ぜんでう》第二項《かう》第一の場合《ばあい》に限《かぎ》るものとす

第七十條　法人カ其債務ヲ完濟スルコト能ハサルニ至リタルトキハ裁判所ハ理事若クハ債權者ノ請求ニ因リ又ハ職權ヲ以テ破産ノ宣告ヲ爲ス

前項ノ場合ニ於テ理事ハ直チニ破産宣告ノ請求ヲナスコトヲ要ス

○法人《はふにん》か其債務《そのさいむ》を完濟《くわんさい》することを能《あた》はさるに至《いた》りたるときは裁判所《さいばんしよ》は其理事若《そのりじもし》くは債權者《さいけんしや》の請求《せいきう》に因《よ》り又《また》は請求《せいきう》なきも債務《さいむ》を完濟《くわんせい》するの資力《しりよく》なきものと認《みと》めたるときは職權《しよくけん》を以《もつ》て破産《はさん》の宣告《せんこく》を爲《な》し其法人《はふじん》

を解散《かいさん》せしむることを得《う》るものとす
前項《ぜんこう》の場合即《ばあひすなは》ち債務《さいむ》を全《まつた》く辨償《べんしやう》すること能《あた》はさるに至《いた》りたるときは理事《りじ》は直《ただ》ちに破産宣告《はさんせんこく》の請求《せいきう》を爲すへきものとす

第七十一條　法人カ其目的以外ノ事業ヲ爲シ又ハ設立ノ許可ヲ得タル條件ニ違反シ其他公益ヲ害スヘキ行爲ヲ爲シタルトキハ主務官廳ハ其許可ヲ取消スコトヲ得

問　主務官廳《しゆむくわんちやう》か設立《せつりつ》の許可《きよか》を取消《とりけ》すことを得《う》る場合如何《ばあひいかん》

答　其場合《ばあひ》三あり左《さ》の如《ごと》し

一　目的以外《もくてきいぐわい》の事業《じげふ》を爲《な》したるとき例《たと》へは黒死病《こくしびやう》の研究《けんきう》を目的《もくてき》としたるものにして之と關係《くわんけい》なき肺病《はいびやう》の治療法《ちれうはふ》を研究《けんきう》するときの如《ごと》き然《しか》り

二　設立《せつりつ》の許可《きよか》を得《え》たる條件《でうけん》に違反《ゐはん》したるとき例《たと》へは人家稠密《じんかちやうみつ》ならさる場所《ばしよ》に研究所《けんきうしよ》を設立《せつりつ》すへきことを條件《でうけん》として許可《きよか》したるに之に違背《ゐはい》して人家稠密《じんかちうみつ》の場所《ばしよ》に設立《せつりつ》したるときの如《ごと》き然《しか》り

三　其の他公益《たこうえき》を害《がい》すへき行爲《かうゐ》を爲《な》したるとき例《たと》へは黒死病《こくしびやう》は傳染病《でんせんびやう》にあらさるか故《ゆゑ》に豫防《よばう》の必要《ひつえう》なしと唱《とな》へて愚民《ぐみん》を惑《まど》はしたるときの如《ごと》き然《しか》り

第七十二條　解散シタル法人ノ財産ハ定款又ハ寄附行爲ヲ以テ指定シタル人ニ歸屬ス

定款又ハ寄附行爲ヲ以テ歸屬權利者ヲ指定セス又ハ之ヲ指定スル方法ヲ定メサリシトキハ理事ハ主務官廳ノ許可ヲ得テ其法人ノ目的ニ類似セル目的ノ爲メニ其財産ヲ處分スルコトヲ得但社團法人ニ在リテハ總會ノ決議ヲ經ルコトヲ要ス
前二項ノ規定ニ依リテ處分セラレサル財産ハ國庫ニ歸屬ス

問　解散《かいさん》したる法人《はふにん》の財産《ざいさん》は何人《なんぴと》の有《いう》に歸《き》すへきや

答　定款《ていくわん》又《また》は寄附行爲《きふかうゐ》に於《おい》て其の人《ひと》を指定《してい》したるとき例《たと》へは解散《かいさん》の場合《ばあひ》には甲者《かふしや》、甲者死亡《しばう》したるときは其の相續人《さうぞくにん》に贈與《ぞうよ》すへきと定《さだ》めたるときの如《ごと》き又は明治女學校《めいぢぢよがくかう》、明治女學校廢《はい》せられたるときは梅花女學校《ばいくわ》に寄附《きふ》すへきと定めたるときの如《ごと》きは其《そ》の指定《してい》せられたる人に屬《ぞく》するものとす
然《しか》れとも定款《ていくわん》又は寄附行爲《きふかうゐ》を以《もつ》て前段《ぜんだん》の如き指定《してい》を爲《な》さゝるか又は之を指定《してい》するも指定せられたる人死亡《しばう》して相續人存《さうぞくにんそん》せさるか又《また》は之を指定《してい》する方法《はうはふ》を定《さだ》めさりしときは理事《りじ》は主務官廳《しゆむくわんちやう》の許可《きよか》を得《え》て其の法人《はふじん》の目的《もくてき》に類似《るいじ》せる目的《もくてき》の爲《た》めに其財産《ざいさん》を處分《しよぶん》することを得《う》るものとす但《たゞ》し社團法人《しやだんはふじん》に在《あ》りては總會《そうくわい》の決議《けつぎ》なくして理事自由《りじじゆう》に本項《ほんかう》の處分《しよぶん》をなすことを得《え》さるは當然《たうぜん》なり
前《ぜん》二項《かう》の規定《きてい》に依《よ》りて處分《しよぶん》せられさる財産《ざいさん》は國《くに》の所有《しよいう》となるものとす

問　指定《してい》する方法《はうはふ》を定《さだ》めさりしときとは如何《いか》なる場合《ばあひ》を云《い》ふや

答　理事《りじ》又は總會《そうくわい》の決議《けつぎ》又は甲者《かふしや》の指定《してい》によりて歸屬者《きぞくしや》を定《さだ》むへしと云はさるときの如きを云ふ但《たゞ》し學校《がくかう》に寄附《きふ》すへしと定《さだ》むるも如何《いか》なる學校《がくかう》に寄附《きふ》すへきやを明示《めいし》せさるときの如きも此語中《このごちう》に包含《はうがん》

せしむるの意《い》なるべし

問　法人《はふじん》の目的《もくてき》に類似《るゐじ》せる目的《もくてき》の爲めに其財產《ざいさん》を處分《しよぶん》する場合《ばあひ》とは何《なん》ぞ

答　法人《はふじん》の目的《もくてき》が傳染病《でんせんびやう》の硏究《けんきう》にあるとき又は圖書館《としよくわん》なるときの如き場合《ばあひ》に於《おい》て解散《かいさん》せられ定款《ていくわん》又は寄附行爲《きふかうゐ》に歸屬權利者《きぞくけんりしや》を定《さだ》めさるときは之と類似《るゐじ》せる目的《もくてき》の爲めに例《たと》へは他《た》に傳染病硏究所《でんせんびやうけんきうしよ》又は圖《と》書館《しよくわん》あるときは其の硏究所《けんきうしよ》又は圖書館《としよくわん》に寄附《きふ》することを得《う》るか如《ごと》きを云ふ

問　定款《ていくわん》に歸屬權利者《きぞくけんりしや》を定《さだ》めす又第二項《かう》に依《よ》ることも能《あた》はさるときは社團法人《しやだんはふじん》の財產《ざいさん》を社員間《しやいんかん》に分配《ぶんぱい》することを得《え》さるや

答　其《そ》の旨《むね》を定款《ていくわん》に定《さだ》め置《お》かさるときは本條第三項《ほんでうだいさんかう》の規定《きてい》により國庫《こくこ》の所有《しよいう》に屬《ぞく》すへきか故《ゆゑ》に社員間《しやいんかん》に分配《ぶんぱい》することを得さるものとす

第七十三條　解散シタル法人ハ清算ノ目的ノ範圍內ニ於テハ其清算ノ結了ニ至ルマテ尙ホ存續スルモノト看做ス

○第六十八條に記載《きさい》したる原由《げんゆう》あるか爲《ため》に法人《はふじん》を解散《かいさん》したる場合《ばあひ》と雖《いへど》も清算《せいさん》の目的《もくてき》の範囲內《はんいない》に於《おい》ては例《たと》へは債權《さいけん》の取立《とりたて》の爲《ため》に訴訟《そしやう》を提出《ていしゆつ》するときの如き若《も》くは債務《さいむ》の辨濟《べんさい》の爲《ため》に必要《ひつえう》なる財產《ざいさん》を賣却《ばいきやく》するときの如きは其清算《せいさん》の結了《けつれう》に至《いた》るまて尙《な》は法人《はふじん》として存在《そんざい》するものと看做《みな》すものなり

第七十四條　法人カ解散シタルトキハ破產ノ場合ヲ除ク外理事其清算人ト爲ル但定款若クハ寄附行爲ニ別段ノ定アルトキ又ハ總會ニ於テ他人ヲ選任シタルトキ

ハ此限ニ在ラス

問　法人《はふじん》解散《かいさん》ゑたるときは何人《なんぴと》か其の清算人《せいさんにん》となるや

答　破産《はさん》の爲《ため》に解散《かいさん》したるときと其《そ》の他《た》の原因《げんゆう》の爲《ため》に解散《かいさん》したるときとに因《よう》て清算人《せいさんにん》を異《こと》にするものなり即《すなは》ち左《さ》の如《ごと》し

破産《はさん》の爲に解散《かいさん》したるときは破産管財人《はさんくわんざいにん》其清算《せいさん》をなすものとす

其の他《た》の原由《げんゆう》の爲《ため》に解散《かいさん》したるときは定款《ていくわん》若《もし》くは寄附行爲《きふかうゐ》に別段《べつだん》の定《さだ》めあるとき又は總會《そうくわい》に於《おい》て他《た》人《にん》を選任《せんにん》したるときの外《ほか》は理事《りじ》其の清算人《せいさんにん》と爲《な》るものとす

第七十五條　前條ノ規定ニ依リテ清算人タル者ナキトキ又ハ清算人ノ欠ケタル爲メ損害ヲ生スル虞アルトキハ裁判所ハ利害關係人若クハ檢事ノ請求ニ因リ又ハ職權ヲ以テ清算人ヲ選任スルコトヲ得

○前條《ぜんでう》の規定《きてい》に依《よ》りて清算人《せいさんにん》たる者《もの》なきとき又も死亡《しばう》、辞任《じにん》其の他《た》の原因《げんゐん》により清算人《せいさんにん》の缺《かけ》たる爲《た》め法人《はんじん》に損害《そんがい》を生《しやう》ずる虞《おそれ》あるときは裁判所《さいばんしよ》も利害關係人《りがいくわんけいにん》若《もし》くは檢事《けんじ》の請求《せいきう》に因《よ》り又は職權《しよくけん》を以《もつ》て清算人《せいさんにん》を選任《せんにん》することを得《う》るものとす

第七十六條　重要ナル事由アルトキハ裁判所ハ利害關係人若クハ檢事ノ請求ニ因リ又ハ職權ヲ以テ清算人ヲ解任スルコトヲ得

問　裁判所《さいばんしよ》は清算人《せいさんにん》を解任《かいにん》することを得るや

答　重要《ちうにう》なる事由《じゆう》あるとき例《たと》へは不正《ふせい》の利益《りえき》を圖《はか》りて法人《はふにん》の損失《そんしつ》を顧《かへ》みさるか如《ごと》き場合《はあひ》に於《おい》て之を解《かい》任《にん》することを得《う》へし而《しか》して其の清算人《せいさんにん》の裁判所《さいばんしよ》に於《おい》て選任《せんにん》したるものなると否《いな》とを問《と》はさるものとす又利害關係人若《りがいくわんけいにんもし》くは檢事《けんじ》の請求《せいきう》なき場合《はあひ》と雖《いへど》も裁判所《さいばんしよ》は其の職權《しよくけん》を以《もつ》て解任《かいにん》することを得へし

第七十七條　清算人ハ破産ノ場合ヲ除ク外解散後一週間内ニ其氏名、住所及ヒ解散ノ原因、年月日ノ登記ヲ為シ又何レノ場合ニ於テモ之ヲ主務官廳ニ屆出ツルコトヲ要ス

清算中ニ就職シタル清算人ハ就職後一週間内ニ其氏名、住所ノ登記ヲ為シ且ツ之ヲ主務官廳ニ屆出ツルコトヲ要ス

○清算人《せいさんにん》は破産《はさん》の場合《ばあひ》を除《のぞ》く外法人《ほかはふじん》の解散後《かいさんご》一週間内《しうかんない》に其氏名《しめい》、住所及《ちうしよおよ》び解散《かいさん》したる原因《げんいん》、年月日《ねんぐわつぴ》の登記《とうき》を爲し又破産《またはさん》の原由《げんゆう》の爲に解散《かいさん》したると否《いな》とを問はす之《とは》を主務官廳《しゆむくわんちやう》に屆出《とゞけい》つへきものとす清算中《せいさんちう》に缺員《けついん》其の他《た》の事故《じこ》によりて就職《しうしよく》したる清算人《せいさんにん》は其の職《しよく》に就《つき》きたる後《のち》一週間内《しうかんない》に其の氏名《しめい》。住《ちう》所《しよ》の登記《とうき》を爲《な》し且《か》つ之を主務官廳《しゆむくわんちやう》に屆出《とゞけい》つへきものとす

第七十八條　清算人ノ職務左ノ如シ

一　現務ノ結了

二　債權ノ取立及ヒ債務ノ辨濟

三　殘餘財産ノ引渡

清算人ハ前項ノ職務ヲ行フ爲メニ必要ナル一切ノ行爲ヲ爲スコトヲ得

問　清算人《せいさんにん》の職務《しよくむ》如何《いかん》

答　清算人《せいさんにん》の職務《しよくむ》に三あり左の如し

一　現務《げんむ》の結了《けつりよう》即《すなは》ち解散《かいさん》のとき半途《はんと》にして未《いま》だ成《な》し終《おは》らざる事務《じむ》あるときは之を結了《けつりやう》すること

二　債權《さいけん》あらは之を取《と》り立債務《たてさいむ》あらは之を辨償《べんしやう》すること

三　殘餘《ざんよ》の財産《ざいさん》あるときは即《すなは》ち盡《ことごと》く債務《さいむ》を辨濟《べんさい》して尚《な》ほ餘《あま》りあるときは其の財産《ざいさん》の歸屬者《きぞくしや》に之を引《ひき》渡《わた》すこと

清算人《せいさんにん》は右《みぎ》に掲《かゝ》げたる職務《しよくむ》を行《おこな》ふ爲《た》めに必要《ひつえう》なる一切《いつさい》の行爲《かうゐ》をなすことを得《う》るものとす

第七十九條　清算人ハ其就職ノ日ヨリ二个月内ニ少クトモ三回ノ公告ヲ以テ債權者ニ對シ一定ノ期間内ニ其請求ノ申出ヲ爲スヘキ旨ヲ催告スルコトヲ要ス但其期間ハ二个月ヲ下ルコトヲ得ス

前項ノ公告ニハ債權者カ期間内ニ申出ヲ爲サヽルトキハ其債權ハ清算ヨリ除斥セラルヘキ旨ヲ附記スルコトヲ要ス但清算人ハ知レタル債權者ヲ除斥スルコトヲ得ス

清算人ハ知レタル債權者ニハ各別ニ其申出ヲ催告スルコトヲ要ス

○清算人《せいさんにん》は其《そ》の職《しよく》に就《つ》きたる日より二个月内《げつない》に少《すく》くも三回《くわい》の公告《こうこく》を以て法人の債權者《さいけんしや》に對《たい》し來《きた》る何月《なんげつ》

何日《なんにち》までと云ふが如く一定《てい》の期《き》間内《かんない》に其の請求《せいきう》の申出《まをしいて》を為すへき旨《むね》を催告《さいこく》すへきものとす但し其の期《き》間《かん》は少《すく》くも滿《まん》二个月の猶豫《いうよ》を與《あた》へさるへからす故に四月一日第一回《くわい》の公告《こうこく》を以て來《きた》る三十日又は五月十日迄《まで》に申出《まをしい》つへしと云ふか如く二个月を下りて其の期日《きじつ》を定《さだ》むることを得す

右《みぎ》の公告《こうこく》には債權者《さいけんしや》か若《も》し其の期間内《きかんない》に申出《まをしいて》をなさゝるときは其人《ひと》の債權《さいけん》は清算《せいさん》より除斥《ちよせき》せらるへき旨《むね》を附記《ふき》すへきものとす此の附記《ふき》あるにも拘《かゝは》らす債權《さいけん》の申出《まをしいて》なきときは清算人《せいさんにん》は他《た》に債權者《さいけんしや》なきか又は其債權《さいけん》を拋棄《はうき》したるものと看做《みな》して清算中《せいさんちう》に算入《さんにふ》せさるものとす然《しか》れとも清算人《せいさんにん》に於《おい》て債權者《さいけんしや》あることを知《し》り居《を》るとき例《たと》へは法人《はふじん》の帳簿證書扣《ちやうぼしようしよひかへ》其の他の原因《げんいん》により甲某《かふなにがし》か債權者《さいけんしや》なりと知《し》りたるときの如きは期間内《きかんない》に申出《まをしいて》をなさゝるを理由《りいう》として之を除斥《ちよせき》することを得す故に此の塲合《はあひ》に於て清算人《せいさんにん》は特《とく》に其の申出《まをしいて》を催告《さいこく》することを要す

第八十條　前條ノ期間後ニ申出テタル債權者ハ法人ノ債務完濟ノ後未タ歸屬權利者ニ引渡ササル財産ニ對シテノミ請求ヲ為スコトヲ得

○前條《ぜんでう》の期間後《きかんご》に申出てたる債權者《さいけんしや》は法人《はふじん》の債務《さいむ》を盡《こと〴〵》く辨濟《べんさい》し其の餘《あま》れる財産《ざいさん》を未《いま》た歸屬權利者《きぞくけんりしや》に引渡《ひきわた》さゝるときにあらされは辨濟《べんさい》を受《う》くることを得さるものとす故に債務《さいむ》を完濟《くわんさい》して殘《のこ》れる所の財産《ざいさん》を歸屬權利者《きぞくけんりしや》に引渡《ひきわた》したる後《のち》なるときは其の歸屬權利者《きぞくけんりしや》に對《たい》して請求《せいきう》するの權《けん》なし蓋《けだ》し自己《じこ》の過失《くわしつ》によりて生《しやう》したる損害《そんがい》は自己自《じこみづか》ら之を負擔《ふたん》すへきは當然《たうぜん》なり

第八十一條　清算中ニ法人ノ財産カ其債務ヲ完濟スルニ不足ナルコト分明ナルニ

至リタルトキハ清算人ハ直チニ破産宣告ノ請求ヲ為シテ其旨ヲ公告スルコトヲ要ス

清算人ハ破産管財人ニ其事務ヲ引渡シタルトキハ其任ヲ終ハリタルモノトス

本條ノ場合ニ於テ既ニ債權者ニ支拂ヒ又ハ歸屬權利者ニ引渡シタルモノアルトキハ破産管財人ハ之ヲ取戻スコトヲ得

問　清算中《せいさんちう》に法人《はふじん》の財産《ざいさん》か其負擔《ふたん》する債務《さいむ》の全部《ぜんぶ》を辨濟《べんさい》するに不足《ふそく》なること分明《ぶんめい》なるに至《いた》りたるとき例《たと》へは法人の財産《ざいさん》五千圓あるに對《たい》し第七十九條により申出《まをしいで》たる債權者《さいけんしや》の金額總計《きんがくそうけい》七千圓なるときの如きは清算人《せいさんにん》は如何《いか》に處分《しよぶん》すへきや

答　此場合《このばあひ》に於《おい》ては裁判所《さいばんしよ》に破産宣告《はさんせんこく》の請求《せいきう》を爲して其旨《むね》を公告《こうこく》し其事務《じむ》を破産管財人《はさんくわんざいにん》に引渡《ひきわた》すへく之を引渡《ひきわた》したるときは其任《にん》を終《を》はりたるものとす

問　本條《ほんでう》の場合《ばあひ》に於て既《すで》に債權者《さいけんしや》に支拂《しはら》ひ又は歸屬權利者《きぞくけんりしや》に引渡《ひきわた》したるものあるときは如何《いか》にすへきや

答　此場合《このばあひ》に於ては破産管財人《はさんくわんざいにん》は之を取戻《とりもど》すことを得るものとす何《なん》となれは未《いま》た支拂《しはら》ひ又は引渡《ひきわた》すへからさるに之をなしたるものなれはなり

第八十二條　法人ノ解散及ヒ清算ハ裁判所ノ監督ニ屬ス

裁判所ハ何時ニテモ職權ヲ以テ前項ノ監督ニ必要ナル検査ヲ為スコトヲ得

問　法人《はふじん》の解散《かいさん》及ひ清算《せいさん》は何人《なんぴと》に於て之を監督《かんとく》すへきや

答　裁判所《さいばんしよ》に於て監督《かんとく》すへきものとす故に裁判所は何時《なんどき》にても職權《しよくけん》を以て其の監督に必要《ひつよう》なる檢査《けんさ》を爲すことを得へし

第八十三條　清算カ結了シタルトキハ清算人ハ之ヲ主務官廳ニ屆出ツルコトヲ要ス

問　清算人《せいさんにん》第七十八條に定《さだ》めたる職務《しよくむ》を爲し終《をは》りたるときは如何《いか》にすへきや

答　其の監督《かんとく》を受《う》くる主務官廳《しゆむくわんちやう》に清算結了《せいさんけつれう》の旨《むね》を屆出《とゞけい》つへきものとす

第四節　罰則

第八十四條　法人ノ理事、監事又ハ清算人ハ左ノ場合ニ於テハ五圓以上二百圓以下ノ過料ニ處セラル

一　本章ニ定メタル登記ヲ爲スコトヲ怠リタルトキ

二　第五十一條ノ規定ニ違反シ又ハ財産目錄若クハ社員名簿ニ不正ノ記載ヲ爲シタルトキ

三　第六十七條又ハ第八十二條ノ場合ニ於テ主務官廳又ハ裁判所ノ檢査ヲ妨ケタルトキ

四　官廳又ハ總會ニ對シ不實ノ申立ヲ爲シ又ハ事實ヲ隱蔽シタルトキ

五　第七十條又ハ第八十一條ノ規定ニ反シ破産宣告ノ請求ヲ爲スコトヲ怠リタルトキ

六　第七十九條又ハ第八十一條ニ定メタル公告ヲ爲スコトヲ怠リ又ハ不正ノ公告ヲ爲シタルトキ

○社團《しやだん》と財團《ざいだん》とを問《と》はす凡《すべ》て法人《はふじん》の理事《りじ》、監事《かんじ》又は清算人《せいさんにん》は左《さ》の場合《ばあひ》に於ては五圓以上《いじやう》二百圓以下《いか》の過料《くわれう》に處《しよ》せらるゝものとす

一　本章《ほんしやう》に定《さだ》めたる登記《とうき》を爲すことを怠《おこ》りたるとき例《たと》へは設立《せつりつ》の日より二週間内《しうかんない》に登記を爲さゞるとき登記事項《とうきじかう》に變更《へんかう》を生したるも一週間内《しうかんない》に其登記を爲さゞるとき又は清算人《せいさんにん》か第七十七條によりて爲すへき登記を怠《おこた》りたるときの如《ごと》き然《しか》り

二　第五十一條の規定《きてい》に違反《ゐはん》したるとき又は財産目録《ざいさんもくろく》若《も》しくは社員名簿《しやゐんめいぼ》に不正《ふせい》の記載《きさい》例《たと》へは有《いう》を無《む》とし無《む》を有《いう》と記載《きさい》したるとき

三　第六十七條又は第八十二條の場合《ばあひ》に於て主務官廳《しゆむくわんちやう》又は裁判所《さいばんしよ》の檢査《けんさ》を妨《さまた》けたるとき

四　主務官廳《しゆむくわんちやう》なると裁判所なるとを問《と》はす凡《すべ》て官廳又は總會《そうくわい》に對《たい》し不實《ふじつ》の申立《まをしたて》即《すなは》ち眞實《しんじつ》にあらさる申立《まをしたて》を爲し又は事實《じじつ》を隱蔽《いんぺい》(オホヒカクスコト)したるとき

五　第七十條又は第八十一條の規定《きてい》に違反《ゐはん》し破産宣告《はさんせんこく》の請求《せいきう》を爲すことを怠《おこた》りたるとき

六　第七十九條又は第八十一條に定《さだ》めたる公告《こうこく》を爲すことを怠《おこた》り又は不正《ふせい》の公告《こうこく》を爲したるとき

問　過料《くわれう》は刑罰《けいばつ》なるや否《いな》

答　純然《じゆんぜん》たる刑罰《けいばつ》にあらす然《しか》れとも民事上《みんじじやう》の刑罰《けいばつ》と言《い》ふも妨《さまた》げなかるへし

第三章　物

第八十五條　本法ニ於テ物トハ有體物ヲ謂フ

問　物《もの》とは何《なん》そや

答　物《もの》とは有体物《いうたいぶつ》を謂《い》ふ故に舊民法《きうみんぱふ》に於て無体物《むたいぶつ》としたる物權人權著述者技術者《ぶつけんじんけんちよじゆつしやぎじゆつしや》及ひ發明者《はつめいしや》の權利《けんり》の如きは本法《ほんぱふ》の所謂物《いはゆるもの》にあらす

第八十六條　土地及ヒ其定著物ハ之ヲ不動產トス

此他ノ物ハ總テ之ヲ動產トス

無記名債權ハ之ヲ動產ト看做ス

問　如何《いか》なる物《もの》は動產《どうさん》にして如何《いか》なる物は不動產《ふどうさん》なるや

答　土地《とち》及ひ其土地《とち》の定著《ていちやく》したる物は不動產《ふどうさん》にして其の他《た》は凡《すべ》て動產《どうさん》なり又無記名債權《むきめいさいけん》は之を動產《どうさん》と看做《みな》す

問　定著物《ていちやくぶつ》とは何《なん》そ

答　定着物《ていちやくぶつ》とは土地《とち》に附着《ふちやく》して分離《ぶんり》すへからさる物《もの》又は分離《ぶんり》するときは著しく之を毀損《きそん》する物《もの》を言《い》ふ

問　動產不動產《どうさんふどうさん》に就《つ》き二三の例《れい》を擧《あ》けよ

答 耕地《かうち》、宅地《たくち》、家屋《かおく》、倉庫《さうこ》、樹木《じゆもく》、墻等《とう》の如きは不動産《ふどうさん》にして時計《とけい》、衣服《いふく》、書籍《しよせき》、机等《つくゑとう》の如きも動産《どうさん》なり

第八十七條 物ノ所有者カ其物ノ常用ニ供スル爲メ自己ノ所有ニ屬スル他ノ物ヲ以テ之ニ附屬セシメタルトキハ其附屬セシメタル物ヲ從物トス

從物ハ主物ノ處分ニ隨フ

問 從物《じうぶつ》とは何《なん》そ

答 物《もの》の所有者《しよいうしや》か其物の常用《じやうよう》に供《きよう》する爲め自己《じこ》の所有《しよいう》に屬《ぞく》する他の物《もの》を以て之に附屬《ふぞく》せしめたるとき例へは耕作地《かうさくち》を有《いう》する者か耕作《かうさく》の用《よう》にのみ供《きよう》せんか爲め農具《のうぐ》又は牛馬《ぎうば》を其耕作地に附屬《ふぞく》するものとしたるときの如き其附屬物《ふぞくぶつ》を從物《じうぶつ》と云ふ條文《でうぶん》其物の常用《じやうよう》に供《きよう》する爲めとあり故に一時《じ》主《しゆ》たる物の爲に使用《しよう》するも從物《じうぶつ》となすこと能《あた》はす又自己《じこ》の所有《しよいう》に屬《ぞく》する他《た》の物《もの》を以てとあり故に他人《たにん》の所有《しよいう》に屬《ぞく》するものは從物《じうぶつ》となすこと能《あた》はす

問 主物《しゆぶつ》を賣買讓與《ばいばいじやうよ》したるときは其從物《じうぶつ》は如何《いか》にすへきや

答 從物《じうぶつ》は主物《しゆぶつ》の處分《しよぶん》に從《したが》ふものとす故に主物《しゆぶつ》を賣買讓與《ばいばいじやうよ》したるときは反對《はんたい》の約束《やくそく》なき以上《いじやう》は其從物《じうぶつ》も共《とも》に賣買讓與したるものと看做《みな》すへきものとす

第八十八條 物ノ用方ニ從ヒ收取スル産出物ヲ天然果實トス

物ノ使用ノ對價トシテ受クヘキ金錢其他ノ物ヲ法定果實トス

問 天然果實《てんねんくわじつ》とは何そ

答　天然果實とは鑛山《くわうざん》の如きものと田畑《でんばた》の如きものとを問《と》はす凡《すべ》て物の定《さだ》まり居る用方《もちゐかた》に從《したが》ひ收取《しうしゆ》する產出物《さんしゆつぶつ》を謂《い》ふ鑛山《くわうざん》より採掘《さいくつ》する金銀銅《きんぎんどう》の如き田畑《でんばた》より採收《さいしう》する米麥《こめむぎ》の如き即《すなは》ち然《しか》り

問　法定果實《はふていくわじつ》とは何《なん》ぞ

答　物の使用《しよう》の對價《たいか》として受《う》くとき金錢《きんせん》其他の物《もの》を法定果實《はふていくわじつ》と謂ふ貸金《かしきん》の利足《りそく》の如き家賃《かちん》の如き又は家賃の代《かは》りに納《おさ》むる米麥《こめむぎ》の如き即《すなは》ち然《しか》り

第八十九條　天然果實ハ其元物ヨリ分離スル時ニ之ヲ收取スル權利ヲ有スル者ニ屬ス

法定果實ハ之ヲ收取スル權利ノ存續期間日割ヲ以テ之ヲ取得ス

○天然果實は其元物卽《そのげんぶつすなは》ち果實を生《しやう》する所の元物《げんぶつ》より分離《ぶんり》する時に之を收取《しうしゆ》する權利を有《いう》する者《もの》に屬《ぞく》するものとす例《たと》へは樹木《じゆもく》の果實《くわじつ》の如き之を枝《えだ》より分離《ぶんり》したるときは其分離と同時《どうじ》に果實《くわじつ》を收取《しうしゆ》する權利《けんり》を有《いう》する者に屬《ぞく》するものなり

法定果實《はふていくわじつ》は之を收取《しうしゆ》する權利《けんり》の存續期間《そんぞくきかん》日割《ひわり》を以て之を取得《しゆとく》するものとす故に一ケ年《ねん》二百圓の約束《やくそく》にて家屋《かおく》を人に貸渡《かしわた》したるものが其家屋《かおく》を他人《たにん》に賣却《ばいきやく》したるときの如き賣渡人《うりわたしにん》は日割《ひわり》にて其家賃《やちん》を取得《しゆとく》するものとす

第四章　法律行爲

○本章《ほんしやう》を分《わか》て五節《せつ》となす第一節に於ては總則《そうそく》を規定《きてい》し第二節には意思表示《いしへうじ》第三節には代理《だいり》第四節に

は無效《むかう》及ひ取消《とりけし》第五節には條件《うけん》及ひ期限《きげん》のことを規定《きてい》したり

第一節　總則

第九十條　公ノ秩序又ハ善良ノ風俗ニ反スル事項ヲ目的トスル法律行爲ハ無效トス

○公《おほやけ》の秩序《ちつじよ》又は善良《ぜんりやう》の風俗《ふうぞく》に反《はん》する事項《じかう》を目的《もくてき》とする法律行爲《はふりつかうゐ》は無效《むかう》なり故に子《こ》か父母《ふぼ》に孝順《かうじゆん》の道《みち》を盡《つく》さゝることを約束《やくそく》したるときの如き人の妻《つま》たる婦女《ふぢよ》か貞操《ていさう》を破《や》ふることを條件《でうけん》として或ることを約束したるときの如き善良《ぜんりやう》の風俗《ふうぞく》に反《はん》するか故に又私《ひそ》かに阿片烟《あへんえん》の器具《きぐ》を輸入《ゆにふ》すへきことを約束《やくそく》したるときの如《ごと》き僞造貨幣《ぎぞうくわへい》を使用《しよう》することを約束《やくそく》したるときの如きも公《おほやけ》の秩序《ちつぢよ》に反《はん》するか故に凡て無效《むかう》となるものとす

問　法律行爲《はふりつかうゐ》とは何《なん》そ

答　法律行爲《はふりつかうゐ》とは法律上《はふりつじやう》の效力《かうりよく》を生せしめんとする行爲《かうゐ》を謂《い》ふ婚姻養子緣組賣買貸借等《こんいんようしゑんぐみばいばいたいしやくとう》の如《ごと》き即ち然《しか》り

第九十一條　法律行爲ノ當事者カ法令中ノ公ノ秩序ニ關セサル規定ニ異ナリタル意思ヲ表示シタルトキハ其意思ニ從フ

問　法律行爲の當事者《たうじしや》か法令《はふれい》の規定《きてい》に異《こと》なりたる意思《いし》を表示《へうし》したるときは其效力如何《かうりよくいかん》

答　此場合《このばあひ》に於ては其法令《はふれい》の公《おほやけ》の秩序《ちつじよ》に關《くわん》する規定《きてい》なると否《いな》とに依《より》て效果《かうくわ》を異《こと》にするものとす即《すなは》ち其

法令《はふれい》か公の秩序《ちつじよ》に關する規定《きてい》なるときは之に異《こと》なりたる意思表示《いしへうし》は無效《むかう》なるへきも公《おほやけ》の秩序《ちつじよ》に關せさる規定《きてい》なるときは其異《こと》なりたる意思《いし》に從《したが》ふへきものとす

第九十二條　法令中ノ公ノ秩序ニ關セサル規定ニ異ナリタル慣習アル場合ニ於テ法律行爲ノ當事者カ之ニ依ル意思ヲ有セサルモノト認ムヘキトキハ其慣習ニ從フ

○法律命令中《はふりつめいれいちう》の公の秩序《ちつじよ》に關せさる規定《きてい》に異《こと》なりたる慣習《くわんしう》ある場合《ばあひ》に於て法律行爲の當事者《たうじしや》か其慣習《くわんしう》に依《よ》る意思《いし》を有《いう》せるものと認《みと》むへきときは其慣習《しうくわん》に從《したが》ふへきものとす

第二節　意思表示

第九十三條　意思表示ハ表意者カ其眞意ニ非サルコトヲ知リテ之ヲ爲シタル爲メ其效力ヲ妨ケラルルコトナシ但相手方カ表意者ノ眞意ヲ知リ又ハ之ヲ知ルコトヲ得ヘカリシトキハ其意思表示ハ無效トス

問　表意者《ひやういしや》とは何《なん》そ

答　表意者《ひやういしや》とは意思《いし》を發表《はつぴやう》するものを謂《い》ふ例《たと》へは賣《う》らんと言《い》ふか如《ごと》き買《か》はんと言《い》ふか如《ごと》き又《また》は或《あ》る物《もの》を贈與《ぞうよ》せんと言《い》ふか如《ごと》きは皆其意思《みなそのいし》を發表《はつひやう》したる者《もの》なるか故《ゆゑ》に表意者《ひやういしや》なり但《たゞ》し其表示《そのひやうし》は言語《げんご》を以《もつ》て、するとは書面《しよめん》を以《もつ》てするとを問《と》はさるものとす

問　表意者《ひやういしや》か相手方《あひてかた》を欺《あざむ》かんか爲《た》めに眞正《しんせい》の意思《いし》に非《あら》さるものを表示《ひやうじ》したるときは其效力如何《そのかうりよくいかん》

答　相手方《あひてかた》か表意者《ひやういしや》の眞意《しんい》を知《し》り又《また》は之を知《し》ることを得《う》へかりしときなると否《いな》とに依《よつ》て其效力《そのこうりよく》を異《こと》にす即《すなは》ち相手方《あひてかた》が之を知《し》り又は知《し》ることを得へかりしときは表意者《ひやういしや》か相手方《あひてかた》を欺《あざむ》かんか爲《た》に眞正《しんせい》の意《い》思《し》に非《あら》さることを表示《ひやうし》するも其意思表示《いしひやうし》は無效《むかう》なるも反對《はんたい》の場合《ばあひ》に於《おい》ても有效《ゆうこう》なり例《たと》へは甲者乙者《かふしやおつしや》に對《たい》して所有《しよいう》の家屋《かおく》を賣却《ばいきやく》するの意思《いし》なきも乙者《おつしや》を欺《あざむ》かんと欲《ほつ》して家屋《かおく》を賣却《ばいきやく》すへしと約《やく》したるときの如き乙者《おつしや》か甲者《かふしや》の眞意《しんい》即《すなは》ち賣却《ばいきやく》するの意思《いし》なきことを知《し》りたるときは甲者《かふしや》の意思表示《いしひやうじ》は無效《むかう》なるも之を知《し》らさるとき即《すなは》ち賣却《ばいきやく》するの意思《いし》なりと信《しん》したるときは其意思表示《いしひやうじ》は有效《ゆうこう》にして甲者《かふしや》は賣《ばい》却《きやく》すへしと約《やく》したるは其眞意《しんい》にあらさることを主張《しゆちやう》して之を無效《むかう》とすることを能《あた》はす

第九十四條　相手方ト通シテ爲シタル虚僞ノ意思表示ハ無效トス

前項ノ意思表示ノ無效ハ之ヲ以テ善意ノ第三者ニ對抗スルコトヲ得ス

問　相手方《あひてかた》と通《つう》して爲《な》したる虚僞《きよぎ》の意思表示《いしひやうじ》とは何《なん》ぞ

答　第三者《だいしや》を欺《あざむ》かんか爲《ため》に相手方《あひてかた》と共《とも》に虚僞《きよぎ》の意思《いし》を表示《ひやうじ》したるを謂《い》ふ例《たと》へは丙者《へいしや》を欺《あざむ》かんか爲《ため》に甲乙通謀《おつつうぼう》して甲《かふ》は乙《おつ》に米千石《こめせんごく》を贈與《ぞうよ》するの意《い》なきに之を贈與《ぞうよ》すへしと約《やく》し乙《おつ》は甲《かふ》の贈與《ぞうよ》の虚僞《きよぎ》なることを知《し》りながら之を受《う》くることを諾《だく》し二人《にん》の間《あひだ》に眞《しん》に贈與《ぞうよ》の約束《やくそく》の成立《せいりつ》したる如《と》く示《しめ》して第三者を欺《あざむ》かんとする場合《ばあひ》の如《ごと》き即《すなは》ち然《しか》り

問　其意思表示《そのいしひやうし》の效力如何《こうりよくいかん》

答　前例《ぜんれい》の如き意思表示《いしひやうじ》は無效《むかう》なり何《なん》となれは贈與《ぞうよ》すへしと言《い》ふも贈與《ぞうよ》するの意《い》あるにあらす又之《またこれ》を

受《う》くへしと言《い》ふも受《う》くるの意《い》あるにあらされはなり然《しか》れとも此無效《むかう》は善意《ぜんい》の第三者に對抗《たいかう》することを得《ゑ》さるものとす故《ゆゑ》に前例《ぜんれい》の場合《ばあひ》に於《おい》て乙者《おつしや》か甲者《かふしや》より贈與《ざうよ》せらるゝ所《ところ》の米《こめ》千石を時價《じか》の二割引《わりひき》を以て賣却《ばいきやく》すへしと丙者《へいしや》に約《やく》したるときの如《ごと》き丙者《へいしや》にして虚僞《きよぎ》の意思表示《いしへうじ》なることを知《し》らさる以上《いじやう》は乙者《おつしや》は甲者《かふしや》の贈與《ざうよ》の虚僞《きよぎ》なることを理由《りゆう》として其賣買《ばいゝ》の無效《むかう》を主張《しゆちやう》することを能《あた》はさるものとす

第九十五條　意思表示ハ法律行爲ノ要素ニ錯誤アリタルトキハ無效トス但表意者ニ重大ナル過失アリタルトキハ表意者自ラ其無效ヲ主張スルコトヲ得ス

問　法律行爲《はふりつかうい》の要素《えうそ》に錯誤《さくご》ありたる意思表示《いしへうじ》の效力如何《かうりよくいかん》

答　意思表示《いしへうじ》にして法律行爲《はふりつかうい》の要素《えうそ》に錯誤《さくご》ありたるときは無效《むかう》なり例《たと》へは甲者《かふしや》なりと信《しん》して乙者《おつしや》に金《きん》千圓《えん》を贈與《ぞうよ》すへしと約《やく》したるときの如《ごと》き甲《かふ》の家屋《かおく》を賣《う》らんとの申込《まをしこみ》に對《たい》し乙《おつ》の家屋《かおく》なりと信《しん》して買《か》ふへしと約《やく》したるときの如《ごと》き又は價《あたひ》五千圓にて金剛石《こんがうせき》一箇《か》を賣《う》らんとの申込《まをしこみ》に對《たい》し五百圓と信《しん》して買《か》ふへしと約《やく》したるときの如《ごと》き孰《いつ》れも法律行爲《はふりつかうい》の要素《えうそ》に錯誤《さくご》あるか故《ゆゑ》に其意思表示《そのいしへうじ》は無效《むかう》とす然《しか》れとも表意者《へういしや》に重大《ちうだい》なる過失《くわしつ》ありたるときは表意者自《へういしやみづか》ら其無效《むかう》を主張《しゆちやう》することを得さるものとす但《たゞ》し如何《いか》なる場合《ばあひ》か重大《ちうだい》なる過失《くわしつ》ありたるときなるやは事實《じじつ》の問題《もんだい》にしてこゝに一定《てい》の文例《ぶんれい》を示《しめ》すことを得す

第九十六條　詐欺又ハ强迫ニ因ル意思表示ハ之ヲ取消スコトヲ得

或人ニ對スル意思表示ニ付キ第三者カ詐欺ヲ行ヒタル場合ニ於テハ相手方カ其

事實ヲ知リタルトキニ限リ其意思表示ヲ取消スコトヲ得
詐欺ニ因ル意思表示ノ取消ハ之ヲ以テ善意ノ第三者ニ對抗スルコトヲ得ス

問　詐欺《さぎ》又《また》は强迫《きやうはく》に因《よ》る意思表示《いしひやうし》の効力如何《かうりよくいかん》

答　詐欺《さぎ》又《また》は强迫《きやうはく》に因《よ》る意思表示例《いしひやうじたと》へは航海奬勵金《かうかいしやうれいきん》を受《う》けさる船舶《せんはく》を年々《ねん〱》三千圓の奬勵金《しやうれいきん》を下付《かふ》せらるゝが故《ゆゑ》に購求《こうきう》すへしとの申込《まをしこみ》に對《たい》し購求《こうきう》すへしと約《やく》したるときの如《ごと》き又《また》は此時計《このとけい》を千圓にて購求《こうきう》せざるときは汝《なんぢ》の家屋《かをく》に放火《はうくわ》すべしとの强迫《きやうはく》に因《よ》り遂《つひ》に之《これ》を購求《こうきう》したるときの如《ごと》きは之を取消《とりけ》すことを得《う》るものとす但《たゞ》し詐欺《さぎ》に因《よ》る意思表示《いしひやうじ》の取消《とりけし》は之《これ》を以《もつ》て善意《ぜんい》の第《だい》三者《しや》に對抗《たいかう》することを得《え》さるものとす

問　或人《あるひと》に對《たい》する意思表示《いしひやうし》に付《つ》き第《だい》三者《しや》か詐欺《さぎ》を行《おこな》ひたる場合《ばあひ》に於《おい》ては其效力如何《そのこうりよくいかん》

答　此場合《このばあひ》に於《おひ》ては相手方《あひてかた》か其事實《そのじじつ》を知《し》りたるときに限《かぎ》り其意思表示《いしひやうし》を取消《とりけ》すことを得《う》るものとす例《たと》へは甲者乙者《かふしやおつしや》に對《たい》し所有《しよゆう》の懷中時計金《くわいちうとけいきん》五十圓にて賣却《ばいきやく》すへしとの申込《まをしこみ》あるに當《あた》り丙者乙者《へいしやおつしや》を欺《あざむ》かんか爲《ため》に銀時計《ぎんどけい》なることを知《し》りながら甲《かふ》の賣却《ばいきやく》せんとする時計《とけい》は銀《ぎん》にあらずして白金《はくきん》なるか故《ゆゑ》に五十圓にて購求《こうきう》すれは大《だい》なる利益《りえき》あるべし故《ゆゑ》に他《た》に賣却《ばいきやく》せさる前急《ぜんきふ》に購求《こうきう》すへき旨申込《むねまをしこ》まるべしと欺《あざむ》き乙者《おつしや》をして之を購求《こうきう》せしめたるときの如き甲者《かふしや》が丙者《へいしや》の乙者《おつしや》を欺《あざむ》きたる事實《じじつ》を知《し》りたるに於《おい》ては乙《おつ》者《しや》は之《これ》を取消《とりけ》すことを得へく然《しか》らさるときは取消《とりけ》すことを得す

第九十七條　**隔地者ニ對スル意思表示ハ其通知ノ相手方ニ到達シタル時ヨリ其**

效力ヲ生ス

表意者カ通知ヲ發シタル後ニ死亡シ又ハ能力ヲ失フモ意思表示ハ之カ爲メニ其效力ヲ妨ケラルルコトナシ

問　隔地者《かくちしや》に對《たい》する意思表示《いしひやうし》は孰《いづ》れの時《とき》に效力《かうりよく》を生《しやう》するや

答　隔地者《かくちしや》に對《たい》する意思表示《いしひやうし》は其通知《つうち》の相手方《あひてかた》に到達《たうたつ》したる時《とき》より其效力《かうりよく》を生《しやう》するものとす例《たと》へは大《おほ》坂《さか》の甲《かふ》より東京《とうきやう》にある乙《おつ》に或《あ》る事件《じけん》に付催告又《つきさいこくまた》は通知《つうち》をなしたるときの如き乙《おつ》に到達《たうたつ》したる時《とき》より其催告《さいこく》又は通知《つうち》の效力《こうりよく》を生《しやう》するものとす

問　表意者《ひやういしや》か通知《つうち》を發《はつ》したる後《のち》に死亡《しばう》し又は能力《のうりよく》を失《うしな》ひたるときも其效力如何《こうりよくいかん》

答　意思表示《いしひやうし》は之か爲《た》めに其效力《こうりよく》を失《うしな》はさるものとす

問　本條《ほんでう》は隔地者間《かくちしやかん》に於《おい》て締結《ていけつ》する契約《けいやく》にも適用《てきよう》すへきか

答　契約《けいやく》のことは第《だい》五百二十五條《でう》の規定《きてい》によるへきものにして本條《ほんでう》は催告通知《さいこくつうち》等《とう》の如き單獨行爲《たんどくかうゐ》にのみ適用《てきよう》せらるゝものなり

第九十八條　意思表示ノ相手方カ之ヲ受ケタル時ニ未成年者又ハ禁治産者ナリシトキハ其意思表示ヲ以テ之ニ對抗スルコトヲ得ス但其法定代理人カ之ヲ知リタル後ハ此限ニ在ラス

○意思表示《いしひやうし》の相手方《あひてかた》か之を受《う》けたる時《とき》に未成年者《みせいねんしや》又は禁治産者《きんちさんしや》なりしときは其意思表示《いしひやうし》を以て之に對《たい》

抗《かう》することを得さるものとす故《ゆゑ》に未成年者《みせいねんしや》又は禁治産者《きんちさんしや》に對《たい》して貸金返濟《かしきんへんさい》の催告《さいこく》をなしたるときの如き何等《なんら》の效《かう》を生《しやう》せさるものとす但《たゞ》し其法定代理人《はふていだいりにん》か催告《さいこく》ありたることを知《し》りたる時《とき》は其時《とき》より效力《かうりよく》を生《しやう》すへきこと當然《たうぜん》なり

第三節 代理

第九十九條 代理人カ其權限內ニ於テ本人ノ爲メニスルコトヲ示シテ爲シタル意思表示ハ直接ニ本人ニ對シテ其效力ヲ生ス
前項ノ規定ハ第三者カ代理人ニ對シテ爲シタル意思表示ニ之ヲ準用ス

○代理人《だいりにん》か其委任《いにん》せられたる權限內《けんげんない》に於《おい》て本人《ほんにん》の爲《た》めにすることを示《しめ》して爲《な》したる意思表示《いしひやうし》は直接《ちよくせつ》に本人《ほんにん》に對《たい》して其效力《そのかうりよく》を生《しやう》するものとす例《たと》へは甲《かふ》の代理人乙《だいりにんおつ》か丙《へい》に對《たい》して本月十日《ほんげつとうか》迄《まで》に甲《かふ》より五千圓の內《うち》三千圓丈辨濟《だけべんさい》すへしと約《やく》したるときの如《ごと》き本人甲《ほんにんかふ》が直接《ちよくせつ》に丙《へい》と約《やく》したると同樣《どうやう》の效力《かうりよく》を有《ゆう》するものとす又第三者例《しやたご》へも丙《へい》が甲《かふ》の代理人《だいりにん》なる乙に對《たい》して本月十日《ほんげつとうか》迄《まで》肥後米《のこまい》百石《とく》を甲《かふ》に引渡《ひきわた》すへしと約《やく》したるときの如《ごと》きも亦直接《またちよくせつ》に本人甲《ほんにんかふ》と約《やく》したると同一《どういつ》の效力《かうりよく》を有《ゆう》するものとす

第百條 代理人カ本人ノ爲メニスルコトヲ示サスシテ爲シタル意思表示ハ自己ノ爲メニ之ヲ爲シタルモノト看做ス但相手方カ其本人ノ爲メニスルコトヲ知リ又ハ之ヲ知ルコトヲ得ヘカリシトキハ前條第一項ノ規定ヲ準用ス

○代理人《だいりにん》か其相手《あひて》方《かた》に本人《ほんにん》の爲《た》めにすることを示《しめ》さすして爲《な》したる意思表示《いしひやうし》を自己《じこ》の爲《た》めに之を爲《な》し

たるものと看做《みな》すものとす然《しか》れとも相手方《あひてかた》か其本人《ほんにん》の爲《た》めにすることを知《し》りたるとき又は之を知《し》ることを得へかりしときは前條《ぜんでう》第一項《かう》の規定《きてい》を準用《じゆんよう》するものとす

第百一條　意思表示ノ效力カ意思ノ欠缺、詐欺、強迫又ハ或事情ヲ知リタルコト若クハ之ヲ知ラサル過失アリタルコトニ因リテ影響ヲ受クヘキ場合ニ於テ其事實ノ有無ハ代理人ニ付キ之ヲ定ム

特定ノ法律行爲ヲ爲スコトヲ委託セラレタル場合ニ於テ代理人カ本人ノ指圖ニ從ヒ其行爲ヲ爲シタルトキハ本人ハ其自ラ知リタル事情ニ付キ代理人ノ不知ヲ主張スルコトヲ得ス其過失ニ因リテ知ラサリシ事情ニ付キ亦同シ

○意思表示《いしへうし》の效力《かうりよく》か意思《いし》の欠缺《けつけつ》、詐欺《さぎ》、強迫《きやうはく》又は或《あ》る事情《じじやう》を知《し》りたること若《も》しくは之を知《し》らさる過失《くわしつ》ありたることに因《よ》りて影響《えいきやう》を受《う》くへき場合《ばあひ》に於《おい》て其事實《じじつ》の有無《うむ》は代理人《だいりにん》に付《つい》て之を定《さだ》むるものとす例《たと》へは代理人《だいりにん》か本人《ほんにん》の爲《ため》に貸金《かしきん》の催促《さいそく》をなすに當《あた》り借主《かりぬし》の爲に欺《あざむ》かれて受取證《うけとりしやう》を渡《わた》したるときの如《ごと》き又は強迫《きやうはく》を受けて延期《えんき》を約《やく》したるときの如《ごと》き又は代理人《だいりにん》か本人《ほんにん》の委任《いにん》を受《う》けて家屋《かをく》を賣却《ばいきやく》せんとするに當《あた》り第三者《しや》か其相手方《そのあひてかた》に對《たい》して詐欺《さぎ》を行《おこな》ひたることを知《し》りて賣買《ばいばい》の契約《けいやく》を結《むす》ひたるときの如《ごと》きは代理人《だいりにん》に付《つ》きて其事實《じじつ》の有無《うむ》を定《さだ》め若《も》し果《はた》して代理人《だいりにん》が詐欺《さぎ》又は強迫《きやうはく》によりて本人《ほんにん》の爲に或《あ》ることを約《やく》したるときは之を取消《とりけ》すことを得《う》へく又《また》第三者《しや》か買主《かひぬし》に對《たい》して詐欺《さぎ》を行《おこな》ひたるが爲《た》めに之を買《か》ふことを約《やく》したるを知《し》りたるときは其買主《かひぬし》より取消《とりけ》さるへきことあるべきなり

代理人《だいりにん》か特定《とくてい》の法律行爲《はふりつかうゐ》例《たと》へは家屋賣買《かをくばいばい》の契約《けいやく》又は貸金《かしきん》の請求《せいきう》と言《い》ふか如く特《とく》に定《さだ》まりたることを委《い》託《たく》せられたる塲合《ばあひ》に於《おい》て本人《ほんにん》の指圖《さしづ》に從《したが》ひ其行爲《かうゐ》を爲《な》したるときは本人《ほんにん》の知りたる事情《じじやう》は代理人《だいりにん》に悉《ことごと》く打明《うちあ》けたるものと看做《みな》すへきものなるか故《ゆゑ》に本人《ほんにん》の知《し》りたる事情《じじやう》に付ては代理人《だいりにん》之を知《し》らすして爲したるならんと主張《しゆちやう》することを得《え》す又其過失《くわしつ》に因《よ》りて知《し》らさりし事情《じじやう》に付《つい》ても代理人《だいりにん》の不知《ふち》を主張《しゆちやう》することを得さるものとす

第百二條　代理人ハ能力者タルコトヲ要ス

問　未成年者《みせいねんしや》は人《ひと》の代理人《だいりにん》たることを得《う》るか

答　二三才《さい》の小兒《せうに》の如《ごと》き意思能力《いしのうりよく》なきものは代理人《だいりにん》たること能《あた》はさるは當然《たうぜん》なる意思能力《いしのうりよく》を備《そな》ふるときは未成年者《みせいねんしや》と雖《いへど》も代理人《だいりにん》たることを得《う》へし有夫《いうふ》の婦《ふ》の如《ごと》き亦《また》然《しか》り

問　如何《いか》なる塲合《ばあひ》に於《おい》ても代理人《だいりにん》は能力者《のうりよくしや》たることを要《えう》せさるか

答　條文《でうぶん》代理人《だいりにん》は能力者《のうりよくしや》たることを要《えう》せすとあるか故《ゆゑ》に別《べつ》に例外《れいぐわい》なきか如《ごと》きも然《しか》らす訴訟代理人《そしやうだいりにん》又《また》は法定代理人《はふていだいりにん》の如《ごと》きは必《かなら》す能力者《のうりよくしや》たることを要《えう》す

第百三條　權限ノ定ナキ代理人ハ左ノ行爲ノミヲ爲ス權限ヲ有ス

一　保存行爲

二　代理ノ目的タル物又ハ權利ノ性質ヲ變セサル範圍內ニ於テ其利用又ハ改良ヲ目的トスル行爲

問 權限《けんげん》の定《さだめ》なき代理人《だいりにん》の權限《けんげん》如何《いかん》

答 權限《けんげん》の定《さだめ》なき代理人《だいりにん》即《すなは》ち本人《ほんにん》より權限《けんげん》を定《さだ》めて委任《いにん》せられたるにあらさる代理人《だいりにん》は左《さ》の行爲《かうい》の外《ほか》之を爲《な》すことを得《じ》さるものとす

一 保存行爲《ほぞんかうい》 例《たと》へは家屋《かをく》の大破損《だいはそん》を防《ふせ》くか爲に修繕《しうぜん》を加《くは》ふるか如き又は樹木《じゆもく》に肥料《ひりやう》を與《あた》ふるか如《ごと》きを謂《い》ふ

二 代理《だいり》の目的《もくてき》たる物《もの》又は代理《だいり》の目的《もくてき》たる權利《けんり》の性質《せいしつ》を變《へん》せさる範圍内《はんゐない》に於《おい》て其利用《りよう》又は改良《かいりやう》を目的《もくてき》とする行爲《かうい》 例《たと》へは貸家《かしや》に修繕《しうぜん》を加《くは》へて家賃《やちん》を高《たか》むるか如き又は貸金《かしきん》の利足《りそく》を納《をさ》めて之を利用《りよう》するか如《ごと》きを謂《い》ふ

第百四條 委任ニ因ル代理人ハ本人ノ許諾ヲ得タルトキ又ハ已ムコトヲ得サル事由アルトキニ非サレハ復代理人ヲ選任スルコトヲ得ス

問 代理人《だいりにん》は復代理人《ふくだいりにん》を選任《せんにん》することを得《う》るか

答 委任《いにん》に因《よ》る代理人《だいりにん》と法定代理人《はふていだいりにん》とに依《より》て其權限《けんげん》を異《こと》にするも法定代理人のことは後《のち》に明《あきら》かなる故にこゝには委任《いにん》に因《よ》る代理人《だいりにん》に付《つい》てのみ答《こた》ふへし

委任《いにん》に因《よ》る代理人《だいりにん》は左《さ》の二箇《か》の塲合《ばあひ》に限《かぎ》り復代理人《ふくだいりにん》を選任《せんにん》することを得《う》るものとす

一 本人《ほんにん》の許諾《きよだく》ありたるとき

二 已《や》むことを得《じ》さる事由《じいう》あるとき

第百五條 代理人カ前條ノ場合ニ於テ復代理人ヲ選任シタルトキハ選任及ヒ監督ニ付キ本人ニ對シテ其責ニ任ス

代理人カ本人ノ指名ニ從ヒテ復代理人ヲ選任シタルトキハ其不適任又ハ不誠實ナルコトヲ知リテ之ヲ本人ニ通知シ又ハ之ヲ解任スルコトヲ怠リタルニ非サレハ其責ニ任セス

問 復代理人《ふくだいりにん》を選任《せんにん》したるときは代理人《だいりにん》の責任《せきにん》如何《いかん》

答 代理人《だいりにん》か前條《ぜんでう》二箇の場合《ばあひ》に於て復代理人《ふくだいりにん》を選任《せんにん》したるときは選任《せんにん》及ひ監督《かんとく》に付き本人《ほんにん》に對《たい》して其責《せめ》に任《にん》すへきものとす故に代理人《だいりにん》に適《てき》せさる者《もの》を選任《せんにん》したるが爲め又は自己《じこ》の選任《せんにん》したる代理人《だいりにん》即ち復代理人《ふくだいりにん》に對《たい》する監督《かんとく》を怠《おこた》りたる爲め本人に損害《そんがい》を加《くは》へたるときは代理人《だいりにん》に於て之を賠償《ばいしやう》せさるへからす

然《しか》れとも代理人《だいりにん》か本人の指名《しめい》に從《したが》ひて復代理人《ふくだいりにん》を選任《せんにん》したるときは其任《にん》に適《てき》せさること又は誠實《せいじつ》の人物《じんぶつ》にあらさることを知《し》りて之を本人に通知《つうち》し又は之を解任《かいにん》することを怠《おこた》りたるときに非《あら》されは其復代理人《ふくにいりにん》の爲したる行爲《かうゐ》に付て本人《ほんにん》に對《たい》し責《せめ》に任《にん》せさるものとす

第百六條 法定代理人ハ其責任ヲ以テ復代理人ヲ選任スルコトヲ得但已ムコトヲ得サル事由アリタルトキハ前條第一項ニ定メタル責任ノミヲ負フ

問　法定《はふてい》代理人か復《ふく》代理人を選任《せんにん》することを得る場合《ばあひ》及其責任如何《せきにんいかん》

答　法定代理人は何時《なんどき》にても其責任《せきにん》を以て復代理人《ふくだいりにん》を選任《せんにん》することを得るものなり條文《でうぶん》其責任《せきにん》を以てとあり故に復《ふく》代理人の本人《ほんにん》に加《くは》へたる損害《そんがい》は凡て法定《はふてい》代理人に於て辨償《べんしやう》せさるへからす然《しか》れとも已《や》むことを得さる事由《じいう》ある爲復代理人を選任《せんにん》したる場合なるときは其選任《せんにん》及ひ監督《かんとく》に付てのみ責任《せきにん》を負《お》ふへく其他《た》のことは責《せめ》に任《にん》せさるものとす

第百七條　復代理人ハ其權限内ノ行爲ニ付キ本人ヲ代表ス

復代理人ハ本人及ヒ第三者ニ對シテ代理人ト同一ノ權利義務ヲ有ス

○復代理人《ふくだいりにん》は委任《いにん》に因《よ》る代理人より選任《せんにん》せられたると法定《はふてい》代理人より選任《せいにん》せられたるとを問《と》はす其權《けん》限内《げんない》の行爲《かうゐ》に付ては本人を代表《だいへう》するものとす

又復代理人《またふくだいりにん》は本人《ほんにん》及ひ第三者《しや》に對して代理人と同《どう》一の權利義務《けんりぎむ》を有《いう》するものとす

第百八條　何人ト雖モ同一ノ法律行爲ニ付キ其相手方ノ代理人ト爲リ又ハ當事者雙方ノ代理人ト爲ルコトヲ得ス但債務ノ履行ニ付テハ此限ニ在ラス

○何人《なんひと》と雖《いへど》も債務《さいむ》の履行《りかう》の場合《ばあひ》の外《ほか》は同《どう》一の法律行爲《はふりつかうゐ》に付き其相手方《あいてかた》の代理人《だいりにん》と爲り又は當事者双方《たうじしやさうはう》の代理人と爲《な》ることを得さるものとす故に甲《かう》が其家屋《かおく》を賣却《ばいきやく》せんとするに當《あた》り之を買《か》はんと言《い》ふ乙の代理人となること能《あた》はす又甲《かう》乙賣《う》らんと言ひ乙《おつ》は買《か》はんと言ふに當《あた》り丙《へい》其の甲乙兩人《かうおつりやうにん》の代理人となること能《あた》はす然《しか》れとも同《どう》一の法律行爲《はふりつかうゐ》にあらさるときは相手方《あいてかた》の代理人となり又は當事《たうじ》者双方《しやさうはう》の代理人

となることを得《う》へし例《たと》へは前例《ぜんれい》第一の場合《ばあひ》に於《おい》て甲は其家屋賣買《かおくばいばい》のことに付ては乙の代理人《だいりにん》となることを得《え》さるも自己《じこ》の所有《しよいう》にあらさる家屋《かおく》の賣買《ばいばい》又は土地《とち》の賃貸借等《ちんたいしやくとう》のとに付ては乙の代理人となることを得へく又第二の場合《ばあひ》に於《おい》て丙は其家屋賣買《かおくばいばい》のことに付甲乙両人《りやうにん》の代理人《だいりにん》となること能《あた》はさるも金《きん》錢《せん》の貸借《たいしやく》のことに付き甲の代理人《だいりにん》となり又物品交換《ぶつぴんかうかん》のことに付き乙の代理人《だいりにん》となることを得へし

第百九條　第三者ニ對シテ他人ニ代理權ヲ與ヘタル旨ヲ表示シタル者ハ其代理權ノ範圍內ニ於テ其他人ト第三者トノ間ニ爲シタル行爲ニ付キ其責ニ任ス

○第三者《だいさんしや》に對して他人《たにん》に代理權《だいりけん》を與《あた》へたる旨《むね》を表示《へうし》したるとき例へは甲か其製造《せいざう》する清酒《せいしゆ》の賣捌《うりさばき》を乙に委任《いにん》したる旨《むね》を新聞《しんぶん》に廣告《かうこく》したるとき又は訴訟事件《そしようじけん》に付き和解《わかい》を求《もと》めんか爲に被告乙《ひこくおつ》が原告甲《げんこく》に相《さう》談《だん》したるに甲が此事件《じけん》に關《くわん》しては訴訟和解《そしようわかい》其他一切《きい》のことを丙に委任《いにん》したる旨を答《こた》へたるときの如き其代理權《だいりけん》の範圍內《はゐない》に於て其他人卽《たにんすなは》ち前例《ぜんれい》の場合に於て乙又は丙と第三者《しや》との間《あひだ》に爲したる行爲《かうゐ》に付き本人《ほんにん》其責《せめ》に任《にん》すへきものとす

第百十條　代理人カ其權限外ノ行爲ヲ爲シタル場合ニ於テ第三者カ其權限ヲ信スヘキ正當ノ理由ヲ有セシトキハ前條ノ規定ヲ準用ス

○代理人《だいりにん》か其權限外《けんげんぐわい》の行爲《かうゐ》を爲したる場合《ばあひ》に於て第三者か其權限《けんげん》ありと信《しん》すへき正當《せいたう》の理由《りいう》を有せしときは其代理人の行爲《かうゐ》に付き本人《ほんにん》其責《せめ》に任《にん》すへきものとす

第百十一條　代理權ハ左ノ事由ニ因リテ消滅ス

一　本人ノ死亡

二　代理人ノ死亡、禁治產又ハ破產

此他委任ニ因ル代理權ハ委任ノ終了ニ因リテ消滅ス

問　代理權消滅《だいりけんしようめつ》の原由如何《げんいういかん》

答　代理權は左《さ》の事由《じいう》に因《よ》りて消滅《しようめつ》するものとす

一　本人《ほんにん》の死亡《しぼう》

二　代理人《だいりにん》の死亡《しぼう》、禁治產《きんぢさん》又は破產《はさん》

右《みぎ》の外委任《いにん》に因る代理權は委任の終了《しうれう》に因りて消滅《しようめつ》するものとす

代理《だいり》は信用《しんよう》に基《もと》づくものなるか故に本人《ほんにん》之を信用《しんよう》するも其相續人《さうぞくにん》之を信用《しんよう》せさることあるへく又代理人禁治產《きんぢさん》又は破產《はさん》の宣告《せんこく》を受《う》けたるときは大に其信用《しんよう》を損《そん》すへきが故に之等《これら》の場合《ばあひ》に於《おい》ては代理權《だいりけん》消滅《しようめつ》するものと定《さだ》めたるなり

委任《いにん》の終了《しうれう》とは日又は月を限《かぎ》りて委任《いにん》したるに其期日《きじつ》の滿了《まんれう》したるか如き又は委任《いにん》せられたる事項《じかう》を爲《な》し終《をは》りたるか如きを謂《い》ふ此場合《このばあひ》に於ては代理權《だいりけん》は當然消滅《たうぜんしようめつ》するものとす

第百十二條　代理權ノ消滅ハ之ヲ以テ善意ノ第三者ニ對抗スルコトヲ得ス但第三者カ過失ニ因リテ其事實ヲ知ラサリシトキハ此限ニ在ラス

○代理權《だいりけん》の消滅《しようめつ》は之を以て善意《ぜんい》の第三者即《すなは》ち代理權の消滅《しようめつ》したることを知《し》らさる人に對抗《たいかう》することを

得さるものとす但《たゞし》第三者か過失《くわしつ》に因りて其事實《じじつ》を知《し》らさりしときは此限《このかぎり》に在《あ》らす

第百十三條　代理權ヲ有セサル者カ他人ノ代理人トシテ爲シタル契約ハ本人カ其追認ヲ爲スニ非サレハ之ニ對シテ其效力ヲ生セス

追認又ハ其拒絶ハ相手方ニ對シテ之ヲ爲スニ非サレハ之ヲ以テ其相手方ニ對抗スルコトヲ得ス但相手方カ其事實ヲ知リタルトキハ此限ニ在ラス

問　代理權《だいりけん》を有《いう》せさる者か他人《たにん》の代理人《だいりにん》として爲したる契約《けいやく》も如何《いか》なる效力《かうりよく》を有《いう》するや

答　代理權を有せさる者か他人の代理人として爲したる契約は本人《ほんにん》か其契約《けいやく》を追認《ついにん》したるときの外《ほか》其效力《かうりよく》を生《しやう》せさるものとす例《たと》へは甲者《かうしや》が乙者《おつしや》の代理人にあらさるに代理人なりと言《い》ひ代理の資格《しかく》を以て丙者と家屋賣買《かおくばいゞ》の契約《けいやく》を結《むす》ひたるときの如き乙者後日《ごじつ》に其契約《けいやく》を認《みと》めたるときは效力《かうりよく》を生するも然《しか》らされは乙者は其契約《けいやく》の爲めに何等《なんら》の權利義務《けんりぎむ》を有《いう》せさるものとす然《しか》れとも其契約《けいやく》の追認《ついにん》又は拒絶《きよぜつ》は前例《ぜんれい》の場合《ばあひ》に於ては丙者に對《たい》して之を爲すに非《あら》されは之を以て丙《へい》者《しや》に對抗《たいかう》することを得さるものとす但相手方《たゞしあいてかた》か其事實《じじつ》を知《し》りたるときは之を以て對抗《たいかう》することを得へし

第百十四條　前條ノ場合ニ於テ相手方ハ相當ノ期間ヲ定メ其期間內ニ追認ヲ爲スヤ否ヤヲ確答スヘキ旨ヲ本人ニ催告スルコトヲ得若シ本人カ其期間內ニ確答ヲ爲ササルトキハ追認ヲ拒絶シタルモノト看做ス

○前條《ぜんでう》の場合《ばあひ》に於て相手方《あいてかた》は相當《さうたう》の期間《きかん》を定《さだ》め其期間内《ない》に追認《ついにん》を爲すや否《いな》やを確答《くわくたふ》すへき旨《むね》を本人《ほんにん》に催告《さいこく》することを得るものとす此《かく》の如《ごと》く催告《さいこく》するも本人か其相手方《あいて》の定《さだ》めたる期間内《きかんない》に確答《くわくたふ》を爲さゝるときは追認《ついにん》を拒絶《きよぜつ》したるもの即《すなは》ち爲《ため》に何等《なんら》の權利義務《けんりぎむ》を有《いう》せさるものと看做《みな》す

第百十五條　代理權ヲ有セサル者ノ爲シタル契約ハ本人ノ追認ナキ間ハ相手方ニ於テ之ヲ取消スコトヲ得但契約ノ當時相手方カ代理權ナキコトヲ知リタルトキハ此限ニ在ラス

○代理權《だいりけん》を有《ゆう》せさる者《もの》の爲《な》したる契約《けいやく》は本人《ほんにん》の追認《ついにん》なき間《あひだ》は相手方《あひてかた》は何時《なんどき》にても之を取消《とりけ》すことを得《う》るものとす但《たゞ》し契約《けいやく》の當時《たうじ》相手方《あひてかた》か代理權《だいりけん》なきことを知《し》りなから之《これ》を爲《な》したるものなるときは之を取《とり》消《け》すことを得す

第百十六條　追認ハ別段ノ意思表示ナキトキハ契約ノ時ニ遡リテ其效力ヲ生ス但第三者ノ權利ヲ害スルコトヲ得ス

問　追認《ついにん》の效力《かうりよく》を生《しやう》する時期《じき》如何《いかん》

答　反對《はんたい》の約束《やくそく》なきときは契約《けいやく》の時《とき》に遡《さかのぼ》りて其效力《かうりよく》を生《しやう》するものとす故《ゆゑ》に五月一日に爲《な》したる契約《けいやく》を六月一日に至《いた》りて本人《ほんにん》之を追認《ついにん》したるときは五月一日に本人《ほんにん》と契約《けいやく》したると同樣《どうやう》の效力《かうりよく》を生《しやう》するものとす但《たゞ》し爲《た》めに第三者《だいしや》の權利《けんり》を害《がい》することを得さるは當然《たうぜん》なり

第百十七條　他人ノ代理人トシテ契約ヲ爲シタル者カ其代理權ヲ證明スルコト能

ハス且本人ノ追認ヲ得サリシトキハ相手方ノ選擇ニ從ヒ之ニ對シテ履行又ハ損害賠償ノ責ニ任ス

前項ノ規定ハ相手方カ代理權ナキコトヲ知リタルトキ若クハ過失ニ因リテ之ヲ知ラサリシトキ又ハ代理人トシテ契約ヲ爲シタル者カ其能力ヲ有セサリシトキハ之ヲ適用セス

問　代理權《だいりけん》なくして他人と契約したる代理人の責任如何《せきにんいかん》

答　他人の代理人なりと言ひ其資格《しかく》を以て契約を爲したる者が代理權を證明《しやうめい》すること能はず且本人《じつほんにん》の追認《ついにん》を得ざりしときは相手方の撰擇《せんたく》に從ひ之に對して契約履行又は損害賠償《そんがいばいしやう》の責に任すへきものとす

然《しか》れとも左の三ケの場合《ばあひ》に於《おい》ては代理人に前項《ぜんこう》の責任なきものとす

一　相手方《あひてかた》か代理權なきことを知りて契約したるとき

二　代理權《だいりにん》なきことを知らさりしは相手方《あひかた》の過失《くわしつ》なりしとき

三　代理人として契約を爲したる者が其能力《のうりよく》を有せさりしとき

第百十八條　單獨行爲ニ付テハ其行爲ノ當時相手方カ代理人ト稱スル者ノ代理權ナクシテ之ヲ爲スコトニ同意シ又ハ其代理權ヲ爭ハサリシトキニ限リ前五條ノ規定ヲ準用ス代理權ヲ有セサル者ニ對シ其同意ヲ得テ單獨行爲ヲ爲シタルトキ

亦同シ

○通知《つうち》又《にん》は催告等《さいこくとう》の單獨行爲に付ては其行爲の當時相手方か代理人と稱する者の代理權《だいりけん》なくして之を爲すことに同意し又は其代理權を爭《あらそ》はさりしとき又は代理權を有せさる者に對し其同意を得て單獨行《たんどくかう》爲《い》を爲《あ》したるときに限《かぎ》り前《ぜん》五條の規定《きてい》を準用するものとす

第四節　無効及ヒ取消

第百十九條　無效ノ行爲ハ追認ニ因リテ其效力ヲ生セス但當事者カ其無效ナルコトヲ知リテ追認ヲ爲シタルトキハ新ナル行爲ヲ爲シタルモノト看做ス

○無《む》效《かう》の行爲《かうい》は後《のち》に至《いた》りて之《これ》を追認するも爲に其效力《そのかうりよく》を生《しやう》することなきものとす然れとも當事者か其無《む》效《かう》なることを知《し》りて追認《つひにん》を爲《あ》したるときは新《あらた》なる行爲《かうい》を爲したるものと看做すものとす例《たと》へは甲《かふ》は乙《おつ》に其家屋《かおく》を五千圓にて賣らんと申込みたるに乙《おつ》は參千圓にて賣らんと言ひたるものと錯誤《さくご》し之を買ふことを承諾《しやうだく》したるときの如きは其要素に錯誤あるか故に無效にして縱令《たとひ》乙《おつ》か後日《ごにち》に至り之を追認するも爲《ため》に效力《かうりよく》を生《せう》することなし然れとも乙か其無效《そのむかう》なることを知りつゝ之を追認《つひにん》したるときは新たに參千圓にて買はんとの申込《まをしこみ》を爲したるものと看《み》做《な》すへきものとす

第百二十條　取消シ得ヘキ行爲ハ無能力者若クハ瑕疵アル意思表示ヲ爲シタル者其代理人又ハ承繼人ニ限リ之ヲ取消スコトヲ得

妻カ爲シタル行爲ハ夫モ亦之ヲ取消スコトヲ得

問　取消し得べき行爲《かうゐ》は何人《なにびと》に於て之を取消すことを得るか

答　取消し得べき行爲は無能力者《むのうりよくしや》若《もし》くば瑕疵《かし》ある卽ち取消し得べき意思表示を爲したる者、其代理人《そのだいりにん》又は承諾人《しやうだくにん》に限り之を取消すことを得べく其相手方は之を取消すことを得ず妻《つま》が爲《な》したる取消《とりけ》し得べき行爲は夫も亦之を取消すことを得るものとす

第百二十一條　取消シタル行爲ハ初ヨリ無效ナリシモノト看做ス但無能力者ハ其行爲ニ因リテ現ニ利益ヲ受クル限度ニ於テ返還ノ義務ヲ負フ

問　取消したる行爲の效力《かうりよく》を失ふべき時期如何

答　取消したる行爲は初より無效《むかう》なりしものと看做す故に其行爲に因りて或る物を得たる者《もの》は之《これ》を返《へん》還《くわん》すべく又與《またあた》へたるものは之を返還することを得べし然れども未成年者禁治産者等《みせいねんしやきんちさんしやとう》の如き無能力者は其行爲《そのかうゐ》に因《よ》りて現に利益を受けたる限度に於て償還《しやうくわん》の義務を負ふものとす例へば禁治産者が金千圓を借入れ五百圓を以て田地を購ひ殘る五百圓を遊興《いうけう》の爲に消費したる時の如き其契約取消《そのけいやくとりけし》の塲合に於て現に利益《りえき》を受けたる五百圓を償還《しやうくわん》すれば其義務を免るべし尤も五百圓を以て買入れたる田地《でんち》が百圓丈《だけ》の價格《かかく》よりあきものなるときは百圓を返還して義務を免がるゝことを得べし

第百二十二條　取消シ得ヘキ行爲ハ第百二十條ニ掲ケタル者カ之ヲ追認シタルトキハ初ヨリ有效ナリシモノト看做ス但第三者ノ權利ヲ害スルコトヲ得ス

問　取消し得べき行爲を追認《ついにん》したるときは其效力如何《そのかうりよくいかん》

答　第百二十條に揭げたる者が其取消し得べき行爲《かうゐ》を追認《つゐにん》したるときは初より有効にして瑕疵《かし》なきものと看做《みな》す但爲《たゞしため》に第三者の權利《けんり》を害することを得ざるは當然なり

第百二十三條　取消シ得ヘキ行爲ノ相手方カ確定セル場合ニ於テ其取消又ハ追認ハ相手方ニ對スル意思表示ニ依リテ之ヲ爲ス

○取消《とりけ》し得《う》べき行爲の相手方が確定せる場合に於て其取消又《そのとりけしまた》は追認《つゐにん》を爲すには相手方に對する意思表《いしへう》示《じ》に依《よ》りて爲すべきものなり

第百二十四條　追認ハ取消ノ原因タル情況ノ止タミル後之ヲ爲スニ非サレハ其效ナシ

禁治產者カ能力ヲ回復シタル後其行爲ヲ了知シタルトキハ其了知シタル後ニ非サレハ追認ヲ爲スコトヲ得ス

前二項ノ規定ハ夫又ハ法代理人カ追認ヲ爲ス場合ニハ之ヲ適用セス

問　取消し得べき行爲の追認《つゐにん》は孰《いづ》れの時に爲すべきか

答　追認は取消の原因《げんいん》たる情況《じやうきやう》の止《や》みたる後例へば未成年者なるが爲に取消し得べき場合《ばあひ》なるときは成年《せいねん》となりたる後又强迫《のちまたきやうはく》を受《う》けたるが爲に取消し得べき場合なるときは其强迫《そのきやうはく》の止みたる後に非されば追認《つゐにん》の効なきものとす

又禁治產者《またきんぢさんしや》が能力《のうりよく》を回復したる後其行爲を了知したるときは其了知《そのりやうち》したる後に非されば追認を爲す

ことを得《え》ざるものとす
然《しか》れども前《ぜん》二項《かう》の規定《きてい》は夫《をつと》又は法定代理人《はふていだいりにん》が妻《つまゝた》又は未成年者禁治産者《みせいねんしやきんぢさんしや》等《とう》の爲《ため》に追認《つゐにん》を爲《な》す場合《ばあひ》には之《これ》を適用《てきよう》せざるものとす故《ゆゑ》に未成年者《みせいねんしや》未《いま》だ丁年《ていねん》に達《たつ》せざるとき又は禁治産者《きんぢさんしや》が未《いま》だ其能力《そのゝうりよく》を回復《くわいふく》せざるときと雖《いへど》も法定代理人《はふていだいりにん》は其行爲《そのかうゐ》を追認《つゐにん》することを得《う》べし

第百二十五條　前條ノ規定ニ依リ追認ヲ爲スコトヲ得ル時ヨリ後取消シ得ヘキ行爲ニ付キ左ノ事實アリタルトキハ追認ヲ爲シタルモノト看做ス但異議ヲ留メタルトキハ此限ニ在ラス

一　全部又ハ一部ノ履行
二　履行ノ請求
三　更改
四　擔保ノ供與
五　取消シ得ヘキ行爲ニ因リテ取得シタル權利ノ全部又ハ一部ノ讓渡
六　强制執行

○前條《ぜんでう》の規定《きてい》に依《よ》り追認《つゐにん》を爲《な》すことを得《う》る時《とき》より後其取消《のちそのとりけ》し得《う》べき行爲《かうゐ》に付《つ》き左《さ》の事實《じじつ》ありたるときは追認《つゐにん》を爲《な》したるものと看做《みな》すべきものとす但異議《たゞしいぎ》を留《とゞ》めたるときは此限《このかぎり》にあらず

一、全部《ぜんぶ》又《また》は一部《ぶ》を履行《りかう》したるとき

二、履行《りかう》を請求《せいきう》したるとき

三、更改《かうかい》したるとき例《たと》へば未成年者《みせいねんしや》のときに金千圓を贈與《ぞうよ》すべしと約《やく》したるに丁年《ていねん》に達《たつ》したる後《のち》金千圓を與《あた》ふるに更《か》へて金時計《きんどけい》を與《あた》ふべしと約《やく》したるときの如《ごと》き

四、擔保《たんぽ》を供與《きやうよ》したるとき

五、取消《とりけ》し得《う》べき行爲《かうゐ》に因《よ》りて取得したる權利《けんり》の全部《ぜんぶ》又は一部《ぶ》を他人《たにん》に讓渡《ゆづりわた》したるとき

六、强制執行《きやうせいしつかう》をなしたるとき

第百二十六條　取消權ハ追認ヲ爲スコトヲ得ル時ヨリ五年間之ヲ行ハサルトキハ時效ニ因リテ消滅ス行爲ノ時ヨリ二十年ヲ經過シタルトキ亦同シ

○取消權《とりけしけん》は追認《ついにん》を爲《な》すことを得《う》る時《とき》より五年間之《ねんかんこれ》を行《おこな》はざるとき又は行爲《かうゐ》の時《とき》より二十年《ねん》を經過《けいくわ》したるときは時效《じかう》に因《よ》りて消滅《せうめつ》するものとす

第五節　條件及ヒ期限

第百二十七條　停止條件附法律行爲ハ條件成就ノ時ヨリ其效力ヲ生ス

解除條件附法律行爲ハ條件成就ノ時ヨリ其效力ヲ失フ

當事者カ條件成就ノ效果ヲ其成就以前ニ遡ラシムル意思ヲ表示シタルトキハ其意思ニ從フ

問　停止條件附法律行爲《ていしでうけんつきはふりつかうゐ》とは如何《いか》なるものなるや

答《こたへ》　義務《ぎむ》の發生《はつせい》を未來《みらい》且《かつ》不《ふ》確定《かくてい》の事件《じけん》の有無《うむ》に繫《つな》らしめたる行爲《かうゐ》を謂《い》ふ例《たと》へは若《も》し相續《さうぞく》によりて他《た》に家屋《かおく》を得《え》たるときは此家屋《このかおく》を賣却《ばいきやく》すべしと約《やく》するが如《ごと》き男子《だんし》出生《しゆつせい》したるときは其刀劍《そのたうけん》を購求《かうきう》すべしと約《やく》するが如《ごと》き又は余《よ》若《も》し官吏《くわんり》となりて他所《たしよ》に移轉《いてん》することあらば家財《かざい》を金若干《きんじやくかん》にて汝《なんぢ》に賣却《ばいきやく》すべしと約《やく》するが如《ごと》き又は五月十日迄或船《まであるふね》が當地《たうち》に着《ちやく》したるときは米千石《ごく》を買入《かひい》るべしと約《やく》するが如《ごと》き即《すなは》ち然《しか》り

問《とひ》　解除條件附法律行爲《かいぢよでうけんつきはふりつかうゐ》とは何《なん》ぞ

答《こたへ》　義務《ぎむ》の消滅《せうめつ》を未來《みらいかつふ》且不確定《かくてい》の事件《じけん》の有無《うむ》に繫《つな》らしめたる行爲《かうゐ》を謂《い》ふ例《たと》へば此《こ》の家屋《かおく》を賣却《ばいきやく》すべし然《しか》れども他日《たじつ》若《も》し男子《だんし》出産《しゆつさん》したるときは取消《とりけ》すべしと約《やく》したるときの如《ごと》き肥後《ひご》米《まい》千石《ごく》を買受《かひう》くべし然《しか》れども五月十日迄或《まであ》る船《ふね》が當港《たうかう》に着《ちやく》したるときは取消《とりけ》すべしと約《やく》したるときの如《ごと》き又は黑死病《こくしびやう》の當地《たうち》に流行《りうかう》することあるときまで此《こ》の病院《びやうゐん》を賃貸《ちんかし》すべしと約《やく》したるときの如《ごと》き然《しか》り

問《とひ》　停止條件附法律行爲《ていしでうけんつきはふりつかうゐ》は孰《いづ》れの時《とき》に其効力《そのかうりよく》を生《しやう》ずるや

答《こたへ》　當事者《たうじしや》が其効果《そのかうくわ》を成就以前《せいしゆいぜん》に遡《さかのぼ》てしむることを特約《とくやく》せざる限《かぎ》りは其條件成就《そのでうけんせいしゆ》の時《とき》より効力《かうりよく》を生《しやう》ずるものとす例《たと》へば余《よ》が家《いへ》にて男子《だんし》出産《しゆつさん》したるときは汝《なんぢ》の有《いう》する正宗《まさむね》の短刀《たんたう》を五百圓にて買《か》ひ求《もと》むべしと約《やく》したるに其後《そのど》に至《いた》り幸《さいはひ》に男子出生《だんしゝゆつしやう》したるときは出生《しゆつしやう》の時即《ときすなは》ち條件成就《でうけんせいしゆ》の時《とき》に賣買契約《ばいばいけいやく》の效果《かうくわ》を生《しやう》ずるものとす尙《なほ》は云《い》はゞ出生《しゆつしやう》の時《とき》に其短刀《そのたんたう》は余《よ》の所有《しよいう》に歸《き》すべく從《したがつ》て其代金《そのだいきん》を支拂《しはら》ふの義務《ぎむ》を生《しやう》ずるものとす尤《もつと》も此場合《このばあひ》に於《おい》て既往《きわう》に遡《さかのぼ》りて効力《かうりよく》を生《しやう》ずる旨《むね》を豫《あらかじ》め約《やく》したるときは以前《いぜん》に遡《さかのぼ》らし

むることを得《う》べきは當然《たうぜん》なり

問《とひ》　解除條件成就《かいぢよでうけんせいしゆ》したるときは如何《いか》なる効果《かうくわ》を生《しやう》ずるや

答《こたへ》　解除條件成就《かいぢよでうけんせいしゆ》したるときは其成就《そのせいしゆ》の時《とき》より効力《かうりよく》を失《うしな》ふものとす故《ゆゑ》に余《よ》が家《いへ》に男子出生《だんしゝゆつさん》せるまでとの約束《やくそく》にて正宗《まさむね》の短刀《たんたう》を賣却《ばいきやく》したるときの如《ごと》き其條件成就《そのでうけんせいしゆ》したるとき即《すなは》ち男子出産《だんしゝゆつさん》したるときは前《ぜん》の賣買《ばいゞ》は其効力《そのかうりよく》を失《うしな》ふものとす故に余《よ》は受取《うけと》りたる代金《だいきん》を返還《へんくわん》して短刀《たんたう》を取還《しゆくわん》することを得《う》べし但《たゞ》し此解除條件《このかいぢよでうけん》の場合《ばあひ》と雖《いへど》も當事者《たうじしや》は條件成就《でうけんせいしゆ》の効果《かうくわ》を其成就以前《そのせいしゆいぜん》に遡《さかのぼ》らしむることを約《やく》するを得《う》べし

第百二十八條　條件附法律行爲ノ各當事者ハ條件ノ成否未定ノ間ニ於テ條件ノ成就ニ因リ其行爲ヨリ生スヘキ相手方ノ利益ヲ害スルコトヲ得ス

○條件附法律行爲《でうけんつきはふりつかうゐ》の各當事者《かくたうじしや》は條件《でうけん》の成否《せいひ》未《いま》だ判然《はんぜん》せざる間《あひだ》に於《おい》て條件《でうけん》の成就《せいしゆ》に因《よ》り其行爲《そのかうゐ》より生《しやう》ずべき相手方《あひてかた》の利益《りえき》を害《がい》することを得《え》ざるものとす例《たと》へば甲《かう》が乙《をつ》に來《きた》る十月十日まで官命《くわんめい》に依《よ》り歐洲《あふしう》に使《つか》ひすることあらば此家屋《このかおく》を賣渡《うりわた》すべしと約《やく》したるときの如《ごと》き又は此家屋《このかおく》を賣却《ばいきやく》すべし然《しか》れども十月十日まで官命《くわんめい》により歐洲《あふしう》に使《つか》ひせざるときは之《これ》を取消《とりけ》すべしと約《やく》したるときの如《ごと》き第《だい》一の場合《ばあひ》に於《おい》ては甲第《かうだい》二の場合《ばあひ》に於《おい》ては乙《をつ》が其條件《そのでうけん》の確定《かくてい》せざる間《あひだ》に家屋《かおく》を毀壞《きくわい》するが如《ごと》き處分《しよぶん》をなすことを得《え》ざるものとす

第百二十九條　條件ノ成否未定ノ間ニ於ケル當事者ノ權利義務ハ一般ノ規定ニ從ヒ之ヲ處分、相續、保存又ハ擔保スルコトヲ得

○條件《でうけん》の成否《せいひ》未定《みてい》の間《あひだ》に於ける當事者《たうじしや》の權利義務《けんりぎむ》は一般《ぱん》の規定《きてい》に從《したが》ひ之を處分《しよぶん》、相續《さうぞく》、保存《ほぞん》又は擔保《たんほ》することを得《と》するものとす

第百三十條　條件ノ成就ニ因リテ不利益ヲ受クヘキ當事者カ故意ニ其條件ノ成就ヲ妨ケタルトキハ相手方ハ其條件ヲ成就シタルモノト看做スコトヲ得

問《とひ》　條件《でうけん》の成就《せいしゆ》に因《よ》りて不利益《ふりえき》を受《う》くべき當事者《たうじしや》が故意《こい》に其條件《そのでうけん》の成就《せいしゆ》を妨《さまた》けたるときは其結果如《そのけつくわいか》

答《こたへ》　條件《でうけん》の成就《せいしゆ》に因《よ》りて不利益《ふりえき》を受くべき當事者《たうじしや》が故意《こい》に其條件《そのでうけん》ハ成就《せいしゆ》を妨《さまた》げたるとき例《たと》へば汝《なんだ》より求《もと》めたる此梅今年實《このうめこんねんみ》を結《むす》ばゞ一本《ぽん》一圓宛《づゝ》にて幾《いく》百千本《ほん》にても買入《かひい》るべしと約《やく》したる後實《のちみ》を結《むす》ばんことを恐《おそ》れて悉《ことごと》く枝《えだ》を折《を》り若《も》しくば花《はな》を摘《つ》み取《と》りたるときの如《ごと》き場合《ばあひ》に於ては相手方《あひてかた》は其條件《そのでうけん》を成就《せいしゆ》したるものと看做《みな》し幾本《いくほん》にても一圓宛《づゝ》にて買《か》はしむることを得《う》るものとす

第百三十一條　條件カ法律行爲ノ當時既ニ成就セル場合ニ於テ其條件カ停止條件ナルトキハ其法律行爲ハ無條件トシ解除條件ナルトキハ無效トス

條件ノ不成就カ法律行爲ノ當時既ニ確定セル場合ニ於テ其條件カ停止條件ナルトキハ其法律行爲ハ無效トシ解除條件ナルトキハ無條件トス

前二項ノ場合ニ於テ當事者カ條件ノ成就又ハ不成就ヲ知ラサル間ハ第百二十八條及ヒ第百二十九條ノ規定ヲ準用ス

問《とひ》　條件《でうけん》が法律行爲《はふりつかうゐ》の當時《たうじ》既《すで》に成就《せいしゆ》したるものなるときは其效力如何《そのかうりよくいかん》

答《こたへ》　條件《でうけん》が法律行爲《はふりつかうゐ》の當時《たうじ》既《すで》に成就《せいしう》せるとき例《たと》へば五月十日まで日本《にほん》と外國《ぐわいこく》との間《あひだ》に戰端《せんたん》を開《ひら》きたるときは刀劍《たうけん》千本《ぼん》を價《あたひ》若干《じやくかん》にて買入《かひい》るべしと約《やく》したるときの如《ごと》き又は余《よ》の家屋《かおく》を賣却《ばいきやく》すべし然《しか》れども五月十日まで國民軍《こくみんぐん》として戰地《せんち》に赴《おもむ》かざるときは之《これ》を取消《とりけ》すべしと約《やく》したるときの如《ごと》き場合《ばあひ》に於《おい》て之《これ》を約《やく》する以前《いぜん》に第《だい》一の場合《ばあひ》に於ては既《すで》に戰端《せんたん》を開《ひら》きたるとき第《だい》二の場合《ばあひ》に於《おい》ては既《すで》に講和條約《かうわでうやく》の締結《ていけつ》せられたるときは前者《ぜんしや》は無條件《むでうけん》の契約《けいやく》にして後者の契約《けいやく》は無効《むかう》とす

問《とひ》　條件《でうけん》の不成就《ふせいしう》が法律行爲《はふりつかうゐ》の當時《たうじ》既《すで》に確定《かくてい》せるときは其効力如何《そのかうりよくいかん》

答《こたへ》　條件《でうけん》の成就《せいしう》せざることが法律行爲《はふりつかうゐ》の當時《たうじ》既《すで》に確定《かくてい》せるときは其條件《そのでうけん》が停止條件《ていしでうけん》なるときは其法律《そのはふりつ》行爲《かうゐ》は無効《むかう》にして解除條件《かいぢよでうけん》なるときは條件なき單純《たんじゆん》の法律行爲《はふりつかうゐ》とす例《たと》へば戰地《せんち》に赴《おもむ》きたる某《ぼう》が無事《ぶじ》歸國《きこく》したるときは金盃《きんぱい》を價《あたひ》若干《じやくかん》にて購求《かうきう》すべしと約《やく》したるに其以前《そのいぜん》に某《ぼう》が戰死《せんし》したるときの如《ごと》きは其條件成就《そのでうけんせいしう》することなきが故に其約束《そのやくそく》は無效《むかう》とす又《また》余《よ》の家屋《かおく》を賣却《ばいきやく》そべし但《たゞ》し某《ぼう》が戰地《せんち》より無事《ぶじ》歸國《きこく》したるときは之《これ》を取《と》り戻《もど》すべしと約《やく》したるに其以前《そのいぜん》に某《ぼう》が戰死《せんし》したるときの如《ごと》きは無條件《むでうけん》にて家屋《かおく》を賣却《ばいきやく》したるものと同《どう》一の効力《かうりよく》を有《いう》するものとそ

問《とひ》　當事者《たうじしや》が條件《でうけん》の成不成《せいふせい》を知《し》らざるときは如何《いかん》

答《こたへ》　當事者《たうじしや》が法律行爲《はふりつかうゐ》の當時《たうじ》其條件《そのでうけん》の成就《せいしう》したること又《また》は成就《せいしう》せざることを知《し》らざるときは第《だい》百二十八條及《でうおよ》び第《だい》百二十九條の規定《きてい》を準用《じゆんよう》するものとす

第百三十二條　不法ノ條件ヲ附シタル法律行爲ハ無效トス不法行爲ヲ爲サヽル

ヲ以テ條件トスルモノ亦同シ

問《とひ》　不《ふ》法《はふ》の條件《でうけん》を附《ふ》したる法律行爲《はふりつかうゐ》の効力如何《かうりよくいかん》

答《こたへ》　不《ふ》法《はふ》の條件を附《ふ》したる法律行爲《はふりつかうゐ》例《たと》へば婦女《ふぢよ》を强姦《がうかん》すること決鬪《けつたう》の上《うへ》相手《あひて》方《かた》を殺傷《さつしやう》すること人《ひと》の所《しよ》有物《いうぶつ》を竊取《せつしゆ》すること等《とう》を條件《でうけん》としてなしたる法律行爲《はふりつかうゐ》は無効《むかう》とす

問《とひ》　不《ふ》法行爲《はふかうゐ》を爲《な》さゞるを以《もつ》て條件《でうけん》としたるときは如何《いかん》

答《こたへ》　不法行爲を爲《な》さゞるを以《もつ》て條件としたるとき例《たと》へば婦女《ふぢよ》を强姦《がうかん》せざること決鬪《けつたう》の申込《まをしこみ》をなさゞること人《ひと》の所有物《しよいうぶつ》を竊取《せつしゆ》せざること等《とう》を條件《でうけん》としてなしたる法律行爲《はふりつかうゐ》も亦何等《またなんら》の効力《かうりよく》を有《いう》せざるものとす

第百三十三條　不能ノ停止條件ヲ附シタル法律行爲ハ無效トス

不能ノ解除條件ヲ附シタル法律行爲ハ無條件トス

問《とひ》　不能《ふのう》の停止《ていし》條件《でうけん》を附《ふ》したる法律行爲《はふりつかうゐ》の効力如何《かうりよくいかん》

答《こたへ》　不能《ふのう》の停止條件例《たと》へば余《よ》若《も》し五百年の齢《よはひ》を保《たも》たば余《よ》の家屋《かおく》を賣却《はいきやく》すべしと約《やく》したるときの如《ごと》き又は汝龍宮《なんぢりうぐう》に使《つか》ひし來《きた》らば金一万圓を與《あた》ふべしと約《やく》したるときの如《ごと》き又は輕氣球《けいききう》の力《ちから》を借《か》らずして天《てん》に上《のぼ》らば金剛石《こんがうせき》を贈與《ぞうよ》すべしと約《やく》したるときの如《ごと》きは其約束《そのやくそく》は何等《なんら》の効力《かうりよく》を有《いう》せざるものとす

問《とひ》　不能《ふのう》の解除條件《かいぢよでうけん》を附《ふ》したる法律行爲《はふりつかうゐ》の効力如何《かうりよくいかん》

答《こたへ》　不能《ふのう》の解除條件《かいぢよでうけん》を附《ふ》したる法律行爲《はふりつかうゐ》例《たと》へば昨年死《さくねんし》亡《ばう》したる余《よ》の小兒《せうに》の蘇生《そせい》するまで此小兒《このせうに》車《くるま》を賣《ばい》

却《きやく》すべしと約《やく》したるときの如《ごと》き又《また》は余《よ》が齢《よはひ》五百才《さい》に達《たつ》するまで此金剛石《このこんがうせき》を贈與《ぞうよ》すべしと約《やく》したるときの如《ごと》きは條件《でうけん》を附《ふ》せずして賣買贈與《ばいばいぞうよ》したると同《どう》一の効力《かうりよく》を有《いう》するものとす

第百三十四條　停止條件附法律行爲ハ其條件カ單ニ債務者ノ意思ノミニ係ルトキハ無效トス

問《とひ》　停止條件《ていしでうけん》が債務者《さいむしや》の意思《いし》のみに係《かゝ》るときは其効力如何《そのかうりよくいかん》

答《こたへ》　停止《ていし》條件附法律行爲《つきはふりつかうゐ》は其條件《そのでうけん》が單《たん》に債務者《さいむしや》の意思《いし》のみに係《かゝ》るとき例《たと》へば我之《われこれ》を欲《ほつ》する時《とき》に此時計《このとけい》を汝《なんぢ》に賣却《ばいきやく》すべしと約《やく》したるときの如《ごと》き又は我若《われも》し右手《うしゆ》を揚《あ》ぐることあらば余《よ》の家屋《かおく》を賣却《ばいきやく》すべしと約《やく》したるときの如き又は我若《われも》し東《ひがし》に向《むか》ひて散歩《さんぽ》することあらば余《よ》の書籍《しよせき》を贈與《ぞうよ》すべしと約《やく》したるときの如《ごと》きは其約束《そのやくそく》は何等《なんら》の効力《かうりよく》を有《いう》せざるものとす何《なん》となれば斯《かく》の如《ごと》き條件《でうけん》を附《ふ》するは眞《しん》に賣買贈與《ばいばいぞうよ》等《とう》の約束《やくそく》をなす意思《いし》なきものと看做《みな》さゞるべからざればなり

第百三十五條　法律行爲ニ始期ヲ附シタルトキハ其法律行爲ノ履行ハ期限ノ到來スルマテ之ヲ請求スルコトヲ得ス

法律行爲ニ終期ヲ附シタルトキハ其法律行爲ノ效力ハ期限ノ到來シタル時ニ於テ消滅ス

問　法律行爲《はふりつかうゐ》に始期《しき》を附《ふ》したるときは其效力如何《そのかうりよくいかん》

答　法律行爲に始期《しき》を附したるときは其法律行爲《そのはふりつかうゐ》の履行《りかう》は期限《きげん》の到來《たうらい》するまで之《これ》を請求《せいきう》することを得《え》

ざるものとす故《ゆゑ》に家屋賃貸契約《かおくちんたいけいやく》を結《むす》ぶに當《あた》り明年《みやうねん》一月《げつ》より貸渡《かしわた》すべしと約《やく》したるときの如《ごと》き其借主《そのかりぬし》は明年《みやうねん》の一月に至《いた》るまでは貸渡《かしわたし》を請求《せいきう》することを得《え》ず又毎年《まいねん》六月十二月の兩度《りやうど》に金五百圓宛養老金《づゝやうらうきん》として贈與《ぞうよ》すべし但《たゞ》し此契約《このけいやく》は明年《みやうねん》六月より實行《じつかう》すべしと約《やく》したるときの如《ごと》き受贈者《じゆぞうしや》は其期限前《そのきげんぜん》に請求《せいきう》することを得《え》ざるものとす

問《とひ》　法律行爲《はふりつかうゐ》に終期《しうき》を附《ふ》したるときは其効果如何《そのかうくわいかん》

答《こたへ》　法律行爲に終期《しうき》を附したるとき例《たと》へば何年何月何日《なんねんなんぐわつなんにち》まで又は向《むか》ふ何年間《なんねんかん》と云《い》ふが如《ごと》き最終《さいしう》の期限《きげん》を設《まう》けたるときは其法律行爲《そのはふりつかうゐ》の効力《かうりよく》は期限《きげん》の到來《たうらい》したる時《とき》に於て別段《べつだん》の約束《やくそく》を待《ま》たず當然消滅《たうぜんせうめつ》するものとす

第百三十六條　期限ハ債務者ノ利益ノ爲メニ定メタルモノト推定ス
期限ノ利益ハ之ヲ抛棄スルコトヲ得但之カ爲メニ相手方ノ利益ヲ害スルコトヲ得ス

問《とひ》　期限《きげん》は何人《なんぴと》の利益《りえき》の爲《た》めに定《さだ》めたるものと看做《みな》すべきや

答《こたへ》　別段《べつだん》の約束《やくそく》なきときは期限《きげん》は債務者《さいむしや》の利益《りえき》の爲《た》めに定《さだ》めたるものと推定《すいてい》するものとす故《ゆゑ》に其利益《そのりえき》は債務者之《さいむしやこれ》を抛棄《はうき》することを得《う》べし但之《たゞしこれ》が爲《ため》に相手方《あひてかた》の利益《りえき》を害《がい》することを得《え》ざるは當然《たうぜん》なり

第百三十七條　左ノ場合ニ於テハ債務者ハ期限ノ利益ヲ主張スルコトヲ得ス
一　債務者カ破産ノ宣告ヲ受ケタルトキ

二　債務者カ擔保ヲ毀滅シ又ハ之ヲ減少シタルトキ

三　債務者カ擔保ヲ供スル義務ヲ負フ場合ニ於テ之ヲ供セサルトキ

問《とひ》　債務者《さいむしや》期限《きげん》の利益《りえき》を主張《しゆちやう》することを得《う》ざる場合《ばあひ》如何《いかん》

答《こたへ》　左《さ》の三箇《か》の場合《ばあひ》に於《おい》ては債務者《さいむしや》は期限《きげん》の利益《りえき》を主張《しゆちやう》することを得《う》ざるものとす

一　債務者《さいむしや》が破産《はさん》の宣告《せんこく》を受《う》けたるとき

二　債務者が其債務《そのさいむ》の擔保《たんぽ》を毀滅《きめつ》し又は之《これ》を減少《げんせう》したるとき

三　債務者《さいむしや》が擔保品《たんぽひん》を差入《さしい》るべきことを約《やく》したる場合《ばあひ》に於《おい》て之《これ》を差入《さしい》れざるとき

第五章　期間

第百三十八條　期間ノ計算法ハ法令、裁判上ノ命令又ハ法律行爲ニ別段ノ定アル場合ヲ除ク外本章ノ規定ニ從フ

○期間《きかん》は法律命令《はふりつめいれい》、裁判上《さいばんじやう》の命令《めいれい》又は法律行爲《はふりつかうゐ》に別段《べつだん》の定《さだめ》ある場合《ばあひ》を除《のぞ》く外本章《ほかほんしやう》の規定《きてい》に從《したが》ひて計算《けいさん》するものとす

第百三十九條　期間ヲ定ムルニ時ヲ以テシタルトキハ即時ヨリ之ヲ起算ス

問　時《とき》を以《もつ》て定《さだ》めたるときは其起算法《そのきさんはふ》如何《いかん》

答　期間《きかん》を定《さだ》むるに時《とき》を以《もつ》てしたるときは即時《そくじ》より之を起算《きさん》するものとす故《ゆゑ》に午後《ごゞ》一時《じ》に十時間内《じかんない》に米《こめ》百石《こく》を引渡《ひきわた》すべしと約《やく》したるときの如きは午後《ごゞ》一時より其時《そのとき》を起算《きさん》するものとす

第百四十條　期間ヲ定ムルニ日、週、月又ハ年ヲ以テシタルトキハ期間ノ初日ハ之ヲ算入セス但其期間カ午前零時ヨリ始マルトキハ此限ニ在ラス

問《とひ》　期間《きかん》を定《さだ》むるに日、週《しう》、月《つき》又は年《とし》を以《もつ》てしたるときは其初日《そのしよにち》より起算《きさん》すべきや

答《こたへ》　期間を定《さだ》むるに日、週《しう》、月又は年《とし》を以《もつ》てしたるときは期間《きかん》の初日《しよにち》は午前零時《ごぜんれいじ》より始《はじ》まるときの外《ほか》は之《これ》を算入《さんにふ》せざるものとす

第百四十一條　前條ノ場合ニ於テハ期間ノ末日ノ終了ヲ以テ期間ノ滿了トス

○前條《ぜでう》の場合《ばあひ》に於《おい》ては期間《きかん》の末日《まつじつ》の終了《しうりやう》を以て期間滿了《まんりやう》したるものとす故《ゆゑ》に五月十日午前《ごぜん》十時《じ》に一週《しう》間内《かんない》に金千圓を辨濟《べんさい》すべしと約《やく》したるときの如《ごと》き其期間《そのきかん》は翌《よく》十一日より起算《きさん》して十七日午後十二時に滿了《まんりやう》するものとす

第百四十二條　期間ノ末日カ大祭日、日曜日其他ノ休日ニ當タルトキハ其日ニ取引ヲ爲サヽル慣習アル場合ニ限リ期間ハ其翌日ヲ以テ滿了ス

○期間《きかん》の最終《さいしう》の日が大祭日《だいさいひ》、日曜日《にちようび》其他《そのた》の休日《きうじつ》に當《あ》たるときは其日《そのひ》に取引《とりひき》を爲《な》さゞる慣習《くわんしふ》ある場合《ばあひ》に限《かぎ》り期間《きかん》は其翌日《そのよくじつ》を以て滿了《まんりやう》するものとす

第百四十三條　期間ヲ定ムルニ週、月又ハ年ヲ以テシタルトキハ暦ニ從ヒテ之ヲ算ス

週、月又ハ年ノ始ヨリ期間ヲ起算セサルトキハ其期間ハ最後ノ週、月又ハ年ニ

於テ其起算日ニ應當スル日ノ前日ヲ以テ滿了ス但月又ハ年ヲ以テ期間ヲ定メタル場合ニ於テ最後ノ月ニ應當日ナキトキハ其月ノ末日ヲ以テ滿期日トス

○期間《きかん》を定《さだ》むるに週《しう》、月又《つきまた》は年《とし》を以《もつ》てしたるときは暦《こよみ》に從《したが》ひて之を算定《さんてい》するものとす週《しう》、月《つき》又は年《とし》の始《はじめ》より期間を起算《きさん》せざるときは其期間《そのきかん》は最後《さいご》の週《しう》、月《つき》又は年に於《おい》て其起算日《そのきさんひ》に應當《おうたう》する日《ひ》の前日《ぜんじつ》を以て滿了《まんりやう》するものとす故《ゆゑ》に本年《ほんねん》五月十日に向《むか》ふ五ヶ月間又《かんまた》は三年間《かん》と云《い》ふが如《ごと》き期日《きじつ》を定めたるときは十月九日又は三十二年《ねん》五月九日に滿了《まんりやう》するものとす但《たゞし》月又は年を以《もつ》て期間《きかん》を定《さだ》めたる場合《ばあひ》に於《おい》て最後《さいご》の月に應當日《おうたうひ》なきとき例《たと》へば本年《ほんねん》二月二十九日に三ヶ年間《かん》と云《い》ふが如《ごと》き期日《きじつ》を定めたる場合に三十二年《ねん》二月に二十九日なきときは其末日即《そのまつじつすなは》ち二十八日を以て滿期日《まんきじつ》と定むるものとす

第六章　時效

○本章《ほんしやう》分《わか》て三節《せつ》となす第《だい》一節《せつ》には總則《そうそく》を定め第《だい》二節《せつ》には取得時効《しゆとくじかう》のことを定《さだ》め第三節には消滅時效《せうめつじかう》のことを定《さだ》む

第一節　總則

第百四十四條　時效ノ效力ハ其起算日ニ遡ル

問《とひ》　時効《じかう》とは何《なん》ぞや

答《こたへ》　時効とは時日經過《じじつけいくわ》の効力《かうりよく》により或《あるひ》は權利《けんり》を取得《しゆとく》し或《あるひ》は權利《けんり》を消滅《せうめつ》せしむるを謂《い》ふ其權利《そのけんり》を取得《しゆとく》するは取得時効《しゆとくじかう》にして權利《けんり》消滅《せうめつ》するは消滅時效《せうめつじかう》なり

問 時效《じかう》の效力發生《かうりよくはつせい》の時期《じき》如何《いかん》

答《こたへ》 其效力《そのかうりよく》は期間《きかん》の滿了《まんりやう》によりて生《しやう》ずるものにして而《しか》して其起算日《そのきさんじつ》に遡《さかのぼ》るものとす故《ゆゑ》に乙《おつ》が明治十年より甲《かう》の所有物《しよいうぶつ》を自己《じこ》の所有物《しよいうぶつ》として平穩其公然《へいをんかつこうぜん》に占有《せんいう》して二十年を經過《けいくわ》したるときは其《その》二十年の期間滿了《きかんまんりやう》の時《とき》に其所有權《そのしよいうけん》を取得《しゆとく》すべく而《しか》して其効力《そのかうりよく》は起算日《きさんひ》に遡《さかのぼ》るが故《ゆゑ》に明治十年より即《すなは》ち占有《せんいう》したる日より自己《じこ》の所有物《しよいうぶつ》と看做《みな》すべきものとす

第百四十五條 時效ハ當事者カ之ヲ援用スルニ非サレハ裁判所之ニ依リテ裁判ヲ爲スコトヲ得ス

問《とひ》 裁判所《さいばんしよ》は時効《じかう》を援用《ゑんよう》して裁判《さいばん》を下《くだ》すことを得《う》るや

答《こたへ》 時效《じかう》は當事者《たうじしや》が之《これ》を援用《ゑんよう》するに非《あら》ざれば裁判所《さいばんしよ》之に依《よ》りて裁判《さいばん》を爲《な》すことを得《え》ざるものとす故《ゆゑ》に金錢貸借請求事件《きんせんたいしやくせいきうじけん》に就《つ》き辨濟期日《べんさいきじつ》より縱令《たとひ》十年を經過《けいくわ》するも被請求人《ひせいきうにん》に於《おい》て時效成就《じかうせいしゆ》の爲辨濟《ためべんさい》の義《ぎ》務《む》なき旨《むね》を主張《しゆちやう》せざるときは裁判官《さいはんくわん》は時效《じかう》により義務《ぎむ》なき旨《むね》の決判《はんけつ》を下《くだ》すことを得《え》ざるものとす

第百四十六條 時效ノ利益ハ豫メ之ヲ拋棄スルコトヲ得ス

問《とひ》 時效《じかう》の利益《りえき》は之を拋棄《はうき》することを得《う》るか

答《こたへ》 時效完成以後《じかうくわんせいいご》に於《おい》ては自由《じいう》に之《これ》を拋棄《はうき》することを得《う》べし故《ゆゑ》に借用金《しやくようきん》を辨濟《べんさい》せずして其期日《そのきじつ》より十年を經過《けいくわ》するも借主《かりぬし》は之を辨濟《べんさい》することを得《う》然《しか》れども時效完成以前《じかうくわんせいいぜん》に在《あり》ては豫《あらかじ》め之を拋棄《はうき》することを得《え》ず故に豫《あらかじ》め拋棄《はうき》すべきの契約《けいやく》をなすも其契約《そのけいやく》は無效《むかう》なり

第百四十七條　時效ハ左ノ事由ニ因リテ中斷ス

一　請求

二　差押、假差押又ハ假處分

三　承認

問《とひ》　時効《じかう》中斷《ちうだん》の原因《げんいん》如何《いかん》

答《こたへ》　時効は左《さ》の事由《じいう》に因《よ》りて中斷《ちうだん》するものとす

一　請求《せいきう》即《すなは》ち裁判上《さいばんじやう》の請求《せいきう》、支拂命令《しはらひめいれい》、和解《わかい》の爲《た》めにする呼出《よびだし》、破産手續《はさんてつゞき》、參加《さんか》、催告等《さいこくとう》のありたるとき

二　差押《さしおさへ》、假差押《かりさしおさへ》又は假處分《かりしよぶん》ありたるとき

三　承認《しやうにん》したるとき

第百四十八條　前條ノ時效中斷ハ當事者及ヒ其承繼人ノ間ニ於テノミ其效力ヲ有ス

問　時效《じかう》の中斷《ちうだん》は何人《なんぴと》に對《たい》して其效力《そのかうりよく》を生《しやう》ずるや

答　前條《ぜんでう》の時效中斷は當事者《たうじしや》及び其承繼人《そのしやうけいにん》の間《あひだ》に於《お》てのみ其效力《そのかうりよく》を有《いう》するものとす而《しか》してこゝに所謂《いはゆる》承繼人《しやうけいにん》の語中《ごちう》には保證人《ほしようにん》をも包含《はうがん》するものなり

第百四十九條　裁判上ノ請求ハ訴ノ却下又ハ取下ノ場合ニ於テハ時效中斷ノ效

力ヲ生セス

○裁判上《さいばんじやう》の請求《せいきう》あるときは第百四十七條の規定《きてい》により時效中斷の效力《かうりよく》を生《しやう》ずるも然《しか》れども其請求《そのせいきう》にして裁判所《さいばんしよ》より却下《きやくか》せられたるとき又《また》は請求人自《みづか》ら之を取下《とりさ》げたるときは時效中斷《じかうちうだん》の效力《かうりよく》を生《しやう》ぜざるものとす

第百五十條　支拂命令ハ權利拘束ヵ其效力ヲ失フトキハ時效中斷ノ效力ヲ生セス

○支拂命令《しはらひめいれい》は權利《けんり》拘束《かうそく》が其效力《そのかうりよく》を失《うしな》ふときは時效中斷《じかうちうだん》の效力《かうりよく》を生《しやう》ぜざるものとす

第百五十一條　和解ノ爲メニスル呼出ハ相手方ヵ出頭セス又ハ和解ノ調ハサルトキハ一箇月内ニ訴ヲ提起スルニ非サレハ時效中斷ノ效力ヲ生セス任意出頭ノ場合ニ於テ和解ノ調ハサルトキ亦同シ

○和解《わかい》の爲めにする呼出《よびだし》は相手方《あひてかた》が出頭《しゆつとう》せず又は和解《わかい》の調《とゝの》はざるときは一箇月内《かげつない》に訴《うつたへ》て提起《ていき》するに非《あら》されば時效中斷《じかうちうだん》の效力《かうりよく》を生《しやう》ぜざるものとす任意出頭《にんいしゆつとう》の場合に於て和解《わかい》の調《とゝの》はざるとき亦然《またしか》り

第百五十二條　破產手續參加ハ債權者ヵ之ヲ取消シ又ハ其請求ヵ却下セラレタルトキハ時效中斷ノ效力ヲ生セス

○破產手續參加《はさんてつゞきさんか》は債權者《さいけんしや》が之を取消《とりけ》したるとき又《また》は其請求《そのせいきう》が却下《きやくか》せられたるときは時效中斷《じかうちうだん》の效力《かうりよく》を生《しやう》ぜざるものとす

第百五十三條　催告ハ六箇月内ニ裁判上ノ請求、和解ノ爲メニスル呼出若クハ任意出頭、破産手續參加、差押、假差押又ハ假處分ヲ爲スニ非サレハ時效中斷ノ效力ヲ生セス

○催告《さいこく》は催告をなしたる時《とき》より六箇《け》月内《げつない》に裁判上《さいばんじやう》の請求《せいきう》、和解《わかい》の爲《た》めにする呼出若《よびいだしもし》くは任意出頭《にんいしゆつとう》、破《は》産手續參加《さんてつゞきさんか》、差押《さしおさへ》、假差押《かりさしおさへ》又は假處分《かりしよぶん》を爲すにあらざれば時效中斷《じかうちうだん》の效力《かうりよく》を生《しやう》ぜざるものとす

第百五十四條　差押、假差押及ヒ假處分ハ權利者ノ請求ニ因リ又ハ法律ノ規定ニ從ハサルニ因リテ取消サレタルトキハ時效中斷ノ效力ヲ生セス

○差押《さしおさへ》、假差押《かりさしおさへ》及び假處分《かりしよぶん》は權利《けんり》者《しや》の請求《せいきう》に因《よ》りて取消《とりけ》されたるとき又は法律《はふりつ》の規定《きてい》に從《したが》はざるに因《よ》りて取消《とりけ》されたるときは時效中斷《じかうちうだん》の效力《かうりよく》を生《しやう》ぜざるものとす

第百五十五條　差押、假差押及ヒ假處分ハ時效ノ利益ヲ受者ニ對シテ之ヲ爲サヽルトキハ之ヲ其者ニ通知シタル後ニ非サレハ時效中斷ノ效力ヲ生セス

○差押《さしおさへ》、假差押《かりさしおさへ》及《およ》び假處分《かりしよぶん》は時效《じかう》の利《り》益《えき》を受《う》くる者《もの》に對《たい》して之を爲《な》さゞるときは之《これ》を其者《そのもの》に通知《つうち》したる後《のち》に非《あら》ざれば時效中斷《じかうちうだん》の效力《かうりよく》を生《しやう》ぜざるものとす

第百五十六條　時效中斷ノ效力ヲ生スヘキ承認ヲ爲スニハ相手方ノ權利ニ付キ處分ノ能力又ハ權限アルコトヲ要セス

○時效中斷《じかうちうだん》の效力《かうりよく》を生《しやう》ずべき承認《しやうにん》は相手《あひて》方《かた》の權利《けんり》に付《つ》き處分《しよぶん》の能力《のうりよく》又は權限《けんげん》なきも之を爲《な》すことを得《う》

るものとす

第百五十七條　中斷シタル時效ハ其中斷ノ事由ノ終了シタル時ヨリ更ニ其進行ヲ始ム

裁判上ノ請求ニ因リテ中斷シタル時效ハ裁判ノ確定シタル時ヨリ更ニ其進行ヲ始ム

問《とふ》　中斷《ちうだん》したる時效《じかう》の更《さら》に進行《しんかう》を始《はじ》むる時機《じき》如何《いかん》

答《こたへ》　中斷《ちうだん》したる時效は其中斷《そのちうだん》の事由《じゆう》の終了《しうりやう》したる時《とき》より更《さら》に其進行《そのしんかう》を始《はじ》むるものとす又裁判上《さいばんじやう》の請求《せいきう》に因《よ》りて中斷したる時效《じかう》は裁判《さいばん》の確定《かくてい》したる時より更《さら》に其進行《そのしんかう》を始《けじ》むるものとす故《ゆゑ》に金錢上《きんせんじやう》の債務《さいむ》を辨濟《べんさい》せずして五年《ねん》を經過《けいくわ》し五年目に中斷《ちうだん》せられたるときの如《ごと》きは又新《あた》たに十年の期間《きかん》を計算《けいさん》すべく前後《ぜんと》の日數《にちすう》を通算《つうさん》すること能《あた》はざるものとす

第百五十八條　時效ノ期間滿了前六箇月內ニ於テ未成年者又ハ禁治產者カ法定代理人ヲ有セサリシトキハ其者カ能力者ト爲リ又ハ法定代理人カ就職シタル時ヨリ六箇月內ハ之ニ對シテ時效完成セス

○時效《じかう》の期間滿了前《きかんまんりやうぜん》六箇月內《かげつない》に於《おい》て未成年者《みせいねんしや》又は禁治產者《きんちさんしや》が法定代理《はふていだいり》人《にん》を有《いう》せざりしときは其者《そのもの》が能《のう》力者《りよくしや》と爲《な》りたるとき又は法定代理《はふていだいり》人《にん》が就職《しうしよく》したる時《とき》より六箇月內《かげつない》は之に對《たい》して時効完成《じかうくわんせい》　ざるものとす故《ゆゑ》に法定代理《はふていだいり》人《にん》を有《いう》せざる未成年者《みせいねんしや》又は禁治產者《きんちさんしや》に對《たい》しては期間滿了前《きげんまんりやうぜん》六箇月《かげつ》までは進行《しんかう》するも夫《そ》

れよりは能力者《のうりよくしや》と爲り又は法定代理人《はふていだいりにん》が就職《しゆしよく》するまで其進行《そのしんかう》を止《とゞ》むるものなす

第百五十九條 無能力者カ其財産ヲ管理スル父、母又ハ後見人ニ對シテ有スル權利ニ付テハ其者カ能力者ト爲リ又ハ後任ノ法定代理人カ就職シタル時ヨリ六箇月内ハ時效完成セス

妻カ夫ニ對シテ有スル權利ニ付テハ婚姻解消ノ時ヨリ六箇月内亦同シ

○未成年者《みせいねんしや》又は禁治産者等《きんぢさんしやとう》の無能者《むのうしや》が其財産《ざいさん》を管理《くわんり》する父《ふ》、母《ぼ》又は後見人《こうけんにん》に對《たい》して有《いう》する權利《けんり》に付ては其者が能力者《のうりよくしや》と爲り又は後任《こうにん》の法定代理人《はふていだいりにん》が就職《しゆしよく》したる時より六箇月内《ない》は時効完成《じかうくわんせい》せざるものとす妻《さい》が夫《ふ》に對《たい》して有《いう》する權利《けんり》に付ては婚姻解消《こんいんかいせう》の時《とき》より六箇月内《げつない》は又《また》時効完成せざるものとす

第百六十條 ● 相續財産ニ關シテハ相續人ノ確定シ、管理人ノ選任セラレ又ハ破産ノ宣告アリタル時ヨリ六箇月内ハ時效完成セス

○相續財産《さうぞくざいさん》に關《くわん》しては相續人《さうぞくにん》の確定《かくてい》したるとき管理人《くわんりにん》の選任《せんにん》せられたるとき又は破産《はさん》の宣告《せんこく》ありたる時《とき》より六箇月内は時効完成《じかうくわんせい》せざるものとす

第百六十一條 時效ノ期間滿了ノ時ニ當タリ天災其他避クヘカラサル事變ノ爲メ時效ヲ中斷スルコト能ハサルトキハ其妨碍ノ止ミタル時ヨリ二週間内ハ時效完成セス

○時効《じかう》の期間滿了《きげんまんりやう》の時《とき》に當《あ》たり天災其他《てんさいそのた》避《さ》くべからざる事變《じへん》の爲め時効を中斷《ちうだん》すること能《あた》はざるとき

は其妨碍の止《や》みたる時より二週間内《しうかんない》は時効完成せざるものとす

第二節　取得時效

第百六十二條　二十年間所有ノ意思ヲ以テ平穩且公然ニ他人ノ物ヲ占有シタル者ハ其所有權ヲ取得ス

十年間所有ノ意思ヲ以テ平穩且公然ニ他人ノ不動産ヲ占有シタル者カ其占有ノ始善意ニシテ且過失ナカリシトキハ其不動産ノ所有權ヲ取得ス

問《とひ》　占有《せんいう》に因《よ》りて物《もの》を取得《しゆとく》することを得《う》る場合如何《ばあひいかん》

答《こたへ》　二十年間所有《ねんかんしよいう》の意思《いし》を以て平穩且公然《へいをんかつとうぜん》に他人《たにん》の物《もの》を占有《せんいう》したる者は其所有權《そのしよいうけん》を取得《しゆとく》するものとす平穩《へいをん》とは裁判上《さいばんじやう》の請求《せいきう》其他の妨害《ばうがい》を受《う》けざることを謂《い》ひ公然《こうぜん》とは窃《ひそ》かに之を有《いう》するに非《あら》ざることを謂《い》ふ

又十年間所有《しよいう》の意思《いし》即ち自己《じこ》の所有として平穩且公然《へいをんかつとうぜん》に他人の不動産《ふどうさん》を占有《せんいう》したる者《もの》が其占有の始《はじめ》善意《ぜんい》にして且過失《かつくわしつ》なかりしときは其不動産《ふどうさん》の所有權《しよいうけん》を取得《しゆとく》するものとす

第百六十三條　所有權以外ノ財産權ヲ自己ノ爲メニスル意思ヲ以テ平穩且公然ニ行使スル者ハ前條ノ區別ニ從ヒ二十年又ハ十年ノ後其權利ヲ取得ス

問《とひ》　所有權以外《しよいうけんいぐわい》の財産權《ざいさんけん》は占有《せんいう》によりて取得《しゆとく》することを得《う》るか

答《こたへ》　所有權以外《いぐわい》の財産權例《たと》へば質權《しちけん》、抵當權《ていたうけん》、債權《さいけん》の如き權利《けんり》を自己《じこ》の爲《ため》にする意思《いし》を以て平穩且公《へいをんかつとう》

然《せん》に行使《かうし》する者《もの》は前條《ぜんでう》の區別《くべつ》に從《したが》ひ二十年又は十年の後其權利《のちそのけんり》を取得《しゆとく》することを得《う》るものとす

第百六十四條　第百六十二條ノ時效ハ占有者カ任意ニ其占有ヲ中止シ又ハ他人ノ爲メニ之ヲ奪ハレタルトキハ中斷ス

○第百六十二條の時效《じかう》は占有者《せんいうしや》が任意《にんい》に其占有を中止《ちうし》し又は他人《たにん》の爲《た》めに之を奪《うば》はれたるときは中斷《ちうだん》するものとす

第百六十五條　前條ノ規定ハ第百六十三條ノ場合ニ之ヲ準用ス

○前條《ぜんでう》の規定《きてい》は第百六十三條の場合《ばあひ》に之を準用《じゆんよう》するものとす

第三節　消滅時效

第百六十六條　消滅時效ハ權利ヲ行使スルコトヲ得ル時ヨリ進行ス

前項ノ規定ハ始期附又ハ停止條件附權利ノ目的物ヲ占有スル第三者ノ爲メニ其占有ノ時ヨリ取得時效ノ進行スルコトヲ妨ケス但權利者ハ其時效ヲ中斷スル爲メ何時ニテモ占有者ノ承認ヲ求ムルコトヲ得

問　消滅時效《せうめつじかう》は何《いづ》れの時より進行《しんかう》するや

答　消滅時效《せうめつじかう》は權利《けんり》を行使《かうし》することを得る時《とき》より進行《しんかう》するものとす

右《みぎ》の規定《きてい》は始期《しきふ》附又は停止條件附《ていしでうけんふ》權利《けんり》の目的物《もくてきぶつ》を占有《せんいう》する第三者《だいしや》の爲めに其占有の時より取得時效《しゆとくじかう》の進行《しんかう》することを妨《さまた》げざるものとす故に此場合《このばあひ》に於ては一方《ぱう》は消滅時效《せうめつじかう》の爲に權利の消滅を來《きた》し一

方《はう》は取得時効《しゆとくじかう》の爲に權利《けんり》を取得《しゆとく》するものとす但《たゞ》し權利者は其時効《そのじかう》を中斷《ちうだん》する爲め何時《なんどき》にても占有者《せんいうしや》の承認《しやうにん》を求《もと》むることを得べし

第百六十七條　債權ハ十年間之ヲ行ハサルニ因リテ消滅ス
債權又ハ所有權ニ非サル財產權ハ二十年間之ヲ行ハサルニ因リテ消滅ス

○債權《さいけん》は十年間之を行《おこな》はざるに因《よ》りて消滅《せうめつ》するものとす
債權又は所有權《しよいうけん》に非《あら》ざる他《た》の財產《ざいさん》は二十年間《かん》之を行《おこな》はざるに因《よ》りて消滅《せうめつ》するものとす

第百六十八條　定期金ノ債權ハ第一回ノ辨濟期ヨリ二十年間之ヲ行ハサルニ因リテ消滅ス最後ノ辨濟期ヨリ十年間之ヲ行ハサルトキモ亦同シ
定期金ノ債權者ハ時效中斷ノ證ヲ得ル爲メ何時ニテモ其債務者ノ承認書ヲ求ムルコトヲ得

○定期金《ていきゝん》の債權例《さいけんたと》へば毎月末《まいげつまつ》に又は六月十二月の兩度《りやうど》に二年間金若干《じやくかん》の辨濟《べんさい》を受《う》くるの約《やく》あるときの如《ごと》きは第《だい》一回《くわい》の辨濟期《べんさいき》より二十年之を行《おこな》はざるに因《よ》り又は最後《さいご》の辨濟期より十年間之《かんこれ》を行はざるに因《よ》りて消滅《せうめつ》するものとす
定期金《ていきゝん》の債權者《さいけんしや》は時效中斷《じかうちうだん》の證《しやう》を得《う》る爲め何時《いつ》にても其債務者《そのさいむしや》の承認書《しやうにんしよ》を求《もと》むることを得るものとす

第百六十九條　年又ハ之ヨリ短キ時期ヲ以テ定メタル金錢其他ノ物ノ給付ヲ目的トスル債權ハ五年間之ヲ行ハサルニ因リテ消滅ス

○年又は之《これ》より短《みじか》き時期《じき》即《すなは》ち月又は日を以《もつ》て定《さだ》めたる金錢其他《きんせんそのた》の物《もの》の給付《きうふ》を目的《もくてき》とする債權《さいけん》は五年間《かん》之《これ》を行《おこな》はざるに因《よ》りて消滅《せんめつ》するものとす

第百七十條　左ニ揭ケタル債權ハ三年間之ヲ行ハサルニ因リテ消滅ス

一　醫師、産婆及ヒ藥劑師ノ治術、勤勞及ヒ調劑ニ關スル債權

二　技師、棟梁及ヒ請負人ノ工事ニ關スル債權但此時效ハ其負擔シタル工事終了ノ時ヨリ之ヲ起算ス

○左《さ》に揭《かゝ》げたる債權《さいけん》は三年間之《ねんかんこれ》を行《おこな》はざるに因《よ》りて消滅《せうめつ》するものとす

一　醫師《いし》、産婆《さんば》及び藥劑師《やくざいし》の治術《ちじゆつ》、勤勞《きんらう》及び調劑《てうざい》に關《くわん》する債權《さいけん》故に例《たと》へば醫師《いし》が病者《びやうしや》を診察《しんさつ》し又は藥劑師《やくざいし》が藥品《やくひん》を調合《てうがふ》してより三年を經過《けいくわ》したるときは其診察料《そのしんさつれう》又は藥代《やくだい》を請求《せいきう》することを得《え》ざるものとす

二　技師《ぎし》、棟梁《とうりやう》及び請負人《うけおひにん》の工事《こうじ》に關《くわん》する債權《さいけん》但此時効《じかう》は其負擔《そのふたん》したる工事《こうじ》終了《しうりやう》の時より之を起算《きさん》するものとす

第百七十一條　辯護士ハ事件終了ノ時ヨリ公證人及ヒ執達吏ハ其職務執行ノ時ヨリ三年ヲ經過シタルトキハ其職務ニ關シテ受取リタル書類ニ付キ其責ヲ免ル

問　辯護士《べんごし》公證人執達吏等《こうしようにんしつたつりとう》が其職務《そのしよくむ》に關《くわん》して受取りたる書類《しよるゐ》に付消滅時効《つきせうめつじかう》の爲に其責任《そのせきにん》を免《まぬが》るゝことを得《う》るや

答　辯護士《べんごし》は其委賴《ゐらい》を受けたる事件終了《じけんしうりやう》の時《とき》より公證人《こうしようにん》及び執達吏《しつたつり》は其職務執行《そのしよくむしつかう》の時より三年を經過《けいくわ》したるときは其職務《そのしよくむ》に關《くわん》して受取《うけと》りたる書類《しよるゐ》に付き其責《そのせめ》を免《まぬが》るゝものとす

第百七十二條　辯護士、公證人及ヒ執達吏ノ職務ニ關スル債權ハ其原因タル事件終了ノ時ヨリ二年間之ヲ行ハサルニ因リテ消滅ス但其事件中ノ各事項終了ノ時ヨリ五年ヲ經過シタルトキハ右ノ期間内ト雖モ其事項ニ關スル債權ハ消滅ス

○辯護士《べんごし》、公證人《こうしようにん》及び執達吏《しつたつり》の職務《しよくむ》に關《くわん》する債權《さいけん》は其原因《げんいん》たる事件終了《じけんしうりやう》の時より二年間之《これ》を行《おこな》はざるに因《よ》りて消滅《せうめつ》するものとす但其事件中《そのじけんちう》の各事項終了《かくじかうしうりやう》の時より五年を經過《けいくわ》したるときは右《みぎ》の期間内《きげんない》と雖《いへど》も其事項《じかう》に關する債權《さいけん》は消滅《せうめつ》するものとす

第百七十三條　左ニ掲ケタル債權ハ二年間之ヲ行ハサルニ因リテ消滅ス

一　生產者、卸賣商人及ヒ小賣商人カ賣却シタル產物及ヒ商品ノ代價

二　居職人及ヒ製造人ノ仕事ニ關スル債權

三　生徒及ヒ習業者ノ敎育、衣食及ヒ止宿ノ代料ニ關スル校主、塾主、敎師及ヒ師匠ノ債權

○左《さ》に掲《かゝ》げたる債權《さいけん》は二年間《かん》之を行《おこな》はざるに因《よ》りて消滅《せうめつ》するものとす

一　生產者《せいさんしや》が賣却《ばいきやく》したる產物《さんぶつ》の貸價《だいか》又は卸賣商人《おろしうりしやうにん》及び小賣商人《こうりしやうにん》が賣却《ばいきやく》したる商品《しやうひん》の代價《だいか》

二　居職人《きよしよくにん》及び製造人《せいざうにん》の仕事《しごと》に關《くわん》する債權《さいけん》

三 生徒《せいと》及び習業者《しふげふしや》の教育《けういく》、衣食《いしよく》及び止宿《しゝゆく》の代料《だいれう》に關《くわん》する校主《かうしゆ》、塾主《じゆくしゆ》、教師《けうし》及び師匠《しゝやう》の債權《さいけん》

第百七十四條　左ニ掲ケタル債權ハ一年間之ヲ行ハサルニ因リテ消滅ス

一 月又ハ之ヨリ短キ時期ヲ以テ定メタル雇人ノ給料
二 勞力者及ヒ藝人ノ賃金竝ニ其供給シタル物ノ代價
三 運送賃
四 旅店、料理店、貸席及ヒ娛遊場ノ宿泊料、飲食料、席料、木戸錢、消費物代價竝ニ立替金
五 動産ノ損料

○左に掲《かゝ》げたる債權《さいけん》は一年間《ねんかん》之を行《おこな》はざるに因りて消滅《せうめつ》するものとす

一 月又は之より短《みじか》き時期《じき》を以て定《さだ》めたる雇人《やとひにん》の給料《きふれう》
二 勞力者《らうりよくしや》及び藝人《げいにん》の賃金《ちんきん》竝《ならび》に其供給《きやうきふ》したる物《もの》の代價《だいか》
三 運送賃《うんそうちん》
四 旅店《りよてん》、料理店《れうりてん》、貸席《かしせき》及び娛遊場《ごいうぢやう》の宿泊料《しゆくはくれう》、飲食料《いんしよくれう》、席料《せきれう》、木戸錢《きどせん》、消費《せうひ》物代價《ぶつだいか》并《ならび》に立替金《たてかへきん》
五 動産《どうさん》即ち衣服《いふく》、夜具《やぐ》、器具《きぐ》等《とう》の損料《そんれう》

民法第一編問答正解終

第二編　物權

○本編《ほんぺん》を分て十章《しやう》とす第一章には總則《そうそく》を定《さだ》め第二章には占有權《せんいうけん》のことを定《さだ》め第三章には所有權《しよいうけん》第四章には地上權《ちじやうけん》第五章には永小作權《えいこさくけん》第六章には地役權《ちえきけん》第七章には留置權《りうちけん》第八章には先取特權《せんしゆとくけん》第九章には質權《しちけん》第十章には抵當權《ていとうけん》のことを定《さだ》めたり

第一章　總則

第百七十五條　物權ハ本法其他ノ法律ニ定ムルモノノ外之ヲ創設スルコトヲ得ス

問　物權《ぶつけん》とは何《なん》ぞや

答　物《もの》の上《うへ》に直接《ちよくせつ》に有《いう》する所《ところ》の權利《けんり》を謂《い》ふ土地《とち》家屋《かおく》の所有權《しよいうけん》抵當權《ていとうけん》の如《ごと》き然《しか》り

問　物權《ぶつけん》は自由《じいう》に創設《そうせつ》することを得《う》るや

答　物權は本法其他《ほんぱふそのた》の法律《はふりつ》に定《さだ》むるものゝ外之《ほかこれ》を創設《そうせつ》することを得《え》ざるものとす

第百七十六條　物權ノ設定及ヒ移轉ハ當事者ノ意思表示ノミニ因リテ其效力ヲ生ス

問　物權《ぶつけん》の設定及《せつていおよ》び移轉《いてん》は或《あ》る方式《はうしき》を履行《りかう》するにあらざれば效力《かうりよく》を生《しやう》ぜざるや否《いな》

答　物權の設定《せつてい》及び移轉《いてん》は當事者《たうじしや》の意思《いし》表示《へうじ》のみに因《よ》りて其效力《そのかうりよく》を生《しやう》ずるものにして引渡其他《ひきわたしそのほか》の方式《はうしき》を待《ま》たざるものとす故《ゆゑ》に家屋《かおく》の賣買《ばいばい》を約《やく》したるときは未《いま》だ其家屋《そのかおく》を買主《かいぬし》に明《あ》け渡《わた》さゞるも又《また》其代價《そのだいか》を賣主《うりぬし》に支拂《しはら》はざるも之《これ》を約したる瞬間《しゆんかん》に其所有權《そのしよいうけん》は買主《かいぬし》に移轉《いてん》するものとす

第百七十七條　不動産ニ關スル物權ノ得喪及ヒ變更ハ登記法ノ定ムル所ニ從ヒ其登記ヲ爲スニ非サレハ之ヲ以テ第三者ニ對抗スルコトヲ得ス

問　不動産《ふどうさん》に關《くわん》する物權《ぶつけん》の得喪《とくそう》及《およ》び變更《へんかう》は登記《とうき》を待《ま》たずして第三者に對抗《たいかう》することを得《う》るや

答　不動産に關《くわん》する物權の得喪《とくそう》及び變更《へんかう》は登記《とうき》法《はふ》の定むる所に從《したが》ひ其登記を爲《な》すに非《あら》ざれば之を以《もつ》て第《だい》三者《しや》に對抗《たいかう》することを得ざるものとす故《ゆゑ》に他人《たにん》の土地又は家屋《かおく》を買受《かひう》けたるときの如き其所有權《そのしよいうけん》は賣買《ばいばい》の成立《せいりつ》と同時《どうじ》に買主《かひぬし》に移轉《いてん》するも買主に於て直《たゞ》ちに其旨《そのむね》を登記するにあらざれば後《のち》に買受《かひう》けて之を登記したる善意《ぜんい》の第三者に對抗《たいかう》して此土地又は家屋《かおく》は汝《なんぢ》よりも前《さき》に買受《かひう》けたるものなるが故に余《よ》之れが所有者《しよいうしや》なりと主張《しゆちやう》するの權《けん》なきものとす

第百七十八條　動産ニ關スル物權ノ讓渡ハ其動産ノ引渡アルニ非サレハ之ヲ以テ第三者ニ對抗スルコトヲ得ス

問　動産《どうさん》に關《くわん》する物權《ぶつけん》の讓渡《ゆづりわたし》は引渡《ひきわたし》を受けざるも第三者に對抗《たいかう》することを得《う》べきや

答　動産《どうさん》に關する物權《ぶつけん》の讓渡《ゆづりわたし》は其動産《このどうさん》の引渡を受けたる後《のち》にあらざれば第三者に對抗《たいかう》することを得《え》ざるものとす

第百七十九條　同一物ニ付キ所有權及ヒ他ノ物權カ同一人ニ歸シタルトキハ其物權ハ消滅ス但其物又ハ其物權カ第三者ノ權利ノ目的タルトキハ此限ニ在ラス

所有權以外ノ物權及ヒ之ヲ目的トスル他ノ權利カ同一人ニ歸シタルトキハ其

權利ハ消滅ス此場合ニ於テハ前項但書ノ規定ヲ準用ス

前二項ノ規定ハ占有權ニハ之ヲ適用セス

〇同《どう》一物《ぶつ》に付所有權《つきしよいうけん》及《およ》び他《た》の物權《ぶつけん》が同一人《にん》に歸《き》したる時例《ときたとへ》ば甲《かう》が其土地《そのとち》を抵當《ていたう》に入《いれ》て乙《おつ》より金《きん》千圓《ゑん》を借用《しやくよう》したるに後に至《いた》り乙死《おつし》亡《ばう》したるが爲《ため》に甲之《これ》が相續人《さうぞくにん》となりたる時《とき》の如《ごとき》は其物權即《そのぶつけんすなは》ち抵當權《ていたうけん》は消滅《せうめつ》する者《もの》とす然《しかれ》ども其物又《そのものまた》は其物權《そのぶつけん》が第三者《しや》の權利《けんり》の目的《もくてき》たるときは消滅《せうめつ》するの限《かぎり》にあらずとす所有權以外《しよいうけんいぐわい》の物權及《ぶつけんおよ》び之《これ》を目的《もくてき》とする他《た》の權利《けんり》が同《どう》一人《にん》に歸《き》したるとき例《たと》へば永小《えいこ》作權《さくけん》を質《しち》にとりて金圓《きんゑん》を貸《か》し渡《わた》したる債權者《さいけんしや》が後《ご》日其永小《じつそのえいこ》作權《さくけん》を取得《しゆとく》したるときの如《ごと》きは其權利即《そのけんりすなは》ち質權《しちけん》は消滅《せうめつ》するものとす但《たゞ》し此場《このば》合《あひ》に於《おい》ても前項但書《ぜんかうたゞしがき》の規定《きてい》を適用《てきよう》するものとす

前項《ぜんかう》の規定《きてい》は占有權《せんいうけん》には之《これ》を適用《てきよう》せざる者《もの》とす蓋占有權《けだしせんいうけん》と所有權《しよいうけん》と幷《あら》び有《いう》する事《こと》を得《う》る者《もの》なれば也

第二章　占有權

〇本章《ほんしやう》を分《わか》て四節《せつ》となす第一節に於《おい》ては占有權《せんいうけん》の取得《しゆとく》のことを規定《きてい》し第二節に於《おい》ては占有權《せんいうけん》の効力《かうりよく》第三節に於ては占有權の消滅《せうめつ》第四節に於ては準占有《じゆんせんいう》のことを規定《きてい》したり

第一節　占有權ノ取得

第百八十條　占有權ハ自己ノ爲メニスル意思ヲ以テ物ヲ所持スルニ因リテ之ヲ取得ス

問《とひ》　占有權は如何《いか》にして之《これ》を取得《しゆとく》するや

答　占有權《せんいうけん》は自己《じこ》の爲《た》めにする意思《いし》を以《もつ》て物《もの》を所持《しよぢ》するに因《よ》りて之《これ》を取得《しゆとく》するものなり

第百八十一條　占有權ハ代理人ニ依リテ之ヲ取得スルコトヲ得

問　占有權《せんいうけん》は代理人《だいりにん》に依《よ》りて之を取得《しうとく》することを得《う》るや

答　自己《じこ》の爲《た》めにする意思《いし》ある以上《いじやう》は代理人《だいりにん》に依《よ》りても之《これ》を取得《しゆとく》することを得《う》るものとす

第百八十二條　占有權ノ讓渡ハ占有物ノ引渡ニ依リテ之ヲ爲ス

讓受人又ハ其代理人カ現ニ占有物ヲ所持スル場合ニ於テハ占有權ノ讓渡ハ當事者ノ意思表示ノミニ依リテ之ヲ爲スコトヲ得

問　占有權《せんいうけん》の讓渡《ゆづりわたし》は如何《いか》にして之《これ》を爲《な》すや

答　占有權《せんいうけん》の讓渡《ゆづりわたし》は占有物《せんいうぶつ》の引渡《ひきわたし》に依《よ》りて之《これ》を爲《な》すものとす若《も》し讓受人《ゆづりうけにん》又《また》は讓受人《ゆづりうけにん》の代理人《だいりにん》が現《げん》に占《せん》有物《いうぶつ》を所持《しよぢ》するときは占有權《せんいうけん》の讓渡《ゆづりわたし》は當事《たうじ》者《しや》の意思《いし》表示《ひやうじ》のみに依《よ》りて之《これ》を爲《な》すことを得《う》べし

第百八十三條　代理人カ自己ノ占有物ヲ爾後本人ノ爲メニ占有スヘキ意思ヲ表示シタルトキハ本人ハ之ニ因リテ占有權ヲ取得ス

○代理人《だいりにん》が自己《じこ》の占有物《せんいうぶつ》の爾後《じご》本人《ほんにん》の爲《た》めに占有《せんいう》すべき意思《いし》を表示《ひやうじ》したるときは本人《ほんにん》は之《これ》に因《よ》り占有《せんいう》權《けん》を取得《しゆとく》するものとす

第百八十四條　代理人ニ依リテ占有ヲ爲ス場合ニ於テ本人カ其代理人ニ對シ爾後第三者ノ爲メニ其物ヲ占有スヘキ旨ヲ命シ第三者之ヲ承諾シタルトキハ其

第三者ハ占有權ヲ取得ス

○代理人《だいりにん》に依《よ》りて占有《せんいう》を爲《あ》す場合《ばあひ》に於《おい》て本人《ほんにん》が其代理人《そのだいりにん》に對《たい》し爾後《じご》第《だい》三者《しや》の爲《た》めに其物《そのもの》を占有《せんいう》すべき旨《むね》を命《めい》じ第三者又之《またこれ》を承諾《しようだく》したるときは第三者は占有權《せんいうけん》を取得《しゆとく》すものとす

第百八十五條　權原ノ性質上占有者ニ所有ノ意思ナキモノトスル場合ニ於テハ其占有者カ自己ニ占有ヲ爲サシメタル者ニ對シ所有ノ意思アルコトヲ表示シ又ハ新權原ニ因リ更ニ所有ノ意思ヲ以テ占有ヲ始ムルニ非サレハ占有ハ其性質ヲ變セス

○權原《けんげん》の性質上占有者《せいしつじやうせんいうしや》に所有《しよいう》の意思《いし》なきものとする場合《ばあひ》例《たと》へば質物《しちもつ》として或《あ》る物《もの》を占有《せんいう》する場合《ばあひ》に於《おい》ては其占有者《そのせんいうしや》が自己《じこ》に占有《せんいう》を爲《あ》さしめたる者《もの》に對《たい》し所有《しよいう》の意思《いし》あることを表示《へうじ》するか又《また》は新權原《しんけんげん》に因《よ》り更《さら》に所有《しよいう》の意思《いし》を以《もつ》て占有《せんいう》を始《はじ》むるに非《あら》ざれば占有は其性質《そのせいしつ》を變《へん》せざるものとす

第百八十六條　占有者ハ所有ノ意思ヲ以テ善意、平穩且公然ニ占有ヲ爲スモノト推定ス

前後兩時ニ於テ占有ヲ爲シタル證據アルトキハ占有ハ其間繼續シタルモノト推定ス

○占有者《せんいうしや》は所有《しよいう》の意思《いし》を以《もつ》て即《すなは》ち自己《じこ》の所有物《しよいうぶつ》として善意《ぜんい》平穩且公然《へいおんかつこうぜん》に占有を爲《あ》すものと推定《すゐてい》するものとす善意《ぜんい》とは眞《しん》に自己《じこ》の所有物《しよいうぶつ》なりと信《しん》じて占有《せんいう》することを謂《い》ひ平穩《へいおん》とは何人《なんぴと》よりも妨害《ばうがい》を受《う》けざ

るを謂《い》ひ公然《こうぜん》とは私《ひそ》かに有《いう》するにあらざることを謂《い》ふ
前後《ぜんご》兩時《りやうじ》に於て占有《せんいう》を爲《あ》したる證據例《しようこたと》へば明治《めいぢ》二十年《ねん》に於《おい》ても占有《せんいう》したるの證據《しようこ》あり又《また》明治二十九年に於ても占有《せんいう》したるの證據《しようこ》あるときは占有は其間《そのあひだ》繼續《けいぞく》したるものと推定《すゐてい》するものとす

第百八十七條　占有者ノ承繼人ハ其選擇ニ從ヒ自己ノ占有ノミヲ主張シ又ハ自己ノ占有ニ前主ノ占有ヲ併セテ之ヲ主張スルコトヲ得
前主ノ占有ヲ併セテ主張スル場合ニ於テハ其瑕疵モ亦之ヲ承繼ス

○占有者《せんいうしや》の承繼人《しようけいにん》は其欲《そのほつ》する所《ところ》に從《したが》ひ自己《じこ》の占有《せんいう》のみを主張《しゆちやう》するか又《また》は自己の占有《せんいう》に前主《ぜんしゆ》の占有を併《あは》せて之を主張《しゆちやう》することを得《う》るものとす然《しか》れども前主《ぜんしゆ》の占有を併《あは》せて主張するときは其瑕疵《そのかし》も亦之《またこれ》を承《しよう》繼《けい》するものとす

第二節　占有權ノ效力

第百八十八條　占有者カ占有物ノ上ニ行使スル權利ハ之ヲ適法ニ有スルモノト推定ス

○占有者《せんいうしや》が占有物《ぶつ》の上《うへ》に行使《かうし》する權利《けんり》は之を適法《てきはふ》に有《いう》するものと推定《すゐてい》するものとす

第百八十九條　善意ノ占有者ハ占有物ヨリ生スル果實ヲ取得ス
善意ノ占有者カ本權ノ訴ニ於テ敗訴シタルトキハ其起訴ノ時ヨリ惡意ノ占有者ト看做ス

○善意《ぜんい》の占有者《せんいうしや》は占有物《ぶつ》より生《しやう》ずる果實《くわじつ》を取得《しゆとく》するの權《けん》あるものとす果實《くわじつ》とは田畑《でんぱた》より生《しやう》ずる穀物《こくもつ》野《や》

采鑛山《さいくわうざん》より生《しやう》ずる金銀銅《きんぎんどう》の如きを謂《い》ふ

善意《ぜんい》の占有者《せんいうしや》が本權《ほんけん》の訴《うつたへ》に於て敗訴《はいそ》したるときは其起訴《そのきそ》の時《とき》より惡意《あくい》の占有者《せんいうしや》と看做《みな》すものとす

第百九十條　惡意ノ占有者ハ果實ヲ返還シ且其既ニ消費シ、過失ニ因リテ毀損シ又ハ收取ヲ怠リタル果實ノ代價ヲ償還スル義務ヲ負フ

前項ノ規定ハ強暴又ハ隱祕ニ因ル占有者ニ之ヲ準用ス

問　果實《くわじつ》に關《くわん》し惡意《あくい》の占有者《せんいうしや》は如何《いか》なる義務《ぎむ》を負擔《ふたん》するや

答　惡意《あくい》の占有者は果實現存《くわじつげんぞん》するときは之を返還《へんくわん》すべく若《も》し之を消費《せうひ》したると過失《くわしつ》に因《よ》りて毀損《きそん》したるとき又《また》は收取《しうしゆ》を怠《おこた》りたるが爲《ため》に腐敗若《ふはいも》しくは消滅《せうめつ》したるときは其果實《そのくわじつ》の代價《だいか》を償還《しやうくわん》すべきものとす

前項規定《ぜんかうきてい》は強暴《きやうばう》によりて占有《せんいう》したる者又《また》は公然《こうぜん》に非《あら》ずして隱祕《いんぴ》に占有《せんいう》したる者に之《これ》を準用《じゆんよう》する者とす

第百九十一條　占有物カ占有者ノ責ニ歸スヘキ事由ニ因リテ滅失又ハ毀損シタルトキハ惡意ノ占有者ハ其回復者ニ對シ其損害ノ全部ヲ賠償スル義務ヲ負ヒ善意ノ占有者ハ其滅失又ハ毀損ニ因リテ現ニ利益ヲ受クル限度ニ於テ賠償ヲ爲ス義務ヲ負フ但所有ノ意思ナキ占有者ハ其善意ナルトキト雖モ全部ノ賠償ヲ爲スコトヲ要ス

問　占有者《せんいうしや》が其《その》占有物《ぶつ》を滅失又《めつしつまた》は毀損《きそん》したるときは其回復者《そのくわいふくしや》に對《たい》する責任如何《せきにんいかん》

答　占有物《せんいうぶつ》が占有者の責《せめ》に歸《き》すべき事由《じいう》に因《よ》りて滅失又《めつしつまた》は毀損《きそん》したるときは惡意《あくい》の占有者は其回復者《そのくわいふくしや》

即ち《すなは》眞正《しんせい》の權利者《けんりしや》に對《たい》し其損害《そのそんがい》の全部《ぜんぶ》を賠償《ばいしやう》する義務《ぎむ》を負《お》ひ善意《ぜんい》の占有者《せんいうしや》は其滅失《そのめつしつ》又は毀損《きそん》に因《よ》りて現《げん》に利益《りえき》を受《う》くる限度《げんど》に於て賠償《ばいしやう》を爲《な》す義務《ぎむ》を負《お》ふものとす但《たゞし》所有《しよいう》の意思《いし》なき占有者《せんいうしや》は其善意《そのぜんい》なるときと雖《いへど》も全部《ぜんぶ》の賠償《ばいしやう》を爲《な》すことを要《えう》す

第百九十二條　平穩且公然ニ動産ノ占有ヲ始メタル者カ善意ニシテ且過失ナルトキハ即時ニ其動産ノ上ニ行使スル權利ヲ取得ス

○平穩且公然《へいおんかつこうぜん》に動産《どうさん》の占有《せんいう》を始《はじ》めたる者が善意《ぜんい》にして且過失《かつくわしつ》なきときは即時《そくじ》に其動産《そのどうさん》の上《うへ》に行使《かうし》する權利《けんり》を取得《しゆとく》するものとす

第百九十三條　前條ノ場合ニ於テ占有物カ盜品又ハ遺失物ナルトキハ被害者又ハ遺失主ハ盜難又ハ遺失ノ時ヨリ二年間占有者ニ對シテ其物ノ回復ヲ請求スルコトヲ得

○前條《ぜんでう》の場合《ばあひ》に於《お》いて占有物《せんいうぶつ》が盜品又《たうひんまた》は遺《ゐ》失物《しつぶつ》なるときは被害者又《ひがいしやまた》は遺《ゐ》失主《しつぬし》は盜難又《たうなんまた》は遺《ゐ》失《しつ》の時《とき》より二年間占有者《ねんかんせんいうしや》に對《たい》して其物《そのもの》の回復《くわいふく》を請求《せいきう》することを得べし

第百九十四條　占有者カ盜品又ハ遺失物ヲ競賣若クハ公ノ市場ニ於テ又ハ其物ト同種ノ物ヲ販賣スル商人ヨリ善意ニテ買受ケタルトキハ被害者又ハ遺失主ハ占有者カ拂ヒタル代價ヲ辨償スルニ非サレハ其物ヲ回復スルコトヲ得ス

○占有者《せんいうしや》が盜品又《たうひんまた》は遺《ゐ》失物《しつぶつ》を占有したるときは悪意《あくい》なき場合《ばあひ》と雖《いへど》も二年《ねん》を經過《けいくわ》せざる以上《いじやう》は眞正《しんせい》の所《しよ》

有者《ひうしや》の請求《せいきう》に従《したが》ひ無償《むしやう》にて其占有物《そのせんいうぶつ》を返還《へんくわん》せざるべからざるも若《も》し競賣若《きやうばいもし》くは公《おほやけ》の市場《しぢやう》に於て又は其《その》物《もの》と同種《どうしゆ》の物を販賣《はんばい》する商人《しやうにん》より善意《ぜんい》にて買受《かひう》けたるときは被害者又《ひがいしやまた》は遺《ゐ》失主《しつぬし》は占有者《せんいうしや》が買《か》ひ受《う》るときに拂《はら》ひたる代價《だいか》を辨償《べんしやう》するに非ざれば其物《そのもの》を回復《くわいふく》することを得《え》ざるものとす

第百九十五條　他人カ飼養セシ家畜外ノ動物ヲ占有スル者ハ其占有ノ始善意ニシテ且逃失ノ時ヨリ一个月内ニ飼養主ヨリ回復ノ請求ヲ受ケサルトキハ其動物ノ上ニ行使スル權利ヲ取得ス

○他人《たにん》が飼養《しやう》せし家畜外《かちくぐわい》の動物《どうぶつ》を占有《せんいう》する者は其占有の始善意《はじめぜんい》にして且逃走《かつたうそう》の時《とき》より一ヶ月内《げつない》に飼養《しやう》主《ぬし》より回復《くわいふく》の請求《せいきう》を受《う》けざるときは其動物《そのどうぶつ》の上に行使《かうし》する權利《けんり》を取得《しゆとく》するものとす

第百九十六條　占有者カ占有物ヲ返還スル場合ニ於テハ其物ノ保存ノ爲メニ費シタル金額其他ノ必要費ヲ回復者ヨリ償還セシムルコトヲ得但占有者カ果實ヲ取得シタル場合ニ於テハ通常ノ必要費ハ其負擔ニ歸ス

占有者カ占有物ノ改良ノ爲メニ費シタル金額其他ノ有益費ニ付テハ其價格ノ増加カ現存スル場合ニ限リ回復者ノ選擇ニ從ヒ其費シタル金額又ハ増價額ヲ償還セシムルコトヲ得但惡意ノ占有者ニ對シテハ裁判所ハ回復者ノ請求ニ因リ之ニ相當ノ期限ヲ許與スルコトヲ得

問　占有者《せんいうしや》が占有物を返還《へんくわん》する場合《ばあひ》に於て其占有物《そのせんいうぶつ》の爲《ため》に費《つひや》したる金額《きんがく》を償還《しやうくわん》せしむることを得るか

答　占有者《せんいうしや》が占有物を返還《へんくわん》する場合《ばあひ》に於ては其物《そのもの》の保存《ほぞん》の爲《た》めに費したる金額其他《きんがくそのた》の必要費《ひつえうひ》ヲ回復者《くわいふくしや》より償還《しやうくわん》せしむるとを得るものとす然《しか》れども占有者《せんいうしや》が果實《くわじつ》を取得《しゆとく》したる場合《ばあひ》に於ては通常《つうじやう》の必要費《ひつえうひ》は占有者《せんいうしや》に於て負擔《ふたん》せざるべからず
占有者《せんいうしや》が占有物の改良《かいりやう》の爲めに費《つひや》したる金額其他《きんがくそのた》の有益費《いうえきひ》に付ては其價格《そのかかく》の増加《ぞうか》が現存《げんそん》する場合《ばあひ》に限《かぎ》り回復者《くわいふくしや》の欲する所に從ひ其費《つひや》したる金額又《きんがくまた》は改良《かいりやう》を加《くは》へたるが爲めに増加《ぞうか》したる價格《かかく》を償還《しやうくわん》せしむることを得べし但し惡意《あくい》の占有者《せんいうしや》に對《たい》しては裁判所《さいばんしよ》は回復者即ち眞《まこと》の所有者《しよいうしや》の請求《せいきう》に因《よ》り返還《へんくわん》をなすに付き相當《さうたう》の期限《きげん》を許與《きよよ》することを得るものとす

第百九十七條　占有者ハ後五條ノ規定ニ從ヒ占有ノ訴ヲ提起スルコトヲ得他人ノ爲メニ占有ヲ爲ス者亦同シ

○占有者《せんいうしや》は後《のち》に記載《きさい》する五ヶ條の規定《きてい》に從《したが》ひ占有の訴《うつたへ》を提起《ていき》することを得《う》べし他人《たにん》の爲めに占有《せんいう》を爲す亦然《またしか》り

第百九十八條　占有者カ其占有ヲ妨害セラレタルトキハ占有保持ノ訴ニ依リ其妨害ノ停止及ヒ損害ノ賠償ヲ請求スルコトヲ得

問　占有者《せんいうしや》が其占有を妨害《ばうがい》せられたるときは如何《いか》にすべきや

答　占有者が其占有を妨害《ばうがい》せられたるときは占有保持《せんいうほぢ》の訴《うつたへ》を起《おこ》し其妨害を停止《ていし》及び損害《そんがい》の賠償《ばいしやう》を請求《せいきう》

することを得るものとす

第百九十九條　占有者カ其占有ヲ妨害セラルル虞アルトキハ占有保全ノ訴ニ依リ其妨害ノ豫防又ハ損害賠償ノ擔保ヲ請求スルコトヲ得

問　占有者《せんいうしや》が其占有を妨害せらるゝ虞《うれひ》あるときは如何《いか》にすべきや

答　占占者《せんいうしや》が其占有を妨害《ばうがい》せらるゝ虞《うれひ》あるときは占有保全《せんいうほぜん》の訴《うつたへ》に依《よ》り其妨害の豫防《よばう》又は損害賠償《そんがいばいしやう》の擔《たん》保《ほ》を請求《せいきう》することを得べし其占有《せんいう》を妨害《ばうがい》せらるゝ虞《うれひ》あるときとは例《たと》へば土地《とち》又は家屋《かおく》を占有《せんいう》する者が或は建物《たてもの》、樹木其他《じゆもくそのた》の物《もの》の傾倒《けいたう》に因《よ》り或は土手《どて》、水溜《みづため》、水樋《みづとひ》の破潰《はくわい》に因《よ》り或は火《ひ》、燃燒物爆發物《ねんしやうぶつばくはつぶつ》の必《ひつ》要《えう》の豫防《よばう》を為さゞる使用《しよう》に因りて隣地《りんち》より生《しやう》ずる損害《そんがい》を懼《おそ》るべき至當《したう》の事由《じいう》あるときの如きを謂《い》ふ

第二百條　占有者カ其占有ヲ奪ハレタルトキハ占有回收ノ訴ニ依リ其物ノ返還及ヒ損害ノ賠償ヲ請求スルコトヲ得

占有回收ノ訴ハ侵奪者ノ特定承繼人ニ對シテ之ヲ提起スルコトヲ得ス但其承繼人カ侵奪ノ事實ヲ知リタルトキハ此限ニ在ラス

問　占有者《せんいうしや》が其占有を奪《うば》はれたるときは如何《いか》にすべきや

答　占有者が其占有を奪《うば》はれたるときは占有回收《せんいうくわいしう》の訴《うつたへ》を起《おこ》して其物《そのもの》の返還《へんくわん》及び損害《そんがい》の賠償《ばいしやう》を請求《せいきう》することを得べし然《しか》れども占有回收《せんいうくわいしう》の訴は對人訴《たいじんそ》權《けん》なるが故に暴行脅迫《ばうかうきやうはく》又は詐術《さじゆつ》等により占有を奪《うば》ひたる者に對してのみ之を行ふことを得べく從て侵奪《しんだつ》の事實《じじつ》を知《し》らざる特定承繼人《とくていしようけいにん》に對《たい》しては之を行ふことを得ざるものとす

第二百一條　占有保持ノ訴ハ妨害ノ存スル間又ハ其止ミタル後一年内ニ之ヲ提起スルコトヲ要ス但工事ニ因リ占有物ニ損害ヲ生シタル場合ニ於テ其工事著手ノ時ヨリ一年ヲ經過シ又ハ其工事ノ竣成シタルトキハ之ヲ提起スルヿヲ得ス
占有保全ノ訴ハ妨害ノ危險ノ存スル間ハ之ヲ提起スルコトヲ得但工事ニ因リ占有物ニ損害ヲ生スル虞アルトキハ前項但書ノ規定ヲ準用ス
占有回收ノ訴ハ侵奪ノ時ヨリ一年内ニ之ヲ提起スルコトヲ要ス

問　占有訴權《せんいうそけん》を行ふことを得る期間《きげん》如何

答　占有保持《せんいうほぢ》の訴《うつたへ》は妨害《ばうがい》の存《そん》する間《あひだ》又は妨害《ばうがい》の止《や》みたる後一年内に之を提起《ていき》すべし但し工事《こうじ》に因り占有物に損害《そんがい》を生《しやう》じたる場合《ばあひ》に於て其工事に着手《ちやくしゆ》したる時より一年を經過《けいくわ》したるか又は其工事竣成《こうじしゆんせい》したるときは之を提起《ていき》することを得ざるものとす
占有保全《せんいうほぜん》の訴は妨害《ばうがい》の危險《きけん》の存する間は之を提起《ていき》することを得《う》べし但工事《たゞしこうじ》に因り占有物《せんいうぶつ》の損害《そんがい》を生ずる虞《うれひ》あるときは前項但書《ぜんかうたゞしがき》の規定《きてい》を準用《じゆんよう》するものとす
占有回收《せんいうくわいしう》の訴は侵奪《しんだつ》の時《とき》より一年内に之を提起《ていき》すべきものとす

第二百二條　占有ノ訴ハ本權ノ訴ト互ニ相妨クルコトナシ
占有ノ訴ハ本權ニ關スル理由ニ基キテ之ヲ裁判スルコトヲ得ス

○占有《せんいう》の訴《うつたへ》は本權《ほんけん》の訴と互《たがひ》に相妨《あひさまた》ぐることなきものとす故に占有《せんいう》の訴《うつたへ》に付き敗訴《はいそ》して其裁判確定《そのさいばんかくてい》する

も其後《そのご》に至《いた》り本權《ほんけん》の訴《うつたへ》を起《おこ》すことを得《う》べし從《したがつ》て占有《せんいう》の訴《うつたへ》は本權《ほんけん》に關《くわん》する理由《りいう》に基《もとづ》き例《たと》へば所有權《しよいうけん》なきが故《ゆゑ》に占有權《せんいうけん》なしと云ふが如《ごと》き理《り》由《いう》を以て裁判《さいばん》することを得《え》ざるものとす

第三節　占有權ノ消滅

第二百三條　占有權ハ占有者カ占有ノ意思ヲ拋棄シ又ハ占有物ノ所持ヲ失フニ因リテ消滅ス但占有者カ占有回收ノ訴ヲ提起シタルトキハ此限ニ在ラス

問　占有權《せんいうけん》は如何《いか》にして消滅《せうめつ》するや

答　占有權《せんいうけん》は占有者《せんいうしや》が占有の意志《いし》を拋棄《はうき》したるとき又《また》は占有物《せんいうぶつ》の所持《しよぢ》を失《うしな》ふたるときは消滅《せうめつ》するものとす但占有者《たゞしせんいうしや》が占有回收《せんいうくわいしう》の訴《うつたへ》を提起《ていき》したるときは此限《このげん》に在《あ》にあらず

第二百四條　代理人ニ依リテ占有ヲ爲ス場合ニ於テハ占有權ハ左ノ事由ニ因リテ消滅ス

一　本人カ代理人ヲシテ占有ヲ爲サシムル意思ヲ拋棄シタルコト

二　代理人カ本人ニ對シ爾後自己又ハ第三者ノ爲メニ占有物ヲ所持スヘキ意思ヲ表示シタルコト

三　代理人カ占有物ノ所持ヲ失ヒタルコト

占有權ハ代理權ノ消滅ノミニ因リテ消滅セス

問　代理人《だいりにん》に依《よ》りて占有《せんいう》を爲す場合《ばあひ》に於ては如何《いか》なる事由《じいう》に因《よ》りて占有權消滅《せんいうけんせうめつ》するや

答　此場合《このばあひ》に於《おい》ては左《さ》の三箇《か》の事由《じいう》に因《よ》りて消滅《せうめつ》するものとす

一　本人《ほんにん》が代理人《だいりにん》をして占有《せんいう》を爲《あ》さしむる意思《いし》を拋棄《はうき》したること

二　代理人《だいりにん》が本人《ほんにん》に對《たい》して爾後《じご》本人《ほんにん》の爲《た》めにせずして自己《じこ》又《また》は第《だい》三者《しや》の爲めに占有物《せんいうぶつ》を所持《しよぢ》すべき意思《いし》を表示《へうじ》したること

三　代理人《だいりにん》が占有物《せんいうぶつ》の所持《しよぢ》を失《うしな》ひたること

然《しか》れども占有權《せんいうけん》は代理權《だいりけん》の消滅《せうめつ》のみに因《よ》りて消滅《せうめつ》せざるものとす

第四節　準占有

第二百五條　本章ノ規定ハ自己ノ爲メニスル意思ヲ以テ財産權ノ行使ヲ爲ス場合ニ之ヲ準用ス

○本章《ほんしやう》の規定《きてい》は自己《じこ》の爲めにする意思《いし》を以て財産權《ざいさんけん》の行使《かうし》を爲《あ》す場合《ばあひ》に之を準用《じゆんよう》するものとす

第三章　所有權

○本章分《ほんしやうわかつ》て三節《せつ》となす第《だい》一節《せつ》に於ては所有權《しよいうけん》の限界《げんかい》のことを規定《きてい》し第二節に於ては所有權《しよいうけん》の取得《しゆとく》のことを規定《きてい》し第三節に於ては共有のことを規定《きてい》したり

第一節　所有權ノ限界

第二百六條　所有者ハ法令ノ制限内ニ於テ自由ニ其所有物ノ使用收益及ヒ處分ヲ爲ス權利ヲ有ス

○所有者《しよいうしや》は法令《はふれい》の制限内《せいげんない》に於て自由《じいう》に其所有物《そのしよいうぶ》の使用收益《しようしうえき》及び處分《しよぶん》を爲す權利《けんり》を有するものとす

問　使用收益《しようしうえき》及び處分《しよぶん》とは何ぞや

答　使用《しよう》とは物を用ふることを謂ひ收益《しうえき》とは物より生ずる菓實《くわじつ》を收取することを謂ひ處分《しよぶん》とは賣却若《ばいきやくも》しくは贈與《ぞうよ》し又は消耗《せうもう》し減却《げんきやく》し若《も》しくは其體形《そのたいけい》を變《へん》するが如きを謂《い》ふ

第二百七條　土地ノ所有權ハ法令ノ制限内ニ於テ其土地ノ上下ニ及フ

○土地《とち》の所有權《しよいうけん》は法令《はふれい》の制限内《せいげんない》に於て其土地《そのとち》の上下《じやうげ》に及《およ》ぶものとす故に地上《ちじやう》に家屋《かおく》を建築《けんちく》し若くは樹木《じゆもく》を植附《うへつ》くることを得べく又地下《ちか》に穴《あな》を穿《うが》て倉庫《そうこ》を設《まう》くることを得べし

第二百八條　數人ニテ一棟ノ建物ヲ區分シ各其一部ヲ所有スルトキハ建物及ヒ其附屬物ノ共用部分ハ其共有ニ屬スルモノト推定ス

共用部分ノ修繕費其他ノ負擔ハ各自ノ所有部分ノ價格ニ應シテ之ヲ分ツ

問　數人《すうにん》にて一棟《ひとむね》の建物《たてもの》を區分《くぶん》し各其一部《おの〳〵そのいちぶ》を所有《しよいう》するときは建物《たてもの》及び其附屬物《そのふぞくぶ》の共用部分《きようようぶいん》は何人の所有に屬《ぞく》するものと看做《みな》すべきや

答　其共用部分《そのきようようぶいん》は數人《すうにん》の共有に屬《ぞく》するものと推定《すゐてい》するものとす故に別段《べつだん》の契約《けいやく》なき以上は共用部分の修繕費《しうぜんひ》其他《そのた》の負擔《ふたん》は各自《かくじ》の所有部分《しよいうぶぶん》の價格《かかく》に應《おう》じて之を分《わか》つべきものとす

第二百九條　土地ノ所有者ハ疆界又ハ其近傍ニ於テ牆壁若クハ建物ヲ築造シ又ハ之ヲ修繕スル爲メ必要ナル範圍内ニ於テ隣地ノ使用ヲ請求スルコトヲ得但

隣人ノ承諾アルニ非サレハ其住家ニ立入ルコトヲ得ス

前項ノ場合ニ於テ隣人カ損害ヲ受ケタルトキハ其償金ヲ請求スルコトヲ得

問　或《あ》る場合《ばあひ》に於ては隣地《りんち》の使用《しよう》を請求《せいきう》することを得《う》るや

答　土地《とち》の所有者《しよいうしや》は自己《じこ》の土地《とち》と隣地《りんち》との疆界《きやうかい》又は其近傍《そのきんばう》に於て牆壁《しやうへき》若《も》くは建物《たてもの》を築造《ちくざう》する爲め又は之を修繕《しうぜん》する爲め必要《ひつえう》ある時《とき》は其必要の範圍《はんゐ》内《ない》に於て隣地《りんち》の使用《しよう》を請求《せいきう》する事を得る者《もの》とす但し隣人の承諾《しようだく》あるに非ざれば其住家《そのぢうか》に立入る事《こと》を得ず前項《ぜんかう》の場《ば》合《あひ》に於て隣人《りんじん》に損害《そんがい》を加《くは》へたるときは之を賠償《ばいしやう》すべきものとす

第二百十條　或土地カ他ノ土地ニ圍繞セラレテ公路ニ通セサルトキハ其土地ノ所有者ハ公路ニ至ル爲メ圍繞地ヲ通行スルコトヲ得

池沼、河渠若クハ海洋ニ由ルニ非サレハ他ニ通スルコト能ハス又ハ崖岸アリテ土地ト公路ト著シキ高低ヲ爲ストキ亦同シ

問　公路《こうろ》に至《いた》る爲《た》め他人《たにん》の土地《とち》を通行《つうかう》することを得る場《ば》合《あひ》如何《いかん》

答　例《たと》へば甲《かう》の土地《とち》が乙《おつ》の土地に圍繞《ゐぎやう》せられて公路《こうろ》に通《つう》せざるときは甲地《かうち》の所有者《しよいうしや》は公路《こうろ》に至る爲め圍繞地即《ゐぎやうちすなは》ち乙地を通行《つうかう》することを得《う》るものとす又甲地《またかうち》が全《まつた》く乙地《おつち》に圍繞《ゐぎやう》せられざるも池沼《ちせう》河渠《かきよ》若《も》しくは海洋《かいやう》に由《よ》るに非《あら》ざれば他に通ずること能《あた》はざるとき又は崖岸《がいがん》ありて土地《とち》と公路《こうろ》と著しき高低《かうてい》を爲すときも乙地を通行《つうかう》することを得べし

第二百十一條　前條ノ場合ニ於テ通行ノ場所及ヒ方法ハ通行權ヲ有スル者ノ爲メニ必要ニシテ且圍繞地ノ爲メニ損害最モ少ナキモノヲ選フコトヲ要ス

通行權ヲ有スル者ハ必要アルトキハ通路ヲ開設スルコトヲ得

問　前條《ぜんでう》の場合《ばあひ》に於て通行《つうかう》の場所《ばしよ》及び方法《はうはふ》は如何《いか》なる標準《へうじゆん》を以て選《えら》ふべきや

答　前條《ぜんでう》の場合《ばあひ》に於て通行《つうかう》の場所《ばしよ》及び方法《はうはふ》は通行權《つうかうけん》を有《いう》する者の爲めに必要《ひつえう》にして且圍繞地《かついぎやうち》の爲めに損害最《そんがいもつとも》も少きものを選《えら》ぶべきものとす又通行權《またつうかうけん》を有《いう》する者は必要《ひつえう》あるときは隣地《りんち》に於て新《あら》たに通路《つうろ》を開設《かいせつ》することを得るものとす

第二百十二條　通行權ヲ有スル者ハ通行地ノ損害ニ對シテ償金ヲ拂フコトヲ要ス但通路開設ノ爲メニ生シタル損害ニ對スルモノヲ除ク外一年毎ニ其償金ヲ拂フコトヲ得

○通行權《つうかうけん》を有《いう》する者は通行地《つうかうち》の損害《そんがい》に對《たい》して償金《しやうきん》を支拂《しはら》ふの義務《ぎむ》あるものとす但し其償金《そのしやうきん》は通路開設《つうろかいせつ》の爲めに生じたる一時の損害《そんがい》に對《たい》するもの丶外は一年毎《ねんごと》に其償金《そのしやうきん》を支拂《しはら》ふことを得べし

第二百十三條　分割ニ因リ公路ニ通セサル土地ヲ生シタルトキハ其土地ノ所有者ハ公路ニ至ル爲メ他ノ分割者ノ所有地ノミヲ通行スルコトヲ得此場合ニ於テハ償金ヲ拂フコトヲ要セス

前項ノ規定ハ土地ノ所有者カ其土地ノ一部ヲ讓渡シタル場合ニ之ヲ準用ス

問　分割《ぶんかつ》に因《よ》り公路《こうろ》に通《つう》ぜざる土地《とち》を生《しやう》じたるときは如何《いか》にすべきや

答　分割《ぶんかつ》に因《よ》り公路《こうろ》に通《つう》ぜざる土地《とち》例《たと》へば一箇《こ》の土地《とち》を遺言《ゐごん》に因り之を分割《ぶんかつ》して二人に贈與《ぞうよ》したるとき又は數人《すうにん》にて共有したる土地を分割して其一部宛《ぶづゝ》を有するときの如き場合《ばあひ》に於て一箇《こ》の土地《とち》としては公路《こうろ》に通《つう》じ居《を》りたるも之を分割《ぶんかつ》したるが爲に公路に通ぜざる土地を生じたるときは其土地《そのとち》の所《しよ》有者《いうしや》は公路《こうろ》に至《いた》る爲め他《た》の分割者《ぶんかつしや》の土地《とち》を償金《しやうきん》を支拂《しはら》ふことなくして通行《つうかう》することを得《う》るものとす土地《とち》の所有者が其土地《とち》の一部《ぶ》を讓渡《じやうと》したるときの如き亦然《またしか》り

第二百十四條　土地ノ所有者ハ隣地ヨリ水ノ自然ニ流レ來ルヲ妨クルヿヲ得ス

○土地《とち》の所有者《しよいうしや》は隣地《りんち》より水の自然《しぜん》に流《なが》れ來《きた》るを妨《さまた》ぐることを得《え》ざるものとす

第二百十五條　水流カ事變ニ因リ低地ニ於テ阻塞シタルトキハ高地ノ所有者ハ自費ヲ以テ其疏通ニ必要ナル工事ヲ爲スコトヲ得

○水流《すゐりう》が天災其他《てんさいそのた》の事變《じへん》に因《よ》り低地《ていち》に於て阻塞《そさい》したるとき即ち流《なが》れさるに至りたるときは高地《かうち》の所有《しよいう》者《しや》は自費《じひ》を以て其疏通《そのそつう》に必要《ひつえう》なる工事《こうじ》を爲すことを得るものとす

第二百十六條　甲地ニ於テ貯水、排水又ハ引水ノ爲メニ設ケタル工作物ノ破潰又ハ阻塞ニ因リ乙地ニ損害ヲ及ホシ又ハ及ホス虞アルトキハ乙地ノ所有者ハ甲地ノ所有者ヲシテ修繕若クハ疏通ヲ爲サシメ又必要アルトキハ豫防工事ヲ爲サシムルコトヲ得

○甲地《かふち》に於て貯水《ちよすゐ》、排水《はいすゐ》又は引水《いんすゐ》の爲めに設《まう》けたる工作物《こうさくぶつ》の破潰《はくわい》又は阻塞《そさい》に因《よ》りて乙地《おつち》に損害《そんがい》を及ぼし又は及ぼす虞《うれひ》あるときは乙地の所有者《しよいうしや》は甲地《かふち》の所有者をして修繕《しうぜん》若《も》しくは疏通《そつう》を爲さしめ又必要《ひつえう》あるときは豫《あらかじ》め之を防《ふせ》がんが爲に相當《さうたう》の工事《こうじ》を爲さしむることを得るものとす

第二百十七條　前二條ノ場合ニ於テ費用ノ負擔ニ付キ別段ノ慣習アルトキハ其慣習ニ從フ

○前二條の場合《ばあひ》に於て費用《ひよう》の負擔《ふたん》に付別段《べつだん》の慣習《くわんしふ》あるとき例《たと》へば其費用《そのひよう》を折半《せつぱん》して分擔《ぶんたん》するが如き慣《くわん》習あるときは其慣習に從《したが》ふべきものとす

第二百十八條　土地ノ所有者ハ直チニ雨水ヲ隣地ニ注瀉セシムヘキ屋根其他ノ工作物ヲ設クルコトヲ得ス

○土地《とち》の所有者《しよいうしや》は直《たゞ》ちに雨水《うすゐ》を隣地《りんち》に注瀉《ちうしや》せしむべき屋根《やね》其他《そのた》の工作物《こうさくぶつ》を設《まう》くることを得《え》ざるものとす

第二百十九條　溝渠其他ノ水流地ノ所有者ハ對岸ノ土地カ他人ノ所有ニ屬スルトキハ其水路又ハ幅員ヲ變スルコトヲ得ス

兩岸ノ土地カ水流地ノ所有者ニ屬スルトキハ其所有者ハ水路及ヒ幅員ヲ變スルコトヲ得但下口ニ於テ自然ノ水路ニ復スルコトヲ要ス

前二項ノ規定ニ異ナリタル慣習アルトキハ其慣習ニ從フ

問　土地《とち》の所有者《しよいうしや》は河川《かせん》の水路《すゐろ》及び幅員等《ふくゐんとう》を變《へん》することを得るや

答　溝渠其他《こうきよそのた》の水流地《すゐりうち》の所有者《しよいうしや》は對岸《たいがん》の土地《とち》が他人《たにん》の所有に屬《ぞく》するときは其水路《そのすゐろ》又は幅員《ふくゐん》を變《へん》ずることを得ざるも兩岸共《りやうがんとも》に自己《じこ》の所有《しよいう》に屬《ぞく》するときは其所有者《そのしよいうしや》は下口に於て自然《しぜん》の水路《すゐろ》に復《ふく》する以上は自由《じいう》に水路《すゐろ》及び幅員《ふくゐん》を變《へん》ずることを得《う》るものとす但し別段《べつだん》の慣習《くわんしふ》あるときは其慣習に從《したが》ふべし

第二百二十條　高地ノ所有者ハ浸水地ヲ乾カス爲メ又ハ家用若クハ農工業用ノ餘水ヲ排泄スル爲メ公路、公流又ハ下水道ニ至ルマテ低地ニ水ヲ通過セシムルコトヲ得但低地ノ爲メニ損害最モ少キ場所及ヒ方法ヲ選フコトヲ要ス

問　高地《かうち》の所有者《しよいうしや》が低地《ていち》に水を通過《つうくわ》せしむることを得る場《ば》合如何《あひいかん》

答　高地《かうち》の所有者《しよいうしや》は浸水地《しんすゐち》例《たと》へば池《いけ》を乾《かは》かす爲《た》め又は家《か》用若《ようもし》くは農工業用《のうこうげふよう》の餘《よ》水《すゐ》を排泄《はいせつ》する爲《た》め公路《こうろ》公流《こうりう》又は下《げ》水道《すゐだう》に至《いた》るまでの間《あひだ》に於て低地《ていち》に水を通過《つうくわ》せしむることを得るものとす但低地《たゞしていち》の爲めに損害最も少《そんがいもつともすくな》き場所《ばしよ》及び方法《はうはふ》を選《えら》ぶべきは當然《たうぜん》なり

第二百二十一條　土地ノ所有者ハ其所有地ノ水ヲ通過セシムル爲メ高地又ハ低地ノ所有者カ設ケタル工作物ヲ使用スルコトヲ得

前項ノ場合ニ於テ他人ノ工作物ヲ使用スル者ハ其利益ヲ受クル割合ニ應シテ工作物ノ設置及ヒ保存ノ費用ヲ分擔スルコトヲ要ス

○土地《とち》の所有者《しよいうしや》は其所有地《そのしよいうち》の水《みづ》を通過《つうくわ》せしむる爲《た》め高地《かうち》又《また》は低地《ていち》の所有者《しよいうしや》が設《まう》けたる工作物《こうさくぶつ》を使用《しよう》す

ることを得《う》るものとす但他人《たゞしたにん》の工作物《こうさくぶつ》を使用《しよう》する者は其利益《そのりえき》を受くる割合《わりあひ》に應《おう》じて工作物《こうさくぶつ》の設置《せつち》及《およ》び保存《ほぞん》の費用《ひよう》を分擔《ぶんたん》すべきは當然《たうぜん》なり

第二百二十二條　水流地ノ所有者ハ堰ヲ設クル需要アルトキハ其堰ヲ對岸ニ附著セシムルコトヲ得但之ニ因リテ生シタル損害ニ對シテ償金ヲ拂フコトヲ要ス

對岸ノ所有者ハ水流地ノ一部カ其所有ニ屬スルトキハ右ノ堰ヲ使用スルコトヲ得但前條ノ規定ニ從ヒ費用ヲ分擔スルコトヲ要ス

○水流地《すゐりうち》の所有者《しよいうしや》は堰《せき》を設《まう》くる需要《じゆえう》あるときは其堰《そのせき》を對岸《たいがん》に附著《ふちやく》せしむることを得《う》べし但之《たゞしこれ》に因《よ》りて生《しやう》じたる損害《そんがい》に對《たい》しては償金《しやうきん》を支拂《しはら》はざるべからず又對岸《またたいがん》の所有者《しよいうしや》は水流地《すゐりうち》の一部《ぶ》が其所有《そのしよいう》に屬《ぞく》するときは右《みぎ》の堰《せき》を使用《しよう》することを得《う》但前條《たゞしぜんでう》の規定《きてい》に從《したが》ひ費用《ひよう》を分擔《ぶんたん》することを要《えう》す

第二百二十三條　土地ノ所有者ハ隣地ノ所有者ト共同ノ費用ヲ以テ疆界ヲ標示スヘキ物ヲ設クルコトヲ得

○土地《とち》の所有者《しよいうしや》は隣地《りんち》の所有者《しよいうしや》と共同《きようどう》の費用《ひよう》を以て疆界《きやうかい》を標示《へうじ》すべき物《もの》を設《まう》くることを得《う》べし

第二百二十四條　界標ノ設置及ヒ保存ノ費用ハ相隣者平分シテ之ヲ負擔ス但測量ノ費用ハ其土地ノ廣狹ニ應シテ之ヲ分擔ス

○界標《かいへう》の設置《せつち》及《およ》び保存《ほぞん》の費用《ひよう》は相隣者平分《さうりんしやへいぶん》して之を負擔《ふたん》すべきものとす但測量《たゞしそくりやう》の費用《ひよう》は其土地《そのとち》の廣狹《くわうけふ》に應《おう》じて之を分擔《ぶんたん》すべし

第二百二十五條　二棟ノ建物カ其所有者ヲ異ニシ且其間ニ空地アルトキハ各所有者ハ他ノ所有者ト共同ノ費用ヲ以テ其疆界ニ圍障ヲ設クルコトヲ得

當事者ノ協議調ハサルトキハ前項ノ圍障ハ板屏又ハ竹垣ニシテ高サ六尺タルコトヲ要ス

問　疆界《きやうかい》に圍障《ゐしやう》を設《まう》くることを得る場合《ばあひ》如何《いかん》

答　二棟《ふたむね》の建物《たてもの》が其所有者《そのしよいうしや》を異《こと》にし且其間《かつそのあひだ》に空地《くうち》あるときは各所有者《かくしよいうしや》は他《た》の所有者《しよいうしや》と共同《きやうどう》の費用《ひよう》を以《もつ》て其疆界《そのきやうかい》に圍障《ゐしやう》を設《まう》くることを得べし其圍障《そのゐしやう》となすべき物《もの》に付《つ》き當事者《たうじしや》の協議調《けうぎとゝの》はざるときは其圍障《そのゐしやう》は板屏又《いたべいまた》は竹垣《たけがき》にして高《たか》さ六尺《しやく》たることを要《えう》す

第二百二十六條　圍障ノ設置及ヒ保存ノ費用ハ相隣者平分シテ之ヲ負擔ス

○圍障《ゐしやう》の設置及《せつちおよ》び保存《ほぞん》の費用《ひよう》は相隣者平分《さうりんしやへいぶん》して之を負擔《ふたん》すべきものとす

第二百二十七條　相隣者ノ一人ハ第二百二十五條第二項ニ定メタル材料ヨリ良好ナルモノヲ用ヰ又ハ高サヲ增シテ圍障ヲ設クルコトヲ得但之ニ因リテ生スル費用ノ增額ヲ負擔スルコトヲ要ス

○相隣者《さうりんしや》の一人《にん》は第二百二十五條第二項《かう》に定《さだ》めたる材料卽《ざいれうすなは》ち板屏又《いたべいまた》は竹垣《たけがき》より良好《りやうかう》なるものを用《もち》ゐ又《また》は六尺以上《しやくいじやう》の高《たか》さにして圍障《ゐしやう》を設《まう》くることを得べし但之《たゞしこれ》に因《よ》りて生《しやう》ずる費用《ひよう》の增額例《ぞうがくたと》へば板屏又《いたべいまた》は竹《たけ》垣《がき》にして高《たか》さ六尺《しやく》なるときは五十圓《ゑん》にて出來《でき》べきも夫《そ》れより良好《りやうかう》なるもの例《たと》へば石垣《いしがき》を用《もち》ひ高《たか》さ七尺

にしたるが為《ため》三百圓を要《えう》したるときの如きは其增額即ち二百五十圓は之《これ》を設《まう》けたる者《もの》に於《おい》て負擔《ふたん》すべく五十圓は相隣者平分《さうりんしやへいぶん》して負擔《ふたん》すべきものとす

第二百二十八條　前三條ノ規定ニ異ナリタル慣習アルトキハ其慣習ニ從フ

○前三條《ぜんでう》の規定《きてい》に異《こと》なりたる慣習《くわんしう》あるときは其慣習《そのくわんしう》に從《したが》ふべきものとす

第二百二十九條　疆界線上ニ設ケタル界標、圍障、牆壁及ヒ溝渠ハ相隣者ノ共有ニ屬スルモノト推定ス

○疆界線上《きやうかいせんじやう》に設《まう》けたる界標《かいへう》、圍障《ゐしやう》、牆壁《しやうへき》及《およ》び溝渠《かうきよ》は相隣者《さうりんしや》の共有《きやうゆう》に屬《ぞく》するものと推定《すゐてい》するものとす

第二百三十條　一棟ノ建物ノ部分ヲ成ス疆界線上ノ牆壁ニハ前條ノ規定ヲ適用セス

高サノ不同ナル二棟ノ建物ヲ隔ツル牆壁ノ低キ建物ヲ踰ユル部分亦同シ但防火牆壁ハ此限ニ在ラス

○一棟《むね》の建物《たてもの》の部分《ぶぶん》を成《な》す疆界線上《きやうかいせんじやう》の牆壁《しやうへき》には前條《ぜんでう》の規定《きてい》を適用《てきよう》せざるものとす蓋《けだ》し牆壁《しやうへき》が一棟《むね》の建《たて》物《もの》の部分《ぶぶん》を成《な》す以上《いじやう》は共有《きようゆう》と見るべきの理《り》なければなり
高《たか》さの不同《ふどう》なる二棟《むね》の建物《たてもの》を隔《へだ》つる牆壁《しやうへき》の低《ひく》き建物《たてもの》を踰《こ》ゆる部分《ぶぶん》も亦同《またおな》じ但防火牆壁《たゞしばうくわしやうへき》は此限《このかぎり》に在《あ》らず

第二百三十一條　相隣者ノ一人ハ共有ノ牆壁ノ高サヲ增スコトヲ得但其牆壁カ此工事ニ耐ヘサルトキハ自費ヲ以テ工作ヲ加ヘ又ハ其牆壁ヲ改築スルコトヲ要ス
前項ノ規定ニ依リテ牆壁ノ高サヲ增シタル部分ハ其工事ヲ爲シタル者ノ專有

ニ屬ス

○相隣者《さうりんしや》の一人《にん》は共有《きようゆう》の牆壁《しやうへき》の高《たか》さを増《ま》すことを得《う》べし但其牆壁《たゞしそのしやうへき》が此工事《このこうじ》に耐《た》へざるとき即《すなは》ち共有《きようゆう》の牆壁《しやうへき》を基礎《きそ》として其上《そのうへ》に工事《こうじ》を加《くは》ふること能《あた》はざるときは自費《じひ》を以て之に耐《た》ゆる樣《やう》の工作《こうさく》を加《くは》ふるか又《また》は其牆壁《そのしやうへき》を改築《かいちく》せざるべからず

前項《ぜんかう》によりて牆壁《しやうへき》の高《たか》さを増《ま》したるときは其増《そのまし》したる部分《ぶぶん》は其工事《そのこうじ》を爲したる者《もの》の專有《せんいう》に屬《ぞく》するものとす

第二百三十二條　前條ノ場合ニ於テ隣人カ損害ヲ受ケタルトキハ其償金ヲ請求スルコトヲ得

○前條《ぜんでう》の場合《ばあひ》に於て隣人《りんじん》が損害《そんがい》を受《う》けたるときは其償金《そのしやうきん》を請求《せいきう》することを得《う》べし

第二百三十三條　隣地ノ竹木ノ枝カ疆界線ヲ踰ユルトキハ其竹才ノ所有者ヲシテ其枝ヲ剪除セシムルコトヲ得

隣地ノ竹木ノ根カ疆界線ヲ踰ユルトキハ之ヲ截取スルコトヲ得

問　隣地《りんち》の竹木《ちくぼく》の枝又《えだまた》は根《ね》が疆界線《きやうかいせん》を踰《こ》ゆるときは如何《いか》にすべきや

答　隣地《りんち》の竹木《ちくぼく》の枝《えだ》が疆界線《きやうかいせん》を踰《こ》ゆるときは其竹木《そのちくぼく》の所有者《しよいうしや》に請求《せいきう》して其枝《そのえだ》を剪除《せんぢよ》せしむることを得《う》べく又其根《またそのね》が疆界線《きやうかいせん》を踰《こ》ゆるときは自由《じいう》に之を截取《せつしゆ》することを得べし

第二百三十四條　建物ヲ築造スルニハ疆界線ヨリ一尺五寸以上ノ距離ヲ存スルコトヲ要ス

前項ノ規定ニ違ヒテ建築ヲ爲サントスル者アルトキハ隣地ノ所有者ハ其建築ヲ廢止シ又ハ之ヲ變更セシムルコトヲ得但建築著手ノ時ヨリ一年ヲ經過シ又ハ其建築ノ竣成シタル後ハ損害賠償ノ請求ノミヲ爲スコトヲ得

問　建物《たてもの》を築造《ちくざう》するには疆界線《きやうかいせん》より幾干《いくばく》の距離《きより》を存《そん》することを要《えう》するや

答　一尺《しやく》五寸以上の距離《きより》を存《そん》することを要《えう》するものとす若《も》し此規定《このきてい》に背《そむ》き疆界線《きやうかいせん》より一尺五寸以内《いない》の所に建築《けんちく》を爲《な》さんとする者《もの》あるときは隣地《りんち》の所有者《しよいうしや》は其建築《そのけんちく》を廢止《はいし》せしむるか又は變更《へんかう》せしむることを得べし但建築《たゞしけんちく》に著手《ちやくしゆ》したる時より一年を經過《けいくわ》するか又は其建築《そのけんちく》の竣成《しゆんせい》したる後《のち》は損害賠償《そんがいばいしやう》の請求《きう》を爲《な》すの外《ほか》廢止《はいし》又は變更《へんかう》せしむることを得《え》ざるものとす

第二百三十五條　疆界線ヨリ三尺未滿ノ距離ニ於テ他人ノ宅地ヲ觀望スヘキ窓又ハ椽側ヲ設クル者ハ目隱ヲ附スルコトヲ要ス

前項ノ距離ハ窓又ハ椽側ノ最モ隣地ニ近キ點ヨリ直角線ニテ疆界線ニ至ルマテヲ測算ス

○疆界線《きやうかいせん》より三尺未滿《じやくみまん》の距離《きより》に於て他人《たにん》の宅地《たくち》を觀望《くわんばう》すべき窓《まど》又は椽側《えんがは》を設《まう》くる者は目隱《めかくし》を附《ふ》すべきものとす而してこゝに所謂《いはゆる》三尺未滿《じやくみまん》の距離《きより》は窓《まど》又は椽側《えんがは》の最《もつと》も隣地《りんち》に近《ちか》き點《てん》より直角線《ちよくかくせん》にて疆界線《きやうかいせん》に至るまでを測算《そくさん》して定《さだ》むるものなり

第二百三十六條　前二條ノ規定ニ異ナリタル慣習アルトキハ其慣習ニ從フ

○前《ぜん》二條《でう》の規定《きてい》に異《こと》なりたる慣習《くわんしふ》あるときは其慣習に從《したが》ふべきものとす

第二百三十七條　井戸、用水溜、下水溜又ハ肥料溜ヲ穿ツニハ疆界線ヨリ六尺以上池、地窖又ハ厠坑ヲ穿ツニハ三尺以上ノ距離ヲ存スルコトヲ要ス

水樋ヲ埋メ又ハ溝渠ヲ穿ツニハ疆界線ヨリ其深サノ半以上ノ距離ヲ存スルコトヲ要ス但三尺ヲ踰ユルコトヲ要セス

○井戸《ゐど》、用水溜《ようすゐだめ》、下水溜《げすゐだめ》又は肥料溜《ひりやうだめ》を穿《うが》つには疆界線《きやうかいせん》より六尺以上《いじやう》池《いけ》、地窖《ちかう》又は厠坑《そくかう》を穿《うが》つには三尺以上の距離《きより》を存《そん》することを要《えう》す水樋《すゐひ》を埋《う》め又は溝渠《こうきよ》を穿《うが》つには隣地《りんち》との疆界線《きやうかいせん》より其深《そのふか》さの半以上《なかばいじやう》の距《きよ》離《り》を存《そん》することを要《えう》す但《たゞし》如何《いか》に深《ふか》きも三尺を踰《こ》ゆることを要《えう》せず

第二百三十八條　疆界線ノ近傍ニ於テ前條ノ工事ヲ爲ストキハ土砂ノ崩壞又ハ水若クハ汚液ノ滲漏ヲ防クニ必要ナル注意ヲ爲スコトヲ要ス

○疆界線《きやうかいせん》の近傍《きんばう》に於て前條《ぜんでう》の工事《こうじ》を爲《な》すときは土砂《どしや》の崩壞《ほうくわい》又は水若《みづもし》くは汚液《をえき》の滲漏《さんろう》を防《ふせ》ぐに必要《ひつえう》する注意《ちうい》を爲すべきものとす

第二節　所有權ノ取得

第二百三十九條　無主ノ動產ハ所有ノ意思ヲ以テ之ヲ占有スルニ因リテ其所有權ヲ取得ス

無主ノ不動產ハ國庫ノ所有ニ屬ス

問　無主物《むしゆぶつ》は占有《せんいう》に因《よ》りて其所占有《そのしよいうけん》を取得《しゆとく》することを得《う》るか

答　無主《むしゆ》の動產例《どうさんたと》へば遺棄《ゐき》の物品《ぶつぴん》、山野《さんや》の鳥獸《てうじう》、河海《かかい》の魚介《ぎよかい》の如きは之を占有《せんいう》するの意思《いし》を以て占有《せんいう》し

たるときは其所有權《そのしよいうけん》を取得《しゆとく》する者とす然《しか》れども無主《むしゆ》の不動產例《ふどうさんたと》へば所有者死亡《しよいうしやしばう》して相續人《さうぞくにん》なき不動《ふどう》產《さん》の如き國庫《こくこ》の所有《しよいう》に屬《ぞく》する者なるが故に所有《しよいう》の意思《いし》を以て之を所有《せんいう》するも其所有權《そのしよいうけん》を取得《しゆとく》することを事《こと》を得《え》ず

第二百四十條　遺失物ハ特別法ノ定ムル所ニ從ヒ公告ヲ爲シタル後一年內ニ其所有者ノ知レサルトキハ拾得者其所有權ヲ取得ス

○遺失物《ゐしつぶつ》は特別法《とくべつはふ》の定《さだ》むる所に從《したが》ひ公告《こうこく》を爲《ゐ》したる後《のち》一年內《ねんない》に其所有者《そのしよいうしや》の知《し》れざるときは拾得者其所《しふとくしやそのしよ》有權《いうけん》を取得《しゆとく》するものとす

第二百四十一條　埋藏物ハ特別法ノ定ムル所ニ從ヒ公告ヲ爲シタル後六个月內ニ其所有者ノ知レサルトキハ發見者其所有權ヲ取得ス但他人ノ物ノ中ニ於テ發見シタル埋藏物ハ發見者及ヒ其物ノ所有者折半シテ其所有權ヲ取得ス

○埋藏物即《まいざうぶつそくは》ち地下《ちか》に埋《うづも》れ又は物《もの》の中《なか》に藏《かく》れて何人《なんぴと》の所有《しよいう》なるや知《し》ること能《あた》はざる物は特別法《とくべつはふ》の定《さだ》むる所《ところ》に從《したが》ひ公告《こうこく》を爲《ゐ》したる後《のち》六ヶ月內《げつない》に其所有者《そのしよいうしや》の知れざるときは發見者其所有權《はつけんしやそのしよいうけん》を取得《しゆとく》するものとす但他人の物《もの》の中《なか》に於て發見《はつけん》したる埋藏物《まいざうぶつ》は發見者《はつけんしや》及び其物《そのもの》は所有者折半《しよいうしやせつぱん》して其所有權《そしよいうけん》を取得《しゆとく》す

第二百四十二條　不動產ノ所有者ハ其不動產ノ從トシテ之ニ附合シタル物ノ所有權ヲ取得ス但權原ニ因リテ其物ヲ附屬セシメタル他人ノ權利ヲ妨ケス

○不動產《ふどうさん》の所有者《しよいうしや》は其不動產の從《じう》として之に附合《ふがふ》したる物例《ものたと》へば土地《とち》に栽植《さいしよく》したる草木建物《さうもくたてもの》に附屬《ふぞく》せ

しめたる工作物《こうさくぶつ》の如き添附物《てんぷぶつ》の所有權を取得《しゆとく》するものとす但權原《けんげん》によりて其物《そのもの》を附屬《ふぞく》せしめたる他人《たにん》の權利《けんり》を妨《さまた》げず

第二百四十三條　各別ノ所有者ニ屬スル數個ノ動産カ附合ニ因リテ毀損スルニ非サレハ之ヲ分離スルコト能ハサルニ至リタルトキハ其合成物ノ所有權ハ主タル動産ノ所有者ニ屬ス分離ノ爲メ過分ノ費用ヲ要スルトキ亦同シ

問　動産《どうさん》になしたる添附物《てんぷつき》は何人《なんぴと》の所有《しよいう》に屬《ぞく》するや

答　各別《おの〳〵べつ》の所有者《しよいうしや》に屬《ぞく》する數個《すうこ》の動産《どうさん》が附合《ふおふ》に因《よ》り毀損《きそん》するにあらざれば之を分離《ふんり》すること能《あた》はざるか又は分離《ぶんり》の爲め過分《くわぶん》の費用《ひよう》を要《えう》するとき例《たと》へば彩紙《さいし》を以て額面《がくめん》に表裝《へうさう》を爲したるとき衣服《いふく》に金《きん》モールを縫《ぬ》ひ込《こ》みたるとき疊《たゝみ》に縁邊《へり》を着《つ》けたるときの如き場合《ばあひ》に於ては其合成物《そのがふせいぶつ》の所有權は主《しゆ》たる動《どう》産《さん》の所有者《しよいうしや》に屬《ぞく》するものとす

第二百四十四條　附合シタル動産ニ付キ主從ノ區別ヲ爲スコト能ハサルトキハ各動産ノ所有者ハ其附合ノ當時ニ於ケル價格ノ割合ニ應シテ合成物ヲ共有ス

問　若《も》し附合《ふおふ》したる動産《どうさん》に付《つ》き主從《しゆじう》の區別《くべつ》を爲すこと能《あた》はざるときは如何《いか》にすべきや

答　若し附合《ふおふ》したる動産《どうさん》に付き何《いづ》れか主にして何《いづ》れか從《じう》なるやを知ること能《あた》はざるとき例《たと》へば同一物を表裏《へうり》に附着《ふちやく》せしめたるときの如きは各動産《かくどうさん》の所有者《しよいうしや》は其附合の當時《たうじ》に於ける價格《かかく》の割合に應《おう》じて其合成物《そのがふせいぶつ》を共有《きようゆう》するものとす

第二百四十五條　前二條ノ規定ハ各別ノ所有者ニ屬スル物カ混和シテ識別スルコト能ハサルニ至リタル場合ニ之ヲ準用ス

○前《ぜん》二項《こう》の規定《きてい》は各別の所有者《しよいうしや》に屬《ぞく》する物が混和《こんわ》して識別《しきべつ》すること能《あた》はざるに至りたる場合例《たと》へば金と銀とを鎔解　又は金と金とを鎔解《ようかい》して一塊《くわい》と爲《な》したるときの如き場合《ばあひ》に之を準用《じゆんよう》するものとす

第二百四十六條　他人ノ動産ニ工作ヲ加ヘタル者アルトキハ其加工物ノ所有權ハ材料ノ所有者ニ屬ス但工作ニ因リテ生シタル價格カ著シク材料ノ價格ニ超ユルトキハ加工者其物ノ所有權ヲ取得ス

加工者カ材料ノ一部ヲ供シタルトキハ其價格ニ工作ニ因リテ生シタル價格ヲ加ヘタルモノカ他人ノ材料ノ價格ニ超ユルトキニ限リ加工者其物ノ所有權ヲ取得ス

問　他人《たにん》の動産《どうさん》に工作《こうさく》を加《くは》へたるときは其《その》工作物は何人の所有《しよいう》に屬《ぞく》するや

答　他人《たにん》の動産に工作《こさく》を加へたる者あるとき例《たと》へば他人の所有に屬《ぞく》する木片《もくへん》に神佛《しんぶつ》の像《ぞう》を彫刻《てうこく》したるときの如きは其《その》加工物《かこうぶつ》の所有權《しよいうけん》は材料《ざいれう》の所有者に屬《ぞく》するものとす然《しか》れども工作《こうさく》に因《よ》りて生《しやう》じたる價格《かかく》が著《いちじる》しく材料《ざいれう》の價格に超《こ》ゆるとき例《たと》へば前例《ぜんれい》の場合に於て木片《もくへん》の價格は一圓なるも神佛《しんぶつ》の像《ぞう》を彫刻《てうこく》したるが爲百圓の價格《かかく》を生《しやう》じたるときの如きは加工者《かこうしや》其者の所有權を取得《しゆとく》するものとす

又加工者《かこうしや》が材料《ざいれう》の一部《ぶ》を供《きよう》したるときは其價格《そのかかく》に工作に因《よ》りて生《しやう》じたる價格を加《くは》へたるものが他人

の材料《ざいりやう》の價《か》格《かく》に超《こ》ゆるときに限《かぎ》り加《か》工者《こうしや》其物《そのもの》の所有權《しよいうけん》を取得《しゆとく》するものとす

第二百四十七條　前五條ノ規定ニ依リテ物ノ所有權カ消滅シタルトキハ其物ノ上ニ存セル他ノ權利モ亦消滅ス

右ノ物ノ所有者カ合成物、混和又ハ加工物ノ單獨所有者ト爲リタルトキハ前項ノ權利ハ爾後合成物、混和物又ハ加工物ノ上ニ存シ其共有者ト爲リタルトキハ其持分ノ上ニ存ス

○前《ぜん》五條《でう》の規定《きてい》に依《よ》りて物《もの》の所有權《しよいうけん》が消滅《せうめつ》したるときは其物《そのもの》の上《うへ》に存《そん》せる他《た》の權利《けんり》も亦消滅《またせうめつ》するものとす

右《みぎ》の物《もの》の所有者《しよいうしや》が合成物《がふせいぶつ》、混和物《こんわぶつ》又は加《か》工物《こうぶつ》の單獨所有者《たんどくしよいうしや》と爲《な》りたるとき即《すなは》ち之等《これら》の物《もの》を一人にて所《しよ》有《いう》することになりたるときは前項《ぜんかう》の權利《けんり》は爾後《じご》合成物《がふせいぶつ》、混和物《こんわぶつ》又は加工物《かこうぶつ》の上《うへ》に存《そん》し其共有者《そのきやういうしや》即《すなは》ち二人以上《いじやう》にて所有《しよいう》することゝ爲《な》りたるときは其持分《そのもちぶん》の上に存《そん》するものとす

第二百四十八條　前六條ノ規定ノ適用ニ因リテ損失ヲ受ケタル者ハ第七百三條及ヒ第七百四條ノ規定ニ從ヒ償金ヲ請求スルコトヲ得

○前《ぜん》六條《でう》の規定《きてい》の適用《てきよう》に因《よ》りて損失《そんしつ》を受《う》けたる者例《たと》へば所有權《しよいうけん》を失《うしな》ひたる者は第《だい》七百三條《でう》及び第《だい》七百四條《でう》の規定《きてい》に從《したが》ひ償金《しやうきん》を請求《せいきう》することを得《う》るものとす

第三節　共有

第二百四十九條　各共有者ハ共有物ノ全部ニ付キ其持分ニ應シタル使用ヲ為スコトヲ得

問　共有《きやうゆう》とは何《なん》ぞや

答　共有《きやうゆう》とは二人以上《にんいじやう》にて一物《ぶつ》を所有《しよいう》することを謂《い》ふ

問　共有者《きやういうしや》は共有物《きやういうぶつ》の全部《ぜんぶ》を使用《しよう》することを得《う》るや

答　各共有者《かくきやういうしや》は共有物の全部《ぜんぶ》に付き其持分《そのもちぶん》に應《おう》じたる使用《しよう》例《たと》へば一箇《こ》の物《もの》を甲《かふ》は五千圓乙《おつ》は三千圓を出金《しゆつきん》して求《もと》めたるときは其割合《そのわりあひ》に應《おう》じて使用《しよう》を為すことを得るものとす

第二百五十條　各共有者ノ持分ハ相均シキモノト推定ス

○各共有者《かくきやういうしや》の持分《もちぶん》は反對《はんたい》の證據《しようこ》なき以上は相均《あひひと》しきものと推定《すいてい》するものとす

第二百五十一條　各共有者ハ他ノ共有者ノ同意アルニ非サレハ共有物ニ變更ヲ加フルコトヲ得ス

問　共有者《きやういうしや》は自由《じいう》に其共有物を使用《しよう》することを得《う》るや

答　各共有者《かくきやういうしや》は他《た》の共有者の同意《どうい》あるに非《あら》ざれば共有物《きやうゆうぶつ》に變更《へんかう》を加《くは》ふることを得ざるものとす

第二百五十二條　共有物ノ管理ニ關スル事項ハ前條ノ場合ヲ除ク外各共有者ノ持分ノ價格ニ從ヒ其過半數ヲ以テ之ヲ決ス但保存行為ハ各共有者之ヲ為スコトヲ得

○共有物《きやうゆうぶつ》の管理《くわんり》に關《くわん》する事項《じかう》は前條の場合《ばあひ》を除《のぞ》く外《ほか》各共有者の持分《もちぶん》の價格《かかく》に從《したが》ひ其過半數《そのくわはんすう》を以て之を決《けつ》するものとす但《たゞし》保存行爲《ほぞんかうゐ》は各共有者《きやうゆうしや》之を爲《な》すことを得《う》べし

第二百五十三條　各共有者ハ其持分ニ應シ管理ノ費用ヲ拂ヒ其他共有物ノ負擔ニ任ス

共有者カ一年内ニ前項ノ義務ヲ履行セサルトキハ他ノ共有者ハ相當ノ償金ヲ拂ヒテ其者ノ持分ヲ取得スルコトヲ得

問　各共有者《かくきやうゆうしや》の義務《ぎむ》如何《いかん》

答　各共有者は其持分《そのもちぶん》に應《おう》じ管理《くわんり》の費用《ひよう》を拂《はら》ひ其他《そのた》共有物の負擔《ふたん》に任《にん》ずべきものとす若し共有者《きやうゆうしや》が一年内に前項《ぜんかう》の義務《ぎむ》を履行《りかう》せざるときは他の共有者《きやうゆうしや》は相當《さうたう》の償金《しやうきん》を拂《はら》ひて其者の持分《もちぶん》を取得《しゆとく》することを得るものとす

第二百五十四條　共有者ノ一人カ共有物ニ付キ他ノ共有者ニ對シテ有スル債權ハ其特定承繼人ニ對シテモ之ヲ行フコトヲ得

○共有者《きやうゆうしや》の一人が共有物に付き他《た》の共有者に對《たい》して有する債權《さいけん》は其特定承繼人《そのとくていしようけいにん》例《たと》へば其共有權《そのきやうゆうけん》を讓受《ゆづりう》けて共有者《きやうゆうしや》となりたる者《もの》に對《たい》しても之を行《おこな》ふことを得るものとす

第二百五十五條　共有者ノ一人カ其持分ヲ拋棄シタルトキ又ハ相續人ナクシテ死亡シタルトキハ其持分ハ他ノ共有者ニ歸屬ス

○共有者《きやうゆうしや》の一人が其持分《もちぶん》を拋棄《はうき》したるとき又は相續人《さうぞくにん》なくして死亡《しばう》したるときは其持分《もぶん》は他の共有者に歸屬《きぞく》するものとす

第二百五十六條　各共有者ハ何時ニテモ共有物ノ分割ヲ請求スルコトヲ得但五年ヲ超エサル期間内分割ヲ爲ササル契約ヲ爲スコトヲ妨ケス
此契約ハ之ヲ更新スルコトヲ得但其期間ハ更新ノ時ヨリ五年ヲ超ユルコトヲ得ス

問　共有者《きやうゆうしや》は共有權の分割《ぶんかつ》を求《もと》むることを得るや

答　各共有者《かくきやうゆうしや》は何時《いつ》にても共有物の分割《ぶんかつ》を請求《せいきう》することを得るものとす但五年を超《こ》へざる期間内例《たと》へば三年又は五年間分割《ねんかんぶんかつ》を爲さゞることを共有者間《きやうゆうしやかん》に於て契約《けいやく》することを得べし而して其期間《そのきかん》を五年以上即ち六年又は十年と定《さだ》むることを得ざるも五年の期間滿了《きげんまんりやう》したるときは新《あら》たに五年を超《こ》へざる期間内に分割《ぶんかつ》せざることを約《やく》するとを得べし

第二百五十七條　前條ノ規定ハ第二百八條及ヒ第二百二十九條ニ掲ケタル共有物ニハ之ヲ適用セス

○前條《ぜんでう》の規定《きてい》は第二百八條及び第二百二十九條に掲《かゝ》げたる共有物《きやうゆうぶつ》に適用《てきよう》せざるものとす

第二百五十八條　分割ハ共有者ノ協議調ハサルトキハ之ヲ裁判所ニ請求スルコトヲ得

前項ノ場合ニ於テ現物ヲ以テ分割ヲ為スコト能ハサルトキ又ハ分割ニ因リテ著シク其價格ヲ損スル虞アルトキハ裁判所ハ其競賣ヲ命スルコトヲ得

問　分割《ぶんかつ》に付共有者《きやうゆうしや》の協議調《けふぎとゝの》はざるときは如何《いか》にすべきや

答　分割に付共有者協議調はざるときは之を裁判所《さいばんしよ》に請求《せいきう》することを得るものとす

前項《ぜんかう》の場合《ばあひ》に於て現物《げんぶつ》を以て分割《ぶんかつ》を為すこと能《あた》はざるとき又は分割に因《よ》りて著《いちじる》しく其《その》價格《かかく》を損《そん》する虞《おそれ》あるときは裁判所《さいばんしよ》は競賣《きやうばい》の上其代價《そのだいか》を以て持分《もちぶん》に應《おう》じ配當《はいたう》すべきことを命《めい》ずるとを得《う》べし

第二百五十九條　共有者ノ一人カ他ノ共有者ニ對シテ共有ニ關スル債權ヲ有スルトキハ分割ニ際シ債務者ニ歸スヘキ共有物ノ部分ヲ以テ其辨濟ヲ為サシムルコトヲ得

債權者ハ右ノ辨濟ヲ受クル為メ債務者ニ歸スヘキ共有物ノ部分ヲ賣却スル必要アルトキハ其賣却ヲ請求スルコトヲ得

○共有者《きやうゆうしや》の一人が他《た》の共有者に對《たい》して共有に關《くわん》する債權《さいけん》を有《いう》する時出金《ときしゆつきん》として一物《ぶつ》を求《もと》むるに當《あた》り甲《かう》は乙《おつ》に三千圓《えん》を貸與《たいよ》し此辨濟《このべんさい》を受《う》くるまで其共有物《そのきやうゆうぶつ》を一人にて使用《しよう》すべしと約《やく》したるときの如きは其《その》共有物《きやうゆうぶつ》の分割《ぶんかつ》に際《さい》し債務者《さいむしや》に歸《き》すべき共有物《きやうゆうぶつ》の部分《ぶぶん》を以て其辨濟《そのべんさい》を為《な》さしむることを得《う》るものとす

債權者《さいけんしや》は右《みぎ》の辨濟《べんさい》を受《う》くる為め債務者《さいむしや》に歸《き》すべき共有物《きやうゆうぶつ》の部分《ぶぶん》を賣却《ばいきやく》する必要《ひつえう》あるときは其賣却《そのばいきやく》を請求《せいきう》することを得《う》べし

第二百六十條　共有物ニ付キ權利ヲ有スル者及ヒ各共有者ノ債權者ハ自己ノ費用ヲ以テ分割ニ參加スルコトヲ得

前項ノ規定ニ依リテ參加ノ請求アリタルニ拘ハラス其參加ヲ待タスシテ分割ヲ爲シタルトキハ其分割ハ之ヲ以テ參加ヲ請求シタル者ニ對抗スルコヲ得ス

○共有物《きやうゆうぶつ》に付《つ》き權利《けんり》を有《いう》する者及《およ》び各共有者《かくきやうゆうしや》の債權者《さいけんしや》は自己《じこ》の費用《ひよう》を以て共有物《きやうゆうぶつ》の分割《ぶんかつ》を參加《さんか》することを得《う》るものとす

前項《ぜんかう》の規定《きてい》に依《よ》りて參加《さんか》の請求《せいきう》ありたるに拘《かゝ》はらず其參加《そのさんか》を待《ま》たずして分割《ぶんかつ》を爲《な》したるときは其分割は參加《さんか》を請求《せいきう》したる者に對《たい》しては無効《むかう》とす

第二百六十一條　各共有者ハ他ノ共有者カ分割ニ因リテ得タル物ニ付キ賣主ト同シク其持分ニ應シテ擔保ノ責ニ任ス

○各共有者《かくきやうゆうしや》は他《た》の共有者が分割《ぶんかつ》に因《よ》りて得《え》たる物《もの》に付き賣主《うりぬし》と同《おな》しく其持分《そのもちぶん》に應《おう》じて擔保《たんぽ》の責《せめ》に任《にん》ずべきものとす

第二百六十二條　分割カ結了シタルトキハ各分割者ハ其受ケタル物ニ關スル證書ヲ保存スルコトヲ要ス

共有者一同又ハ其中ノ數人ニ分割シタル物ニ關スル證書ハ其物ノ最大部分ヲ受ケタル者之ヲ保存スルコトヲ要ス

前項ノ場合ニ於テ最大部分ヲ受ケタル者ナキトキハ分割者ノ協議ヲ以テ證書ノ保存者ヲ定ム若シ協議調ハサルトキハ裁判所之ヲ指定ス

證書ノ保存者ハ他ノ分割者ノ請求ニ應シテ其證書ヲ使用セシムルコトヲ要ス

問　分割《ぶんかつ》したる物《もの》に關《くわん》する證書《しようしよ》は何人《なんぴと》之を保存《ほぞん》すべきや

答　分割が結了《けつりやう》したるときは各分割者《かくぶんかつしや》は其受《そのう》けたる物に關《くわん》する證書《しようしよ》を保存《ほぞん》すべきものとす
共有者一同《きやうゆうしやいちどう》又は其中《そのうち》の數人《たうにん》に分割《ぶんかつ》したる物に關《くわん》する證書《しようしよ》は其物《そのもの》の最大部分《さいだいぶぶん》を受けたる共有者に於て之を保存《ほぞん》することを要《えう》す
前項《ぜんかう》の場合《ばあひ》に於て最大部分《さいだいぶぶん》を受けたる者なきときは分割者の協議《けふぎ》を以て證書《しようしよ》の保存者《ほぞんしや》を定《さだ》むべく若《も》し協議調《けふぎとゝの》はざるときは裁判所《さいばんしよ》之を指定《してい》すべきものとす
證書《しようしよ》の保存者《ほぞんしや》は他《た》の分割者《ぶんかつしや》の請求《せいきう》あるときは何時《なんどき》にても其證書《そのしようしよ》を使用《しよう》せしむべきものとす

第二百六十三條　共有ノ性質ヲ有スル入會權ニ付テハ各地方ノ慣習ニ從フ外本節ノ規定ヲ適用ス

○共有《きやうゆう》の性質《せいしつ》を有《いう》する入會權《にふくわいけん》に付《つい》ては各地方《かくちはう》の慣習《くわんしふ》に從《したが》ふ外本節《ほかほんせつ》の規定《きてい》を適用《てきよう》するものとす

第二百六十四條　本節ノ規定ハ數人ニテ所有權以外ノ財産權ヲ有スル場合ニ之ヲ準用ス但法令ニ別段ノ定アルトキハ此限ニ在ラス

○本節《ほんせつ》の規定《きてい》は數人《たうにん》にて所有權以外《しよいうけんいぐわい》の財産權《ざいさんけん》を有《いう》する場合《ばあひ》に之を準用《じゆんよう》するものとす但法令《たゞしはふれい》に別段《べつだん》の定《さだめ》

あるときは此限《このかぎり》にあらず

第四章　地上權

第二百六十五條　地上權者ハ他人ノ土地ニ於テ工作物又ハ竹木ヲ所有スル爲メ其土地ヲ使用スル權利ヲ有ス

問　地上權《ちじやうけん》とは何《なん》ぞや

答　地上權とは他人《たにん》の所有《しよいう》に屬《ぞく》する土地《とち》の上に於て家屋倉庫《かおくそうこ》等《とう》の如き工作物《こうさくぶつ》又は竹木《ちくぼく》を所有《しよいう》する爲め其土地《そのとち》を使用《しよう》する權利《けんり》を謂《い》ふ

第二百六十六條　地上權者カ土地ノ所有者ニ定期ノ地代ヲ拂フヘキトキハ第二百七十四條乃至第二百七十六條ノ規定ヲ準用ス

此他地代ニ付テハ賃貸借ニ關スル規定ヲ準用ス

○地方權者《ちはうけんしや》か其土地《そのとち》の所有者《しよいうしや》に定期《ていき》の地代《ちだい》を拂《はら》ふべきときは第二百七十四條乃至《ないし》第二百七十六條の規定《きてい》を準用《じゆんよう》するものとす

第二百六十七條　第二百九條乃至第二百三十八條ノ規定ハ地上權者間又ハ地上權者ト土地ノ所有者トノ間ニ之ヲ準用ス但第二百二十九條ノ推定ハ地上權設定後ニ爲シタル工事ニ付テノミ之ヲ地上權者ニ準用ス

○第二百九條乃至《ないし》第二百三十八條の規定《きてい》は地上權者《ちじやうけんしや》と地上權者《ちじやうけんしや》との間《あひだ》又《また》は地上權者と土地《とち》の所有者《しよいうしや》と

の間《あひだ》に之を準用《じゆんよう》するものとす但《たゞし》第二百二十九條の推定《すゐてい》は地上權設定後《ちじやうけんせつていご》に爲したる工事《こうじ》に付《つい》てのみ之を地上權者《ちじやうけんしや》に準用《じゆんよう》すべし

第二百六十八條　設定行爲ヲ以テ地上權ノ存續期間ヲ定メサリシ場合ニ於テ別段ノ慣習ナキトキハ地上權者ハ何時ニテモ其權利ヲ拋棄スルコトヲ得但地代ヲ拂フヘキトキハ一年前ニ豫告ヲ爲シ又ハ未タ期限ノ至ラサル一年分ノ地代ヲ拂フコトヲ要ス

地上權者カ前項ノ規定ニ依リテ其權利ヲ拋棄セサルトキハ裁判所ハ當事者ノ請求ニ因リ二十年以上五十年以下ノ範圍内ニ於テ工作物又ハ竹木ノ種類及ヒ狀況其他地上權設定ノ當時ノ事情ヲ斟酌シテ其存續期間ヲ定ム

○設定行爲《せつていかうゐ》を以て地上權《ちじやうけん》の存續期間《そんぞくきげん》を定《さだ》めざりし場合即《ばあひすなは》ち地上權を設定《せつてい》するに當《あた》り何年《なんねん》までと云ふ期《き》限《げん》を定《さだ》めざるときは別段《べつだん》の慣習《くわんしふ》なき以上《いじやう》は地上權者《ちじやうけんしや》は何時《なんどき》にても其權利《そのけんり》を拋棄《はうき》することを得《う》るものとす但地代《たゞしちだい》を拂《はら》ふべきときは權利《けんり》を拋棄《はうき》する一年前《ねんぜん》に其事《そのこと》を豫告《よこく》するか又は未《いま》だ期限《きげん》の至《いた》らざる一年分の地代《ちだい》を支拂《しはら》ふことを要《えう》す

地上權者《ちじやうけんしや》が前項《ぜんかう》の規定《きてい》に依《よ》りて其權利《そのけんり》を拋棄《はうき》せざるときは裁判所《さいばんしよ》は當事者《たうじしや》の請求《せいきう》に因《よ》り二十年以上五十年以下の範圍内《はんゐない》に於《おい》て工作物《こうさくぶつ》又は竹木《ちくぼく》の種類《しゆるゐ》及び狀況其他地上權設定《じやうきやうそのたちじやうけんせつてい》の當時《たうじ》の事情《じじやう》を斟酌《しんしやく》して其存《そのそん》續期間《ぞくきげん》を定《さだ》むべきものとす

第二百六十九條　地上權者ハ其權利消滅ノ時土地ヲ原狀ニ復シテ其工作物及ヒ竹木ヲ收去スルコトヲ得但土地ノ所有者カ時價ヲ提供シテ之ヲ買取ルヘキ旨ヲ通知シタルトキハ地上權者ハ正當ノ理由ナクシテ之ヲ拒ムコトヲ得ス

前項ノ規定ニ異ナリタル慣習アルトキハ其慣習ニ從フ

○地上權者《ちじやうけんしや》は其權利《そのけんり》消滅《せうめつ》の時《とき》土地《とち》を以前《いぜん》の有樣《ありさま》に復《ふく》して其工作物《そのこうさくぶつ》及び竹木《ちくぼく》を收去《しうきよ》することを得《う》べし但《たゞし》土地《とち》の所有者《しよいうしや》が相當《さうたう》の時價《じか》を以《もつ》て之を買取《かひと》るべき旨《むね》を通知《つうち》したるときは地上權者《ちじやうけんしや》は正當《せいたう》の理由《りいう》なくして之を拒《こば》むことを得《え》ざるものとす

前項《ぜんかう》の規定《きてい》に異《こと》なりたる慣習《くわんしふ》あるときは其慣習《そのくわんしふ》に從《したが》ふべし

第五章　永小作權

第二百七十條　永小作人ハ小作料ヲ拂ヒテ他人ノ土地ニ耕作又ハ牧畜ヲ爲ス權利ヲ有ス

問　永小作權《えいこさくけん》とは何《なん》ぞ

答　永小作權とは小作料《こさくりやう》を支拂《しはら》ひて他人《たにん》の土地《とち》に耕作《かうさく》又は牧畜《ぼくちく》を爲《な》す權利《けんり》を謂《い》ひ之を有《いう》する者を永小《えいこ》作人《さくにん》と謂《い》ふ

第二百七十一條　永小作人ハ土地ニ永久ノ損害ヲ生スヘキ變更ヲ加フルコトヲ得ス

○永小作人《えいこさくにん》は前條《ぜんでう》に從《したが》ひ耕作《かうさく》又は牧畜《ぼくちく》を爲《な》すことを得《う》るも土地《とち》に永久《えいきう》の損害《そんがい》を生《しやう》ずべき變更《へんかう》を加《くは》ふる

ことを得《え》ざるものとす

第二百七十二條　永小作人ハ其權利ヲ他人ニ讓渡シ又ハ其權利ノ存續期間内ニ於テ耕作若クハ牧畜ノ爲メ土地ヲ賃貸スルコトヲ得但設定行爲ヲ以テ之ヲ禁シタルトキハ此限ニ在ラス

問　永小作人《えいこさくにん》は其權利《そのけんり》を他人《たにん》に讓渡《ゆづりわた》し又は賃貸《ちんがし》することを得《う》るや

答　永小作人は設定行爲《せつていかうゐ》を以て之を禁《きん》じたるときの外其權利《ほかそのけんり》を他人《たにん》に讓渡《ゆづりわた》し又は其權利《そのけんり》の存續期間内《そんぞくきかんない》に於て耕作若《かうさくもし》くは牧畜《ぼくちく》の爲め土地《とち》を賃貸《ちんがし》することを得《う》るものとす

第二百七十三條　永小作人ノ義務ニ付テハ本章ノ規定及設定行爲ヲ以テ定メタルモノノ外賃貸借ニ關スル規定ヲ準用ス

○永小作人《えいこさくにん》の義務《ぎむ》に付ては本章《ほんしやう》の規《き》定《てい》及び設定行爲《せつていかうゐ》を以て定《さだ》めたるものを除《のぞ》くの外賃貸借《ほかちんがしかり》に關《くわん》する規《き》定《てい》を準用《じゆんよう》するものとす

第二百七十四條　永小作人ハ不可抗力ニ因リ收益ニ付キ損失ヲ受ケタルトキト雖モ小作料ノ免除又ハ減額ヲ請求スルコトヲ得ス

問　永小作人《えいこさくにん》は小作料《こさくりやう》の免除《めんぢよ》又は減額《げんがく》を請求《せいきう》することを得《う》るや

答　永小作人《えいこさくにん》は天災其他《てんさいそのた》不可《ふか》抗力《かうりよく》に因《よ》り收益《しうえき》に付き損失《そんしつ》を受《う》けたるときと雖《いへど》も小作料《こさくりやう》の免除《めんぢよ》又は減額《げんがく》を土地《とち》の所有者《しよいうしや》に對《たい》し請求《せいきう》することを得ざるものとす

第二百七十五條　永小作人カ不可抗力ニ因リ引續キ三年以上全ク收益ヲ得ス又

ハ五年以上小作料ヨリ少キ收益ヲ得タルトキハ其權利ヲ拋棄スルコトヲ得

問　永小作人《えいこさくにん》は其權利《そのけんり》を拋棄《はうき》することを得《う》るや

答　永小作人が天災其他《てんさいそのた》抗拒《かうきよ》すべからざる力《ちから》に因《よ》り引續《ひきつゞ》き三年以上《ねんいじやう》全《まつた》く收益《しうえき》を得《え》ざるか又は五年以上小作料として支拂《しはら》ふべき金額《きんがく》よりも其收益《そのしうえき》が少《すくな》きときは其權利《そのけんり》を拋棄《はうき》することを得るものとす

第二百七十六條　永小作人カ引續キ二年以上小作料ノ支拂ヲ怠リ又ハ破産ノ宣告ヲ受ケタルトキハ地主ハ永小作權ノ消滅ヲ請求スルコトヲ得

問　地主《ぢぬし》より永小作權《えいこさくけん》の消滅《せうめつ》を請求《せいきう》することを得《う》る場合《ばあひ》如何《いかん》

答　永小作人《えいこさくにん》が引續《ひきつゞ》き二年以上《ねんいじやう》小作料《こさくりやう》を支拂《しはら》はざるとき又は破産《はさん》の宣告《せんこく》を受《う》けたるときは地主《ぢぬし》は永小《えいこ》作權《さくけん》の消滅《せうめつ》を請求《せいきう》することを得《う》るものとす

第二百七十七條　前六條ノ規定ニ異ナリタル慣習アルトキハ其慣習ニ從フ

○前《ぜん》六條《でう》の規定《きてい》に異《こと》ありたる慣習《くわんしふ》あるときは其慣習《そのくわんしふ》に從《したが》ふべきものとす

第二百七十八條　永小作權ノ存續期間ハ二十年以上五十年以下トス若シ五十年ヨリ長キ期間ヲ以テ永小作權ヲ設定シタルトキハ其期間ハ之ヲ五十年ニ短縮ス

永小作權ノ設定ハ之ヲ更新スルコトヲ得其期間ハ更新ノ時ヨリ五十年ヲ超ユルコトヲ得ス

設定行爲ヲ以テ永小作權ノ存續期間ヲ定メサリシトキハ其期間ハ別段ノ慣習アル場合ヲ除ク外之ヲ三十年トス

第二編物權　第六章地役權

問　永小作權《ゑいこさくけん》存續期間《そんぞくきかん》の限度《げんど》如何《いかん》

答　永小作權の存續期間は二十年より下《くだ》ることを得《え》ず又《また》五十年より上《のぼ》ることを得《え》ざるものとす故に若《もし》し五十年より長《なが》き期間《きかん》を以て永小作權《えいこさくけん》を設定《せつてい》したるとき例《たと》へば六十年又は百年と定《さだ》めたるときの如きは其期間《そのきかん》は之を五十年に短縮《たんしゆく》すべきものとす然《しか》れども五十年を經過《けいくわ》したるときは又更《さら》に二十年以《い》上《じやう》五十年以下《いか》の期間内《きかんない》に之を設定《せつてい》することを得《う》べし永小作權《えいこさくけん》を設定《せつてい》するに當《あた》り其存續期間《そのそんぞくきかん》を定《さだ》めざりしときは其期間《そのきかん》は別段《べつだん》の慣習《くわんしふ》ある場合《ばあひ》を除《のぞ》く外之《ほかこれ》を三十年と定《さだ》むるものとす

第二百七十九條　第二百六十九條ノ規定ハ永小作權ニ之ヲ準用ス

○第二百六十九條の規定《きてい》は永小作權《えいこさくけん》に之を準用《じゆんよう》するものとす

第六章　地役權

第二百八十條　地役權者ハ設定行爲ヲ以テ定メタル目的ニ從ヒ他人ノ土地ヲ自己ノ土地ノ便益ニ供スル權利ヲ有ス但第三章第一節中ノ公ノ秩序ニ關スル規定ニ違反セサルコトヲ要ス

問　地役權者《ちえきけんしや》は如何《いか》なる權利《けんり》を有《いう》するや

答　地役權者は設定行爲《せつていかうゐ》を以て定《さだ》めたる目的《もくてき》に從《したが》ひ他人《たにん》の土地《とち》を自己《じこ》の土地《とち》の便益《べんえき》に供《きやう》する權利《けんり》を有《いう》するものとす但第《たゞしだい》三章《しやう》第一節中の公《おほやけ》の秩序《ちつじよ》に關《くわん》する規定《きてい》に違反《ゐはん》せざることを要《えう》す

故《ゆゑ》に地《ち》役權《えきけん》の設定《せつてい》は第一に人《ひと》の利益《りえき》の爲《た》めにあらずして不動産《ふどうさん》の利益《りえき》の爲《た》めに設定《せつてい》することを要《えう》し第二に人の負擔《ふたん》にて設定《せつてい》するにあらずして不動産《ふどうさん》の負擔《ふたん》にて設定《せつてい》することを要《えう》し第三に公《おほやけ》の秩序《ちつじよ》に反《はん》せざることを要《えう》するものとす

第二百八十一條　地役權ハ要役地ノ所有權ノ從トシテ之ト共ニ移轉シ又ハ要役地ノ上ニ存スル他ノ權利ノ目的タルモノトス但設定行爲ニ別段ノ定アルトキハ此限ニ在ラス

地役權ハ要役地ヨリ分離シテ之ヲ讓渡シ又ハ他ノ權利ノ目的ト爲スコトヲ得ス

○地《ち》役權《えきけん》は設定行爲《せつていかうゐ》に別段《べつだん》の定《さだめ》あるときの外《ほか》要役地《えうえきち》即《すなは》ち權利《けんり》を有する不動産《ふどうさん》の所有權《しよいうけん》の從《じう》として之と共《とも》に移轉《いてん》し又は要役地《えうえきち》の上に存《そん》する他《た》の權利《けんり》の目的《もくてき》たるものとす地《ち》役權《えきけん》は要役地《えうえきち》より分離《ぶんり》して之を讓渡《じやうと》し又は他《た》の權利《けんり》の目的《もくてき》と爲《な》すことを得《え》ざるものとす

第二百八十二條　土地ノ共有者ノ一人ハ其持分ニ付キ其土地ノ爲メニ又ハ其土地ノ上ニ存スル地役權ヲ消滅セシムルコトヲ得ス

土地ノ分割又ハ其一部ノ讓渡ノ場合ニ於テハ地役權ハ其各部ノ爲メニ又ハ其各部ノ上ニ存ス但地役權カ其性質ニ因リ土地ノ一部ノミニ關スルトキハ此限ニ在ラス

○土地《とち》の共有者《きやうゆうしや》の一人は其持分《そのもちぶん》に付《つ》き其土地《そのとち》の爲《た》めに又は其土地《そのとち》の上に存《そん》する地《ち》役權《えきけん》を消滅《せうめつ》せしむる

ことを得《え》ざるものとす故《ゆゑ》に不動産《ふどうさん》が數人《すうにん》の共有《きやうゆう》に屬《ぞく》するとき即《すなは》ち數人《すうにん》にて一の不動産《ふどうさん》を所有《しよいう》するときは其内《そのうち》の一人自分《じぶん》の持分《もちぶん》に付き地役權《ちえきけん》を抛棄《はうき》するも爲《た》めに承役地《しようえきち》即《すなは》ち或《あ》る義務《ぎむ》を負擔《ふたん》する土地《とち》は之を免《まぬ》かるゝことを得《え》ず何《なん》となれば共有者《きやうゆうしや》は他《た》の共有者《きやうゆうしや》の權利《けんり》を減少《げんせう》することを得《え》ざるものなればなり且つ自己《じこ》の持分《もちぶん》のみを抛棄《はうき》するも何等《なんら》の効用《こうよう》なきものなり何《なん》となれば地役《ちえき》に付て得《う》る所《ところ》の便益《べんえき》の性質《せいしつ》は概《がい》して分割《ぶんかつ》すること能《あた》はざるものなればなり

第二百八十三條　地役權ハ繼續且表現ノモノニ限リ時效ニ因リテ之ヲ取得スルコトヲ得

問　地役權《ちえきけん》は時效《じかう》によりて取得《しゆとく》することを得《う》るや

答　地役權《ちえきけん》は繼續且表現《けいぞくかつひやうげん》のものに限《かぎ》り時效《じかう》に因《よ》りて之を取得《しゆとく》することを得るものとす繼續《けいぞく》とは例《たと》へば觀望《くわんばう》の如《ごと》く月夜《げつや》間斷《かんだん》なく人が或《あ》る所爲《しよゐ》を行《おこな》はざるも常《つね》に繼續《けいぞく》して要役地《えうえきち》は便益《べんえき》を得《え》承役地《しようえきち》は累《るゐ》を受《う》くるものを謂《い》ひ表現《ひやうげん》とは外見《ぐわいけん》の工作《こうさく》又は形跡上《けいせきじやう》よりして地役《ちえき》の存立《そんりつ》を明知《めいち》することを得《う》るものを謂《い》ふ

第二百八十四條　共有者ノ一人カ時效ニ因リテ地役權ヲ取得シタルトキハ他ノ共有者モ亦之ヲ取得ス

共有者ニ對スル時效中斷ハ地役權ヲ行使スル各共有者ニ對シテ之ヲ爲スニ非サレハ其效力ヲ生セス

地役權ヲ行使スル共有者數人アル場合ニ於テ其一人ニ對シテ時效停止ノ原因アルモ時效ハ各共有者ノ爲メニ進行ス

○共有者《きやうゆうしや》の一人が時效《じかう》に因《よ》りて地役權《ちえきけん》を取得《しゆとく》したるとき例《たと》へば一箇《こ》の土地《とち》を甲乙丙の三人にて所有《しよいう》する場合《ばあひ》に於《おい》て甲が時效《じかう》により地役權《ちえきけん》を取得《しゆとく》したるときは他《た》の共有者《きやうゆうしや》も亦之《またこれ》を取得《しゆとく》するものとす共有者《きやうゆうしや》に對《たい》する時效《じかう》の中斷《ちうだん》は地役權《ちえきけん》を行使《かうし》する各共有者《かくきやうゆうしや》に對して之を爲《な》すに非ざれば其效力《そのかうりよく》を生《しやう》ぜざるものとす

地役權《ちえきけん》を行使《かうし》する共有者數人《きやうゆうしやすうにん》ある場合《ばあひ》に於《おい》て其一人に對《たい》して時效停止《じかうていし》の原因《げんいん》あるも時效《じかう》は各共有者《かくきやうゆうしや》の爲めに進行《しんかう》するものとす

第二百八十五條　用水地役權ノ承役地ニ於テ水カ要役地及ヒ承役地ノ需要ノ爲メニ不足ナルトキハ其各地ノ需要ニ應シ先ツ之ヲ家用ニ供シ其殘餘ヲ他ノ用ニ供スルモノトス但設定行爲ニ別段ノ定アルトキハ此限ニ在ラス

同一ノ承役地ノ上ニ數個ノ用水地役權ヲ設定シタルトキハ後ノ地役權者ハ前ノ地役權者ノ水ノ使用ヲ妨クルコトヲ得ス

問　用水地役權《ようすゐちえきけん》の承役地《しようえきち》に於て水《みづ》が要役地及《えうえきちおよ》び承役地《しようえきち》の需要《じゆえう》の爲めに不足《ふそく》なるときは如何《いか》にすべきや

答　用水地役權の承役地に於て設定行爲《せつていかうゐ》に別段《べつだん》の定《さだめ》あるときの外水《ほかみづ》が要役地及《えうえきちおよ》び承役地《しようえきち》の需要《じゆえう》の爲めに不足《ふそく》なるときは其各地《そのかくち》の需要《じゆえう》に應《おう》じ先《ま》づ之を家用《かよう》に供《きやう》し其殘餘《そのざんよ》を他《た》の用《よう》に供《きやう》するものとす以下《いか》例《れい》

をあげて之を詳說《しやうせつ》すべし甲地《かうち》に良水《りやうすゐ》なきが爲め乙地《おつち》より水を汲取《くみと》るべく約《やく》したるときは甲地は要役《えうえき》地《ち》にして甲地の爲めに水を汲《く》み取《と》らしむる義務《ぎむ》を負擔《ふたん》したる乙地は承役地《しようえきち》なり而《しか》して甲地に於《おい》ては日々《にち／＼》二石《こく》の水《みづ》を要《えう》し乙地に於《おい》ては日々一石の水を要するに旱魃其他《かんばつそのた》の原因《げんいん》の爲め水量《すゐりやう》に不足《ふそく》を來《きた》し甲乙兩地《りやうち》の需要《じゆえう》を滿足《まんぞく》せしむること能《あた》はざるときは先《ま》づ之を甲乙の家用卽《かようすなは》ち甲地に於て二石《こく》の內五斗《うち》《と》乙地に於て一石の內《うち》二斗《と》家用《かよう》に必要《ひつえう》なるときは之を汲《く》み取《と》り其殘餘《そのざんよ》を其需要《そのじゆえう》の割合《わりあひ》に應《おう》じて汲み取るべきものとす

第二百八十六條　設定行爲又ハ特別契約ニ因リ承役地ノ所有者カ其費用ヲ以テ地役權ノ行使ノ爲メニ工作物ヲ設ケ又ハ其修繕ヲ爲ス義務ヲ負擔シタルトキハ其義務ハ承役地ノ所有者ノ特定承繼人モ亦之ヲ負擔ス

○設定行爲《せつていかうゐ》又は特別契約《とくべつけいやく》に因《よ》り承役地《しようえきち》の所有者《しよいうしや》が其費用《そのひよう》を以て地役權《ちえきけん》の行使《かうし》の爲めに工作物《こうさくぶつ》を設《まう》け又は其修繕《しうぜん》を爲《な》す義務《ぎむ》を負擔《ふたん》したるときは其義務《そのぎむ》は承役地《しようえきち》の所有者《しよいうしや》の特定承繼人例《とくていしようけいにんたと》へば其義務ある土地《とち》を買受《かひう》けたる者も亦之《またこれ》を負擔《ふたん》するものとす

第二百八十七條　承役地ノ所有者ハ何時ニテモ地役權ニ必要ナル土地ノ部分ノ所有權ヲ地役權者ニ委棄シテ前條ノ負擔ヲ免ルルコトヲ得

○承役地《しようえきち》の所有者《しよいうしや》は何時《あんどき》にても地役權《ちえきけん》に必要《ひつえう》なる土地《とち》の部分《ぶぶん》の所有權《しよいうけん》を地役權者《ちえきけんしや》に委棄《ゐき》卽ち無償《むしやう》に之を與《あた》へて前條《ぜんでう》の負擔《ふたん》を免《まぬか》るゝことを得《う》るものとす

第二百八十八條　承役地ノ所有者ハ地役權ノ行使ヲ妨ケサル範圍內ニ於テ其行

使ノ爲メニ承役地ノ上ニ設ケタル工作物ヲ使用スルコトヲ得
前項ノ場合ニ於テハ承役地ノ所有者ハ其利益ヲ受クル割合ニ應シテ工作物ノ設置及ヒ保存ノ費用ヲ分擔スルコトヲ要ス
○承役地《しようえきち》の所有者《しよいうしや》は地役權《ちえきけん》の行使《かうし》を妨《さまた》げざる限《かぎ》りは其行使《そのかうし》の爲《た》めに承役地《しようえきち》の上に設《まう》けたる工作物《こうさくぶつ》を使《し》用《よう》することを得《う》るものとす
前項《ぜんかう》の場合《ばあひ》に於《おい》ては承役地《しようえきち》の所有者《しよいうしや》は其利益《そのりえき》を受《う》くる割合《わりあひ》に應《おう》じて工作物《こうさくぶつ》の設置《せつち》及び保存《ほぞん》の費用《ひよう》を分《ぶん》擔《たん》することを要《えう》するは當然《たうぜん》なり

第二百八十九條　承役地ノ占有者カ取得時效ニ必要ナル條件ヲ具備セル占有ヲ爲シタルトキハ地役權ハ之ニ因リテ消滅ス
○承役地《しようえきち》の占有者《せんいうしや》が取得時效《しゆとくじかう》に必要《ひつえう》なる條件《でうけん》を具備《ぐび》せる占有《せんいう》を爲したるときは地役權《ちえきけん》は之に因《よ》りて消《せう》滅《めつ》するものとす

第二百九十條　前條ノ消滅時效ハ地役權者カ其權利ヲ行使スルニ因リテ中斷ス
○前條《ぜんでう》の消滅時效《せうめつじかう》は地役權者《ちえきけんしや》が其權利《そのけんり》を行使《かうし》するに因《よ》りて中斷《ちうだん》するものとす

第二百九十一條　第百六十七條第二項ニ規定セル消滅時效ノ期間ハ不繼續地役權ニ付テハ最後ノ行使ノ時ヨリ之ヲ起算シ繼續地役權ニ付テハ其行使ヲ妨クヘキ事實ノ生シタル時ヨリ之ヲ起算ス

○第百六十七條第二項に規定《きてい》せる消滅時效《せうめつじかう》の期間《きかん》は不繼續《ふけいぞく》地役權《ちえきけん》に付《つい》ては最後《さいご》の行使《かうし》の時より之を起《き》算《さん》し繼續《けいぞく》地役權《ちえきけん》即《すなは》ち人が或る所爲《しよゐ》例《たと》へば通行汲水《つうかうくみみづ》等の所爲《しよゐ》を行《おこな》はざれば要役地《えうえきち》に於て便益《べんえき》を得《う》ること能《あた》はざる地役權《ちえきけん》に付《つい》ては其行使《そのかうし》を妨《さまた》ぐべき事實《じじつ》の生《しやう》じたる時より之を起算《きさん》するものとす

第二百九十二條　要役地カ數人ノ共有ニ屬スル場合ニ於テハ其一人ノ爲メニ時效ノ中斷又ハ停止アルトキハ其中斷又ハ停止ハ他ノ共有者ノ爲メニモ其效力ヲ生ス

○要役地《えうえきち》が數人《すうにん》の共有《きやうゆう》に屬《ぞく》する場合《ばあひ》に於て其《その》一人の爲《た》めに時效《じかう》の中斷《ちうだん》又は停止《ていし》あるときは其中斷《そのちうだん》又は停止《ていし》は他《た》の共有者《きやうゆうしや》の爲めに其效力《そのかうりよく》を生《しやう》ずるものとす

第二百九十三條　地役權者カ其權利ノ一部ヲ行使セサルトキハ其部分ノミ時效ニ因リテ消滅ス

○地役權者《ちえきけんしや》が其權利《そのけんり》の一部《ぶ》を行使《かうし》せざるときは其部分《そのぶぶん》のみ時效《じかう》に因《よ》りて消滅《せうめつ》するものとす

第二百九十四條　共有ノ性質ヲ有セサル入會權ニ付テハ各地方ノ慣習ニ從フ外本章ノ規定ヲ準用ス

○共有《きやうゆう》の性質《せいしつ》を有せざる入會權《にふくわいけん》に付ては各地方《かくちはう》の慣習《くわんしふ》に從《したが》ふ外本章《ほかほんしやう》の規定《きてい》を準用《じゆんよう》するものとす

第七章　留置權

第二百九十五條　他人ノ物ノ占有者カ其物ニ關シテ生シタル債權ヲ有スルトキ

ハ其債權ノ辨濟ヲ受クルマテ其物ヲ留置スルコトヲ得但其債權カ辨濟期ニ在ラサルトキハ此限ニ在ラス

前項ノ規定ハ占有カ不法行爲ニ因リテ始マリタル場合ニハ之ヲ適用セス

問　他人《たにん》の物《もつ》を留置《りうち》することを得《う》る場合《ばあひ》如何《いかん》

答　他人の物の占有者《せんいうしや》が其物《そのもの》に關《くわん》して生《しやう》じたる債權《さいけん》を有《いう》するときは其債權《そのさいけん》の辨濟《べんさい》を受《う》くるまで其物《そのもの》を留置《りうち》することを得《う》るものとす但其債權《たゞしそのさいけん》が辨濟期《べんさいき》に在《あ》らざるときは此限《このかぎり》に在《あ》らず

前項《ぜんかう》の規定《きてい》は其占有《そのせんいう》が不法行爲《ふはふかうゐ》に因《よ》りて始《はじ》まりたる場合《ばあひ》には之を適用《てきよう》せざるものとす

故《ゆゑ》に他人《たにん》の物《もつ》に對《たい》して留置權《りうちけん》を行《おこな》ふには第一に債權者《さいけんしや》が賣買《ばいゞ》、寄託《きたく》、貸借《たいしやく》、代理《だいり》等《とう》の如き正當《せいたう》の原因《げんいん》によりて他人《たにん》の物《もの》を占有《せんいう》しつゝあることを要《えう》し第二に留置權《りうちけん》を以て擔保《たんぽ》せらるべき債權《さいけん》は占有《せいう》したる物件《ぶつけん》に關《くわん》して生《しやう》じたることを要《えう》す

又其《またその》物に關《くわん》して生《しやう》ずべき債權《さいけん》の原因《げんいん》の重《お》もなるものを擧《あ》ぐれば左の如し

一　債權者《さいけんしや》の占有《せんいう》したる物件《ぶつけん》の讓渡《ゆづりわたし》より生《しやう》ず

二　債權者の占有したる物件の保存費用《ほぞんひよう》より生ず

三　債權者の占有したる物件より生《しやう》じたる損害賠償《そんがいばいしやう》より生ず

第二百九十六條　留置權者ハ債權ノ全部ノ辨濟ヲ受クルマテハ留置物ノ全部ニ付キ其權利ヲ行フコトヲ得

○留置《りうち》權者《けんしや》は債權《さいけん》の全部《ぜんぶ》の辨濟《べんさい》を受《う》くるまでは留置物《りうちぶつ》の全部《ぜんぶ》に付き其權利《そのけんり》を行《おこな》ふことを得《う》るものとす故《ゆゑ》に一部《ぶ》の辨濟《べんさい》を受《う》くるも其物《そのもの》の一部分《ぶぶん》を返濟《へんさい》することを要《えう》せず

第二百九十七條　留置權者ハ留置物ヨリ生スル果實ヲ收取シ他ノ債權者ニ先チテ之ヲ其債權ノ辨濟ニ充當スルコトヲ得

前項ノ果實ハ先ツ之ヲ債權ノ利息ニ充當シ尚ホ餘剩アルトキハ之ヲ元本ニ充當スルコトヲ要ス

○留置《りうち》權者《けんしや》は留置物《りうちぶつ》より生《しやう》ずる果實《くわじつ》を收取《しうしゆ》し他《た》の債權者《さいけんしや》に先《さき》だちて之を其債權《そのさいけん》の辨濟《べんさい》に充當《じうたう》することを得《う》るものとす

前項《ぜんかう》の果實《くわじつ》は先《ま》づ之を債權《さいけん》の利息《りそく》に充當《じうたう》し尚《な》ほ餘剩《よじよう》あるときは之を元本《げんぽん》に充當《じうたう》すべし

第二百九十八條　留置權者ハ善良ナル管理者ノ注意ヲ以テ留置物ヲ占有スルコトヲ要ス

留置權者ハ債務者ノ承諾ナクシテ留置物ノ使用若クハ賃貸ヲ爲シ又ハ之ヲ擔保ニ供スルコトヲ得ス但其物ノ保存ニ必要ナル使用ヲ爲スハ此限ニ在ラス

留置權者カ前二項ノ規定ニ違反シタルトキハ債務者ハ留置權ノ消滅ヲ請求スルコトヲ得

問　留置《りうち》權者《けんしや》の留置物《りうちぶつ》管理《くわんり》に關《くわん》する義務《ぎむ》如何《いかん》

答　留置《りうち》權者《けんしや》は善良《ぜんりやう》なる管理者《くわんりしや》が之を管理《くわんり》すると同樣《どうやう》の注意《ちうい》を以て留置物《りうちぶつ》を占有《せんいう》すべきものとす

又《また》留置《りうち》權者《けんしや》は債務者《さいむしや》の承諾《しやうだく》なくして留置物《りうちぶつ》を使用《しよう》し若《もし》くは賃貸《ちんがし》を爲《な》し又は之を自己《じこ》の債務《さいむ》の擔保《たんぽ》に供《きやう》することを得ざるものとす但《たゞし》其物《そのもの》の保存《ほぞん》に必要《ひつえう》なる使用《しよう》を爲《な》すことを得《う》べきは當然《たうぜん》なり
留置《りうち》權者《けんしや》が前《ぜん》二項《かう》の規定《きてい》に違反《ゐはん》したるときは債務者《さいむしや》は留置《りうち》權《けん》の消滅《せうめつ》を請求《せいきう》することを得《う》べし

第二百九十九條　留置權者カ留置物ニ付キ必要費ヲ出シタルトキハ所有者ヲシテ其償還ヲ爲サシムルコトヲ得
留置權者カ留置物ニ付キ有益費ヲ出シタルトキハ其價格ノ增加カ現存スル場合ニ限リ所有者ノ選擇ニ從ヒ其費シタル金額又ハ增價額ヲ償還セシムルコトヲ得但裁判所ハ所有者ノ請求ニ因リ之ニ相當ノ期限ヲ許與スルコトヲ得

○留置《りうち》權者《けんしや》が留置物に付《つ》き必要費《ひつえうひ》を支出《ししゆつ》したるときは所有者《しよいうしや》をして其償還《そのしやうくわん》を爲《な》さしむることを得べし
留置權者が留置《りうち》物《ぶつ》に付《つ》き有益費《いうえきひ》を出だしたるときは之を返還《へんくわん》するに際《さい》し其價格《そのかかく》の增加《ぞうか》が現存《げんそん》する場合《ばあひ》に限《かぎ》り所有者《しよいうしや》の欲《ほつ》する所《ところ》に從《したが》ひ其費《そのつひや》したる金額又《きんがくまた》は增價額《ぞうかがく》を償還《しやうくわん》せしむることを得《う》るものとす但裁判《たゞしさいばん》所《しよ》は所有者《しよいうしや》の請求《せいきう》に因《よ》り之に相當《さうたう》の期限《きげん》を許與《きよよ》することを得《う》べし

第三百條　留置權ノ行使ハ債權ノ消滅時效ノ進行ヲ妨ケス

○留置《りうち》權《けん》の行使《かうし》は債權《さいけん》の消滅時效《せうめつじかう》の進行《しんかう》を妨《さまた》げざるものとす

第三百一條　債務者ハ相當ノ擔保ヲ供シテ留置權ノ消滅ヲ請求スルコトヲ得

○債務者《さいむしや》は別《べつ》に相當《さうたう》の擔保《たんぽ》を供《きやう》して留置《りうち》權《けん》の消滅《せうめつ》を請求《せいきう》することを得《う》べし

第三百二條　留置權ハ占有ノ喪失ニ因リテ消滅ス但第二百九十八條第二項ノ規定ニ依リ賃貸又ハ質入ヲ爲シタル場合ハ此限ニ在ラス

○留置權《りうちけん》は占有《せんいう》の喪失《そうしつ》に因《よ》りて消滅《せうめつ》するものとす但《たゞし》第二百九十八條《でう》第二項《かう》の規定《きてい》に依《よ》り賃貸《ちんがし》又は質入《しちいれ》を爲《な》したる場合《ばあひ》は此限《このかぎり》に在《あ》らず

第八章　先取特權

○本章《ほんしやう》を分《わけ》て四節《せつ》となす第一節に於ては總則《そうそく》を定《さだ》め第二節に於ては先取特權《せんしゆとくけん》の種類《しゆるゐ》を定め第三節に於ては先取特權の順位《じゆんゐ》を定め第四節に於ては先取特權《せんしゆとくけん》の効力《かうりよく》のことを定めたり

第一節　總則

第三百三條　先取特權者ハ本法其他ノ法律ノ規定ニ從ヒ其債務者ノ財産ニ付キ他ノ債權者ニ先チテ自己ノ債權ノ辨濟ヲ受クル權利ヲ有ス

問　先取特權《せんしゆとくけん》とは何《なん》ぞや

答　先取特權とは債務者《さいむしや》の財産《ざいさん》に付き他《た》の債權者《さいけんしや》に先《さきだ》ちて自己《じこ》の債權《さいけん》の辨濟《べんさい》を受《う》くる權利《けんり》を謂《い》ふものにして之を有《いう》する者を名《なづ》けて先取特權者《せんしゆとくけんしや》と謂《い》ふ

第三百四條　先取特權ハ其目的物ノ賣却、賃貸、滅失又ハ毀損ニ因リテ債務者カ受クヘキ金錢其他ノ物ニ對シテモ之ヲ行フコトヲ得但先取特權者ハ其拂渡又ハ引渡前ニ差押ヲ爲スコトヲ要ス

債務者カ先取特權ノ目的物ノ上ニ設定シタル物權ノ對價ニ付キ亦同シ

問　先取特權《せんしゆとくけん》は其目的物《そのもくてきぶつ》を代表《だいひやう》するものにも其效力《そのかうりよく》を及《およ》ぼすべきや

答　先取權特《せんしゆとくけん》は其目的《そのもくてき》たる物件《ぶつけん》に效力《かうりよく》を及ぼすのみならず目的物を代表《だいひやう》するものにも其效力を及ぼすものとす故に左の塲合《ばあひ》に於ては之を行《おこな》ふことを得べし

一　先取特權《せんしゆとくけん》の負擔《ふたん》ある物を賣却《ばいきやく》したるとき此塲合《このばあひ》に於ては其代價《そのだいか》は即ち先取特權《せんしゆとくけん》の負擔《ふたん》ある物を代表するが故に特權《とくけん》の效力《かうりよく》を及ぼすものとす。

二　先取特權《せんしゆとくけん》の負擔《ふたん》ある物を賃貸《ちんたい》したるとき此塲合《このばあひ》に於ては其貸賃《たいちん》に對《たい》して之を行ふ事《こと》を得べし

三　先取特權《せんしゆとくけん》の負擔《ふたん》ある物が第三者の手にありて滅失《めつしつ》し又は毀損《きそん》し第三者之れが爲め債務者《さいむしや》に賠償《ばいしやう》を負擔《ふたん》したるとき

四　先取特權《せんしゆとくけん》の負擔《ふたん》ある物の上に物權《ぶつけん》の設定《せつてい》したるが爲め債務者《さいむしや》に其對價《そのたいか》を支拂《しはら》ふべき

右四箇《か》の塲合《ばあひ》に於ては債務者《さいむしや》の受《う》くべきもの、金錢《きんせん》なると其他物品《ぶつぴん》なるとにかゝはらず之を行ふことを得べきも然れども先取特權者《せんしゆとくけんしや》は其拂渡《そのはらひわたし》又は引渡前《ひきわたしまへ》に差押《さしおさへ》を爲《な》すべきものとす

第三百五條　第二百九十六條ノ規定ハ先取特權ニ之ヲ準用ス

○第二百九十六條の規定《きてい》は先取特權《せんしゆとくけん》に之を準用《じゆんよう》するものとす

第二節　先取特權ノ種類

第一款　一般ノ先取特權

第三百六條　左ニ掲ケタル原因ヨリ生シタル債權ヲ有スル者ハ債務者ノ總財産ノ上ニ先取特權ヲ有ス

一　共益ノ費用

二　葬式ノ費用

三　雇人ノ給料

四　日用品ノ供給

問　一般《いつぱん》の先取特權《せんしゆとくけん》とは何《なん》ぞや

答　一般の先取特權《せんしゆとくけん》とは某の動産《どうさん》又は某《それなし》の不動産《ふどうさん》　限《かぎ》らずして債務者《さいむしや》の總財産《そうざいさん》の上《うへ》行《おこな》ふことを得《う》るものを云ふ

問　如何《いか》なる債權《さいけん》を有《いう》する者は債務者《さいむしや》の總財産《そうざいさん》の上に先取特權《せんしゆとくけん》を行《おこな》ふことを得《う》るや

答　左《さ》に掲《かゝ》げたる原因《げんいん》より生じたる債權《さいけん》を有する者は債務者《さいむしや》の總財産《そうざいさん》の上に先取特權《せんしゆとくけん》を有する者とす

一　共益《きやうえき》即ち各債權者《かくさいけんしや》の共同《きやうどう》の利益《りえき》の爲めに支出《ししゆつ》したる費用《ひよう》

二　葬式《さうしき》の費用《ひよう》

三　雇人《やとひにん》の給料《きうりやう》

四　日用品《にちようひん》の供給《きやうきう》

第三百七條　共益費用ノ先取特權ハ各債權者ノ共同利益ノ爲メニ爲シタル權務

者ノ財産ノ保存、淸算又ハ配當ニ關スル費用ニ付キ存在ス
前項ノ費用中總債權者ニ有益ナラサリシモノニ付テハ先取特權ハ其費用ノ爲メ利益ヲ受ケタル債權者ニ對シテノミ存在ス

問 共益費用《きやうえきひよう》の先取特權《せんしゆとくけん》は如何《いか》なる費用《ひよう》に付き存在《そんざい》するや

答 共益費用の先取特權は各債權者《かくさいけんしや》ハ共同利益《きやうどうりえき》の爲めに爲したる債務者《さいむしや》の財産《ざいさん》の保存《ほぞん》、淸算《しんさん》又は配當《はいたう》に關《くわん》する費用《ひよう》に付きて存在するものとす
前項《ぜんかう》の費用中總債權者《ひようちうそうさいけんしや》に有益《いうえき》ならざりしものに付ては先取特權《せんしゆとくけん》は其費用の爲め利益《りえき》を受《う》けたる債權《さいけん》者《しや》に對《たい》してのみ存在するものとす

第三百八條 葬式費用ノ先取特權ハ債務者ノ身分ニ應シテ爲シタル葬式ノ費用ニ付キ存在ス
前項ノ先取特權ハ債務者カ其扶養スヘキ親族又ハ家族ノ身分ニ應シテ爲シタル葬式ノ費用ニ付テモ亦存在ス

問 葬式費用《さうしきひよう》の先取特權《せんしゆとくけん》は如何《いか》なる費用《ひよう》に付き存在《そんざい》するや

答 葬式費用《さうしきひよう》の先取特權《せんしゆとくけん》は債務者《さいむしや》の身分《みぶん》に應《おう》じて爲したる葬式の費用に付き存在《そんざい》するものとす
前項《ぜんかう》の先取特權《せんしゆとくけん》は債務者《さいむしや》が扶助養育《ふじよやういく》すべき義務《ぎむ》ある親族《しんぞく》又は家族《かぞく》の身分《みぶん》に應じて爲したる葬式《さうしき》の費《ひ》用《よう》に付ては亦存在するものとす

第三百九條　雇人給料ノ先取特權ハ債務者ノ雇人カ受クヘキ最後ノ六ヶ月間ノ給料ニ付キ存在ス但其金額ハ五十圓ヲ限トス

問　雇人給料《やといにんきうりやう》の先取特權《せんしゆとくけん》は如何なる給料に付て存在するや

答　雇人給料の先取特權は債務者《さいむしや》の雇人《やといにん》が受《う》くべき最後《さいご》の六ヶ月間の給料《きうりやう》に付きて存在《そんざい》するものとす

但其金額《きんがく》は五十圓を限《かぎ》りとす

第三百十條　日用品供給ノ先取特權ハ債務者又ハ其扶養スヘキ同居親族竝ニ家族及ヒ其僕婢ノ生活ニ必要ナル最後ノ六ヶ月ノ飲食品及ヒ薪炭油ノ供給ニ付キ存在ス

問　日用品供給《にちようひんきやうきう》の先取特權《せんしゆとくけん》は如何《いか》なる供給《きやうきう》に付き存在《そんざい》するや

答　日用品供給《にちようひんきやうきう》の先取特權《せんしゆとくけん》は債務者《さいむしや》又は其扶養《そのふやう》すべき同居《どうきよ》の親族竝《しんぞくならび》に家族《かぞく》及び其僕婢《そのぼくひ》の生活《せいくわつ》に必要《ひつえう》ある最後《さいご》の六箇月間《げつかん》の飲食品《いんしよくひん》及び薪炭油《たきゞすみあぶら》の供給《きやうきう》に付きて存在《そんざい》するものとす

第二欵　動産ノ先取特權

第三百十一條　左ニ掲ケタル原因ヨリ生シタル債權ヲ有スル者ハ債務者ノ特定動産ノ上ニ先取特權ヲ有ス

問　如何《いか》なる債權《さいけん》を有する者は債務者《さいむしや》の特定動産《とくていどうさん》の上に先取特權《せんしゆとくけん》を有するや

答　左《さ》に掲《かゝ》げたる原因《げんいん》より生じたる債權《さいけん》を有する者は債務者《さいむしや》の特定動産《とくていどうさん》の上に先取特權《せんしゆとくけん》を有する者とす

一　不動産ノ賃貸借
二　旅店ノ宿泊
三　旅客又ハ荷物ノ運輸
四　公吏ノ職務上ノ過失
五　動産ノ保存
六　動産ノ賣買
七　種苗又ハ肥料ノ供給
八　農工業ノ勞役

一　不動産《ふどうさん》の賃貸借《ちんたいしやく》
二　旅店《りよてん》の宿泊《しゆくはく》
三　旅客《りよかく》又は荷物《にもつ》の運輸《うんゆ》
四　公吏《こうり》の職務上《しよくむじやう》の過失《くわしつ》
五　動産《どうさん》の保存《ほぞん》
六　動産《どうさん》の賣買《ばいゞ》
七　種苗《しゆびやう》又は肥料《ひれう》の供給《きようきふ》
八　農工業《のうこうげふ》の勞役《らうえき》

第三百十二條　不動産賃貸ノ先取特權ハ其不動産ノ借賃其他賃貸借關係ヨリ生シタル賃借人ノ債務ニ付キ賃借人ノ動産ノ上ニ存在ス

問　不動産賃貸《ふどうさんちんたい》の先取特權《せんしゆとくけん》は如何《いか》なる債務《さいむ》に付き存在《そんざい》するや

答　不動産賃貸《ふどうさんちんたい》の先取特權《せんしゆとくけん》は其不動産《そのふどうさん》の借賃其他賃貸借關係《しやくちんそのたちんたいしやくくわんけい》より生《しやう》したる賃借人《ちんしやくにん》の債務《さいむ》に付き賃借《ちんしやく》人《にん》の動産《どうさん》の上に存在《そんざい》するものとす

第三百十三條　土地ノ賃貸人ノ先取特權ハ賃借地又ハ其利用ノ爲メニスル建物ニ備附ケタル動産其土地ノ利用ニ供シタル動産及ヒ賃借人ノ占有ニ在ル其土地ノ果實ノ上ニ存在ス

建物ノ賃貸人ノ先取特權ハ賃借人カ其建物ニ備附ケタル動産ノ上ニ存在ス

問　土地《とち》の賃貸人《ちんたいにん》の先取特權《せんしゆとくけん》は如何《いか》なる物の上に存在《そんざい》するや

答　土地《とち》の賃貸人《ちんたいにん》の先取特權《せんしゆとくけん》は賃借地《ちんしやくち》又は其賃借地《そのちんしやくち》を利用《りよう》するか爲めに建設《けんせつ》したる建物《たてもの》に備附《そなへつ》けある動産其土地《どうさんそのとち》の利用《りよう》に供《きよう》したる動産《どうさん》及び賃借人《ちんしやくにん》の占有《せんいう》に在る其土地《そのとち》の果實《くわじつ》の上に存在《そんざい》するものとす

問　建物《たてもの》の賃貸人《ちんたいにん》の先取特權《せんしゆとくけん》は如何《いか》なる物《もの》の上に存在《そんざい》するや

答　建物《たてもの》の賃貸人《ちんたいにん》の先取特權《せんしゆとくけん》は賃貸人《ちんたいにん》か其建物《そのたてもの》に備附《そなへつ》けたる動産《どうさん》の上に存在《そんざい》するものとす

第三百十四條　賃借權ノ讓渡又ハ轉貸ノ場合ニ於テハ賃貸人ノ先取特權ハ讓受人又ハ轉借人ノ動産ニ及フ讓渡人又ハ轉貸人カ受クヘキ金額ニ付キ亦同シ

〇賃借權《ちんしやくけん》を他人《たにん》に讓《ゆづ》り渡《わた》したるとき又は他人《たにん》に貸渡《かしわた》したる時《とき》の如《ごと》き場合《ばあひ》に於ては賃貸人《ちんたいにん》の先取特權《せんしゆとくけん》も讓受人《ゆづりうけにん》又は轉借人《てんしやくにん》の動産《どうさん》に及ふものとす讓渡人《ゆづりわたしにん》又は轉貸人《てんたいにん》か受くへき金額《きんがく》に付き亦《また》同し

第三百十五條　賃借人ノ財產ノ總清算ノ場合ニ於テハ賃貸人ノ先取特權ハ前期當期及ヒ次期ノ借賃其他ノ債務及ヒ前期竝ニ當期ニ於テ生シタル損害ノ賠償ニ付テノミ存在ス

問　賃借人《ちんしやくにん》の財產《ざいさん》の總清算《そうせいさん》の場合《ばあひ》に於ても其特權《そのとくけん》の範圍《はんゐ》如何《いかん》

答　先取特權《せんしゆとくけん》の効力《かうりよく》の生するは如何《いか》なる時《とき》にありやと云ふに土地《とち》又は建物《たてもの》の賃借人《ちんしやくにん》か總ての債務者《さいむしや》に對《たい》して義務《ぎむ》を辨濟《べんさい》すること能はさるにより其財產《そのざいさん》を競賣《きやうばい》に附《ふ》し其配當《そのはいたう》を定むる時即ち賃借人《ちんしやくにん》の財產《ざいさん》の總清算《そうせいさん》の場合《ばあい》に於て始《はじ》めて其効力《そのかうりよく》を見るものとす此場合《このばあひ》に於ては賃貸人《ちんたいにん》の先取特權《せんしゆとくけん》は前期《ぜんき》當期《たうき》及ひ次期《じき》即ち清算《せいさん》に着手《ちやくしゆ》したる時期《じき》と其前の時期《じき》と其後の時期との借賃其他《しやくちんそのた》の債務《さいむ》及ひ前期《ぜんき》并に當期《たうき》に於て生したる損害《そんがい》の賠償《ばいしやう》に付てのみ存在《そんざい》するものとす

第三百十六條　賃貸人カ敷金ヲ受取リタル場合ニ於テハ其敷金ヲ以テ辨濟ヲ受ケサル債權ノ部分ニ付テノミ先取特權ヲ有ス

〇賃貸人《ちんたいにん》か敷金《しきゝん》を受取《うけと》りたる場合《ばあひ》に於《おい》て其敷金《そのしきゝん》を以て辨濟《べんさい》を受《う》けざる債權《さいけん》の部分《ぶぶん》に付てのみ先取特權《せんしゆとくけん》を有するものとす

第三百十七條　旅店宿泊ノ先取特權ハ旅客、其從者及ヒ牛馬ノ宿泊料竝ニ飲食料

ニ付キ其旅店ニ存スル手荷物ノ上ニ存在ス

問　旅店《りよてん》宿泊《しゆくはく》の先取特權《せんしゆとくけん》は如何《いか》なる物の上に存在《そんざい》するや

答　旅店《りよてん》宿泊《しゆくはく》の先取特權《せんしゆとくけん》は旅客《りよかく》其從者《そのぢうしや》及び牛馬《ぎうば》の宿泊料《しゆくはくれう》幷に飲食料《いんしよくれう》に付き其旅店《りよてん》に存する手荷物《てにもつ》の上に存在《そんざい》するものとす

第三百十八條　運輸ノ先取特權ハ旅客又ハ荷物ノ運送賃及ヒ附隨ノ費用ニ付キ運送人ノ手ニ存スル荷物ノ上ニ存在ス

問　運輸《うんゆ》の先取特權《せんしゆとくけん》は如何《いか》なる物の上に存在《そんざい》するや

答　運輸《うんゆ》の先取特權《せんしゆとくけん》は旅客《りよかく》又は荷物《にもつ》の運送賃《うんそうちん》及び附隨《ふずゐ》の費用《ひよう》に付き運送人《うんそうにん》の手《て》に存する荷物《にもつ》の上に存在《ざい》するものとす

第三百十九條　第百九十二條乃至第百九十五條ノ規定ハ前七條ノ先取特權ニ之ヲ準用ス

○第百九十二條乃至《ないし》第百九十五條の規定《きてい》は前七條の先取特權《せんしゆとくけん》に之を準用《じゆんよう》するものとす

第三百二十條　公吏保證金ノ先取特權ハ保證金ヲ供シタル公吏ノ職務上ノ過失ニ因リテ生シタル債權ニ付キ其保證金ノ上ニ存在ス

問　公吏《こうり》保證金《ほしやうきん》の先取特權《せんしゆとくけん》は如何《いか》なる物の上に存在《そんざい》するや

答　公吏《こうり》保證金《ほしやうきん》の先取特權《せんしゆとくけん》は保證金《ほしやうきん》を供《きよ》する義務《ぎむ》ある公吏《こうり》即ち公證人執達吏《こうしやうにんしつたつり》等が其職務上《しよくむじやう》の過失《くわしつ》に因《よ》

りて生したる債権《さいけん》に付きては其保證金《そのほしやうきん》の上に存在するものとす

第三百二十一條　動産保存ノ先取特權ハ動産ノ保存費ニ付キ其動産ノ上ニ存在ス前項ノ先取特權ハ動産ニ關スル權利ヲ保存、追認又ハ實行セシムル爲メニ要シタル費用ニ付テモ亦存在ス

問　動産保存《どうさんほぞん》の先取特權《せんしゆとくけん》は如何なる物《もの》の上に存在《ぞんざい》するや

答　動産保存《どうさんほぞん》の先取特權《せんしゆとくけん》は動産の保存費に付き其保存したる其動産《そのどうさん》の上に存在するものとす前項の先取特權《せんしゆとくけん》は動産に關する權利《けんり》を保存追認《ほぞんついにん》及は實行《じつかう》せしむる爲めに要したる費用に付ても亦存在《ぞんざい》するものとす

第三百二十二條　動産賣買ノ先取特權ハ動産ノ代價及ヒ其利息ニ付キ其動産ノ上ニ存在ス

○動産賣買《ばいばい》の先取特權は動産の代價《だいか》及ひ其利息《そのりそく》に付き其動産の上に存在するものとす蓋《けだ》し賣買《ばいばい》契約は代價《だいか》辨濟《べんさい》の爲め期限を許與《きよ》したると否とを問はす合意《がふい》の一事を以て所有權《しよいうけん》買主に移轉《いてん》するものなれとゝ然れとも賣主其物件《ばいしゆそのぶつけん》を買主《かひぬし》に引渡すは代價の辨濟《べんさい》を得へき條件を以てしたるによるものなるか故に其物件は此條件《このでうけん》を負《お》ひつゝ買主《かひぬし》の資産中《しさんちう》に入るものなり左れは其代價及ひ利息《りそく》の爲め賣却物に付き賣主《うりぬし》に先取特權《せんしゆとくけん》を與ふるは當然なりと云ふべし

第三百二十三條　種苗肥料供給ノ先取特權ハ種苗又ハ肥料ノ代價及ヒ其利息ニ

付キ其種苗又ハ肥料ヲ用ヰタル後一年内ニ之ヲ用ヰタル土地ヨリ生シタル果實ノ上ニ存在ス

前項ノ先取特權ハ蠶種又ハ蠶ノ飼養ニ供シタル桑葉ノ供給ニ付キ其蠶種又ハ桑葉ヨリ生シタル物ノ上ニモ亦存在ス

問　種苗《しゆびやう》肥料《ひれう》供給《きようきふ》の先取特權《せんしゆとくけん》は如何なるものゝ上に存在すへきや

答　種苗肥料供給の先取特權は種苗《しゆびやう》又は肥料《ひれう》の代價及ひ其利息《りそく》に付き其種苗又は肥料を用ゐたる後一年内に之《これ》を用ゐたる土地《とち》より生したる果實《くわじつ》の上に存在するものとす」前項の先取特權《せんしゆとくけん》は蠶種《さんしゆ》又は蠶の飼養《しやう》に供したる桑葉《さうねふ》の供給に付き其蠶種《さんしゆ》又は桑葉《さうねふ》より生したる物の上にも亦存在するものとす

第三百二十四條　農工業勞役ノ先取特權ハ農業ノ勞役者ニ付テハ最後ノ一年間工業ノ勞役者ニ付テハ最後ノ三ケ月間ノ賃金ニ付キ其勞役ニ因リテ生シタル果實又ハ製作物ノ上ニ存在ス

問　農工業勞役《のうこうげふらうえき》の先取特權は如何《いか》なる物の上に存在すへきや

答　農工業勞役《のうこうげふらうえき》の先取特權は農業の勞役者《らうえきしや》に付ては最後《さいご》の一年間工業の勞役者に付ては最後《さいご》の三个月間の賃金《ちんきん》に付き其勞役に因《よ》りて生したる果實《くわじつ》又は製作物《せいさくぶつ》の上に存在するものとす

第三款　不動產ノ先取特權

第三百二十五條　左ニ掲ケタル原因ヨリ生シタル債權ヲ有スル者ハ債務者ノ特

定不動產ノ上ニ先取特權ヲ有ス

一　不動產ノ保存

二　不動產ノ工事

三　不動產ノ賣買

問　如何《いか》なる債權《さいけん》を有する者は債務者《さいむしや》の特定不動產《とくていふどうさん》の上に先取特權《せんしゆとくけん》を有《いう》するや

答　左に掲《かゝ》けたる原因《げんいん》より生《しやう》したる債權《さいけん》を有する者は債務者《さいむしや》の特定不動產《とくていふどうさん》の上に先取特權《せんしゆとくけん》を有《いう》するものとす

一　不動產《ふどうさん》の保存《ほぞん》

二　不動產《ふどうさん》の工事《こうじ》

三　不動產《ふどうさん》の賣買《ばい〱》

第三百二十六條　不動產保存ノ先取特權ハ不動產ノ保存費ニ付キ其不動產ノ上ニ存在ス

第三百二十一條第二項ノ規定ハ前項ノ場合ニ之ヲ準用ス

問　不動產保存《ふどうさんほぞん》の先取特權《せんしゆとくけん》は如何《いか》なる物《もの》の上に存在《そんざい》するや

答　不動產保存《ふどうさんほぞん》の先取特權《せんしゆとくけん》も不動產《ふどうさん》の保存費《ほぞんひ》に付き其不動產《そのふどうさん》の上に存在《そんざい》するものとす

第三百二十一條第二項《かう》の規定《きてい》は前項《ぜんかう》の場合《ばあひ》に之を準用《じゆんよう》す

第三百二十七條　不動産工事ノ先取特權ハ工匠、技師及ヒ請負人カ債務者ノ不動産ニ關シテ爲シタル工事ノ費用ニ付キ其不動産ノ上ニ存在ス
前項ノ先取特權ハ工事ニ因リテ生シタル不動産ノ增價カ現存スル場合ニ限リ其增價額ニ付テノミ存在ス
○不動産工事《ふどうさんこうじ》の先取特權《せんしゆとくけん》は工匠技師《こうしやうぎし》及ひ請負人《うけおひにん》か債務者《さいむしや》の不動産《ふどうさん》に關《くわん》して爲したる工事《こうじ》の費用《ひよう》は其工事《こうじ》に因《よ》りて生《しやう》したる不動産《ふどうさん》の增價《ぞうか》か現存《げんそん》する場合《ばあひ》に限《かぎ》り其增額《ぞうがく》に付てのみ不動産の上に存在《そんざい》するものとす

第三百二十八條　不動産賣買ノ先取特權ハ不動産ノ代價及ヒ其利息ニ付キ其不動産ノ上ニ存在ス
○不動産賣買《ふどうさんばいばい》の先取特權《せんしゆとくけん》は不動産《ふどうさん》の代價《だいか》及ひ其利息《そのりそく》に付き其不動産《そのふどうさん》の上に存在《そんざい》するものとす

第三節　先取特權ノ順位

第三百二十九條　一般ノ先取特權カ互ニ競合スル場合ニ於テハ其優先權ノ順位ハ第三百六條ニ揭ケタル順序ニ從フ
一般ノ先取特權ト特別ノ先取特權ト競合スル場合ニ於テハ特別ノ先取特權ハ一般ノ先取特權ニ先ツ但共益費用ノ先特取權ハ其利益ヲ受ケタル總債權者ニ對シテ優先ノ效力ヲ有ス

問　一般《ぱん》の先取特權《せんしゆとくけん》が互に競合《きやくがふ》するときの其順位《そのじゆんゐ》如何

答　一般の先取特權は互に競合する場合《ばあひ》例《たと》へは債務者の總財產《とうざいさん》の上に共益《きようゑき》の費用《ひよう》の爲めに先取特權《せんしゆとくけん》を有《いう》する者あり葬式《そうしき》の費用の爲め先取特權《せんしゆとくけん》を有《いう》する者あり又は雇人《やとひにん》給料又は日用品の供給《きようきふ》の爲に先取特權を有《いう》する者ある場合に於《おい》て債務者の總財產《そうざいさん》が之等の特權を滿足《まんぞく》せしむる丈《だ》けの價額あるときは何等《なんら》の差支《さしつかへ》なきも若し其價額か僅少《きんせう》にして凡ての債權《さいけん》を滿足せしむること能《あた》はざるときは如何《いか》なる權利者が先に優先權《いうせんけん》を行《おこな》ふへきやは疑《うたがひ》を生《しやう》す此場合に於ては第一は共益費用《きやうえきひよう》の先取特權者《せんしゆとくけんしや》其優先權を行《おこな》ひて債務者《さいむしや》の財產中より辨濟《べんさい》を受け尙は殘余《ざんよ》あるときは次《つぎ》は葬式《そうしき》の費用次に雇人の給料《きふれう》次に日用品の給料《きふれう》の辨濟を受くへきものとす故《ゆゑ》に第一又は第二の優先取特權者《いうせんしゆとくけんしや》辨濟を受けたるか爲第一二又《また》は第三第四の先取權者《せんしゆけんしや》其優先權を行《おこな》ふこと能はざる場合あるべきは當然《たうぜん》なり

問　一般《ぱん》の先取特權と特別《とくべつ》の先取取權と競合《きやうがふ》するときは何《いづ》れか先に優先權《いうせんけん》を行ふへきや

答　一般の先取特權《せんしゆとくけん》と特別の先取特權と競合する場合《ばあひ》に於ては特別《とくべつ》の先取特權は一般《ぱん》の先取特權に先つものとす但共益費用《きようゑきひよう》の先取特權は其費用《ひよう》を支出《しゆつ》したるが爲めに利益《りえき》を受けたる總債權者《そうさいけんしや》に對して優先《いうせん》の効力《かうりよく》を有するや當然《たうぜん》なり

第三百三十條　同一ノ動產ニ付キ特別ノ先取特權カ互ニ競合スル場合ニ於テハ其優先權ノ順位左ノ如シ

第一　不動產賃貸、旅店宿泊及ヒ運輸ノ先取特權

第二　動產保存ノ先取特權但數人ノ保存者アリタルトキハ後ノ保存者ハ前ノ保存者ニ先ツ

第三　動產賣買、種苗肥料供給及ヒ農工業勞役ノ先取特權

第一順位ノ先取特權者カ債權取得ノ當時第二又ハ第三ノ順位ノ先取特權者アルコトヲ知リタルトキハ之ニ對シテ優先權ヲ行フコトヲ得ス第一順位者ノ爲メニ物ヲ保存シタル者ニ對シ亦同シ

果實ニ關シテハ第一ノ順位ハ農業ノ勞役者ニ第二ノ順位ハ種苗又ハ肥料ノ供給者ニ第三ノ順位ハ土地ノ賃貸人ニ屬ス

問　同一《どういつ》の動產《どうさん》に付《つき》特別《とくべつ》の先取權《せんしんけん》か互《たがひ》に競合《きやうがふ》そる場合《ばあひ》に於《おゐ》てハ其優先權《そのいうせんけん》の順位如何《じゆんゐいかん》

答　同一《どういつ》の動產《どうさん》に付《つ》き特別《とくべつ》の先取特權《せんしゆとくけん》か互《たがひ》に競合《きやうがふ》そる場合《ばあひ》に於《おい》ては其優先權《そのいうせんけん》の順位《じゆんゐ》左《さ》の如《ごと》し

第一　不動產賃貸旅店宿泊及《ふどうさんちんかしりよてんしゆくはくおよ》ひ運輸《うんゆ》の先取特權《せんしんとくけん》

第二　動產保存《どうさんほぞん》の先取特權但數人《せんしゆとくけんたゞしすうにん》の保存者《ほぞんしや》ありたるときは後《のち》の保存者は前《さき》の保存者《ほぞんしや》に先つ

第三　動產賣買《どうさんばい〱》、種苗肥料供給及《しゆびやうひれうきやうきうおよ》ひ農工業勞役の先取特權

右《みぎ》第一順位《じゆんゐ》の先取特權者か債權取得《さいけんしゆとく》の當時《とうじ》第二又は第三の順位は先取特權者《せんしゆとくけんしや》あることを知りたるときハ之に對《たい》して優先權《いうせんけん》を行ふことを得《え》さるものとす第一順位者《じゆんゐしや》の爲めに物を保存《ほぞん》したる者に對し亦同し

果實《くわじつ》に關しては第一の順位《じゆんゐ》に農業の勞役者に第二の順位は種苗《しゆびやう》又は肥料の供給者に第三の順位は土地の賃貸人《ちんがしにん》に屬《ぞく》するものとす

第三百三十一條　同一ノ不動産ニ付キ特別ノ先取特權カ互ニ競合スル場合ニ於テハ其優先權ノ順位ハ第三百二十五條ニ揭ケタル順序ニ從フ

同一ノ不動産ニ付キ逐次ノ賣買アリタルトキハ賣主相互間ノ優先權ノ順位ハ時ノ前後ニ依ル

問　同一の不動産《ふどうさん》に付き特別の先取特權者か互に競合《きやうがふ》する場合に於ては其優先權の順位《じゆんゐ》如何

答　同一の不動産に付特別の先取特權《せんしゆとくけん》か互に競合する場合例《たと》へは一箇の家屋《かおく》に關し保存の爲に債權を得たる者あり工事の爲に債權《さいけん》を得たるものあるときの如き場合に於ては其優先權《そのいうせんけん》の順位は第三百二十五條に揭《かゝ》けたる順序《じゆんじよ》に從ふへきものとす

同一の不動産《ふどうさん》に付き逐次《ちくじ》の賣買《ばいばい》ありたるとき例へは甲之を乙に賣り乙之を丙に賣り丙之を丁に賣りたるときの如きは甲乙丙相互間《さうごかん》の優先權の順位は其賣却したる時の前後《ぜんご》に依るものとす

第三百三十二條　同一ノ目的物ニ付キ同一順位ノ先取特權者數人アルトキハ各其債權額ノ割合ニ應シテ辨濟ヲ受ク

問　同一の目的物《もくてきぶつ》に付き同一順位《じゆんゐ》の先取特權者《せんしゆとくけんしや》數人あるときは如何にすへきか

答　同一の目的物に付き同一順位の先取特權者數人あるときは各其債權額《かくそのさいけんがく》の割合《わりあひ》に應して辨濟《べんさい》を受く

へきものとす

第四節　先取特權ノ效力

第三百三十三條　先取特權ハ債務者カ其動產ヲ第三取得者ニ引渡シタル後ハ其動產ニ付キ之ヲ行フコトヲ得ス

問　債務《さいむ》者《しや》か其動產を第三取得者《しゆとくしや》に引渡《ひきわた》したる時は其動產に對《たい》し先取特權を追及《ついきう》することを得るや

答　先取特權《せんしゆとくけん》は債務者か其動產《そのどうさん》の第三取得者《しゆとくしや》に引渡したる後は其動產に付き之を行ふことを得さるものとす故に甲が其時計《そのとけい》を乙に賣却《ばいきやく》したるときは其代價及ひ利息《りそく》に付き辨濟《べんさい》を受けさる間は其時計の上に先取特權《せんしゆとくけん》を有するも乙若し之を丙に賣却《ばいきやく》し且其時計を引渡したるときは甲は最早其權利を行ふことを得さるものとす

第三百三十四條　先取特權ト動產質權ト競合スル場合ニ於テハ動產質權者ハ第三百三十條ニ掲ケタル第一順位ノ先取特權者ト同一ノ權利ヲ有ス

先取特權《せんしゆとくけん》と動產質權《しちけん》と競合する場合に於ては動產質權者は第三百三十條に掲けたる第一順位《じゆんゐ》の先取特權者と同一の權利《けんり》を有《いう》するものとす

第三百三十五條　一般ノ先取特權者ハ先ツ不動產以外ノ財產ニ付キ辨濟ヲ受ク尙ホ不足アルニ非サレハ不動產ニ付キ辨濟ヲ受クルコトヲ得ス

不動產ニ付テハ先ツ特別擔保ノ目的タラサル者ニ付キ辨償ヲ受クル事ヲ要ス

一般ノ先取特權者カ前二項ノ規定ニ從ヒテ配當ニ加入スルコトヲ怠リタルトキハ其配當加入ニ因リテ受クヘカリシモノノ限度ニ於テハ登記ヲ爲シタル第三者ニ對シテ其先取特權ヲ行フコトヲ得ス

前三項ノ規定ハ不動産以外ノ財産ノ代價ニ先チテ不動産ノ代價ヲ配當シ又ハ他ノ不動産ノ代價ニ先チテ特別擔保ノ目的タル動産ノ代價ヲ配當スヘキ場合ニハ之ヲ適用セス

問　一般の先取特權者《せんしやとくけんしや》は如何なる場合《はあひ》に於て債務者《さいむしや》の不動産に付き辨濟《べんさい》を受くることを得るや

答　一般の先取特權者は先つ不動産以外《ふどうさんいぐわい》の財産《ざいさん》に付き辨濟《べんさい》を受くることを得さるものとす

前項末段《ぜんかうまつだん》により不動産《ふどうさん》に付ては辨濟《べんさい》を受くるの必要《ひつよう》あるときは其不動産中先つ特別擔保の目的《もくてき》たらさるものゝみ付きて辨濟《べんさい》を受くることを要す

一般の先取特權者《せんしやとくけんしや》か前二項の規定《きてい》に從ひて配當《はいたう》に加入することを怠《おこた》りたるときは其配當加入に因りて受くへかりしものゝ限度《げんど》に於ては登記《とうき》を爲したる第三者に對《たい》して其先取特權を行《おこな》ふことを得さるものとす

然《しか》れとも前三項の規定《きてい》は債務者《さいむしや》の動産不動産中先つ不動産《ふどさん》の代價を配當《はいたう》すへき場合又は他の不動産の代價に先ちて特別擔保《とくべつたんぽ》の目的たる不動産《ふどうさん》の代價を配當《はいたう》すへき場合《ばあひ》にも之を適用《てきよう》せさるものとす

第三百三十六條　一般ノ先取特權ハ不動產ニ付キ登記ヲ爲サヽルモ之ヲ以テ特別擔保ヲ有セサル債權者ニ對抗スルコトヲ妨ケス但登記ヲ爲シタル第三者ニ對シテハ此限ニ在ラス

○一般の先取特權《せんしゆとくけん》は不動產《ふどうさん》に付き登記《とうき》を爲さゝるも之を以《もつ》て特別擔保《とくべつたんぽ》を有せさる債權者《さいけんしや》に對抗する ことを得へし然《しか》れとも登記を爲《な》したる第三者に對《たい》して對抗《ていかう》することを得す

第三百三十七條　不動產保存ノ先取特權ハ保存行爲完了ノ後直チニ登記ヲ爲スニ因リテ其效力ヲ保存ス

問　不動產保存《ふどうさんほぞん》の先取特權の如何《いかん》にして其効力《かうりよく》を保存《ほぞん》すへきや

答　不動產保存の先取特權《せんしゆとくけん》は保存行爲《かうゐ》が完了《くわんりやう》したる後《のち》直ちに登記《とうき》を爲すに因りて其効力を保存《ほぞん》するものとす

第三百三十八條　不動產工事ノ先取特權ハ工事ヲ始ムル前ニ其費用ノ豫算額ヲ登記スルニ因リテ其效力ヲ保存ス但工事ノ費用カ豫算額ヲ超ユルトキハ先取特權ハ其超過ニ付テハ存在セス
工事ニ因リテ生シタル不動產ノ增價額ハ配當加入ノ時裁判所ニ於テ選任シタル鑑定人ヲシテ之ヲ評價セシムルコトヲ要ス

問　不動產工事《ふどうさんこうじ》の先取特權は如何《いか》にして其効力を保存《ほぞん》すへきや

答　不動產工事の先取特權《せんしゆとくけん》は工事を始《はじ》むる前に其費用《そのひよう》の豫算額《よさんがく》を登記せるに因りて其効力を保存《ほぞん》せるものとす故《ゆゑ》に工事の費用《ひよう》か豫算額を超《こ》えたるときハ先取特權は其超過額《そのてうくわがく》に付ては存在《そんざい》せす工事《かうじ》に因りて生《しやう》したる不動產の增價幾干《ぞうかくいくばく》なるやハ配當加入の時裁判所に於て選任《せんにん》したる鑑定人《かんていにん》をして評價《ひやうか》せしむへきものとす

第三百三十九條　前二條ノ規定ニ從ヒテ登記シタル先取特權ハ抵當權ニ先チテ之ヲ行フコトヲ得

○前《ぜん》二條の規定《きてい》に從ひて登記《とうき》したる先取特權ハ抵當權《ていたうけん》に先ちて之を行ふことを得《う》るものとす

第三百四十條　不動產賣買ノ先取特權ハ賣買契約ト同時ニ未タ代價又ハ其利息ノ辨濟アラサル旨ヲ登記スルニ因リテ其效力ヲ保存ス

問　不動產賣買《ふどうさんばいばい》の先取特權は如何《いか》にして其効力《かうりよく》を保存すへき乎

答　不動產賣買の先取特權《せんしゆとくけん》も賣買契約《ばいばいけいやく》を登記するときに未《いま》た代價《だいか》又も其利息の辨濟《べんさい》あらさる旨を登記せるに因《よ》りて其効力を保存《ほぞん》するものとす

第三百四十一條　先取特權ノ效力ニ付テハ本節ニ定メタルモノノ外抵當ニ關スル規定ヲ準用ス

○先取特權《せんしゆとくけん》の効力《かうりよく》に付ては本節《ほんせつ》に定めたるもの丶外抵當權《ほかていたうけん》に關する規定を準用《ぢゆんよう》するものとす

第九章　質權

○本章《ほんしやう》分て四節《せつ》とす第一節に於ては總則《そうそく》を定め第二節に於ては動産質《どうさんしつ》のことを定め第三節《せつ》に於ては不動産質《ふどうさんしつ》第四節に於《おい》ても權利質《けんりしつ》のことを定《さだ》めたり

第一節　總則

第三百四十二條　質權者ハ其債權ノ擔保トシテ債務者又ハ第三者ヨリ受取リタル物ヲ占有シ且其物ニ付キ他ノ債權者ニ先チテ自己ノ債權ノ辨濟ヲ受クル權利ヲ有ス

問　質權《しちけん》とは何《なん》ぞや

答　債權《さいけん》の擔保《たんぽ》として債務《さいむ》者《しや》又は第三者より受取《うけと》りたる物を占有《せんいう》し且其物に付《つ》き他の債權者に先《さき》だちて自己《じこ》の債權《さいけん》の辨濟を受くる權利を謂《い》ひ之を有《いう》する者を質權者《しちけんしや》と謂《い》ふ

第三百四十三條　質權ハ讓渡スコトヲ得サル物ヲ以テ其目的ト爲スコトヲ得ス

○質權《しちけん》は讓渡《ゆづりわた》すことを得《う》さる物を以《もつ》て其目的《もくてき》と爲すことを得さるものとす

第三百四十四條　質權ノ設定ハ債權者ニ其目的物ノ引渡ヲ爲スニ因リテ其効力ヲ生ス

問　質權《しちけん》は何れの時《とき》より其効力《かうりよく》を生ずるや

答　質權の設定《せつてい》は債權者に其目的物《もくてきぶつ》の引渡を爲《な》すに因りて其効力を生《しやう》ずるものとす

第三百四十五條　質權者ハ質權設定者ヲシテ自己ニ代ハリテ質物ノ占有ヲ爲サ

シムルコトヲ得ス

○質權者《しちけん》は質權設定者《せつていしや》をして自己《じこ》に代はりて質物の占有《せんいう》を爲さしむることを得さるものとす

第三百四十六條　質權ハ元本、利息、違約金、質權實行ノ費用、質物保存ノ費用及ヒ債務ノ不履行又ハ質物ノ隱レタル瑕疵ニ因リテ生シタル損害ノ賠償ヲ擔保ス但設定行爲ニ別段ノ定アルトキハ此限ニ在ラス

○質權は元本《げんぽん》、利息《りそく》、違約金《ゐやくきん》、質權實行の費用、質物保存《ほぞん》の費用及ひ債務《さいむ》の不履行《ふりかう》又は質物の隱《かく》れたる瑕疵《かし》に因りて生したる損害《そんがい》の賠償《ばいしやう》を担保するものとす但設定行爲に別段《べつだん》の定めあるときは此限に在《あ》らす

第三百四十七條　質權者ハ前條ニ掲ケタル債權ノ辨濟ヲ受クルマテハ質物ヲ留置スルコトヲ得但此權利ハ之ヲ以テ自己ニ對シ優先權ヲ有スル債權者ニ對抗スルコトヲ得ス

○質權者の前條《ぜんでう》に掲《かゝ》けたる債權の辨濟を受《う》くるまては質物《しちもつ》を留置《りうち》することを得るものとす但此權利《このけんり》は之《これ》を以て自己に對《たい》し優先權《いうせんけん》を有する債權者に對抗《たいかう》することを得さるものとす

第三百四十八條　質權者ハ其權利ノ存續期間内ニ於テ自己ノ責任ヲ以テ質物ヲ轉質ト爲スコトヲ得此場合ニ於テハ轉質ヲ爲ササレハ生セサルヘキ不可抗力ニ因ル損失ニ付テモ亦其責ニ任ス

○質権者も其権利《そのけんり》の存續期間内《そんぞくきかんない》に於て自己の責任《せきにん》を以て質《し》物を轉質《てんしち》と為すことを得へし此場合《このばあい》に於ては轉質《てんしち》を為さゝれも生せさるへき不可抗力《ふかかうりよく》に因る損失例《たと》へは轉質したるか為めに火災《くわさい》に罹《かゝ》りて滅失したるときの如《ごと》きは其損失《そんしつ》に付ても亦其責に任《にん》すへきものとす

第三百四十九條　質權設定者ハ設定者設定行為又ハ債務ノ辨濟期前ノ契約ヲ以テ質權者ニ辨濟トシテ質物ノ所有權ヲ取得セシメ其他法律ニ定メタル方法ニ依ラスシテ質物ヲ處分セシムルコトヲ約スルコトヲ得ス

○質權設定者《せつていしや》は設定行為《かうゐ》又は債務の辨濟期前《べんさいきぜん》の契約《けいやく》を以て質權者に辨濟として質物《しちもつ》の所有權を取得《しゆとく》せしめ其他《そのた》法律《はふりつ》に定めたる方法に依らすして質物を處分《しよぶん》せしむることを約《やく》することを得さるものとす

第三百五十條　第二百九十六條乃至第三百條及ヒ第三百四條ノ規定ハ質權ニ之ヲ準用ス

○第二百九十六條乃至《ないし》第三百條及《およ》び第三百四條の規定《きてい》も質權に之を準用《じゆんよう》するものとす

第三百五十一條　他人ノ債務ヲ擔保スル為メ質權ヲ設定シタル者カ其債務ヲ辨濟シ又ハ質權ノ實行ニ因リテ質物ノ所有權ヲ失ヒタルトキハ保證債務ニ關スル規定ニ從ヒ債務者ニ對シテ求償權ヲ有ス

○他人《たにん》の債務を擔保《たんぽ》する為め質權《しちけん》を設定《せつてい》したる者か其債務を辨濟《べんさい》し又は質權の實行《じつかう》に因りて質物の

所有權《しよいうけん》を失ひたるときは保證債務《ほしやうさいむ》に關《くわん》する規定に從ひ債務者に對して求償權《きうしやうけん》を有するものとす

第二節　動産質權

第三百五十二條　動産質權者ハ繼續シテ質物ヲ占有スルニ非サレハ其質權ヲ以テ第三者ニ對抗スルコトヲ得ス

○動産質權者《どうさんしつけんしや》も繼續《けいぞく》して質物を占有《せんいう》するに非されも其質權を以て第三者に對抗《たいかう》することを得さるものとす

第三百五十三條　動産質權者カ質物ノ占有ヲ奪ハレタルトキハ占有回收ノ訴ニ依リテノミ其質物ヲ回復スルコトヲ得

問　動産質權者か質物れ占有《せんいう》を奪《うば》はれたるときれ如何《いか》にして之を回復《くわいふく》すへきや

答　此場合《このばあひ》に於ても第二百條の規定《きてい》に從《したが》ひ占有回收の訴《うつたへ》に依りて其質物を回復《くわいふく》すへきものとす

第三百五十四條　動産質權者カ其債權ノ辨濟ヲ受ケサルトキハ正當ノ理由アル場合ニ限リ鑑定人ノ評價ニ從ヒ質物ヲ以テ直チニ辨濟ニ充ツルコトヲ裁判所ニ請求スルコトヲ得此場合ニ於テハ質權者ハ豫メ債務者ニ其請求ヲ通知スルコトヲ要ス

問　動産質權者は其質物《そのしちもつ》と以て直ちに辨濟《べんさい》に充《あ》つることを得るや

答　動産質權者《どうさんしちけんしや》か其債權の辨濟を受《う》けさるときは正當《せいたう》の理由《りいう》ある場合に限り鑑定人《かんていにん》の評價《ひやうか》に從ひ質物

を以て直《たゞ》ちに辨濟に充《あ》つることを裁判所に請求《せいきう》することを得《う》べし此場合に於ても質權者《しちけんしや》は豫め債務者に其請求《そのせいきう》を通知《つうち》することを要《えう》す

第三百五十五條　數個ノ債權ヲ擔保スル爲メ同一ノ動產ニ付キ質權ヲ設定シタルトキハ其質權ノ順位ハ設定ノ前後ニ依ル

○數個《すうこ》の債權《さいけん》を担保する爲《た》め同一の動產に付き質權《しつけん》を設定《せつてい》したるときは其質權の順位《じゆんゐ》は設定の前後に依る

第三節　不動產質

第三百五十六條　不動產質權ハ質權ノ目的タル不動產ノ用方ニ從ヒ其使用及ヒ收益ヲ爲スコトヲ得

問　不動產質權者《ふどうさんしつけんしや》の權利如何

答　不動產質權者は質權《しちけん》の目的《もくてき》たる不動產の用方《もちひかた》に從ひ其使用及ひ收益を爲すの權《けん》あるものとす

第三百五十七條　不動產質權者ハ管理ノ費用ヲ拂ヒ其不動產ノ負擔ニ任ス

○不動產質權者ハ管理《くわんり》の費用《ひよう》を拂ひ其他不動產の負担《ふたん》に任すへきものとす

第三百五十八條　不動產質權者ハ其債權ノ利息ヲ請求スルコトヲ得ス

○不動產質者《ふどうさんしちけんしや》は其不動產を使用《しよう》し收益するの權あるか故に其債權《そのさいけん》の利息を請求《せいきう》すること能《あた》はさるものとす

第三百五十九條　前三條ノ規定ハ設定行爲ニ別段ノ定アルトキハ之ヲ適用セス
○前《ぜん》三條の規定《きてい》は設定行爲《かうゐ》に別段の定《さだめ》あるときは之を適用《てきよう》せざるものとす

第三百六十條　不動産質ノ存續期間ハ十年ヲ超ユルコトヲ得ス若シ之ヨリ長キ期間ヲ以テ不動産質ヲ設定シタルトキハ其期間ハ之ヲ十年ニ短縮ス
不動産質ノ設定ハ之ヲ更新スルコトヲ得但其期間ハ更新ノ時ヨリ十年ヲ超ユルコトヲ得ス

問　不動産質存續《ぞんぞく》期間《きかん》の最長期《さいちやう》如何

答　不動産質《ふどうさんしち》の存續期間は十年を超《こ》ゆることを得ざるものとし之より長き期間《きかん》を以て不動産質を設定《せつてい》したるときは其期間《そのきかん》も之を十年に短縮《たんしゆく》すべし
不動産質《ふどうさんしち》の設定は之を更新《かうしん》することを得るも但其期間は更新《かうしん》の時より十年を超《こ》ゆることを得ざるものとす

第三百六十一條　不動産質ニハ本節ノ規定ノ外次章ノ規定ヲ準用ス
○不動産質《ふどうさんしち》には本節の規定《きてい》の外次章の規定を準用《じゆんよう》するものとす

第四節　權利質

第三百六十二條　質權ハ財産權ヲ以テ其目的ト爲スコトヲ得前項ノ質權ニハ本節ノ規定ノ外前三節ノ規定ヲ準用ス

問　權利《けんり》の上にも質權《しけん》を設定《せつてい》することを得るや
答　然《しか》り財產權をも其目的《もくてき》と爲すことを得へし
前項《かう》の質權《しちけん》にも本節《ほんせつ》の規定の外前三節《せつ》の規定《きてい》を準用す

第三百六十三條　債權ヲ以テ質權ノ目的ト爲ス場合ニ於テ其債權ノ證書アルトキハ質權ノ設定ハ其證書ノ交付ヲ爲スニ因リテ其效力ヲ生ス

○債權《さいけん》を以て質權の目的《もくてき》と爲す場合《ばあひ》に於て其債權《そのさいけん》の證書《しやうしよ》あるときは質權の設定《せつてい》は其證書の交付《かうふ》を爲すに因《よ》りて其效《かう》力を生するものとす

第三百六十四條　指名債權ヲ以テ質權ノ目的ト爲シタルトキハ第四百六十七條ノ規定ニ從ヒ第三債務者ニ質權ノ設定ヲ通知シ又ハ第三債務者カ之ヲ承諾スルニ非サレハ之ヲ以テ第三債務者其他ノ第三者ニ對抗スルコトヲ得ス

前項ノ規定ハ記名ノ株式ニハ之ヲ適用セス

○指名債權《しめいさいけん》を以て質權の目的と爲したるときは第四百六十七條《でう》の規定《きてい》に從《したが》ひ第三債務者に質權《しちけん》の設定《てい》を通知《つうち》し又は第三債務者《さいむしや》か之を承諾《しようだく》するに非《あら》されは之を以て第三債務者其他《そのた》の第三者に對抗《たいかう》することを得《え》さるものとす
前項《ぜんかう》の規定を記名《きめい》の株式《かぶしき》には之を適用《てきよう》せす

第三百六十五條　記名ノ社債ヲ以テ質權ノ目的ト爲シタルトキハ社債ノ讓渡ニ

關スル規定ニ從ヒ會社ノ帳簿ニ質權ノ設定ヲ記入スルニ非サレハ之ヲ以テ會社其他ノ第三者ニ對抗スルコトヲ得ス

○記名《きめい》の社債《しやさい》を以て質權の目的《もくてき》と爲したるときは社債《しやさい》の讓渡《ゆづりわたし》に關《くわん》する規定に從ひ會社の帳簿《ちやうぼ》に質權の設定《せつてい》を記入《きにふ》するに非《あら》されは之を以て會社其他の第三者に對抗することを得さるものとす

第三百六十六條　指圖債權ヲ以テ質權ノ目的ト爲シタルトキハ其證書ニ質權ノ設定ヲ裏書スルニ非サレハ之ヲ以テ第三者ニ對抗スルコトヲ得ス

○指圖《さしづ》債權《さいけん》を以て質權の目的《もくてき》と爲したるときは其證書《しやうしよ》に質權の設定《せつてい》を裏書《うらがき》するに非されは之を以て第三者に對抗《たいかう》することを得さるものとす

第三百六十七條　質權者ハ質權ノ目的タル債權ヲ直接ニ取立ツルコトヲ得

債權ノ目的物カ金錢ナルトキハ質權者ハ自己ノ債權額ニ對スル部分ニ限リ之ヲ取立ツルコトヲ得

右ノ債權ノ辨濟期カ質權者ノ債權ノ辨濟期前ニ到來シタルトキハ質權者ハ第三債務者ヲシテ其辨濟金額ヲ供託セシムルコトヲ得此場合ニ於テハ質權ハ其供託金ノ上ニ存在ス

債權ノ目的物カ金錢ニ非サルトキハ質權者ハ辨濟トシテ受ケタル物ノ上ニ質權ヲ有ス

○質權者《しちけんしや》は質權の目的《もくてき》たる債權を直接《ちよくせつ》に取立《とりた》つることを得へし然れとも債權の目的物《もくてきぶつ》か金錢なるときは債權者は自已《じこ》の債權額《がく》に對する部分《ぶぶん》に限《かぎ》り之を取立つへきものとす

右《みぎ》の債權の辨濟期《べんさいき》か質權者の債權《さいけん》の辨濟期前《きぜん》に到來《たうらい》したるときは質權者の第三債務者《さいむしや》をして其《その》辨濟金額《きんがく》を供託《きようたく》せしむることを得へし此場合《このばあひ》に於《おい》ては質權は其供託金《きようたくきん》の上《うへ》に存在《そんざい》す

債權の目的物《もくてきぶつ》か金錢《きんせん》に非さるときは質權者は辨濟《べんさい》として受《う》けたる物の上《うへ》に質權を有《いう》するものとす

第三百六十八條　質權者ハ前條ノ規定ニ依ル外民事訴訟法ニ定ムル執行方法ニ依リテ質權ノ實行ヲ爲スコトヲ得

○質權者は前條《ぜんでう》の規定《きてい》に依《よ》る外民事訴訟法《ほかみんじそしようはふ》に定《さだ》むる執行方法《しつかうはうはふ》に依りて質權の實行を爲すことを得へし

第十章　抵當權

第一節　總則

第三百六十九條　抵當權者ハ債務者又ハ第三者カ占有ヲ移サスシテ債務ノ擔保ニ供シタル不動産ニ付キ他ノ債權者ニ先チテ自己ノ債權ノ辨濟ヲ受クル權利ヲ有ス

地上權及ヒ永小作權モ亦之ヲ抵當權ノ目的ト爲スコトヲ得此場合ニ於テハ本章ノ規定ヲ準用ス

問　抵當權《ていたうけん》とは何そや

答　抵當權とは債務者《さいむしや》又《また》は第三者か占有《せんいう》を移《うつ》さそして債務の担保《たんほ》に供《きよう》したる不動產に付き他《た》の債權者に先《さきだ》ちて自己《じこ》の債權の辨濟《べんさい》を受くる權利《けんり》を謂《い》ひ之を有そる者を抵當《ていたう》權者と謂ふ

地上權及《ちじやうけんおよ》ひ永小作《えいこさく》權も亦《また》之を抵當權の目的と爲そことを得へし此《この》塲合に於《おい》ては本章《ほんしやう》の規定《きてい》を準用《じゆんよ》ス

第三百七十條　抵當權ハ抵當地ノ上ニ存スル建物ヲ除ク外其目的タル不動產ニ附加シテ之ト一體ヲ成シタル物ニ及フ但設定行爲ニ別段ノ定アルトキ及ヒ第四百二十四條ノ規定ニ依リ債權者カ債務者ノ行爲ヲ取消スコトヲ得ル塲合ハ此限ニ在ラス

問　抵當權《ていたうけん》の及《およ》ぶべき範圍《はんゐ》如何

答　抵當權は抵當地の上ゟ存《そん》そる建物《たてもの》を除《のぞ》く外《ほか》其目的たる不動產に附加《ふか》して之と一體《たい》を成《な》したる物も及ふものとそ但設定行爲《たゞしせつていかうゐ》ゟ別段《べつだん》の定《さだめ》あるとき及ひ第四百二十四條の規定ゟ依《よ》り債權者か債務者《さいむしや》行爲《かうゐ》を取消《とりけ》そことを得る塲合は此限《このかぎり》に在《あ》らそ

第三百七十一條　前條ノ規定ハ果實ニハ之ヲ適用セス但抵當不動產ノ差押アリタル後又ハ第三取得者カ第三百八十一條ノ通知ヲ受ケタル後ハ此限ニ在ラス、第三取得者カ第三百八十一條ノ通知ヲ受ケタルトキハ其後一年內ニ抵當不動產《サン》ノ差押アリタル塲合ニ限リ前項但書ノ規定ヲ適用ス

○前條《ぜんでう》の規定《きてい》は其《その》不動産《ふどうさん》より生《しやう》する果實《くわじつ》には之を適用《てきよう》せさるものとす但抵當不動産の差押《さしおさへ》ありたる後又《また》は第三取得者《しうとくしや》か第三百八十一條の通知《つうち》を受けたる後は此限に在らす
第三取得者《しうとくしや》か第三百八十一條の通知を受《う》けたるときは其後《ご》一年內《ねんない》に抵當不動産《ていたうふどうさん》の差押《さしおさへ》ありたる場合《ばあひ》に限《かぎ》り前項但書《ぜんかうたゞしがき》の規定を適用《てきよう》するものとす

第三百七十二條　第二百九十六條、第三百四條及ヒ第三百五十一條ノ規定ハ抵當權ニ之ヲ準用ス

○第《だい》二百九十六條第三百四條及《およ》ひ第三百五十一條の規定《きてい》は抵當權《ていたうけん》に之を準用《じゆんよう》するものとす

第二節　抵當權ノ効力

第三百七十三條　數個ノ債權ヲ擔保スル爲メ同一ノ不動産ニ付キ抵當權ヲ設定シタルトキハ其抵當權ノ順位ハ登記ノ前後ニ依ル

問　一箇《こ》の不動産に對《たい》し數箇《すこ》の抵當權を設定《せつてい》したるときは其順位《そのじゆんゐ》如何

答　數個《すこ》の債權を担保《たんぽ》する爲め同一の不動産《ふどうさん》に付《つ》き抵當權を設定《せつてい》したるとき例《たと》へは一棟《むね》の家屋《かをく》を抵當に入《い》れて千圓を借用《しやくよう》し更《さら》に二番抵當《ていたう》に入れて五百圓を借用《しやくよう》し後又《のちまた》三番抵當に入れて百圓を借《か》り受たるときの如きものとす故《ゆゑ》に其家屋《かをく》を競賣《きやうばい》に附《ふ》したるときは一番の抵當權者が第一に辨濟を受け第二に二番の抵當權者《ていたうけんしや》辨濟《べんさい》を受け尚《な》ほ余《あま》りあるときにあらされは三番《ばん》の抵當權者は辨濟《べんさい》を受《う》くることを得《え》さるものとす

第三百七十四條　抵當權者カ利息其他ノ定期金ヲ請求スル權利ヲ有スルトキハ其滿期ト爲リタル最後ノ二年分ニ付テノミ其抵當權ヲ行フコトヲ得但其以前ノ定期金ニ付テモ滿期後特別ノ登記ヲ爲シタルトキハ其登記ノ時ヨリ之ヲ行フコトヲ妨ケス

問　抵當權者は其利《そのり》息《そく》に付《つき》ても不動産に對《たい》し抵當權を行《おこな》ふことを得るや

答　抵當權者《ていたうけんしや》か利息其他の定期《ていき》金《きん》を請求《せいきう》する權利を有《いう》するときは其滿期《まんき》と爲りたる最後《さいご》の二ケ年分《ぶん》に付《つき》てのみ其抵當權を行《おこな》ふことを得るものとす但其以前《いぜん》の定期《ていき》金《きん》に付ても滿期《まんき》後《ご》特別《とくべつ》の登記《とうき》を爲したるときは其登記《とうき》の時より之を行《おこな》ふことを得へし

第三百七十五條　抵當權者ハ其抵當權ヲ以テ他ノ債權ノ擔保ト爲シ又同一ノ債務者ニ對スル他ノ債權者ノ利益ノ爲メ其抵當權若クハ其順位ヲ讓渡シ又ハ之ヲ拋棄スルコトヲ得

前項ノ場合ニ於テ抵當權者カ數人ノ爲メニ其抵當權ノ處分ヲ爲シタルトキハ其處分ノ利益ヲ受クル者ノ權利ノ順位ハ抵當權ノ登記ニ附記ヲ爲シタル前後ニ依ル

○抵當權者は其抵當權《ていたうけん》を以《もつ》て他《た》の債權の擔保《たんぽ》と爲す事を得《う》へく又同一の債務者に對《たい》する他《た》の債權者の利益《りえき》の爲め其抵當權若《もし》くは其順位《じゆんゐ》を讓渡《ゆづりわた》し又《また》は之を拋棄《はうき》することを得るものとす

前項の場合《あひ》に於て抵當權者か數人《すにん》の爲めに其抵當權の處分を爲したるときは其處分の利益《りゑき》を受くる者の權利《けんり》の順位《ぢゆんゐ》ハ抵當權の登記《とうき》に附記《ふき》を爲したる前後に依《よ》るものとそ

第三百七十六條　前條ノ場合ニ於テハ第四百六十七條ノ規定ニ從ヒ主タル債務者ニ抵當權ノ處分ヲ通知シ又ハ其債務者カ之ヲ承諾スルニ非サレハ之ヲ以テ其債務者、保證人、抵當權設定者及ヒ其承繼人ニ對抗スルコトヲ得ス

主タル債務者カ前項ノ通知ヲ受ケ又ハ承諾ヲ爲シタルトキハ抵當權ノ處分ノ利益ヲ受クル者ノ承諾ナクシテ爲シタル辨濟ハ之ヲ以テ其受益者ニ對抗スルコトヲ得ス

○前條の場合《ばあひ》に於《おい》てハ第四百六十七條の規定《きてい》に從《したが》ひ主《しゆ》たる債務者に抵當權の處分《しよぶん》を通知《つうち》し又は其債務者か之を承諾《しようだく》せるに非されハ之を以て其債務者保證人《ほしやうにん》抵當權設定者《せつていしや》及《およ》ひ其承繼人《しよけいにん》に對抗せることを得《え》さるものとす

主《しゆ》たる債務者例《たと》へハ乙《おつ》か前項の通知《つうち》を受け又は承諾《しようだく》を爲したるときは抵當權の處分《しよぶん》の利益《りゑき》を受くる丙者《へいしや》の承諾《しようだく》なくして抵當權者甲《かふ》よ爲したる辨濟《べんさい》は之を以て其受益者《ぢゆえきしや》丙に對抗《たいかう》せることを得さるものとそ

第三百七十七條　抵當不動產ニ付キ所有權又ハ地上權ヲ買受ケタル第三者カ抵當權者ノ請求ニ應シテ之ニ其代價ヲ辨濟シタルトキハ抵當權ハ其第三者ノ爲メ

二消滅ス

○抵當不動産に付き所有權《しよいうけん》又《また》は地上權を買受《かひう》けたる第三者《しや》か抵當權者の請求《せいきう》に應《おう》して之に其代價《だいか》を辨濟《べんさい》したるときは抵當權は其《その》第三者の爲《た》めに消滅《せうめつ》するものとす

第三百七十八條　抵當不動産ニ付キ所有權、地上權又ハ永小作權ヲ取得シタル第三者ハ第三百八十二條乃至第三百八十四條ノ規定ニ從ヒ抵當權者ニ提供シテ其承諾ヲ得タル金額ヲ拂渡シ又ハ之ヲ供託シテ抵當權ヲ滌除スルコトヲ得

問　抵當不動産に付所有權《しよいうけん》、地上權又は永小作權《えいこさく》を取得《しうとく》したる第三者は抵當權を滌除《てうぢよ》することを得るや

答　抵當不動産に付き所有權地上權又は永小作權《えいこさ》を取得《しうとく》したる第三者は第三百八十二條乃至《ないし》第三百八十四條に規定《きてい》に從《したが》ひ抵當權者に提供《ていきよう》して其承諾《しようだく》を得たる金額《きんがく》を拂渡《はらひわた》し又は之を供託して抵當權を滌除《てうぢよ》することを得るものとす」抵當を負擔《ふたん》したる不動産は瑕疵《かし》ある不動産として猶《なほ》は疾病《しつへい》の身体《しんたい》に附着《ふちやく》せるか如《ごと》し而《しか》して此不動産に附着《ふちやく》したる瑕疵疾病《かししつへい》を滌蕩除去《てうたうぢよきよ》する所《ところ》の方法《はうはふ》を名けて滌除と云ふ

第三百七十九條　主タル債務者、保證人及ヒ其承繼人ハ抵當權ノ滌除ヲ爲スコトヲ得ス

問　主《しゆ》たる債務者及保證人《ほしやうにん》は抵當權を滌除《てうぢよ》することを得るや

答　主《しゆ》たる債務者保證人及ひ其承繼人《しようけいにん》は抵當權の滌除を爲すことを得さるものとす蓋《けだ》し滌除は抵當權

者をして滿期《まんき》に到《いた》らさるも強《しひ》て前拂《さきばらひ》を受けしめ且《か》つ槪《がい》して債務の一部分《ぶぶん》の辨濟を受けしめ其《その》抵當權を消滅《せうめつ》せしむの行爲《かうゐ》あるか故《ゆゑ》なり

第三百八十條　停止條件附第三取得者ハ條件ノ成否未定ノ間ハ抵當權ノ滌除ヲ爲スコトヲ得ス

問　停止《ていし》條件附《でうけんつき》にて抵當不動產を取得《しゆとく》したる者は其《その》條件《でうけん》の成就《じやうじゆ》せさる前《ぜん》に滌除《てうぢよ》を行ふことを得るや

答　停止《ていし》條件附《でうけんつき》第三取得者《しゆとくしや》辨濟を成否れ未定の間は抵當權《ていたうけん》の滌除《てきぢよ》を爲そことを得さるものとす葢し此場合《ばあひ》に於ける第三取得者は條件の成就《じやうじゆ》により取得《しゆとく》せんとの希望《きばう》を有するものにして其不動產上に既得權《とくけん》を有《いう》そるものにあらされはなり

第三百八十一條　抵當權者カ其抵當權ヲ實行セント欲スルトキハ豫メ第三百七十八條ニ揭ケタル第三取得者ニ其旨ヲ通知スルコトヲ要ス

〇抵當權者《ていたうけんしや》か其抵當權を實行《じつかう》せんと欲《ほつ》そるときは豫《あらかじ》め第三百七十八條に揭《かゝ》けたる第三取得者に其旨を通知《つうち》そへきものとそ

第三百八十二條　第三取得者ハ前條ノ通知ヲ受クルマテハ何時ニテモ抵當權ノ滌除ヲ爲スコトヲ得

第三取得者カ前條ノ通知ヲ受ケタルトキハ一介月內ニ次條ノ送達ヲ爲スニ非ザレハ抵當權ノ滌除ヲ爲スコトヲ得ス

前條ノ通知アリタル後ニ第三百七十八條ニ掲ケタル權利ヲ取得シタル第三者ハ、前項ノ第三取得者カ滌除ヲ爲スコトヲ得ル期間内ニ限リ之ヲ爲スコトヲ得

○第三取得者《しゆとくしや》は前條の通知《つうち》を受くる迄は何時にても抵當權《ていたうけん》の滌除《てきよ》を爲すことを得べきも通知を受たるときは一ケ月内に次條《ぜてう》の送達《そうたつ》を爲すに非されは抵當權《ていたうけん》の滌除を爲すことを得さるものとす前條の通知《つうち》ありたる後《のち》に第三百七十八條に掲《かゝ》けたる權利《けんり》を取得したる第三者は前項《ぜんかう》の第三取得者の滌除《てきよ》と爲すことを得る期間内《きかんかい》に限り之を爲すことを得べし

第三百八十三條　第三取得者カ抵當權ヲ滌除セント欲スルトキハ登記ヲ爲シタル各債權者ニ左ノ書面ヲ送達スルコトヲ要ス

一　取得ノ原因、年月日、讓渡人及ヒ取得者ノ氏名、住所、抵當不動産ノ性質、所在、代價其他取得者ノ負擔ヲ記載シタル書面

二　抵當不動産ニ關スル登記簿ノ謄本但既ニ消滅シタル權利ニ關スル登記之ヲ掲クルコトヲ要セス

三　債權者カ一个月内ニ次條ノ規定ニ從ヒ増價競賣ヲ請求セサルトキハ第三取得者ハ第一號ニ掲ケタル代價又ハ特ニ指定シタル金額ヲ債權ノ順位ニ從ヒテ辨濟又ハ供託スヘキ旨ヲ記載シタル書面

問　第三取得者《しゆとくけん》か抵當權を滌除《てうよ》せんとするときは債權者《さいけんしや》に如何なる書面《しよめん》を發送《はつそう》すへきや

答 第三取得者か抵當權を滌除せんと欲《ほつ》するときは登記《とうき》を爲したる各債權者《かくさいけんしや》に左の書面を送達《そうたつ》すへきものとす

一 其《その》不動産《ふどうさん》の所有權、地上權又ハ永小作權等《えいこさくけんとう》を取得《しゆとく》したる原因、年月日、讓渡人及ひ取得者の氏名、住所、抵當不動産の性質、所在、代價其他取得者の負擔《ふたん》を記載したる書面《しよめん》

二 抵當《ていたう》不動産《ふどうさん》に關する登記簿《とうきぼ》の謄本《とうほん》但既に消滅したる權利《けんり》に關する登記は之を掲《かゝ》くるに及はす

三 債權者《さいけんしや》か一ケ月内に次條の規定《きてい》に從ひ增價競賣《ぞうかきやうばい》を請求せさるときは第三取得者は第一號に掲けたる代價又は特《とく》に指定《してい》したる金額を債權の順位《じゆんい》に從ひて辨濟《べんさい》又は供託すへきを記載したる書面

第三百八十四條 債權者カ前條ノ送達ヲ受ケタル後一个月内ニ增價競賣ヲ請求セサルトキハ第三取得者ノ提供ヲ承諾シタルモノト看做ス

增價競賣ハ若シ競賣ニ於テ第三取得者カ提供シタル金額ヨリ十分ノ一以上高價ニ抵當不動産ヲ賣却スルコト能ハサルトキハ十分ノ一ノ增價ヲ以テ自ラ其不動産ヲ買受クヘキ旨ヲ附言シ第三取得者ニ對シテ之ヲ請求スルコトヲ要ス

前項ノ場合ニ於テハ債權者ハ代價及ヒ費用ニ付キ擔保ヲ供スルコトヲ要ス

○債權者《さいけんしや》か前條の送達《そうたつ》を受けたる後一ケ月内に增價競賣《ぞうかきやうばい》を請求せさる時は第三取得者の提供を承諾したるものと看做《みな》すへきものとす

○增價競賣《ぞうかきやうばい》とは若し競賣に於て第三取得者《しゆとくしや》か提供《ていきよ》したる金額より十分の一以上高價に抵當不動産《ていたうふどうさん》を賣却するとと能《あた》はさるときは十分の一の增價《ぞうか》を以て自ら其不動産を買受《かいう》くへき旨を附言《ふげん》し第三取得者に對して之を請求《せいきう》そへきものとそ

前項《ぜんかう》の場合に於ては債權者《さいけんしや》は代價及ひ費用《ひよう》に付き擔保《たんぽ》を供そることを要そ

第三百八十五條　債權者カ增價競賣ヲ請求スルトキハ前條ノ期間内ニ債務者及ヒ抵當不動産ノ讓渡人ニ之ヲ通知スルコトヲ要ス

債權者か增價競賣を請求《せいきう》そるときは前條《ぜんでう》の期間内に債務者《さいむしや》及ひ抵當不動産の讓渡人に其旨を通知《つうち》そへきものとそ

第三百八十六條　增價競賣ヲ請求シタル債權者ハ登記ヲ爲シタル他ノ債權者ノ承諾ヲ得ルニ非サレハ其請求ヲ取消スコトヲ得ス

○增價競賣を請求したる債權者《さいけんしや》は登記《とうき》を爲したる他の債權者の承諾《しやう》を得るに非されは其請求を取消《とりけ》そことを得《ゑ》さるものとそ

第三百八十七條　抵當權者カ第三百八十二條ニ定メタル期間内ニ第三取得者ヨリ債務ノ辨濟又ハ滌除ノ通知ヲ受ケサルトキハ抵當不動産ノ競賣ヲ請求スルコトヲ得

○抵當權者《ていたうけんしや》か第三百八十二條に定《さだ》めたる期間内に第三取得者《しゆとくしや》より債務の辨濟《べんさい》又は滌除の通知を受けさ

るときは抵當不動産の競賣《きやうばい》を請求《せいきう》することを得へし

第三百八十八條　土地及ヒ其上ニ存スル建物カ同一ノ所有者ニ屬スル場合ニ於テ其土地又ハ建物ノミヲ抵當ト爲シタルトキハ抵當權設定者ハ競賣ノ場合ニ付キ地上權ヲ設定シタルモノト看做ス但地代ハ當事者ノ請求ニ因リ裁判所之ヲ定ム

○土地《とち》及其上に存《そん》する建物か同一の所有者《しよいうしや》に屬する場合《ばあひ》に於て其土地又は建物のみを抵當と爲したるときも抵當權設定者《ていたうけんせつていしや》は競賣の場合《ばあひ》に付き地上權を設定《せつてい》したるものと看做すへきものとす但地代も當事者の請求《せいきう》に因り裁判所《さいばんしよ》之を定む

第三百八十九條　抵當權設定ノ後其設定者カ抵當地ニ建物ヲ築造シタルトキハ抵當權者ハ土地ト共ニ之ヲ競賣スルコトヲ得但其優先權ハ土地ノ代價ニ付テノミ之ヲ行フコトヲ得

○抵當權設定の後其設定者《せつていしや》か抵當地に建物《たてもの》を築造《ちくざう》したるときは抵當權者は土地と共に之を競賣《きやうばい》することを得へし但其優先權《そのいうせんけん》は土地の代價《だいか》に付てのみ之を行《おこな》ふことを得るものとす

第三百九十條　第三取得者ハ競賣人ト爲ルコトヲ得

○第三所得者は競買人《きやうばいにん》と爲ることを得《う》へし

第三百九十一條　第三取得者カ抵當不動産ニ付キ必要費又ハ有益費ヲ出タシタ

ルトキハ第百九十六條ノ區別ニ從ヒ不動產ノ代價ヲ以テ最モ先ニ其償還ヲ受クル・コトヲ得

○第三所得者《しやとくしや》か抵當不動產に付き必要費《ひつえうひ》又は有益費《いうえきひ》を出たしたるときハ第百九十六條の區別に從ひ不動產の代價を以て最も先に其償還《しやうくわん》を受くることを得《う》べし

第三百九十二條　債權者カ同一ノ債權ノ擔保トシテ數個ノ不動產ノ上ニ抵當權ヲ有スル場合ニ於テ同時ニ其代價ヲ配當スヘキトキハ其各不動產ノ價額ニ準シテ其債權ノ負擔ヲ分ツ

或不動產ノ代價ノミヲ配當スヘキトキハ抵當權者ハ其代價ニ付キ債權ノ全部ノ辨濟ヲ受クルコトヲ得此場合ニ於テハ次ノ順位ニ在ル抵當權者ハ前項ノ規定ニ從ヒ右ノ抵當權者カ他ノ不動產ニ付キ辨濟ヲ受クヘキ金額ニ滿ツルマテ之ニ代位シテ抵當權ヲ行フコトヲ得

問　同一の債權《さいけん》の担保《たんぽ》として數箇の不動產《ふどうさん》上に抵當權を有する場合《ばあひ》に於て各不動產の價額《かがく》に於ける分《ぶん》配法如何《はいはふいかん》

答　各個の不動產《ふどうさん》の代價か同時に淸算《せいさん》ありしとき即《すなは》ち同時に其代價を配當そへきときは其各不動產の價額に準して其債權《そのさいけん》の負担《ふたん》を分つへきものとそ

或不動產の代價のみを配當《はいたう》すへき即ち各不動產を同時《どうじ》に賣却《ばいきやく》せそして漸次に賣却せらるゝときは抵

○當權者は其一箇の不動產《ふどうさん》の代價に付き債權《さいけん》の全部の辨濟《べんさい》を受くることを得へし此場合に於ては次れ順位《じゆんゐ》に在る抵當權者は前項の規定《きてい》に從ひ右の抵當權者《ていたうけんしや》か他の不動產に付き辨濟《べんさい》を受くへき全額に滿つまて之に代位《だいゐ》して抵當權《ていたうけん》を行ふことを得るものとす

第三百九十三條　前條ノ規定ニ從ヒ代位ニ因リテ抵當權ヲ行フ者ハ其抵當權ノ登記ニ其代位ヲ附記スルコトヲ得

○前條の規定《きてい》に從ひ代位に因りて抵當權《ていたうけん》を行ふ者は其抵當權《そのていたうけん》の登記《とうき》に其代位を附記《ふき》することを得へし

第三百九十四條　抵當權者ハ抵當不動產ノ代價ヲ以テ辨濟ヲ受ケサル債權ノ部分ニ付テノミ他ノ財產ヲ以テ辨濟ヲ受クルコトヲ得

前項ノ規定ハ抵當不動產ノ代價ニ先チテ他ノ財產ノ代價ヲ配當スヘキ場合ニハ之ヲ適用セス但他ノ各債權者ハ抵當權者ヲシテ前項ノ規定ニ從ヒ辨濟ヲ受ケシムル爲メ之ニ配當スヘキ金額ノ供託ヲ請求スルコトヲ得

○抵當權者《ていたうけんしや》抵當は不動產の代價《だいか》を以て辨濟《べんさい》を受けさる債權の部分《ぶぶん》に付てのみ他の財產《ざいさん》を以て辨濟《べんさい》を受くることを得《う》へし

前項の規定《きてい》の抵當不動產の代價《だいか》に先ちて他の財產《ざいさん》の代價を配當《はいたう》そへき場合にれ之を適用せさるものとす但他の各債權者《かくさいけんしや》は抵當權者をして前項の規定《きてい》に從ひ辨濟《べんさい》を受けしむるため之に配當《はいたう》そへき金額の供託《きやうたく》を請求《せいきう》することを得へし

第三百九十五條　第六百二條ニ定メタル期間ヲ超エサル賃貸借ハ抵當權ノ登記後ニ登記シタルモノト雖モ之ヲ以テ抵當權者ニ對抗スルコトヲ得但其賃貸借カ抵當權者ニ損害ヲ及ホストキハ裁判所ハ抵當權者ノ請求ニ因リ其解除ヲ命スルコトヲ得

○第六百二條に定《さだ》めたる期間《きげん》を超ゆさる賃貸借《ちんたいしやく》は抵當權の登記後《とうきご》に登記したるものと雖も之を以て抵當權者に對抗《たいかう》することを得へし但其賃貸か抵當權者に損害《そんがい》を及ほすときは裁判所《さいばんしよ》は抵當權者の請求に因り其解除《そのかいぢよ》を命することを得るものとす

第三節　抵當權ノ消滅

第三百九十六條　抵當權ハ債務者及ヒ抵當權設定者ニ對シテハ其擔保スル債權ト同時ニ非サレハ時效ニ因リテ消滅セス

○抵當權は債務者《さいむしや》及び抵當權設定者に對《たい》しては其担保《そのたんぽ》する債權と同時に非されは時效に因りて消滅せさるものとす

第三百九十七條　債務者又ハ抵當權設定者ニ非サル者カ抵當不動產ニ付キ取得時效ニ必要ナル條件ヲ具備セル占有ヲ爲シタルトキハ抵當權ハ之ニ因リテ消滅ス

○債務者又は抵當權設定者《ていたうけんせつていしや》に非さる者か抵當不動產に付き取得時效《しゆとくじかう》に必要なる條件を具備《ぐび》せる占有を

爲したるときは抵當權《ていたうけん》は之に因りて消滅《せうめつ》するものとす

第三百九十八條　地上權又ハ永小作權ヲ抵當ト爲シタル者カ其權利ヲ拋棄シタルモ之ヲ以テ抵當權者ニ對抗スルコトヲ得ス

問　地上權《ちじやうけん》又は永小作權　抵當《ていたう》となしたる者其權利《そのけんり》を拋棄《はうき》したるとき抵當權は消滅《せうめつ》すへきや

答　地上權又は永小作權を抵當と爲《な》したる者か其權利《そのけんり》を拋棄したるも之を以て抵當權者に對抗することを得さるものとす故に抵當權者《ていたうけんしや》は其拋棄《はうき》を以て己れに對《たい》して存せさるものと看做《みな》し地上權又は永小作權の完全《くわんぜん》に存在《ぞんざい》するものゝ如く之に對して抵當權《ていたうけん》を行《おこな》ふことを得へし

第三編　債權

○本編《ほんぺん》を分《わかつ》て五章《しやう》とす第一章に於《おい》ては總則《そうそく》を定《さだ》め第二章に於ては契約《けいやく》のことを定め第三章にハ事務管理《じむくわんり》のことを定《さだ》め第四章に於ては不當利得《ふたうりとく》のことを定め第五章には不法行爲《ふはふかうゐ》のことを定《さだ》めたり

第一章　總則

○本章を分て五節《せつ》となす第一節に於ては債權《さいけん》の目的《もくてき》のことを定め第二節に於ては債權の効力《かうりよく》のことを定め第三節に於ては多數當事者《たすうたうじしや》の債權《さいけん》第四節に於ては債權の讓渡《じやうと》第五節に於ては債權の消滅《せうめつ》のことを定《さだ》めたり

第一節　債權ノ目的

第三百九十九條　債權ハ金錢ニ見積ルコトヲ得サルモノト雖モ之ヲ以テ其目的ト爲スコトヲ得

問《とひ》　債權《さいけん》とは何《なん》ぞや

答《こたへ》　債權《さいけん》とは定《さだ》まりたる人に對《たい》し法律《はふりつ》の認《みと》むる原因《げんいん》に由《よ》り〱其負《そのふ》擔《たん》する作爲《さくゐ》又は不作爲《ふさくゐ》の義務《ぎむ》を盡《つく》さしむる爲め行《おこな》はるゝ權利《けんり》を謂《い》ふ

問《とひ》　債權《さいけん》は金錢《きんせん》又は金錢に見積《みつも》ることを得《え》ざるものを目的《もくてき》とすること能《あた》はざるや

答《こたへ》　舊民法《きうみんはふ》に於ては金錢に見積《みつも》ることを得ざるものは債權《さいけん》の目的《もくてき》たることを能はざるも本法《ほんはふ》に於ては目的となすことを得べきものとせり蓋《けだ》し吾《と》人生存上《じんせいぞんじやう》の利益《りえき》は單《たん》に金錢上の價値《かちよく》ある有形《いうけい》の財產《ざいさん》を享有《じゆんいう》するに止まるものにあらざればなり

第四百條　債權ノ目的カ特定物ノ引渡ナルトキハ債務者ハ其引渡ヲ爲スマテ善良ナル管理者ノ注意ヲ以テ其物ヲ保存スルコトヲ要ス

○債權《さいけん》の目的が特定物《とくていぶつ》の引渡《ひきわたし》なるとき例へば甲の所有《しよいう》する正宗《まさむね》の一刀《たう》を乙《おつ》に賣却《ばいきやく》したるときの如き甲は乙に其引渡《ひきわたし》を爲すまで善良《ぜんりやう》なる管理者《くわんりしや》の注意《ちうい》を以て其物《そのもの》を保存《ほぞん》すべきものとす

第四百一條　債權ノ目的物ヲ指示スルニ種類ノミヲ以テシタル場合ニ於テ法律行爲ノ性質又ハ當事者ノ意思ニ依リテ其品質ヲ定ムルコト能ハサルトキハ債務者ハ中等ノ品質ヲ有スル物ヲ給付スルコトヲ要ス

前項ノ場合ニ於テ債務者カ物ノ給付ヲ爲スニ必要ナル行爲ヲ完了シ又ハ債權者ノ同意ヲ得テ其給付スヘキ物ヲ指定シタルトキハ爾後其物ヲ以テ債權ノ目的物トス

問《とひ》　債權《さいけん》の目的物《もくてきぶつ》を指示《しじ》するに種類《しゆるい》のみを以てしたる場合《ばあひ》に於て法律行爲《はふりつかうゐ》の性質《せいしつ》又は當事者《たうじしや》の意思《いし》に依《よ》りて其品質《そのひんしつ》を定《さだ》むること能《あた》はざるときは如何《いか》にして之《これ》を給付《きうふ》すべきや

答　此場合《このばあひ》に於ては中等《ちうとう》の品質《ひんしつ》を有《いう》する物《もの》を給付《きうふ》すべきものとす例《たと》へば米《こめ》百石《こく》又は半紙《はんし》五千状《じやう》と約《やく》したるときの如き場合に於て其品質《ひんしつ》を定《さだ》むること能《あた》はざるときは債務者《さいむしや》は中等《ちうとう》の米又は半紙を引渡《ひきわた》して其義務《そのぎむ》を免《まぬか》るゝことを得《う》るものとす

右《みぎ》の場合《ばあひ》に於《おい》て債務者《さいむしや》が物《もの》の給付《きうふ》を爲すに必要《ひつよう》なる行爲《かうゐ》を完了《くわんりやう》し又は債權者《さいけんしや》の同意《どうい》を得て其《そ》給付すべき物を指定《してい》したるときは爾後《じご》其物《そのもの》を以て債權《さいけん》の目的物《もくてきぶつ》と定《さだ》むべきものとす

第四百二條　債權ノ目的物カ金錢ナルトキハ債務者ハ其選擇ニ從ヒ各種ノ通貨ヲ以テ辨濟ヲ爲スコトヲ得但特種ノ通貨ノ給付ヲ以テ債權ノ目的ト爲シタルトキハ此限ニ在ラス

債權ノ目的タル特種ノ通貨カ辨濟期ニ於テ强制通用ノ效力ヲ失ヒタルトキハ債務者ハ他ノ通貨ヲ以テ辨濟ヲ爲スコトヲ要ス

前二項ノ規定ハ外國ノ通貨ノ給付ヲ以テ債權ノ目的ト爲シタル場合ニ之ヲ準用ス

問　債權《さいけん》の目的物《もくてきぶつ》か金錢《きんせん》なるときは如何《いか》なる貨幣《くわへい》を以て辨濟《べんさい》をすべきや

答　債權《さけん》の目的物《もくてきぶつ》か金錢なるときは債務者《さいむしや》は其撰擇《そのせんたく》に從《したが》ひ欲《ほつ》する所の通貨《つうくわ》を以て辨濟《べんさい》を爲すことを得るものとす然れども特種《とくしゆ》の通貨《つうくわ》を以て債權《さいけん》の目的と爲したるとき例《たと》へば金錢貸借《きんせんたいしやく》の場合《ばあひ》に於て金貨《きんくわ》

を以て辨濟《べんさい》すべきことを約《やく》したるときの如き金貨を以てするにあらざれば其責《せめ》を免《まぬか》るゝことを得ざるものとす
若《も》し債權《さいけん》の目的《もくてき》たる特種《とくしゆ》の通貨《つうくわ》が辨濟期《べんさいき》に於て强制通用《きやうせいつうよう》の効力《かうりよく》を失《うしな》ひたるとき例《たと》へば十錢紙幣《せんしへい》又は天保通寶《てんぽうつうほう》を以て辨濟《べんさい》すべきことを約したるに辨濟期限《べんさいきげん》に至り其通用《つうよう》を禁止《きんし》せられたるときの如き場《ば》合《あひ》に於ては債務者《さいむしや》は他の通用貨幣《くわへい》を以て辨濟《べんさい》すべきものとす
前《ぜん》二項《かう》の規定《きてい》は外國《ぐわいこく》の通貨《つうくわ》の給付《きうふ》を以て債權の目的と爲したる場合《ばあひ》に之を準用《じゆんよう》するものとす

第四百三條　外國ノ通貨ヲ以テ債權額ヲ指定シタルトキハ債務者ハ履行地ニ於ケル爲替相場ニ依リ日本ノ通貨ヲ以テ辨濟ヲ爲スコトヲ得

問　外國《ぐわいこく》の通貨《つうくわ》を以て債權額《さいけんがく》を指定《してい》したるときは日本《にほん》の通貨《つうくわ》を以て辨濟《べんさい》を爲すこと能《あた》はざるや

答　特《とく》に外國の通貨《つうくわ》を以て辨濟《べんさい》すべきことを約《やく》したるときは外國通貨を以て辨濟《べんさい》せざるべからざるは當然《たうぜん》なるも然らずして唯外國《ぐわいこく》の通貨《つうくわ》を以て債權額《さいけんがく》を指定《してい》したるのみなるときは債務者《さいむしや》は履行地《りかうち》に於《お》ける爲替《かはせ》相場《さうば》に依《よ》り日本の通貨《つうくわ》を以て辨濟《べんさい》を爲すことを得《う》るものとす

第四百四條　利息ヲ生スヘキ債權ニ付キ別段ノ意思表示ナキトキハ其利率ハ年五分トス

問《とひ》　法定《はふてい》の利《り》足《そく》は幾干《いくばく》なるや

答《こたへ》 利息《りそく》を生《しやう》ずべき債權《さいけん》に付き別段《べつだん》の意思表示《いしひやうじ》なきとき例《たと》へば金錢貸借《きんせんたいしやく》の場合《ばあひ》に於て當事者《たうじしや》間に其利《り》息《そく》を定《さだ》めざるときは其利率《そのりりつ》は年五分則ち百圓に付て金五圓とす

第四百五條　利息カ一年分以上延滯シタル場合ニ於テ債權者ヨリ催告ヲ爲スモ債務者カ其利息ヲ拂ハサルトキハ債權者ハ之ヲ元本ニ組入ルコトヲ得

問 債權者《さいけんしや》は其受取《そのうけと》るべき利足《りそく》を元本《げんぽん》に加《くは》ふることを得《う》るや

答 利息《りそく》が一年分以上延滯《えんたい》したることと債權者《さいけんしや》より催告《さいこく》を爲すも債務者《さいむしや》が其利息《そのりそく》を拂《はら》はざることの二條《でう》件《けん》を具備《ぐび》したるときは債權者《さいけんしや》は之を元本に組入《くみい》れて又利息《りそく》を生ぜしむることを得るものとす

第四百六條　債權ノ目的カ數個ノ給付中選擇ニ依リテ定マルヘキトキハ其選擇權ハ債務者ニ屬ス

問 目的物《もくてきぶつ》の撰擇權《せんたくけん》は何人《なんぴと》に屬《ぞく》するや

答 債權《さいけん》の目的《もくてき》か數個《すうこ》の給付中撰擇《きうふちうせんたく》に依《よ》りて定《さだ》まるべきとき例《たと》へば此硯《このすゞり》此机《このつくゑ》此刀劍《このたうけん》の中孰《うちいづ》れかを給《きう》付《ふ》すべしと定めたるときの如き其撰擇權《そのせんたくけん》は債務者《さいむしや》に屬《ぞく》するものとす故に債務者は硯机及び刀劍の中其欲《ほつ》する所のもの一箇を與へて其責《せめ》を免《まぬが》るゝことを得《う》るものとす

第四百七條　前條ノ選擇權ハ相手方ニ對スル意思表示ニ依リテ之ヲ行フ

前項ノ意思表示ハ相手方ノ承諾アルニ非サレハ之ヲ取消スコトヲ得ス

問　前條《ぜんでう》の撰擇權《せんたくけん》は如何《いか》にして之を行《おこな》ふべきや

答　前條の撰擇權《せんたくけん》は相手方《あひてかた》に對《たひ》する意思表示《いしひやうじ》に依《よ》りて之を行ふものとす然れども一旦撰擇《せんたく》したるときは相手方の承諾《しやうだく》あるに非《あら》ざれば之の取消《とりけ》すことを得ざるものとす

第四百八條　債權カ辨濟期ニ在ル場合ニ於テ相手方ヨリ相當ノ期間ヲ定メテ催告ヲ爲スモ選擇權ヲ有スル當事者カ其期間內ニ選擇ヲ爲サヽルトキハ其選擇權ハ相手方ニ屬ス

問　撰擇權《せんたくけん》の相手方に移轉《いてん》する場合如何《ばあひいかん》

答　債權《さいけん》が辨濟期《べんさいき》に在《あ》る場合《ばあひ》に於て相手方より相當《さうたう》の期間《きげん》を定めて催告《さいこく》を爲《な》すも撰擇權《せんたくけん》を有する當事《たうじ》者《しや》が其期間內《きげんない》に撰擇《せんたく》を爲さゞるときは其撰擇權《せんたくけん》は相手方《あひてかた》に屬《ぞく》するものとす

第四百九條　第三者カ選擇ヲ爲スヘキ場合ニ於テハ其選擇ハ債權者又ハ債務者ニ對スル意思表示ニ依リテ之ヲ爲ス

第三者カ選擇ヲ爲スコト能ハス又ハ之ヲ欲セサルトキハ選擇權ハ債務者ニ屬ス

○第三者が撰擇《せんたく》を爲すべき場合《ばあひ》例《たと》へば甲が乙に金百圓又は銀時計《ぎんどけい》一箇《こ》を給付《きうふ》すべし而《しか》して二箇中孰《いづ》れにすべきやは丙に依賴《いらい》して撰擇《せんたく》せしむべしと約《やく》したるときの如き場合《ばあひ》に於ては丙《へい》は債權者《さいけんしや》又は債務者に對する意思《いし》表示に依りて即ち甲《かう》又は乙《をつ》に言語《げんご》若《も》くは書面等《しよめんとう》を以て其孰《いづれ》なるやを指定《してい》すべきものとす

問　第三者が選擇《せんたく》を爲すこと能《あた》はず又は之を欲《ほつ》せざるときは如何《いか》にすべきや

答　此場合《このばあひ》に於ては其選擇權《そのせんたくけん》は債務者《さいむしや》に屬《ぞく》するものとす

第四百十條　債權ノ目的タルヘキ給付中始ヨリ不能ナルモノ又ハ後ニ至リテ不能ト爲リタルモノアルトキハ債權ハ其殘存スルモノニ付キ存在ス

選擇權ヲ有セサル當事者ノ過失ニ因リテ給付カ不能ト爲リタルトキハ前項ノ規定ヲ適用セス

問　債權《さいけん》の目的《もくてき》たるべき給付《きうふ》中始《ちうはじめ》より不能《ふのう》なるもの又は後《のち》に至《いた》りて不能《ふのう》と爲りたるものあるときは如何にすべきや

答　此場合《このばあひ》に於ては債權は其殘存《そのざんぞん》するものに付て存在するものとす故に甲《かう》が乙に甲の有する南洲翁《なんしうをう》の書《しよ》又は吉田松蔭《よしだしやういん》の書簡《しよかん》を給與《きうよ》すべしと約したるに其約束の當時既に南洲翁の書紛失《ふんしつ》したるか又は其以後《いご》に於て燒失《しやうしつ》したるときは殘存する松蔭の書簡《しよかん》を給付するの義務《ぎむ》ある者とす然れども其不能となりたるは選擇權《せんたくけん》を有せざる當事者《たうじしや》即ち乙の過失《くわしつ》に基因《きいん》するものなるときは其債權《そのさいけん》は消滅《せうめつ》すべく從て殘存《ざんぞん》したるものゝ給付《きうふ》を求《もと》むることを得ざるものとす

第四百十一條　選擇ハ債權發生ノ時ニ遡リテ其效力ヲ生ス但第三者ノ權利ヲ害「スルコトヲ得ス

○撰擇《せんたく》は債權發生《さいけんはつせい》の時《とき》に遡《さかのぼ》りて其効力《そのかうりよく》を生《しやう》ずるものとす但《たゞ》し爲《ため》に第三者の權利《けんり》を侵害《しんがい》することを得《え》ざるは當然《たうぜん》なり

第二節　債權ノ效力

第四百十二條　債務ノ履行ニ付キ確定期限アルトキハ債務者ハ其期限ノ到來シタル時ヨリ遲滯ノ責ニ任ス

債務ノ履行ニ付キ不確定期限アルトキハ債務者ハ其期限ノ到來シタルコトヲ知リタル時ヨリ遲滯ノ責ニ任ス

債務ノ履行ニ付キ期限ヲ定メサリシトキハ債務者ハ履行ノ請求ヲ受ケタル時ヨリ遲滯ノ責ニ任ス

問　債務者《さいむしや》が遲滯《ちたい》の責《せめ》に任《にん》する場合如何《ばあひいかん》

答　債務《さいむ》の履行《りかう》に付き確定期限《かくていきげん》あるとき例へば來月《らいげつ》十日迄《まで》に辨濟《べんさい》すべしと云ふが如く其期限確定しある場合に於ては債務者《さいむしや》は其期限《きげん》の到來したることを知りたる時より遲滯《ちたい》の責《せめ》に任ずるものとす若《も》し其期限が不確定期限《ふかくていきげん》なるとき例へば露國の軍艦が神戸に着港《ちやくかう》したるときと云ふが如き場合《ばあひ》に於ては其期限《きげん》の到來《たうらい》したることを知りたる時前例《ときぜんれい》によれば軍艦《ぐんかん》が神戸港《かうべかう》に到着《たうちやく》したることを知りたる時より遲滯《ちたい》の責《せめ》に任《にん》ずるものとす

若《い》し又其期限《そのきげん》を定《さだ》めざりしときは債務者《さいむしや》は履行《りかう》の請求《せいきう》を受《うけ》たる時より遲滯《ちたい》の責《せめ》に任すべきものとす

問　遲滯《ちたい》の責《せめ》に任するとは何ぞ

答　遲滯《ちたい》の爲《ため》即ち債務《さいむ》を履行《りかう》せざる爲に相手方《あひてかた》に損害《そんがい》を加《くは》へたるときは之を賠償《ばいしやう》するを謂《い》ふ

第四百十三條　債權者カ債務ノ履行ヲ受クルコトヲ拒ミ又ハ之ヲ受クルコト能ハサルトキハ其債權者ハ履行ノ提供アリタル時ヨリ遲滯ノ責ニ任ス

問　債權者《さいけんしや》が遲滯《ちたい》の責《せめ》に任《にん》する場合《ばあひ》如何

答　債權者が債務《さいむ》の履行《りかう》を受くることを拒み又は之を受《う》くること能はざるときは其債權者《そのさいけんしや》は履行《りかう》の提《てい》供《きやう》わりたるときより遲滯《ちたい》の責《せめ》に任《にん》するものとす

第四百十四條　債務者カ任意ニ債務ノ履行ヲ爲ササルトキハ債權者ハ其強制履行ヲ裁判所ニ請求スルコトヲ得但債務ノ性質カ之ヲ許ササルトキハ此限ニ在ラス

債務ノ性質カ強制履行ヲ許ササル場合ニ於テ其債務カ作爲ヲ目的トスルトキハ債權者ハ債務者ノ費用ヲ以テ第三者ニ之ヲ爲サシムルコトヲ裁判所ニ請求スルコトヲ得但法律行爲ヲ目的トスル債務ニ付テハ裁判ヲ以テ債務者ノ意思表示ニ代フルコトヲ得

不作爲ヲ目的トスル債務ニ付テハ債務者ノ費用ヲ以テ其爲シタルモノヲ除却シ且將來ノ爲メ適當ノ處分ヲ爲スコトヲ請求スルコトヲ得

前三項ノ現定ハ損害賠償ノ請求ヲ妨ケス

問　債務《さいむ》者《しや》が任意《にんい》に債務《さいむ》の履行《りかう》を爲さゞるときは債權者は如何《いか》にすべきや

答　債務《さいむ》者《しや》が任意《にんい》に債務《さいむ》の履行を爲さゞるとき即ち履行を爲すことを得《う》べくして之を爲さゞるときは債權者《さいけんしや》は其强制履行《そのきやうせいりかう》を裁判所《さいばんしよ》に請求《せいきう》することを得るものとす然れども債務《さいむ》の性質《せいしつ》が之を許《ゆる》さゞるとき例へば書畫《しよぐわ》を認《みと》むることを約《やく》したるに之を認《みと》めざるときの如きは强制履行《きやうせいりかう》を請求《せいきう》することを得ざるは當然《たうぜん》なり

債務《さいむ》の性質《せいしつ》が强制履行《きやうせいりかう》を許《ゆる》さゞる場合《ばあひ》に於て其債務が作爲を目的《もくてき》とするとき例《たと》へば家屋《かおく》の建築《けんちく》することを約《やく》したる場合《ばあひ》に於て之を建築《けんちく》せざるときは債權者《さいけんしや》は債務《さいむ》者《しや》の費用《ひよう》を以て第《だい》三者《しや》に即ち他の棟梁に之を爲さしむることを裁判所《さいばんしよ》に請求《せいきう》することを得《う》るものとす但し法律行爲《はふりつかうゐ》を目的《もくてき》とする債務《さいむ》に付ては裁判《さいばん》を以て債務《さいむ》者《しや》の意思表示《いしひやうじ》に代《か》ふることを得《う》べし

不作爲《ふさくゐ》を目的とする債務《さいむ》例《たと》へば庭園《ていゑん》の眺望《てうばう》を害《がい》もべき場所《ばしよ》に建物《たてもの》を建設《けんせつ》せざることを約《やく》したるに其約に背《そむ》きて家屋《かおく》を建設《けんせつ》し爲に庭園の眺望を害《がい》したるときの如きは債務《さいむ》者《しや》の費用《ひよう》を以て其爲したるもの即ち建設したる家屋を除却《ちよきやく》し且將來《かつしやうらい》再び約束《やくそく》に背《そむ》きて眺望《ちやうばう》を害すべき場所に建設《けんせつ》せしめざる爲め

適當《てきたう》の處分を為すことを請求《せいきう》することを得るものとす
以上三箇《か》の場合に於て損害賠償《そんがいばいしやう》の請求を妨《さまた》げざるものとす故に前項《ぜんかう》の請求と共に損害あるときは其損害《そんがい》の賠償《ばいしやう》をも請求《せいきう》することを得べし

第四百十五條　債務者カ其債務ノ本旨ニ從ヒタル履行ヲ為ササルトキハ債權者ハ其損害ノ賠償ヲ請求スルコトヲ得債務者ノ責ニ歸スヘキ事由ニ因リテ履行ヲ為スコト能ハサルニ至リタルトキ亦同シ

○債務者《さいむしや》が其債務の本旨《ほんし》に從《したが》ひたる履行《りかう》を為さゞるときは債權者《さいけんしや》は其損害《そんがい》の賠償《ばいしやう》を請求《せいきう》することを得べく又過失其他《くわしつそのた》の原因《げんいん》により債務者の責《せめ》に歸《き》すべき事由《じいう》に因《よ》りて履行《りかう》を為すこと能はざるに至りたるとき例《たと》へば甲に賣却《ばいきやく》したる時計《とけい》を賣主乙《ばいしゆおつ》が誤《あやま》て毀壞《きくわい》したるが為め給付《きうふ》すること能《あた》はざるとき又は甲に引渡さずして再《ふたゝ》び之を丙《へい》に賣り丙に給付したるときの如きも債權者は損害《そんがい》の賠償《ばいしやう》を請求《せいきう》することを得べし

第四百十六條　損害賠償ノ請求ハ債務ノ不履行ニ因リテ通常生スヘキ損害ノ賠償ヲ為サシムルヲ以テ其目的トス
特別ノ事情ニ因リテ生シタル損害ト雖モ當事者カ其事情ヲ豫見シ又ハ豫見スルコトヲ得ヘカリシトキハ債權者ハ其賠償ヲ請求スルコトヲ得

問《とひ》　損害賠償《そんがいばいしやう》の目的如何《もくてきいかん》

答《こたへ》　損害賠償の請求《せいきう》は債務《さいむ》の不履行《ふりかう》に因《よ》りて通常生《つうじやうしやう》ずべき損害例《そんがいたとへ》ば金壹万圓《まんゑん》を期日《きじつ》に辨濟《べんさい》せざる時の如きは爲に生じたる利足《りそく》の損失《そんしつ》の賠償《ばいしやう》を爲《な》さしむるを以て其目的《もくてき》とするものとす然れども特別《とくべつ》の事情《じじやう》に因《よ》りて生じたる損害と雖《いへど》も當事者《たうじしや》が其事情《そのじじやう》を豫見《よけん》し又は豫見することを得べかりしときは債權者《さいけんしや》は其賠償《ばいしやう》を請求《せいきう》することを得《う》べし

第四百十七條　損害賠償ハ別段ノ意思表示ナキトキハ金錢ヲ以テ其額ヲ定ム

問　損害賠償《そんがいばいしやう》は何《なに》を以て其額《そのがく》を定《さだ》むべきや

答　米《こめ》又は生糸《きいと》を以てと云ふが如く別段《べつだん》の意思表示《いしひやうじ》なきときは金錢《きんせん》を以て其額《そのがく》を定むるものとす

第四百十八條　債務ノ不履行ニ關シ債權者ニ過失アリタルトキハ裁判所ハ損害賠償ノ責任及ヒ其金額ヲ定ムルニ付キ之ヲ斟酌ス

問　裁判所《さいばんしよ》が損害賠償《そんがいばいしやう》の額《がく》を定むるに付き之を斟酌《しんしやく》することあるや

答　債務《しやうむ》の不履行《ふりかう》に關《くわん》し債權者《さいけんしや》に過失《くわしつ》ありたるときは裁判所は損害賠償の責任《せきにん》及び其金額《きんがく》を定むるに付き之を斟酌をべきものとす

第四百十九條　金錢ヲ目的トスル債務ノ不履行ニ付テハ其損害賠償ノ額ハ法定利率ニ依リテ之ヲ定ム但約定利率カ法定利率ニ超ユルトキハ約定利率ニ依ル

前項ノ損害賠償ニ付テハ債權者ハ損害ノ證明ヲ爲スコトヲ要セス又債務者ハ不可抗力ヲ以テ抗辯ト爲スコトヲ得ス

問　金錢《きんせん》を目的《もくてき》とする債務《さいむ》の不履行に付ては其賠償《そのばいしやう》の金額如何《きんがくいかん》

答　金錢を目的とする債務の不履行《ふりかう》に付ては其損害賠償《そんがいばいしやう》の額《がく》は法定利率《はふていりりつ》即《すなは》ち年《ねん》五分《ぶ》と定む然れども約《やく》定利率《ていりりつ》が法定利率《はふていりりつ》に超《こ》ゆるときは約定利率《やくていりりつ》に依《よ》て其額《そのがく》を定むるものとす

前項《ぜんかう》の損害賠償《そんがいばいしやう》に付ては債權者《さいけんしや》は損害《そんがい》の證明《しやうめい》を爲すことを要《えう》せず又債務者は不可抗力《ふかかうりよく》の爲に履行《りかう》することを能はざるを理由《りいう》として抗辨《かうべん》することを得ざるものとす

第四百二十條　當事者ハ債務ノ不履行ニ付キ損害賠償ノ額ヲ豫定スルコトヲ得
此場合ニ於テハ裁判所ハ其額ヲ增減スルコトヲ得ス
賠償額ノ豫定ハ履行又ハ解除ノ請求ヲ妨ケス
違約金ハ之ヲ賠償額ノ豫定ト推定ス

問　當事者《たうじしや》は賠償額《ばいしやうがく》を豫定《よてい》することを得《う》るや

答　當事者は債務《さいむ》の不履行《ふりかう》に付き損害賠償の額《がく》を豫定《よてい》することを得るものとす故に或る事《こと》を約《やく》するに當り此約束《このやくそく》に違背《ゐはい》したる者は損害賠償《そんがいばいしやう》として相手方《あひてかた》に金一万圓を支拂《しはら》ふべしと定めたるときの如《ごと》き事實《じじつ》一万圓《まんゑん》の損害を生《しやう》ぜざる場合《ばあひ》と雖も約束通《やくそくどほ》り請求《せいきう》することを得べく又裁判所は其豫定額《そのよていがく》を增減《ぞうげん》することを得ざるものとす

右《みぎ》賠償額《ばいしやうがく》を豫定《よてい》し置《お》きたる場合と雖も其債務《さいむ》の履行《りかう》又は契約《けいやく》の解除《かいぢよ》を請求することを得べし

世間《せけん》よく此契約《このけいやく》に背《そむ》きたるものは違約定《ゐやくてい》として云々と約《やく》するものあり而して其所謂《そのいはゆる》違約金《ゐやくきん》は之を賠《ばい》償額《しやうがく》の豫定《よてい》と推定《すいてい》するものとす

第四百二十一條　前條ノ規定ハ當事者カ金錢ニ非サルモノヲ以テ損害ノ賠償ニ充ツヘキ旨ヲ豫定シタル場合ニ之ヲ準用ス

○前條《ぜんでう》の規定《きてい》は當事者《たうじしや》が金錢に非《あら》ざるものを以て損害《そんがい》の賠償《ばいしやう》に充《み》つべき旨を豫定《よてい》したる場合《ばあひ》に之を準《じゆん》用《よう》するものとす

第四百二十二條　債權者カ損害賠償トシテ其債權ノ目的タル物又ハ權利ノ價額ノ全部ヲ受ケタルトキハ債務者ハ其物又ハ權利ニ付キ當然債權者ニ代位ス

○債權者《さいけんしや》が損害賠償《そんがいばいしやう》として其債權《そのさいけん》の目的《もくてき》たる物《もの》又は權利《けんり》の價額《かがく》の全部《ぜんぶ》を受《う》けたるときは債務者は其物《そのもの》又は權利《けんり》に付き當然《たうぜん》債權者に代位《だいゐ》するものとす

第四百二十三條　債權者ハ自己ノ債權ヲ保全スル爲メ其債務者ニ屬スル權利ヲ行フコトヲ得但債務者ノ一身ニ專屬スル權利ハ此限ニ在ラス

債權者ハ其債權ノ期限カ到來セサル間ハ裁判上ノ代位ニ依ルニ非サレハ前項ノ權利ヲ行フコトヲ得ス但保存行爲ハ此限ニ在ラス

問　債權者《さいけんしや》は債務者《さいむしや》に屬《ぞく》する權利《けんり》を行ふことを得るや

答　債權者は自巳《じこ》の債權《さいけん》を保全《ほぜん》する爲め必要《ひつよう》なる其債務者に屬《ぞく》する權利《けんり》を行ふことを得るものとす故に乙が期日に至り金五万圓を辨濟《べんさい》せざるときは其債權者たる甲は乙の權利《けんり》例《たと》へば乙《をつ》が丙《へい》に金五万圓を貸與《たいよ》し辨濟期日《べんさいきじつ》も經過《けいくわ》したるときの如き塲合《ばあひ》に於て乙の權利《けんり》を行ひて丙に辨濟の請求《せいきう》をなすことを得《う》べし然れども債務者《さいむしや》の一身《しん》に專屬《せんぞく》する權利《けんり》なるとき例へば婚姻相續等《こんいんさうぞくとう》の權利《けんり》なるときは之《これ》を行《おこな》ふことを得ざるものとす

問　債權《さいけん》の期限《きげん》到來《たうらい》せざるときは如何《いかん》

答　債權者《さいけんしや》は其債權の期限《きげん》が到來《たうらい》せざる間《あひだ》は裁判上《さいばんじやう》の代位《だいゐ》に依《よ》るにあらざれば前項《ぜんかう》の如《ごと》き權利《けんり》を行ふことを得ざるものとす但保存行爲《たゞしほぞんかうゐ》例《たと》へば他人《たにん》より債務者《さいむしや》に對《たひ》してなす所の辨濟を停止《ていし》するが如きは之を行ふことを得べし

第四百二十四條　債權者ハ債務者カ其債權者ヲ害スルコトヲ知リテ爲シタル法律行爲ノ取消ヲ裁判所ニ請求スルコトヲ得但其行爲ニ因リテ利益ヲ受ケタル者又ハ轉得者カ其行爲又ハ轉得ノ當時債權者ヲ害スヘキ事實ヲ知ラサリシトキハ此限ニ在ラス

前項ノ規定ハ財産權ヲ目的トセサル法律行爲ニハ之ヲ適用セス

問　債權者《さいけんしや》は債務者《さいむしや》の爲《な》したる法律行爲《はふりつかうゐ》の取消《とりけし》を裁判所《さいばんしよ》に請求《せいきう》することを得るや

答　左《さ》の三箇《か》の要件《えうけん》を具備《ぐび》するときは之《これ》が取消《とりけし》を請求《せいきう》することを得べし

一　財産權《ざいさんけん》を目的《もくてき》とする法律行爲《はふりつかうゐ》なること

二　其行爲は債權者《さいけんしや》を害《がい》することを知《し》りて之《これ》を爲《な》したること

三　其行爲《そのかうゐ》に因《よ》りて利益《りえき》を受《う》けたる者又は轉得者《てんとくしや》が其行爲《そのかうゐ》又は轉得《てんとく》の當時《たうじ》債權者《さいけんしや》を害《がい》すべきことを知《し》りたること

故に甲に一万圓の負債《ふさい》ある乙が甲に辨濟《べんさい》するを惜《をし》みて有金《ありがね》の全部《ぜんぶ》を丙《へい》に贈與《ぞうよ》し丙は其事情《このじじやう》を知《し》りて之《これ》を受《う》けたるとき又は甲《かう》に寶石《ほうせき》一箇《こ》を賣却《ばいきやく》すべきことを約《やく》したる乙が其寶石《そのほうせき》を丙《へい》に贈與《ぞうよ》し丙は其事情を知りて之を受《う》けたるときの如きは甲は裁判所《さいばんしよ》に請求して其贈與《ぞうよ》を取消《とりけ》さしむることを得るものとす

第四百二十五條　前條ノ規定ニ依リテ爲シタル取消ハ總債權者ノ利益ノ爲メニ其效力ヲ生ス

○前條《ぜんでう》の規定《きてい》に依《よ》りて爲《な》したる取消《とりけし》は總債權者《そうさいけんしや》の利益《りえき》の爲めに其効力《かうりよく》を生《しやう》ずるものとす

第四百二十六條　第四百二十四條ノ取消權ハ債權者カ取消ノ原因ヲ覺知シタル時ヨリ二年間之ヲ行ハサルトキハ時效ニ因リテ消滅ス行爲ノ時ヨリ二十年ヲ經過シタルトキ亦同シ

○第四百二十四條の取消權《とりけしけん》は債權者《さいけんしや》か取消《とりけし》の原因《げんいん》を覺知《かくち》したる時《とき》より二年間之《ねんかんこれ》を行《おこな》はざるときは時效《じかう》に因《よ》りて消滅《せうめつ》するものとす其行爲《そのかうゐ》の時《とき》より二十年を經過《けいくわ》したるとき亦然《またしか》り

第三節　多數當事者ノ債權

第一款　總　則

第四百二十七條　數人ノ債權者又ハ債務者アル場合ニ於テ別段ノ意思表示ナキトキハ各債權者又ハ各債務者ハ平等ノ割合ヲ以テ權利ヲ有シ又ハ義務ヲ負フ

問　債權者《さいけんしや》又は債務者《さいむしや》數人《すうにん》ある時《とき》は其權利《そのけんり》義務《ぎむ》の割合《わりあひ》は如何《いかん》

答　數人《すうにん》の債權者《さいけんしや》又は債務者《さいむしや》ある場合に於て別段《べんだん》の意思表示《いしひやうじ》なきときは各債權者《かくさいけんしや》又は各債務者は平等《びやうどう》の割合《わりあひ》を以て權利《けんり》を有し又は義務《ぎむ》を負《お》ふものとす故に三人にて三万圓を出金《しゆつきん》し之《これ》を他人《たにん》に貸與へたるとき又は三人にて三万圓を他人より借受《かりう》けたるときは別段《べつだん》の約束《やくそく》なき以上《いじやう》は一人にて一万圓を貸《かし》與《あた》へ又は一万圓を借受《かりう》けたるものと推定《すいてい》すべきものとす

第二款　不可分債務

第四百二十八條　債權ノ目的カ其性質上又ハ當事者ノ意思表示ニ因リテ不可分ナル場合ニ於テ數人ノ債權者アルトキハ各債權者ハ總債權者ノ爲メニ履行ヲ請求シ又債務者ハ總債權者ノ爲メ各債權者ニ對シテ履行ヲ爲スコトヲ得

問　債權《さいけん》の目的《もくてき》か其性質上不可分《そのせいしつじやうふかぶん》なる場合《ばあひ》とは如何《いか》なる場合なりや

答　地役《ちえき》の設定《せつてい》又は或る市府《しふ》に旅行《りよかう》することを目的としたるときの如《ごと》きは其性質上不可分《せいしつじやうふか》なる筋
り何となれば之等《これら》の場合《ばあひ》に於《お》ては全部《ぜんぶ》を履行《りかう》するか又は一分をも履行せざるかの一あるのみに

其一部分《ぶぶん》のみを履行《りかう》すること能《あた》はざるものなればなり

問　債權《さいけん》の目的《もくてき》が當事者《たうじしや》の意思表示《いしひやうじ》に因《よ》りて不可分《ふかぶん》なる塲合《ばあひ》とは如何《いか》なる塲合なりや

答　家屋《かおく》の建築《けんちく》を目的としたる債權の如《ごと》き然《しか》り建築は一分《ぶ》づゝ履行《りかう》することを得《う》るが故に性質上《せいしつじやう》に於《おい》ては可分《かぶん》なりと雖《いへど》も建築《けんちく》の所爲《しよゐ》其者《そのもの》を目的とするにあらずして一棟《むね》の家屋《かおく》を目的とするものなるが故《ゆゑ》に此塲合《このばあひ》に於《おい》ては當事者《たうじしや》の意思《いし》による不可分債權《ふかぶんさいけん》なり

問　前《ぜん》二箇《か》の塲合に於て數人《すにん》の債權者《さいけんしや》あるときは各債權者は總債權者《そうさいけんしや》の爲めに其履行《そのりかう》を請求し又債務者は總債權者の爲め各債權者《かくさいけんしや》に對《たい》して履行《りかう》をなすことを得《う》るか

答　履行をなすことを得べし

第四百二十九條　不可分債權者ノ一人ト其債務者トノ間ニ更改又ハ免除アリタル塲合ニ於テモ他ノ債權者ハ債務ノ全部ノ履行ヲ請求スルコトヲ得但其一人ノ債權者カ其權利ヲ失ハサレハ之ニ分與スヘキ利益ヲ債務者ニ償還スルコトヲ要ス

此他不可分債權者ノ一人ノ行爲又ハ其一人ニ付キ生シタル事項ハ他ノ債權者ニ對シテ其效力ヲ生セス

問　不可分債權者《ふかぶんさいけんしや》の一人《にん》と其債務者《そのさいむしや》との間《あひだ》に更改《かうかい》又は免除《めんぢよ》ありたるときは他《た》の債權者《さいけんしや》の債務者《さいむしや》との關《くわん》係如何《けいいかん》

答　不可分債權者《ふかぶんさいけんしや》の一人の其債務者《そのさいむしや》との間《あひだ》に更改《かうかい》又は免除《めんぢよ》ありたる場合《ばあひ》に於ても他《た》の債權者は債務《さいむ》の全部《ぜんぶ》の履行《りかう》を請求《せいきう》することを得《う》るものとす然《しか》れども更改《かうかい》又は免除《めんぢよ》したる一人の債權者が其權利《そのけんり》を失《うしな》はざれば之《これ》に分與《ぶんよ》すべき利益《りゑき》を債務者に償還《しやうくわん》すべきものとす

此他《このた》不可分《ふかぶん》債權者の一人の行爲《かうゐ》又は其一人に付《つ》き生《しやう》じたる事項《じかう》は他《た》の債權者に對《たい》して其効力《そのかうりよく》を生《しやう》ぜざるものとす

第四百三十條　數人カ不可分債務ヲ負擔スル場合ニ於テハ前條ノ規定及ヒ連帶債務ニ關スル規定ヲ準用ス但第四百三十四條乃至第四百四十條ノ規定ハ此限ニ在ラス

○數人《すうにん》が不可分債務《ふかぶんさいむ》を負擔《ふたん》せる場合《ばあひ》に於《おい》ては前條《ぜんでう》の規定及《きていおよ》び第四百三十四條乃至《ないし》第四百四十條の規定《きてい》を除《のぞ》く外連帶《ほかれんたい》債務に關《くわん》する規定《きてい》を準用《じゆんよう》せるものとす

第四百三十一條　不可分債務カ可分債務ニ變シタルトキハ各債權者ハ自己ノ部分ニ付テノミ履行ヲ請求スルコトヲ得又各債務者ハ其負擔部分ニ付テノミ履行ノ責ニ任ス

問《とひ》　不可分債務《ふかぶんさいむ》が可分債務《かさいむ》に變《へん》じたるときは如何《いかん》

答《こたへ》　此場合《このばあひ》に於《おい》ては各債權者《かくさいけんしや》は自己《じこ》の部分《ぶぶん》に付《つき》てのみ履行《りかう》を請求《せいきう》することを得《う》べく又各債務者《かくさいむしや》は其負《そのふ》擔部分《たんぶぶん》に付《つき》てのみ履行《りかう》の責《せめ》に任《にん》すべきものとす

第三款　連帶債務

第四百三十二條　數人カ連帶債務ヲ負擔スルトキハ債權者ハ其債務者ノ一人ニ對シ又ハ同時若クハ順次ニ總債務者ニ對シテ全部又ハ一部ノ履行ヲ請求スルコトヲ得

問　數人が連帶債務を負擔《ふたん》するときは債權者は何人《なんびと》に對《たい》して其債務《そのさいむ》の履行《りかう》を請求《せいきう》すべきや

答　數人《すうにん》が連帶債務《れんたいさいむ》を負擔するときは債權者《さいけんしや》は其債務者《そのさいむしや》の一人に對《たい》しても又は同時《どうじ》に總債務者《そうさいむしや》に對しても若《もし》くは甲乙丙丁《かうおつへいてい》と云《い》ふか如《ごと》く順次《じゆんじ》に總債務者《そうさいむしや》に對《たい》しても其欲《そのほつ》する所《ところ》に從《したが》ひ全部《ぜんぶ》又は一部の履行《りかう》を請求《せいきう》することを得《う》るものとす

第四百三十三條　連帶債務者ノ一人ニ付キ法律行爲ノ無效又ハ取消ノ原因ノ存スル爲メ他ノ債務者ノ債務ノ效力ヲ妨クルコトナシ

○連帶債務者《れんたいさいむしや》の一人に付法律行爲《つきはふりつかうゐ》の無効《むかう》又は取消《とりけし》の原因《げんいん》の存《そん》することあるも例《たと》へば法律行爲《はふりつかうゐ》の要素《えうそ》に錯誤《さくご》あるが爲に無効《むかう》なることと又は未成年者禁治産者《みせいねんしやきんちさんしや》なるが故《ゆゑ》に取消《とりけ》し得べきことあるもこれ等《ら》の原因《げんいん》なき他《た》の債務者《さいむしや》の債務の効力《かうりよく》を妨《さまた》ぐることなきものとす故《ゆゑ》に甲乙丙《かうおつへい》三人連帶《にんれんたい》して丁《てい》より金五千圓を借《か》り受《う》けたる場合《ばあひ》に於《おい》て甲《かう》は未成年者《みせいねんしや》なるが爲《ため》之を取消し得べきときと雖《いへど》も乙丙《おつへい》は其全金《そのぜんきん》を返濟《へんさい》するの義務《ぎむ》あるものとす

第四百三十四條　連帶債務者ノ一人ニ對スル履行ノ請求ハ他ノ債務者ニ對シテ

モ其効力ヲ生ス

○連帯債務者《れんたいさいむしや》の一人に對《たい》する履行《りかう》の請求《せいきう》は他の債務者に對しても其効力《そのかうりよく》を生《しやう》するものとす故《ゆゑ》に甲《かう》が乙《おつ》丙丁《へいてい》の三人より連帯借用証文《れんたいしやくようしやうもん》を取りて金三千圓を貸與《かしあた》へ其辨濟期日《そのべんさいきじつ》より將《まさ》に十年を經過《けいくわ》せんとするが故《ゆゑ》に乙《をつ》に對して其履行《そのりかう》を請求《せいきう》したるときは乙に對《たい》しては勿論丙丁《もちろんへいてい》に對しても時効中斷《じかうちうだん》の効力《かうりよく》を生《しやう》ずべし

第四百三十五條　連帯債務者ノ一人ト債權者トノ間ニ更改アリタルトキハ債權ハ總債務者ノ利益ノ爲メニ消滅ス

○連帯債務者《れんたいさいむしや》の一人と債權者《さいけんしや》との間《あひだ》に更改《かうかい》ありたるとき例《たと》へば甲乙丙《かうをつへい》の三人連帯《れんたい》して丁に家屋《かおく》を建築《けんちく》することを約《やく》したるに其後《そのゝち》に至《いた》り甲と丁と家屋《かおく》の建築《けんちく》に更《か》へて寶石《ほうせき》を贈與《ぞうよ》すべきことを約《やく》したるときの如《ごと》きは其前《そのぜん》の債權は總債務者《そうさいむしや》の爲めに消滅《せうめつ》するものとす

第四百三十六條　連帯債務者ノ一人カ債權者ニ對シテ債權ヲ有スル場合ニ於テ其債務者カ相殺ヲ援用シタルトキハ債權ハ總債務者ノ利益ノ爲メニ消滅ス
右ノ債權ヲ有スル債務者カ相殺ヲ援用セサル間ハ其債務者ノ負擔部分ニ付テノミ他ノ債務者ニ於テ相殺ヲ援用スルコトヲ得

問　連帯債務者《れんたいさいむしや》の一人債權者《さいけんしや》に對《たい》して相殺《あふさい》を援用《ゑんよう》したるときは其効果如何《そのかうくわいかん》

答　連帯債務者の一人が債權者《さいけんしや》に對して債權を有《いう》する場合《ばあひ》に於《おい》て其債務者《そのさいむしや》が相殺《あふさい》を援用《ゑんよう》したるとき例《たと》

へば乙丙丁連帯《れんたい》して金三千圓を甲より借受《かりう》け甲は又乙に對《たい》して金三千圓を辨濟《べんさい》する義務《ぎむ》ある場合《ばあひ》に於《おい》て甲《かう》が乙に貸金《かしきん》の全部《ぜんぶ》を請求《せいきう》したるに乙は之《これ》に答へて余《よ》の曩《さ》きに貸置《かしお》きたる三千圓と差引計算《さしひきけいさん》して双方無出入《さうはうむでいり》となすべしと言《い》ひたるときの如《ごと》きは甲の有《いう》する債權《さいけん》は乙に對《たい》しては勿論丙丁《もちろんへいてい》に對しても消滅《せうめつ》するものとす

問 債權《さいけん》を有《いう》する債務者《さいむしや》が相殺《あひさい》を援用《ゑんよう》せざるときは如何《いかん》

答 債權を有《いう》する債務者が相殺を援用せざるときは其債務者《そのさいむしや》の負擔部分《ふたんぶぶん》に付《つき》てのみ他《た》の債務者より相《あひ》殺《さい》を援用《ゑんよう》することを得るものとす

第四百三十七條 連帯債務者ノ一人ニ對シテ為シタル債務ノ免除ハ其債務者ノ負擔部分ニ付テノミ他ノ債務者ノ利益ノ為メニモ其效力ヲ生ス

問 連帯債務者《れんたいさいむしや》の一人に對《たい》して債務を免除《めんぢよ》したるときは其效果如何《そのかうくわいかん》

答 連帯債務者の一人に對して其債務《そのさいむ》を免除《めんぢよ》したるときは其債務者《そのさいむしや》の負擔部分《ふたんぶぶん》に付《つき》てのみ他《た》の債務者の利益《りえき》の為めにも其効力《そのかうりよく》を生ずるものとす

第四百三十八條 連帯債務者ノ一人ト債權者トノ間ニ混同アリタルトキハ其債務者ハ辨濟ヲ為シタルモノト看做ス

問 連帯債務者《れんたいさいむしや》の一人と債權者《さいけんしや》との間《あひだ》に混同《こんどう》ありたるときは其結果如何《そのけつくわいかん》

答 連帯債務者の一人と債權者との間《あひだ》に混同《こんどう》ありたるとき例《たと》へば債權者死亡《しばう》したるが為に債務者《さいむしや》の一

人其財產《そのざいさん》を相續《さうぞく》したる塲合《ばあひ》の如《ごと》きは其債務者は自巳《じこ》の部分《ぶぶん》のみ辨濟《べんさい》したるものと看做《みな》すものとす

第四百三十九條　連帶債務者ノ一人ノ爲メニ時效カ完成シタルトキハ其債務者ノ負擔部分ニ付テハ他ノ債務者モ亦其義務ヲ免ル

○連帶債務者《れんたい》の一人の爲めに時效《じかう》か完成《くわんせい》したるときは其債務者《そのさいむしや》の負擔部分《ふたんぶぶん》に付ては他《た》の債務者も亦其《またその》義務《ぎむ》を免《まぬが》るゝものとす

第四百四十條　前六條ニ揭ケタル事項ヲ除ク外連帶債務者ノ一人ニ付キ生シタル事項ハ他ノ債務者ニ對シテ其效力ヲ生セス

○前六條《ぜんでう》に揭《かゝ》げたる事項《じかう》を除《のぞ》く外連帶債務者《ほかれんたいさいむしや》の一人に付《つ》き生《しやう》じたる事項《じかう》は他《た》の債務者に對《たい》して其効力《そのかうりよく》を生《しやう》ぜざるものとす

第四百四十一條　連帶債務者ノ全員又ハ其中ノ數人カ破產ノ宣告ヲ受ケタルトキハ債權者ハ其債權ノ全額ニ付キ各財團ノ配當ニ加入スルコトヲ得

○連帶債務者《れんたいさいむしや》の全員《ぜんゐん》又は其中《そのうち》の數人《すうにん》が破產《はさん》の宣告《せんこく》を受《う》けたるときは債權者《さいけんしや》は其債權の全額《きんがく》に付各財《つきおのおのざい》團《だん》の配當《はいたう》に加入《かにふ》することを得るものとす

第四百四十二條　連帶債務者ノ一人カ債務ヲ辨濟シ其他自己ノ出捐ヲ以テ共同ノ免責ヲ得ルトキハ他ノ債務者ニ對シ其各自ノ負擔部分ニ付キ求償權ヲ有ス

前項ノ求償ハ辨濟其他免責アリタル日以後ノ法定利息及ヒ避クルコトヲ得サリ

シ費用其他ノ損害ノ賠償ヲ包含ス

問《とひ》　連帶債務《れんたいさいむ》者《しや》の一人が債務《さいむ》を辨濟《べんさい》したるときは他《た》の債務者との關係如何《くわんけいいかん》

答《こたへ》　連帶債務者の一人が債務《さいむ》を辨濟し其他自巳《そのたじこ》の出捐《しゆつえん》を以《もつ》て共同《きやうどう》の免責《めんせき》を得《え》たるときは他《た》の債務者《さいむしや》に對《たい》し其各自《そのかくじ》の負擔部分《ふたんぶぶん》に付《つ》き求償權《きうしやうけん》を有《いう》するものとす而《しか》して此求償《このきうしやう》は辨濟其他《べんさいそのた》免責《めんせき》ありたる日以後《ひいご》の法定利息《はふていりそく》及《およ》び避《さ》くることを得《え》ざりし費用其他《ひようそのた》の損害《そんがい》の賠償《ばいしやう》をも包含《はうがん》するものとす

第四百四十三條　連帶債務者ノ一人カ債權者ヨリ請求ヲ受ケタルコトヲ他ノ債務者ニ通知セスシテ辨濟ヲ爲シ其他自己ノ出捐ヲ以テ共同ノ免責ヲ得タル場合ニ於テ他ノ債務者カ債權者ニ對抗スルコトヲ得ヘキ事由ヲ有セシトキハ其負擔部分ニ付キ之ヲ以テ其債務者ニ對抗スルコトヲ得但相殺ヲ以テ之ニ對抗シタルトキハ過失アル債務者ハ債權者ニ對シ相殺ニ因リテ消滅スヘカリシ債務ノ履行ヲ請求スルコトヲ得

連帶債務者ノ一人カ辨濟其他自己ノ出捐ヲ以テ共同ノ免責ヲ得タルコトヲ他ノ債務者ニ通知スルコトヲ怠リタルニ因リ他ノ債務者カ善意ニテ債權者ニ辯濟ヲ爲シ其他有償ニ免責ヲ得タルトキハ其債務者ハ自己ノ辯濟其他免責ノ行爲ヲ有效ナリシモノト看做スコトヲ得

問　連帶債務《れんたいさいむ》者《しや》の一人《にん》が債權者《さいけんしや》より請求《せいきう》を受《う》けたることを他《た》の債務者《さいむしや》に通知《つうち》せずして辨濟《べんさい》したるとき

は其結果如何《そのけつくわいかん》

答　連帶《れんたい》債務者の一人が債權者より請求《せいきう》を受けたることを他《た》の債務者に通知《つうち》せずして辨濟《べんさい》を爲し其他《そのた》自巳《じこ》の出捐《しゆつえん》を以《もつ》て共同《きやうどう》の免責《めんせき》を得《え》たる場合《ばあひ》に於《おい》て他の債務者が債權者《さいけんしや》に對抗《たいかう》することを得べき事由《じいう》を有《いう》せしときは其負擔部分《そのふたんぶぶん》に付き之《これ》を以《もつ》て其債務者《そのさいむしや》に對抗《たいかう》することを得《う》べし故《ゆゑ》に甲乙丙《かうおつへい》の三人連帶《れんたい》して丁《てい》より金三千圓を借用《しやくよう》し千圓宛分配《づゝぶんぱい》して費消《ひせう》したるに辨濟期限《べんさいきげん》に至《いた》り丁《てい》より甲《かう》に辨濟《べんさい》すべきことを請求《せいきう》し甲《かう》は之《これ》を乙丙《おつへい》に通知《つうち》せずして金三千圓を辨濟《べんさい》したるときの如《ごと》き又は之《これ》を辨濟《べんさい》すること能《あた》はざるが故《ゆゑ》に甲より差入置《さしいれお》きたる擔保品《たんぽひん》の所有權《しよいうけん》を貸主《かしぬし》に移轉《いてん》して其義務《そのぎむ》を免《まぬが》れたるときの如《ごと》きは前條《ぜんでう》により乙丙の二人に對《たい》し其負擔額《そのふたんがく》千圓宛《づゝ》を要求《ようきう》することを得《う》べき理《り》なり然《しか》るに乙又は丙が其債《そのさい》務《む》に付《つ》き債權者《さいけんしや》に對抗《たいかう》することを得べき事由《じいう》を有《いう》せしとき例《たと》へば債權者が既《さき》に乙に對して其負擔額《そのふたんがく》を免除《めんぢよ》したるときの如《ごと》きは乙は貸主丁《かしぬしてい》に對《たい》して其負擔額千圓を支拂《しはら》ふの義務《ぎむ》なきものなり然《しか》るに甲此事《このこと》を知《し》らず又乙丙に其旨《そのむね》を通知《つうち》せずして勝手《かつて》に貸主《かしぬし》に辨濟《べんさい》したるときの如《ごと》きは乙は甲に對し自己《じこ》の負擔額《ふたんがく》は既《さ》きに免除《めんぢよ》を得《え》たるが故に更《さら》に辨償《べんしやう》するの義務《ぎむ》なき旨《むね》を主張《しゆちやう》することを得《う》べし

又前例《またぜんれい》の場合《ばあひ》に於《おい》て乙《おつ》が貸主丁《かしぬしてい》に千圓の貸金《かしきん》あるが故に丁に支拂《しはら》ふべき自巳《じこ》の負擔額《ふたんがく》千圓は丁《てい》に貸《か》し置《お》きたる千圓と相殺《あひさい》すべし故に甲に辨償《べんさい》することを得《え》ずと云《い》ふが如く相殺《あひさい》を以《もつ》て對抗《たいかう》したるときは過失《くわしつ》ある債務者即《さいむしやすなは》ち乙丙に通知《つうち》せずして支拂《しはら》ひたる甲は債權者《さいけんしや》丁に對し相殺《あひさい》に因《よ》りて消滅《せうめつ》すべかりし債務即《すなは》ち乙《おつ》に對《たい》して千圓を返濟《へんさい》すべき債務《さいむ》の履行《りかう》を請求《せいきう》することを得《う》るものとす

又連帶債務《またれんたいさいむ》者《しや》の一人が辨濟其他《べんさいそのた》自已《じこ》の出捐《しゆつえん》を以《もつ》て共同《きやうどう》の免責《めんせき》を得たることを他《た》の債務者《さいむしや》に通知《つうち》することを怠《おこた》りたるにより他《た》の債務者が之《これ》を知《し》らずして辨濟《べんさい》を爲《な》し其他《そのた》有償《いうしやう》に免責《めんせき》を得たるときは其債《そのさい》務《む》者《しや》は自已《じこ》の辨濟其他《べんさいそのた》免責《めんせき》の行爲《かうゐ》を有効《いうかう》なりしものと看做《みな》すことを得るものとす

第四百四十四條　連帶債務者中ニ償還ヲ爲ス資力ナキ者アルトキハ其償還スルコト能ハサル部分ハ求償者及ヒ他ノ資力アル者ノ間ニ其各自ノ負擔部分ニ應シテ之ヲ分割ス但求償者ニ過失アルトキハ他ノ債務者ニ對シテ分擔ヲ請求スルコトヲ得ス

問　連帶債務者中《れんたいさいむしやちう》に償還《しやうくわん》の爲《な》す資力《しりよく》なき者《もの》あるときは如何《いか》にすべきや

答《こたへ》　連帶債務者中に償還《しやうくわん》の爲す資力なき者あるときは其償還《そのしやうくわん》することは能《あた》はざる部分《ぶぶん》は求償者及《きうしやうしやおよ》び他《た》の資力《しりよく》ある者《もの》の間《あひだ》に其各自《そのかくじ》の負擔部分《ふたんぶぶん》に應《おう》じて之《これ》を分割《ぶんくわつ》すべきものとす例《たと》へば甲乙丙三人にて金六千五百圓を借《か》り受《う》け甲は三千圓乙《をつ》は二千圓丙《へい》は一千五百圓を費消《ひせう》したる後《のち》甲一人にて六千五百圓を返濟《へんさい》したるときは甲は乙に對《たい》しては二千圓丙に對《たい》しては一千五百圓を辨償《べんしやう》すべきことを求《もと》むることを得《う》べし然《しか》るに丙者無資力《へいしやひしりよく》にして五百圓丈《だけ》より辨償《べんしやう》せざるときは殘《のこり》千圓は甲乙二人にて其負擔額《そのふたんがく》の割合《わりあひ》に應《おう》じ甲は六百圓乙は四百圓を負擔《ふたん》せざるべからず故に此場合《このばあひ》に於《おい》ては甲は乙に二千圓の外《ほか》に尚《な》は四百圓を請求《せいきう》することを得《う》べし但《たゞ》し求償者《きうしやうしや》即《すなは》ち甲《かう》に過失《くわしつ》あるとき例《たと》へば他《た》の債務者に通知《つうち》せずして辨濟《べんさい》したるが爲《ため》に丙《へい》が債權者《さいけんしや》に對抗《たいかう》することを得《う》べき事由《じいう》あることを理由《りいう》として甲に對抗《たいかう》し

たるときの如《ごと》きは甲は乙に其分擔《そのぶんたん》を請求《せいきう》することを得《え》ざるものとす

第四百四十五條　連帶債務者ノ一人カ連帶ノ免除ヲ得タル場合ニ於テ他ノ債務者中ニ辨濟ノ資力ナキ者アルトキハ債權者ハ其無資力者カ辨濟スルコト能ハサル部分ニ付キ連帶ノ免除ヲ得タル者カ負擔スヘキ部分ヲ負擔ス

問　連帶債務者《れんたいさいむしや》の一人が連帶《れんたい》の免除《めんぢよ》を得《え》たる場合《ばあひ》に於《おい》て他《た》の債務者中《さいむしやちう》に辨濟《べんさい》の資力《しりよく》なき者《もの》あるときは如何《いか》にすべきや

答　此場合《このばあひ》に於《おい》ては債權者《さいけんしや》は其無資力者《そのむしりよくしや》が辨濟《べんさい》することを能《あた》はざる部分《ぶぶん》に付《つ》き連帶《れんたい》の免除《めんぢよ》を得《え》たる者《もの》が負擔《ふたん》すべき部分《ぶぶん》を負擔するものとす例《たと》へば甲乙丙丁の四人連帶《れんたい》して銀行《ぎんかう》より金六千圓を借受《かりう》け四人の間《あひだ》に一千五百圓宛配分《づゝぶんぱい》し後《の》ち甲其免除《そのめんぢよ》を得乙一人にて四千五百圓を辨濟《べんさい》し丙に其負擔額《ふたんがく》一千五百圓に請求《せいきう》したるも無資力《むしりよく》なるが爲め其辨償《そのべんしやう》を受くることを能《あた》はざるときは之《これ》を三分《ぶん》し其一分は乙之《これ》を負擔《ふたん》し他《た》の一分は丁之を負擔し殘《のこ》の一分は甲之を負擔すべき筈《はづ》なれども甲は曩《さき》に其負擔額《そのふたんがく》の免除《めんぢよ》を得《え》たるが故《ゆゑ》に甲の負擔《ふたん》すべき部分《ぶぶん》は甲に免除《めんぢよ》を與《あた》へたる銀行《ぎんかう》に於《おい》て負擔すべきものとす故に丙《へい》は丁より一千五百圓の外《ほか》に五百圓を得《え》又銀行《ぎんかう》より五百圓を受《う》くることを得べし

第四款　保證債務

第四百四十六條　保證人ハ主タル債務者カ其債務ヲ履行セサル場合ニ於テ其履行ヲ爲ス責ニ任ス

問《とひ》　保証人《ほしやうにん》の義務《ぎむ》如何《いかん》

答《こたへ》　保証人は主《しゆ》たる債務者《さいむしや》が其債務を履行《りかう》せざる場合《ばあひ》に於《おい》て其履行《そのりかう》を為《な》す責《せめ》に任《にん》するものとす

第四百四十七條　保證債務ハ主タル債務ニ關スル利息、違約金、損害賠償其他總テ其債務ニ從タルモノヲ包含ス

保證人ハ其保證債務ニ付テノミ違約金又ハ損害賠償ノ額ヲ約定スルコトヲ得

○保証債務《ほしやうさいむ》の中《うち》には主《しゆ》たる債務に關《くわん》する利息《りそく》、違約金《ゐやくきん》、損害賠償其他《そんがいばいしやうそのた》總《すべ》て其債務に從《したが》ひたるものをも包含《はうがん》するものとす

保証人《ほしやうにん》は其保証債務《そのほしやうさいむ》に付《つ》てのみ違約金《ゐやくきん》又は損害賠償《そんがいばいしやう》の額《がく》を約定《やくてい》することを得《う》るものとす

第四百四十八條　保証人ノ負擔カ債務ノ目的又ハ體樣ニ付キ主タル債務ヨリ重キトキハ之ヲ主タル債務ノ限度ニ減縮ス

問　保証人《ほしやうにん》の負擔《ふたん》か債務の目的《もくてき》又は体樣《たいやう》に付き主《しゆ》たる債務《さいむ》より重《おも》きときは如何《いかん》

答　保証人《ほしやうにん》の負擔か債務《さいむ》の目的又は体樣に付き主《しゆ》たる債務より重《おも》きとき例《たと》へば債務《さいむ》の目的《もくてき》が家屋《かおく》一棟《ひとむね》を建築《けんちく》そるに在《あ》る場合《ばあひ》に於て保証人が二棟《ふたむね》の建築《けんちく》を保証《ほしやう》したるとき又は可分《かぶん》の債務を不可分《ふかぶん》として保証したるときの如《ごと》きは之《これ》を主《しゆ》たる債務の限度《げんど》に減縮《げんしゆく》すべきものとす

第四百四十九條　無能力ニ因リテ取消スコトヲ得ヘキ債務ヲ保証シタル者カ保証契約ノ當時其取消ノ原因ヲ知リタルトキハ主タル債務者ノ不履行又ハ其債務

ノ取消ノ場合ニ付キ同一ノ目的ヲ有スル獨立ノ債務ヲ負擔シタルモノト推定ス

問　無能力《むのうりよく》に因《よ》りて取消《とりけ》すことを得《う》べき債務《さいむ》を保証《ほしやう》したる時《とき》は其効果《そのかうくわ》如何

答　無能力《むのうりよく》に因《よ》りて取消すことを得べき債務例《たと》へば未成年者《みせいねんしや》より他人《たにん》より金錢《きんせん》を借用《しやくよう》するに當《あた》り之《これ》が保証人《ほしやうにん》となりたる者《もの》は保証人となるの當時《たうじ》其取消《そのとりけし》の原因《げんいん》を知《し》りたるとき即《すなは》ち未成年者《みせいねんしや》なることを知《し》りたるときは主《しゆ》たる債務者《さいむしや》の不履行《ふりかう》又は其債務《そのさいむ》の取消《とりけし》の場合に付き同《どう》一の目的《もくてき》を有《いう》する獨立《どくりつ》の債務即《すなは》ち保証人《ほしやうにん》となりたるものが獨立《どくりつ》して自《みづか》ら金錢《きんせん》を借用《しやくよう》したるものと推定《すゐてい》するものとす

第四百五十條　債務者カ保証人ヲ立ツル義務ヲ負フ場合ニ於テハ其保證人ハ左ノ條件ヲ具備スル者タルコトヲ要ス

一　能力者タルコト

二　辨濟ノ資力ヲ有スルコト

三　債務ノ履行地ヲ管轄スル控訴院ノ管轄內ニ住所ヲ有シ又ハ假住所ヲ定メタルコト

保證人カ前項第二號又ハ第三號ノ條件ヲ缺クニ至リタルトキハ債權者ハ前項ノ條件ヲ具備スル者ヲ以テ之ニ代フルコトヲ請求スルコトヲ得

前二項ノ規定ハ債權者カ保證人ヲ指名シタル場合ニハ之ヲ適用セス

問《とひ》　債務者《さいむしや》が保證人《ほしやうにん》を立《た》つる義務《ぎむ》を負《お》ひたるときは如何《いか》なる保證人《ほしやうにん》を立《た》つべきや

答　債務者《さいむしや》が保證人《ほしやうにん》を立《た》つる義務《ぎむ》を負《お》ひたるとき例《たと》へば後日《ごじつ》保證人を立《た》つることを約《やく》して金圓《きんきん》を借用《しやくよう》したる如《ごと》き場合《ばあひ》に於《お》ては其《その》保證人《しやうにん》は左《き》の條件《でうけん》を具備《ぐび》せる者《もの》たることを要《えう》す

一　能力者《のうりよくしや》たること

二　辨濟《べんさい》の資力《しりよく》を有《いう》すること

三　債務《さいむ》の履行地《りかうち》を管轄《くわんかつ》する控訴院《こうそゐん》の管轄内《くわんかつない》に住所《ぢうしよ》を有《いう》し又は假住所《かりぢうしよ》を定《さだ》めたること

右《みぎ》の條件《でうけん》を具備《ぐび》する保證人を立《た》てたる後《のち》其保證人が第《だい》二第《だい》三の條件《でうけん》を欠《か》くに至《いた》りたるとき即《すなは》ち破《は》産《さん》其他《そのた》の事故《じこ》により辨濟《べんさい》の資力《しりよく》を有《いう》せざるに至《いた》りたるか又は他《た》の管轄《くわんかつ》に移轉《いてん》して債務の履行地《りかうち》を管《くわん》轄《かつ》する控訴院《こうそゐん》の管轄内《くわんかつない》に住所《ぢうしよ》又は假住所《かりぢうしよ》を有《いう》せざるに至《いた》りたるときは債權《さいけん》は前項《ぜんかう》の條件《でうけん》の具備《ぐび》する者《もの》を以《もつ》て之に代《か》ふることを請求《せいきう》することを得《う》るものとす然《しか》れども前《ぜん》二項《かう》の規定《きてい》の債權者《さいけんしや》が保證人《ほしやうにん》を指名《しめい》したる場合《ばあひ》には之《これ》を適用《てきよう》せざるものとす

第四百五十一條　債務者カ前條ノ條件ヲ具備スル保證人ヲ立ツルコト能ハサルトキハ他ノ擔保ヲ供シテ之ニ代フルコトヲ得

問　債務者《さいむしや》が前條《ぜんでう》の條件《でうけん》を具備《ぐび》する保證人を立《た》つること能《あた》はざるときは如何《いかゞ》すべきや

答　此《こ》の場合《ばあひ》に於《おい》ては相當《さうたう》の擔保《たんぽ》を供《きやう》して保證人《ほしやうにん》に代《か》ふることを得《う》るものとす

第四百五十二條　債務者カ保證人ニ債務ノ履行ヲ請求シタルトキハ保證人ハ先「ツ主タル債務者ニ催告ヲ爲スヘキ旨ヲ請求スルコトヲ得但主タル債務者カ破産

ノ宣告ヲ受ケ又ハ其行方カ知レサルトキハ此限ニ在ラス

○債權者《さいけんしや》が保證人《ほしやうにん》に對《たい》して債務《さいむ》の履行《りかう》を請求《せいきう》したるときは保證人は主《しゆ》たる債務者《さいむしや》が破産《はさん》の宣告《せんこく》を受《う》けたるとき又《また》は其行方《そのゆきかた》が知《し》れざる場合《ばあひ》の外《ほか》は先《ま》づ主《しゆ》たる債務者《さいむしや》に催告《さいこく》を爲《な》すべき旨《むね》を請求《せいきう》することを得《う》るものとす

第四百五十三條　債權者カ前條ノ規定ニ從ヒ主タル債務者ニ催告ヲ爲シタル後ト雖モ保證人カ主タル債務者ニ辨濟ノ資力アリテ且執行ノ容易ナルコトヲ證明シタルトキハ債權者ハ先ツ主タル債務者ノ財産ニ付キ執行ヲ爲スコトヲ要ス

○債權者《さいけんしや》が前條《ぜんでう》の規定《きてい》に從《したが》ひ主《しゆ》たる債務者《さいむしや》に催告《さいこく》を爲《な》したる後《のち》と雖《いへど》も保證人《ほしやうにん》が主《しゆ》たる債務者《さいむしや》に辨濟《べんさい》の資力《しりよく》ありて且執行《かつしつかう》の容易《ようい》なることを證明《しようめい》したるときは債權者は先《ま》づ主《しゆ》たる債務《さいむ》の財産《ざいさん》に付《つ》き執行《しつかう》を爲《な》し尚《なほ》は不足《ふそく》ある時始《ときはじ》めて保證人《ほしようにん》に請求《せいきう》をべきものとす

第四百五十四條　保證人カ主タル債務者ト連帶シテ債務ヲ負擔シタルトキハ前二條ニ定メタル權利ヲ有セス

○保證人《ほしようにん》か主《しゆ》たる債務者《さいむしや》と連帶《れんたい》して債務を負擔《ふたん》したるときは前《ぜん》二條《でう》に定《さだ》めたる權利《けんり》を有《いう》せざるものとす

第四百五十五條　第四百五十二條及ヒ第四百五十三條ノ規定ニ依リ保證人ノ請求アリタルニ拘ハラス債權者カ催告又ハ執行ヲ爲スコトヲ怠リ其後主タル債務

者ヨリ全部ノ辨濟ヲ得サルトキハ保證人ハ債權者カ直チニ催告又ハ執行ヲ爲セハ辨濟ヲ得ヘカリシ限度ニ於テ其義務ヲ免ル

○第《だい》四百五十二條及《でうおよ》び第四百五十三條の規定《きてい》に依《よ》り保證人の請求《せいきう》ありたるに拘《かゝ》はらず債權者《さいけんしや》が催告又《さいこくまた》は執行《しつかう》を爲すことを怠《おこた》り其後主たる債《さい》務者《しや》より全部《ぜんぶ》の辨濟《べんさい》を得《う》ざるときは保證人は債權者が直《たゞ》ちに催《さい》告《こく》又は執行《しつかう》を爲せば辨濟《べんさい》を得《う》べかりし限度《げんど》に於《おい》て其義務《そのぎむ》を免《まぬか》るゝものとす例《たと》へば甲《かう》が乙《おつ》を保證人として丙《へい》より金五千圓を借《か》り受《う》けたる場合《ばあひ》に於て辨濟期日《べんさいきじつ》に辨濟《べんさい》せざるが爲め保證人《ほしやうにん》たる乙に請求《せいきう》したるに乙は負《ふ》債主《さいしゆ》たる甲に參千圓の無記名公債《むきめいこうさい》あるが故に先《ま》づ之を差押《さしおさ》ふべし債權者《さいけんしや》に請求したるも債權者丙は之《これ》を爲すことを怠《おこた》り徒《いたづ》らに時日《じじつ》を經過《けいくわ》する間《あひだ》甲其無記名公債《むきめいこうさい》を他人《たにん》に賣却《ばいきやく》し其代金《そのだいきん》を費消《ひせう》し爲《ため》に毫《がう》も債權者に辨濟《べんさい》すること能《あた》はざるに至《いた》りたるときは保證人《ほしやうにん》は債權者が直《たゞ》ちに執行《しつかう》を爲せば辨濟を得《う》べかりし限度《げんど》即《すなは》ち三千圓又は其義務《そのぎむ》を免《まぬか》るゝものとす若《も》し右《みぎ》の場合《ばあひ》に於《お》ける金額《きんがく》が五千圓以上《いじやう》なるときは保證人《ほしやうにん》は全《まつた》く其義務《そのぎむ》を免《まぬか》るゝものとす

第四百五十六條　數人ノ保證人アル場合ニ於テハ其保證人カ各別ノ行爲ヲ以テ債務ヲ負擔シタルトキト雖モ第四百二十七條ノ規定ヲ適用ス

問　數人《すうにん》の保證人ある時《とき》は其保證人《そのほしようにん》は連帶《れんたい》して責《せめ》に任《にん》すべきや

答《こたへ》　數人の保證人ある場合《ばあひ》に於ては始《はじ》めより數人《すうにん》にて保證したる場合は固《もと》より順次各別《じゆんじかくべつ》に保證の債務《さいむ》を負擔《ふたん》したる場合と雖《いへど》も別段《べつだん》の約束《やくそく》なきときは平等《べうどう》の割合《わりあひ》を以《もつ》て其債務を負擔《ふたん》するものとす故《ゆゑ》に五

人にて五千圓の債務《さいむ》を保證《ほしよう》したるときは一人にて五千圓を負擔《ふたん》するにあらずして千圓宛《づゝ》を負擔《ふたん》するものとす

第四百五十七條　主タル債務者ニ對スル履行ノ請求其他時效ノ中斷ハ保證人ニ對シテモ其效力ヲ生ス

保證人ハ主タル債務者ノ債權ニ依リ相殺ヲ以テ債權者ニ對抗スルコトヲ得

問《とひ》　主《しゆ》たる債務者《さいむしや》に對《たい》する履行《りかう》の請求其他時效《せいきうそのたじかう》の中斷《ちうだん》は保證人に對《たい》しても其效力《そのかうりよく》を生《しやう》ずるや

答　曰《いは》く然《しか》り故に主《しゆ》たる債務が時效《じかう》によりて消滅《せうめつ》するときは從《じゆう》たる保證の債務《さいむ》も消滅《せうめつ》すべきこと當然《たうぜん》なると等《ひと》しく主《しゆ》たる債務に對《たい》する時效中斷《じかうちうだん》せられたるときは保證人《ほしようにん》に對しても中斷《ちうだん》の效力《かうりよく》を生《しやう》ずるものとす

問　保證人《ほしようにん》は主《しゆ》たる債務者《さいむしや》の債權《さいけん》に依《よ》り相殺を以て債權者に對抗《たいかう》することを得るや

答《こたへ》　對抗《たいかう》することを得《う》べし

第四百五十八條　主タル債務者カ保證人ト連帶シテ債務ヲ負擔スル場合ニ於テハ第四百三十四條乃至第四百四十條ノ規定ヲ適用ス

○主《しゆ》たる債務者《さいむしや》が保證人《ほしようにん》と連帶《れんたい》して債務を負擔《ふたん》する場合《ばあひ》に於《おい》ては第《だい》四百三十四條乃至《でうないし》第《だい》四百四十條《でう》の規定《きてい》を適用《てきよう》するものとす

第四百五十九條　保證人カ主タル債務者ノ委託ヲ受ケテ保證ヲ爲シタル場合ニ

於テ過失ナクシテ債權者ニ辨濟スヘキ裁判言渡ヲ受ケ又ハ主タル債務者ニ代ハリテ辨濟ヲ爲シ其他自己ノ出捐ヲ以テ債務ヲ消滅セシムルヘキ行爲ヲ爲シタルトキハ其保證人ハ主タル債務者ニ對シテ求償權ヲ有ス

第四百四十二條第二項ノ規定ハ前項ノ場合ニ之ヲ準用ス

問 保證人《ほしようにん》が主たる債務者《さいむしや》の委託《ゐたく》を受《う》けて保證を爲《な》したるときは主《しゆ》たる債權者《さいけんしや》との關係如何《くわんけいいかん》

答 保證人が主《しゆ》たる債務者の委託《ゐたく》を受けて保證《ほしよう》を爲したる場合《ばあひ》に於《お》て過失《くわしつ》なくして債權者に辨濟《べんさい》すべき裁判言渡《さいばんいひわたし》を受け又は主《しゆ》たる債務者に代《か》はりて辨濟《べんさい》を爲《な》し其他自己《そのたじこ》の出捐《しゆつえん》を以《もつ》て債務を消滅《せうめつ》せし、べき行爲《かうゐ》を爲《な》したるときは其保證人《そのほしようにん》は主たる債務者に對《たい》して求償權《きうしやうけん》を有《いう》するものとす
第《だい》四百四十二條第《でうだい》二項《かう》の規定《きてい》は前項《ぜんかう》の場合《ばあひ》に之《これ》を準用《じゆんよう》するものとす

第四百六十條 保證人カ主タル債務者ノ委託ヲ受ケテ保証ヲ爲シタルトキハ其保證人ハ左ノ場合ニ於テ主タル債務者ニ對シテ豫メ求償權ヲ行フコトヲ得

一 主タル債務者カ破産ノ宣告ヲ受ケ且債權者カ其財團ノ配當ニ加入セサルトキ

二 債務ノ辨濟期ニ在ルトキ但保証契約ノ後債權者カ主タル債務者ニ許與シタル期限ハ之ヲ以テ保證人ニ對抗スルコトヲ得ス

三 債務ノ辨濟期カ不確定ニシテ且其最長期ヲモ確定スルコト能ハサル場合

ニ於テ保證契約ノ後十年ヲ經過シタルトキ

問　保證人《ほしようにん》は主《しゆ》たる債務者《さいむしや》に對《たい》して豫《あらかじ》め求償權《きうしやうけん》を行《おこな》ふことを得《う》るや

答　保證人が主《しゆ》たる債務者の委託《ゐたく》を受《う》けて保證を爲《な》したるときは其保證人《そのほしようにん》は左《さ》の場合《ばあひ》に於《おい》て主たる債《さい》務者《むしや》に對《たい》し豫《あらかじ》め求償權《きうしやうけん》を行《おこな》ふことを得るものとす

一　主《しゆ》たる債務者が破産《はさん》の宣告《せんこく》を受け且債權者《かつさいけんしや》が其財團《そのさいだん》の配當《はいたう》に加入《かにふ》せざるとき

二　債務《さいむ》が辨濟期《べんさいき》に在《あ》るとき但保證契約《たゞしほしようけいやく》の後《のち》債權者が主《しゆ》たる債務者に許與《きよ》したる期限《きげん》あるも之《これ》を以《もつ》て保證人に對抗《たいかう》することを得《え》ざるものとす

三　債務《さいむ》の辨濟期《べんさいき》が不確定《ふかくてい》にして且其最長期《かつそのさいちやうき》をも確定《かくてい》すること能《あた》はざる場合《ばあひ》に於《おい》て保證契約《ほしようけいやく》の後《のち》十年《ねん》を經過《けいくわ》したるとき

第四百六十一條　前二條ノ規定ニ依リ主タル債務者カ保證人ニ對シテ賠償ヲ爲ス場合ニ於テ債權者カ全部ノ辨濟ヲ受ケサル間ハ主タル債務者ハ保証人ヲシテ擔保ヲ供セシメ又ハ之ニ對シテ自己ニ免責ヲ得セシムヘキ旨ヲ請求スルコ得

右ノ場合ニ於テ主タル債務者ハ供託ヲ爲シ、擔保ヲ供シ又ハ保證人ニ免責ヲ得セシメテ其賠償ノ義務ヲ免ルルコトヲ得

○前二條《ぜんじでう》の規定《きてい》に依《よ》り主《しゆ》たる債務者《さいむしや》が保證人《ほしようにん》に對《たい》して賠償《ばいしやう》を爲《な》す場合《ばあひ》に於《おい》て債權者《さいけんしや》が保證人《ほしようにん》より全部《ぜんぶ》

の辨濟《べんさい》を受《う》けざる間《あひだ》は主《しゆ》たる債務者《さいむしや》は保證人《ほしようにん》をして擔保《たんぽ》を供《きやう》せしめ又は之に對《たい》して自己《じこ》に免責《めんせき》を得《う》こしむべき旨《むね》を請求《せいきう》することを得《う》るものとす

右《みぎ》の場《ば》合《あひ》に於て主たる債務者は供託《きやうたく》を爲し、擔保《たんぽ》を供《きやう》し又は保證人に免責《めんせき》を得せしめて其賠償《そのばいしやう》の義務《ぎむ》を免《まぬが》るゝことを得べし

第四百六十二條　主タル債務者ノ委託ヲ受ケスシテ保證ヲ爲シタル者カ債務ヲ辨濟シ其他自己ノ出捐ヲ以テ主タル債務者ニ其債務ヲ免レシメタルトキハ主タル債務者ハ其當時利益ヲ受ケタル限度ニ於テ賠償ヲ爲スコトヲ要ス

主タル債務者ノ意思ニ反シテ保證ヲ爲シタル者ハ主タル債務者カ現ニ利益ヲ受クル限度ニ於テノミ求償權ヲ有ス但主タル債務者カ求償ノ日以前ニ相殺ノ原因ヲ有セシコトヲ主張スルトキハ保證人ハ債權者ニ對シ其相殺ニ因リテ消滅スヘカリシ債務ノ履行ヲ請求スルコトヲ得

問　委託《ゐたく》を受《う》けず又は其意思《そのいし》に反して保證を爲《な》したるものと債務者《さいむしや》との關係如何《くわんけいいかん》

答　主《しゆ》たる債務者の委託《ゐたく》を受けずして保證《ほしよう》を爲したる者《もの》が債務《さいむ》を辨濟《べんさい》し其他自巳《そのたじこ》の出捐《しゆつねん》を以《もつ》て主たる債務《さいむ》者《しや》に其債務を免《まぬが》れしめたるときは主たる債務《さいむ》者《しや》は其保證人に對《たい》し其當時利益《そのたうじりえき》を受《う》けたる限度《げんど》に於て賠償《ばいしやう》を爲すべきものとす

又主《またしゆ》たる債務者の意思《いし》に反《はん》して保證を爲したる者《もの》は主たる債務《さいむ》者《しや》は之が爲め現《げん》に利益《りえき》を受《う》くる限度《げんど》

に於《おい》てのみ求償權《きうしやうけん》を有《いう》するものとす但《たゞ》し主たる債務者が求償《きうしやう》の日以前に相殺の原因《げんいん》を有せしことを主《しゆ》張《ちやう》するとき例《たと》へば甲《かふ》が乙《おつ》より金五千圓を借用《しやくよう》し又乙に對して貳千圓の支拂《しはらひ》を求《もと》むる權利《けんり》を有する塲合に於て保證人丙《へい》より五千圓を乙に返濟《へんさい》したるが爲に主たる債務者《さいむしや》甲に對して求償したり然《しか》るに甲ト乙より五千圓を借用《しやくよう》したる代《かは》りに三千圓を立替《たてかへ》たることあるが故に三千圓は相殺《あひさい》によりて消滅すべく從《したがつ》て五千圓の求償に應《おう》ずることを得すと主張《しゆちやう》するときの如きは其保證人《そのほしようにん》は債權者に對《たい》し相殺《あひさい》に因《よ》りて消滅《せうめつ》すべかりし債務の履行《りかう》即ち三千圓を辨濟《べんさい》すべきことを請求《せいきう》するを得べし

第四百六十三條　第四百四十三條ノ規定ハ保證人ニ之ヲ準用ス

保證人カ主タル債務者ノ委託ヲ受ケテ保證ヲ爲シタル塲合ニ於テ善意ニテ辨濟其他免責ノ爲メニスル出捐ヲ爲シタルトキハ第四百四十三條ノ規定ハ主タル債務者ニモ亦之ヲ準用ス

○第《だい》四百四十三條《でう》の規定《きてい》は保證人《ほしようにん》に之《これ》を準用《じゆんよう》するものとす

保證人《ほしようにん》が主《しゆ》たる債務者《さいむしや》の委託《ゐたく》を受《う》けて保證を爲《な》したる場合《ばあひ》に於《おい》て善意《ぜんい》にて辨濟其他免責《べんさいそのためんせき》の爲《た》めにする出捐《しゆつえん》を爲《な》したるときは第《だい》四百四十三條《でう》の規定《きてい》は主《しゆ》たる債務者《さいむしや》にも亦之《またこれ》を準用《じゆんよう》するものとす

第四百六十四條　連帶債務者又ハ不可分債務者ノ一人ノ爲メニ保証ヲ爲シタル者ハ他ノ債務者ニ對シテ其負擔部分ノミニ付キ求償權ヲ有ス

○連帶債務者《れんたいさいむしや》又は不可分債務者《ふかぶんさいむしや》の一人の爲《た》めに保證《ほしよう》を爲《な》したる者《もの》は他《た》の債務者に對《たい》して其負擔部分《そのふたんぶぶん》の

みに付《つ》き求償權《きうしやうけん》を有《いう》するものとす

第四百六十五條　數人ノ保證人アル場合ニ於テ主タル債務カ不可分ナル爲メ又ハ各保證人カ全額ヲ辨濟スヘキ特約アル爲メ一人ノ保證人カ全額其他自己ノ負擔部分ヲ超ユル額ヲ辨濟シタルトキハ第四百四十二條乃至第四百四十四條ノ規定ヲ準用ス

前項ノ場合ニ非スシテ互ニ連帶セサル保證人ノ一人カ全額其他自己ノ負擔部分ヲ超ユル額ヲ辨濟シタルトキハ第四百六十二條ノ規定ヲ準用ス

○數人《すうにん》の保證人ある場合《ばあひ》に於《おい》て主《しゆ》たる債務《さいむ》が不可分《ふかぶん》なる爲《た》め又は各保證人《かくほしようにん》が全額《ぜんがく》を辨濟《べんさい》すべきことを特《とく》に約《やく》したる爲《た》め一人の保証人が全額《ぜんがく》を辨濟《べんさい》したるか又は自已《じこ》の負擔部分《ふたんぶぶん》を超《こ》ゆる額《がく》を辨濟《べんさい》しるときは第四百四十二條乃至《ないし》第四百四十四條の規定《きてい》を準用《じゆんよう》するものとす

前項《ぜんかう》の場合《ばあひ》に非《あら》ずして互《たがひ》に連帶《れんたい》せざる保証人の一人が全額其他自已《ぜんがくそのたじこ》の負擔部分《ふたんぶぶん》を超《こ》ゆる額《がく》を辨濟《べんさい》したるときは第四百六十二條の規定《きてい》を準用《じゆんよう》するものとす

第四節　債權ノ讓渡

第四百六十六條　債權ハ之ヲ讓渡スコトヲ得但其性質カ之ヲ許サヽルトキハ此限ニ在ラス

前項ノ規定ハ當事者カ反對ノ意思ヲ表示シタル場合ニハ之ヲ適用セス但其意思

表示ハ之ヲ以テ善意ノ第三者ニ對抗スルコトヲ得ス

問　債權《さいけん》は之《これ》を他人《たにん》に讓渡《じやうと》すことを得《う》るや

答　債權の性質《せいしつ》が之《これ》を許《ゆる》さゞるときの外《ほか》は他人《たにん》に之を讓渡《じやうと》することを得《う》べし然《しか》れども當事者《たうじしや》が反對《はんたい》の意思《いし》を表示《へうじ》したるとき即ち他人《たにん》に讓渡《ゆづりわた》さゞる旨《むね》に約《やく》したるときの如《ごと》きは之を讓渡《ゆづりわた》することを得《え》ず但《ただし》其意思《そのいし》表示《へうじ》は之《これ》を以《もつ》て善意《ぜんい》の第三者《だいしや》に對抗《たいかう》することを得ざるものとす

第四百六十七條　指名債權ノ讓渡ハ讓渡人カ之ヲ債務者ニ通知シ又ハ債務者カ之ヲ承諾スルニ非サレハ之ヲ以テ債務者其他ノ第三者ニ對抗スルコトヲ得ス

前項ノ通知又ハ承諾ハ確定日附アル證書ヲ以テスルニ非サレハ之ヲ以テ債務者以外ノ第三者ニ對抗スルコトヲ得ス

問《とひ》　指名《しめい》債權も亦之《またこれ》を讓渡《ゆづりわた》すことを得《う》るや

答《こたへ》　讓渡《ゆづりわた》すことを得《う》べし然《しか》れども指名債權《しめいさいけん》の讓渡《じやうと》は讓渡人《ゆづりわたしにん》が之を債務者《さいむしや》に通知《つうち》するか又は債務者が之を承諾《しやうだく》するに非《あら》ざるは之を以て債務《さいむ》者其他《しやそのた》の第三者に對抗《たいかう》することを得ざるものとす

前項《ぜんかう》の通知《つうち》又は承諾《しやうだく》は確定日附《かくていにつぷ》ある證書《しやうしよ》を以てするに非《あら》ざれば之を以《もつ》て債務者以外《いぐわい》の第《だい》三者《しや》に對抗《たいかう》することを得ず

第四百六十八條　債務者カ異議ヲ留メスシテ前條ノ承諾ヲ為シタルトキハ讓渡人ニ對抗スルコトヲ得ヘカリシ事由アルモ之ヲ以テ讓受人ニ對抗スルコトヲ得

ス但債務者カ其債務ヲ消滅セシムル爲メ讓渡人ニ拂渡シタルモノアルトキハ之ヲ取返シ又讓渡人ニ對シテ負擔シタル債務アルトキハ之ヲ成立セサルモノト看做スコトヲ妨ケス

讓渡人カ讓渡ノ通知ヲ爲シタルニ止マルトキハ債務者ハ其通知ヲ受クルマテニ讓渡人ニ對シテ生シタル事由ヲ以テ讓受人ニ對抗スルコトヲ得

問　債務《さいむ》者《しや》が前條《ぜんでう》の承諾《しやうだく》を與《あた》へたるとき又は通知《つうち》を受《う》けたるときは其結果如何《そのけつくわいかん》

答　債務者が異議《いぎ》を留《とゞ》めずして前條《ぜんでう》の承諾《しやうだく》をなしたるときは讓渡人《じやうとにん》に對抗《たいかう》することを得《う》べかりし事由《じいう》例《たと》へば相殺を主張《しゆちやう》することを得べき場合《ばあひ》なりしも之《これ》を以《もつ》て讓受人《ゆづりうけにん》に對抗することを得《え》ざるものとす但債務者《たゞしさいむしや》が其債務を消滅《せうめつ》せしむる爲め讓渡人《じやうとにん》に拂渡《はらひわた》したるものあるときは之《これ》を取返《とりかへ》し又讓渡人に對《たい》して負擔《ふたん》したる債務あるときは之を成立《せいりつ》せざるものと看做《みな》すことを得べし讓渡人《じやうとにん》が讓渡の通知《つうち》を爲《な》したるのみにして債務者《さいむしや》之を承諾《しやうだく》したるにあらざるときは債務者は其通知《そのつうち》を受《う》くるまでに讓渡人に對《たい》して生《しやう》じたる事由《じいう》例《たと》へば相殺《あいさい》を以て讓受人《じやうじゆにん》に對抗《たいかう》することを得べし

第四百六十九條　指圖債權ノ讓渡ハ其證書ニ讓渡ノ裏書ヲ爲シテ之ヲ讓受人ニ交付スルニ非サレハ之ヲ以テ債務者其他ノ第三者ニ對抗スルコトヲ得ス

問　指圖《さしづ》債權《さいけん》を讓渡《じやうと》する手續如何《てつゞきいかん》

答　指圖《さしづ》債權を讓渡《じやうと》するには其證書《しようしよ》に讓渡の裏書《うらがき》を爲して之を讓受人《ゆづりうけにん》に交付《かうふ》すべく然《しか》らざれば之を以

て債務者《さいむしや》其他《そのた》を第三者に對抗《たいこう》することを得ざるものとす

第四百七十條　指圖債權ノ債務者ハ其證書ノ所持人及ヒ其署名、捺印ノ眞僞ヲ調査スル權利ヲ有スルモ其義務ヲ負フコトナシ但債務者ニ惡意又ハ重大ナル過失アルトキハ其辨濟ハ無效トス

問　指圖債權《さしづさいけん》の債務者《さいむしや》へ其證書《しようしよ》の所持人《しよぢにん》及び其署名《しよめい》、捺印《なついん》の眞僞《しんぎ》を調査《てうさ》する義務《ぎむ》あるか

答　之を調査《てうさ》するの權利《けんり》を有するも義務《ぎむ》を負《お》はざるものとす故に眞正《しんせい》の所持人《しよぢにん》にあらざる人に對して又は署名捺印《しよめいなついん》の眞實《しんじつ》にあらざるものに對《たい》して辨濟《べんさい》するも其辨濟《そのべんさい》は有効《いうかう》なり但し債務者《さいむしや》に惡意《あくい》あるとき卽ち其の所持人は眞正の所持人にあらざること又は其署名捺印《そのしよめいなついん》は僞印僞書《ぎいんぎしよ》なることを知りたるとき又は重大《ぢうだい》なる過失《くわしつ》あるときは其辨濟《べんさい》は効力《かうりよく》を生ぜざるものとす

第四百七十一條　前條ノ規定ハ證書ニ債權者ヲ指名シタルモ其證書ノ所持人ニ辨濟スヘキ旨ヲ附記シタル場合ニ之ヲ準用ス

○前條《ぜんでう》の規定《きてい》は證書《しやうしよ》に債權者《さいけんしや》を指名《しめい》したるも其證書の所持《しよぢ》人に辨濟すべき旨を附記《ふき》したる場合《ばあひ》に之を準用《じゆんよう》するものとす

第四百七十二條　指圖債權ノ債務者ハ其證書ニ記載シタル事項及ヒ其證書ノ性質ヨリ當然生スル結果ヲ除ク外原債權者ニ對抗スルコトヲ得ヘカリシ事由ヲ以テ善意ノ讓受人ニ對抗スルコトヲ得ス

問　指圖債權の債務者《さいむしや》は原債權者《げんさいけんしや》に對抗《たいかう》することを得《う》べかりし事由《じいう》を以て讓受人《ゆづりうけにん》に對抗《たいかう》することを得《う》るや

答　指圖《さしづ》債權《さいけん》の債務《さいむ》者《しや》は其證書《しようしよ》に記載《きさい》したる事項《じかう》及び其證書の性質《せいしつ》より當然《たうぜん》生《しやう》ずる結果《けつくわ》を除《のぞ》く外《ほか》原債《げんさい》權者《けんしや》に對抗《たいかう》することを得べかりし事由を以て其事由《じいう》を知《し》らざる讓受人《ゆづりうけにん》に對抗《たいかう》することを得ざるものとす

第四百七十三條　前條ノ規定ハ無記名債權ニ之ヲ準用ス

○前條の規定《きてい》は無記名債權《むきめいさいけん》に之を準用《じゆんよう》するものとす

第五節　債權ノ消滅

第一款　辨濟

第四百七十四條　債務ノ辨濟ハ第三者之ヲ爲スコトヲ得但其債務ノ性質カ之ヲ許ササルトキ又ハ當事者カ反對ノ意思ヲ表示シタルトキハ此限ニ在ラス

利害ノ關係ヲ有セサル第三者ハ債務者ノ意思ニ反シテ辨濟ヲ爲スコトヲ得ス

問　債務《さいむ》の辨濟《べんさい》は第三者之をなすことを得《う》るや

答　人《ひと》を目的《もくてき》としたる場合《ばあひ》の如く其債務《さいひ》の性質《せいしつ》が之を許《ゆる》さゞるとき又は當事者《たうじしや》が反對《はんたい》の意思《いし》を表示《へうじ》したるときの外は第三者之を辨濟《べんさい》することを得るものとす然れども利害《りがい》の關係《くわんけい》を有《いう》せざる第三者は債《さい》務《ひ》者《しや》の意思《いし》に反して辨濟《べんさい》を爲すことを得ず

第四百七十五條　辨濟者カ他人ノ物ヲ引渡シタルトキハ更ニ有效ナル辨濟ヲ爲スニ非サレハ其物ヲ取戻スコトヲ得ス

問　辨濟者《べんさいしや》が辨濟《べんさい》の爲に他人《たにん》の物《もの》を引渡《ひきわた》したるときは之を取戻《とりもど》すことを得《う》るや

答　更《さら》に有效《いうかう》なる辨濟《べんさい》をなすにあらざれば其物を取戻《とりもど》すことを得《は》ざるものとす

第四百七十六條　讓渡ノ能力ナキ所有者カ辨濟トシテ物ノ引渡ヲ爲シタル場合ニ於テ其辨濟ヲ取消シタルトキハ其所有者ハ更ニ有效ナル辨濟ヲ爲スニ非サレハ其物ヲ取戻スコトヲ得ス

問　讓渡《ゆづりわたし》の能力《のうりよく》なき所有者《しよいうしや》が辨濟《べんさい》として物《もの》の引渡《ひきわたし》を爲したる場合《ばあひ》に於て其辨濟《べんさい》を取消《とりけ》したるときは其所有者《しよいうしや》は其物を取戻《とりもど》すことを得《う》るや

答　其辨濟《そのべんさい》を取消《とりけ》したるときと雖《いへど》も其所有者《しよいうしや》は更《さら》に有効《いうかう》なる辨濟《べんさい》をなすにあらざれば其物を取戻《とりもど》すことを得《は》ざるものとす

第四百七十七條　前二條ノ場合ニ於テ債權者カ辨濟トシテ受ケタル物ヲ善意ニテ消費シ又ハ讓渡シタルトキハ其辨濟ハ有效トス但債權者カ第三者ヨリ賠償ノ請求ヲ受ケタルトキハ辨濟者ニ對シテ求償ヲ爲スコトヲ妨ケス

問　前《ぜん》二條《でう》の場合《ばあひ》に於《お》て債權者《さいけんしや》は辨濟《べんさい》として受《う》けたるものを善意《ぜんい》にて消費《せうひ》し又《また》は讓渡《ゆづりわた》したるときは其《その》辨濟《べんさい》ハ効力如何《かうりよくいかん》

答　此場合《このばあひ》に於《おい》ては其辨濟《べんさい》は有效《いうかう》とす但債權者《たゞしさいけんしや》が第《だい》三者《しや》より賠償《ばいしやう》の請求《せいきう》を受《う》けたるときは辨濟者《べんさいしや》に對《たい》して求償《きうしやう》を爲《な》すことを得べし

第四百七十八條　債權ノ準占有者ニ爲シタル辨濟ハ辨濟者ノ善意ナリシトキニ限リ其效力ヲ有ス

問　債權《さいけん》の準占有者卽自己《じゆんせんいうしやすなはちじこ》の爲《ため》にする意思《いし》を以て財產權《ざいさんけん》の行爲《かうゐ》をなすものになしたる辨濟《べんさい》は有効《いうかう》なるや否《いな》

答　辨債者《べんさいしや》の善意《ぜんい》なりしときに限《かぎ》り其效力《そのかうりよく》を有《いう》するものとす

第四百七十九條　前條ノ場合ヲ除ク外辨濟受領ノ權限ヲ有セサル者ニ爲シタル辨濟ハ債權者カ之ニ因リテ利益ヲ受ケタル限度ニ於テノミ其效力ヲ有ス

○前條《ぜんでう》の場合《ばあひ》を除《のぞ》く外辨濟《ほかべんさい》を受《う》くるの權限《けんげん》を有《いう》せざる者《もの》に爲《な》したる辨濟《べんさい》は債權者《さいけんしや》が之《これ》に因《よ》りて利益《りえき》をうけたる限度《げんど》に於《おい》てのみ其效力《そのかうりよく》を有《いう》するものとす

第四百八十條　受取證書ノ持參人ハ辨濟受領ノ權限アルモノト看做ス但辨濟者カ其權限ナキコトヲ知リタルトキ又ハ過失ニ因リテ之ヲ知ラサリシトキハ此限ニ在ラス

○受取証書《うけとりしやうしよ》の持參人《ぢさんにん》は辨濟者《べんさいしや》が其權限《けんげん》なきことを知《し》りたるとき又は過失《くわしつ》に因《よ》りて之を知《し》らざりしときの外《ほか》は辨濟《べんさい》を受《う》くるの權限《けんげん》あるものと看做《みな》すべきか故《ゆゑ》に之《これ》に爲《な》したる辨濟《べんさい》は有効《いうかう》とす

第四百八十一條　支拂ノ差止ヲ受ケタル第三債務者カ自己ノ債權者ニ辨濟ヲ爲シタルトキハ差押債權者ハ其受ケタル損害ノ限度ニ於テ更ニ辨濟ヲ爲スヘキ旨ヲ第三債務者ニ請求スルコトヲ得

前項ノ規定ハ第三債務者ヨリ其債權者ニ對スル求償權ノ行使ヲ妨ケス

問、支拂《しはらひ》の差止《さしとめ》を受《う》けたる第《だい》三債《さいむ》務者《しや》が自巳《じこ》の債《さいむ》權者《しや》に辨濟《べんさい》を爲《な》したるときは其第《そのだい》三債務《さいむ》者《しや》と差押債《さしおさへさい》權者《けんしや》との關係如何《くわんけいいかん》

答《こたへ》　此場《このば》合《あひ》に於《おひ》ては差押《さしおさへ》債權者は其受《そのう》けたる損害《そのがい》の限度《げんど》に於《おい》て更《さら》に辨濟《べんさい》を爲すべき旨《むね》を第三債務者に請求《せいきう》することを得べし以下例《いかれい》を掲《か、》げて之を詳說《しやうせつ》すべし甲者乙者《かうしやをつしや》に金《きん》一万圓を貸渡《かしわた》したるも辨濟期日《べんさいきじつ》に至《いた》り辨濟《べんさい》せざるが爲に乙者《をつしや》を相手《あひて》とりて裁判《さいばん》に訴《うつた》へたり而《しか》して乙者の財產《ざいさん》を差押《さしおさへ》んとしたるに乙《をつ》者《しや》より第《だい》三債務《さいむ》者即《しやすなは》ち丙者《へいしや》に一万圓の貸金《かしきん》あることを發見《はつけん》したり依《より》て直《たゞ》ちに裁判所《さいばんしよ》に請求《せいきう》して丙者に對《たい》し支拂《しはらひ》の差止《さしとめ》即ち丙者より乙者《をつしや》に支拂《しはら》ふことを差止《さしと》めたり然《しか》るに支拂《しはらひ》を差止められたる丙者《へいしや》が不法《ふはふ》にも其差止《そのさしとめ》に從《したが》はずして金一万圓を乙者《をつしや》に辨濟《べんさい》したり甲者此事《かうしやこのこと》を聞《き》きて止《や》むなく乙者の財產《ざいさん》を差押へたるに乙者は既《すで》に丙者《へいしや》より受けたる金圓を消費《せうひ》し殘《のこ》る所僅少《ところきんせう》なり後《のち》甲乙間《かん》の裁判《さいばん》も確定《かくてい》したるが故《ゆゑ》に前《まへ》に差押《さしおさ》へたる乙者の財產《ざいさん》を競賣《きやうばい》し其代價《そのだいか》と差押たる金圓とを合《あは》して金五千圓の辨濟《べんさい》を受けたり此場《このば》合《あひ》に於《おい》て第《だい》三債務《さいむ》者即《しやすなは》ち丙者《へいしや》が支拂《しはらひ》の差止《さしとめ》を受けながら之《これ》を乙者に辨濟《べんさい》したるが爲《た》め差《さし》押債權者《おさへさいけんしやすなは》即ち甲者《かうしや》は五千圓の損害《そんがい》を受《う》けたるにより丙者《へいしや》に對《たい》して更《さら》に五千圓を辨濟すべきことを

請求《せいきう》することを得《う》べく丙者《へいしや》は前《まへ》に乙者《おつしや》に辨濟《べんさい》したることを理由《りいう》として之《これ》を拒《こば》むことを得《な》ざるものとす但《たゞ》し此場合《このばあひ》に於《おい》て丙者更《へいしやさら》に五千圓を辨濟したるときは乙者《おつしや》に對《たい》して五千圓を求償《きつしやう》することを得べきは當然《たうぜん》なり

第四百八十二條　債務者カ債權者ノ承諾ヲ以テ其負擔シタル給付ニ代ヘテ他ノ給付ヲ爲シタルトキハ其給付ハ辨濟ト同一ノ效力ヲ有ス

問　債務者《さいむしや》は其負擔《そのふたん》したる給付《きうふ》に代《か》へて他《た》の給付《きうふ》を爲《な》すことを得《う》るや

答　爲《な》すことを得《え》ざるものとす然《しか》れども債權者承諾《さいけんしやしやうだく》したるなき例《たと》へば硯《すゞり》を與《あた》ふるに代《か》へて筆墨《ひつぼく》又は米《こめ》千石《こく》を給付《きうふ》するに代《か》へて家屋一棟《かおくひとむね》を給付《きうふ》することを承諾《しやうだく》したるときは之《これ》を爲《な》すことを得《う》べく而《しか》して此場合《このばあひ》に於《おい》ては其給付《そのきうふ》は辨濟《べんさい》と同一《どう》の効力《かうりよく》を有《いう》するものとす

第四百八十三條　債權ノ目的カ特定物ノ引渡ナルトキハ辨濟者ハ其引渡ヲ爲スヘキ時ノ現狀ニテ其物ヲ引渡スコトヲ要ス

○債權《さいけん》の目的《もくてき》が此硯此家《このすゞりこのいへ》又は此馬《このうま》と云《い》ふ如き特《とく》定物《ていぶつ》の引渡《ひきわたし》なるときは辨濟者《べんさいしや》は其引渡《そのひきわたし》を爲すべき時《とき》の現狀《げんぢやう》にて其物《そのもの》を引渡《ひきわた》すべきものとす

第四百八十四條　辨濟ヲ爲スヘキ場所ニ付キ別段ノ意思表示ナキトキハ特定物ノ引渡ハ債權發生ノ當時其物ノ存在セシ場所ニ於テ之ヲ爲シ其他ノ辨濟ハ債權者ノ現時ノ住所ニ於テ之ヲ爲スコトヲ要ス

問　辨濟《べんさい》を爲《な》すべき塲所《ばしよ》如何《いかん》

答　辨濟を爲すべき塲所《ばしよ》に付《つ》き別段《べつだん》の約束《やくそく》なきときは特定物《とくていぶつ》に付ては債權發生《さいけんはつせい》の當時《たうじ》其物《そのもの》の存在《そんざい》せし塲所《ばしよ》に於《おい》て引渡《ひきわた》すべく其他《そのた》の辨濟《べんさい》は債權者《さいけんしや》の現時《げんじ》の住所《ぢうしよ》に於て之《これ》を爲すべきものとす故に此倉庫《このさうこ》にある余《よ》の肥後米《ひごまい》五千石《ごく》を價《あたひ》若干《じやくかん》にて賣却《ばいきやく》すべしと約《やく》したるときの如《ごと》きは其倉庫《そのさうこ》に於《おい》て引渡《ひきわた》すべきも單《たん》に肥後米《ひごまい》五千石《ごく》を賣却《ばいきやく》すべしと約《やく》したる時《とき》の如《ごと》きは特定物《とくていぶつ》の賣買《ばいばい》にあらざるが故《ゆゑ》に債權者《さいけんしや》の住《ぢう》所《しよ》に於《おい》て引渡《ひきわた》すべきものとす

第四百八十五條　辨濟ノ費用ニ付キ別段ノ意思表示ナキトキハ其費用ハ債務者之ヲ負擔ス但債權者カ住所ノ移轉其他ノ行爲ニ因リテ辨濟ノ費用ヲ增加シタルトキハ其增加額ハ債權者之ヲ負擔ス

問《とひ》　辨濟《べんさい》の費用《ひよう》は何人《なんぴと》に於《おい》て負擔《ふたん》すべきや

答《こたへ》　辨濟の費用《ひよう》に付《つ》き別段《べつだん》の約束《やくそく》なきときは其費用《そのひよう》は債務者《さいむしや》に於て負擔《ふたん》すべきものとす然《しか》れども債權《さいけん》者《しや》が住所《ぢうしよ》の移轉其他《いてんそのた》の行爲《かうゐ》に因《よ》りて辨濟《べんさい》の費用《ひよう》を增加《ぞうか》したるときは其增加額《そのぞうかがく》は債權者《さいけんしや》に於《おい》て負擔《ふたん》せざるべからず例へば契約《けいやく》の當時《たうじ》神戸《かうべ》に在《あ》りたる者《もの》が東京《とうけい》に移轉《いてん》したるときの如《ごと》き債務者《さいむしや》は神戸《かうべ》までの運送其他《うんそうそのた》の費用《ひよう》を負擔《ふたん》すべく神戸《かうべ》より東京《とうきやう》までの費用《ひよう》は債權者之《さいけんしやこれ》を負擔《ふたん》すべし

第四百八十六條　辨濟者ハ辨濟受領者ニ對シテ受取證書ノ交付ヲ請求スルコトヲ得

○辨濟者《べんさいしや》は辨濟を受《う》くる者《もの》に對《たい》して受取證書《うけとりしようしよ》の交付《かうふ》を請求《せいきう》することを得《う》るものとす

第四百八十七條　債權ノ證書アル場合ニ於テ辨濟者カ全部ノ辨濟ヲ爲シタルトキハ其證書ノ返還ヲ請求スルコトヲ得

○債權《さいけん》の證書《しようしよ》ある場合《ばある》に於《おい》て辨濟者が其全部《そのぜんぶ》を辨濟《べんさい》したるときは其證書《そのしようしよ》の返還《へんくわん》を請求《せいきう》することを得るものとす

第四百八十八條　債務者カ同一ノ債權者ニ對シテ同種ノ目的ヲ有スル數個ノ債務ヲ負擔スル場合ニ於テ辨濟トシテ提供シタル給付カ總債務ヲ消滅セシムルニ足ラサルトキハ辨濟者ハ給付ノ時ニ於テ其辨濟ヲ充當スヘキ債務ヲ指定スルコトヲ得

辨濟者カ前項ノ指定ヲ爲ササルトキハ辨濟受領者ハ其受領ノ時ニ於テ其辨濟ノ充當ヲ爲スコトヲ得但辨濟者カ其充當ニ對シテ直チニ異議ヲ述ヘタルトキハ此限ニ在ラス

前二項ノ場合ニ於テ辨濟ノ充當ハ相手方ニ對スル意思表示ニ依リテ之ヲ爲ス

問　辨濟《べんさい》の充當《じうたう》は何人《なんびと》之を爲《な》すべきや

答　債務者《さいむしや》が同《どう》一の債權者に對《たい》して同種《どうしゆ》の目的《もくてき》を有《いう》する數個《すうこ》の債務を負擔《ふたん》する場合《ばあひ》に於《おい》て辨濟《べんさい》として提供《ていきやう》したる給付《きうふ》が總《そう》債務を消滅《せうめつ》せしむるに足《た》らざるとき例《たと》へば甲が乙より一月《げつ》に五千圓二月に五千

圓三月に一万圓都合《つがふ》三口《くち》二万圓を借受《かりう》けたる場合《ばあひ》又は甲が乙に對《たい》して一月にセメント千樽《たる》二月に五千樽《る》三月に一万樽《たる》都合《つがふ》三口セメント一万六千樽を賣却《ばいきやく》すべきことを約《やく》したる場合《ばあひ》に於《おい》て金三万圓に對《たい》し一万圓又はセメント一万六千樽《たる》に對《たい》して一万樽を辨濟《べんさい》として提供《ていきやう》したるときは其給付《そのきうふ》が總債務《そうさいむ》を消滅《せうめつ》せしむるに足《た》らざるが故《ゆゑ》に此場合《このばあひ》に於ては辨濟者即《べんさいしやすなは》ち甲が其給付《そのきうふ》の時に於《おい》て其辨濟《そのべんさい》を充當《じうたう》すべき債務《さいむ》即《すなは》ち此《この》一万圓は何《いづ》れの借用金《しやくようきん》に對《たい》して辨濟したるものなるや又此《またこの》セメント一万樽《たる》は何《いづ》れの債務《さいむ》に對して給付《きうふ》したるものなるやを指定《してい》することを得《う》るものとす

若《も》し辨濟者《べんさいしや》が前項《ぜんかう》の指定《してい》を爲《な》さゞるときは辨濟を受《う》くる時は其受領《そのじゆりやう》の時《とき》に於て其辨濟《そのべんさい》の充當《じうたう》を爲《な》すことを得《う》べし但辨濟者《たゞしべんさいしや》が其充當《そのじうたう》に對《たい》して直《たゞ》ちに異議《いぎ》を述《の》べたるときは此限《このかぎり》に在《あ》らず

前《ぜん》二項《かう》の場合《ばあひ》に於《おい》て辨濟《べんさい》の充當は相手方《あひてかた》に對する意思表示《いしへうじ》によりて之《これ》を爲《な》すものとす

第四百八十九條　當事者カ辨濟ノ充當ヲ爲ササルトキハ左ノ規定ニ從ヒ其辨濟ヲ充當ス

一　總債務中辨濟期ニ在ルモノト辨濟期ニ在ラサルモノトアルトキハ辨濟期ニ在ルモノヲ先ニス

二　總債務カ辨濟期ニ在ルトキ又ハ辨濟期ニ在ラサルトキハ債務者ノ爲メニ辨濟ノ利益多キモノヲ先ニス

三　債務者ノ爲メニ辨濟ノ利益相同シキトキハ辨濟期ノ先ツ至リタルモノ又

ハ先ツ至ルヘキモノヲ先ニス

四　前二號ニ掲ケタル事項ニ付キ相同シキ債務ノ辨濟ハ各債務ノ額ニ應シテ之ヲ充當ス

問《とひ》　當事者《たうじしや》が辨濟《べんさい》の充當《しうたう》を爲《な》さゞるときは如何《いかん》

答《こたへ》　當事者《たうじしや》が辨濟の充當を爲さゞるときは左の規定《きてい》に從《したが》ひ其辨濟《そのべんさい》を充當すべきものとす

一　總債務《そうさいむ》中辨濟期《ちうべんさいき》に在《あ》るものと辨濟期に在《あ》らざるものとあるときは辨濟期《べんさいき》に在《あ》るものを先《さき》にすべきものとす

二　債務《さいむ》が總《すべ》て辨濟期に在《あ》るとき又《また》は總《すべ》て辨濟期前《べんさいきぜん》なるときは債務者《さいむしや》の爲《た》めに辨濟の利益《りえき》多きものの例《たと》へば利息《りそく》の高《たか》きもの等《とう》を先《さき》にすべきものとす

三　債務者の爲《た》めに辨濟《べんさい》の利益相同《りえきあひおな》じきときは辨濟期《べんさいき》の先《ま》づ至《いた》りたるもの又《また》は先《さき》に至《いた》るべきものを先《さき》にすべきものとす

四　前《ぜん》二號《がう》に掲《かゝ》げたる事項《じかう》に付《つ》き相同《あひおな》じき債務《さいむ》の辨濟例《べんさいたと》へば貸金《かしきん》五千圓と五千圓との二口《くち》に對《たい》し五千圓を辨濟《べんさい》したるに其貸金《そのかしきん》は共《とも》に期限《きげん》至りたるか又《また》は至《いた》らざるときは其《その》五千圓を二分《ぶん》して二千五百圓宛二口に充當《しうたう》すべきものとす

第四百九十條　一個ノ債務ノ辨濟トシテ數個ノ給付ヲ爲スヘキ場合ニ於テ辨濟者カ其債務ノ全部ヲ消滅セシムルニ足ラサル給付ヲ爲シタルトキハ前二條ノ規

定ヲ準用ス

○一個《か》の債務《さいむ》の辨濟《べんさい》として數個《すうこ》の給付《きうふ》を爲《な》すべき場合《ばあひ》に於《おい》て辨濟者《べんさいしや》が其債務《そのさいむ》の全部《ぜんぶ》を消滅《せうめつ》せしむるに足《た》らざる給付《きうふ》を爲《な》したるときは前《ぜん》二條《でう》の規定《きてい》を準用《じゆんよう》するものとす

第四百九十一條　債務者カ一個又ハ數個ノ債務ニ付キ元本ノ外利息及ヒ費用ヲ拂フヘキ場合ニ於テ辨濟者カ其債務ノ全部ヲ消滅セシムルニ足ラサル給付ヲ爲シタルトキハ之ヲ以テ順次ニ費用利息及ヒ元本ニ充當スルコトヲ要ス

第四百八十九條ノ規定ハ前項ノ場合ニ之ヲ準用ス

○債務者《さいむしや》が一個《こ》又は數個の債務に付き元本《げんほん》の外《ほか》利《り》息《そく》及び費用《ひよう》を拂《はら》ふべき場合《ばあひ》に於て辨濟者《べんさいしや》が其債務の全部《ぜんぶ》を消滅《せうめつ》せしむるに足《た》らざる給付《きうふ》を爲したる時《とき》は之を以て第一に費用《ひよう》第二に利息《りそく》に充當《じうたう》す尚餘《なほあま》りある時は元本《げんほん》に充當《じゆうたう》すべきものとす

第四百八十九條の規定《きてい》は前項《ぜんかう》の場合《ばあひ》に之《これ》を準用《じゆんよう》す

第四百九十二條　辨濟ノ提供ハ其提供ノ時ヨリ不履行ニ因リテ生スヘキ一切ノ責任ヲ免レシム

問　辨濟提供《べんさいていきやう》の効力如何《かうりよくいかん》

答《こたへ》　辨濟の提供《ていきやう》は之を提供したる時より債務《さいむ》を辨濟《べんさい》せざるによりて生《しやう》ずべき一切《さい》の責任《せきにん》を免《まぬか》れしむるものとす

第四百九十三條　辨濟ノ提供ハ債務ノ本旨ニ從ヒテ現實ニ之ヲ爲スコトヲ要ス
但債權者カ豫メ其受領ヲ拒ミ又ハ債務ノ履行ニ付キ債權者ノ行爲ヲ要スルトキハ辨濟ノ準備ヲ爲シタルコトヲ通知シテ其受領ヲ催告スルヲ以テ足ル

○辨濟《べんさい》の提供《ていきやう》は債務《さいむ》の本旨《ほんし》に從《したが》ひて現實《げんじつ》に之を爲すべきものとす但債權者《さいけんしや》が豫《あらかじ》め其受領《そのじゆりやう》を拒《こば》みたるとき又は債務《さいむ》の履行《りかう》に付き債權者《さいけんしや》の行爲《かうゐ》を要《えう》するときは辨濟《べんさい》の準備《じゆんび》を爲したることを通知《つうち》して其受領《そのじゆりやう》を催告《さいこく》するを以て充分《じゆうぶん》な

第四百九十四條　債權者カ辨濟ノ受領ヲ拒ミ又ハ之ヲ受領スルコト能ハサルトキハ辨濟者ハ債權者ノ爲メニ辨濟ノ目的物ヲ供託シテ其債務ヲ免ルコトヲ得辨濟者ノ過失ナクシテ債權者ヲ確知スルコト能ハサルトキ亦同シ

問　債權者《さいけんしや》が辨濟《べんさい》の受領《じゆりやう》を拒《こば》み又は之を受領《じゆりやう》すること能《あた》はざるときは辨濟者は如何《いか》にすべきや

答　此場合《このばあひ》に於《おい》ては債權者《さいけんしや》の爲めに辨濟の目的物《もくてきぶつ》を供託所《きやうたくしよ》に供託《きやうたく》して其債務《そのさいむ》を免《まぬが》るゝことを得《う》べし辨《べん》濟者《さいしや》の過失《くわしつ》なくして債權者の誰《いづ》れたることを確知《かくち》することを能《あた》はざるとき亦同《またおな》じ

第四百九十五條　供託ハ債務履行地ノ供託所ニ之ヲ爲スコトヲ要ス
供託所ニ付キ法令ニ別段ノ定ナキ場合ニ於テハ裁判所ハ辨濟者ノ請求ニ因リ供託所ノ指定及ヒ供託物保管者ノ選任ヲ爲スコトヲ要ス
供託者ハ遲滯ナク債權者ニ供託ノ通知ヲ爲スコトヲ要ス

問　供託《きやうたく》は何《いづ》れの所《ところ》に為《な》すべきや

答　供託は債務《さいむ》履行地《りかうち》の供託所《きやうたくしよ》に之を為《な》すべきものとす

供託所《きやうたくしよ》に付き法律命令《はふりつめいれい》に別段《べつだん》の定《さだめ》なき場合《ばあひ》に於ては裁判所《さいばんしよ》は辨濟者《べんさいしや》の請求《せいきう》に因《よ》り供託所《きやうたくしよ》の指定《してい》及び供託物保管者《きやうたくぶつほくわんしや》の選任《せんにん》を爲《な》すべきものとす

供託者は遲滯《ちたい》なく債權者《さいけんしや》に供託したることを通知《つうち》すべし

第四百九十六條　債權者カ供託ヲ受諾セス又ハ供託ヲ有效ト宣告シタル判決カ確定セサル間ハ辨濟者ハ供託物ヲ取戻スコトヲ得此場合ニ於テハ供託ヲ爲サヽリシモノト看做ス

前項ノ規定ハ供託ニ因リテ質權又ハ抵當權カ消滅シタル場合ニハ之ヲ適用セス

問　辨濟者《べんさいしや》は一旦《たん》供託《きやうたく》したる物《もの》を取戻《とりもど》すことを得《う》るや

答《こたへ》　債權者《さいけんしや》が供託を受諾《じゆたく》せざるとき又は供託を有效《いうかう》と宣告《せんこく》したる判決《はんけつ》が確定《かくてい》せざる間《あひだ》は辨濟者《べんさいしや》は其供《そのきやう》託物《たくぶつ》を取戻《とりもど》すことを得《う》べし而《しか》して此場合《このばあひ》に於《おい》ては曾《かつ》て供託を爲《な》さゞりしものと看做《みな》すべし然《しか》れども質權《しちけん》又は抵當權《ていたうけん》が消滅《せうめつ》したるときは辨濟者《べんさいしや》は最早《もはや》之《これ》を取戻《とりもど》すことを得《え》ざるものとす

第四百九十七條　辨濟ノ目的物カ供託ニ適セス又ハ其物ニ付キ滅失若クハ毀損ノ虞アルトキハ辨濟者ハ裁判所ノ許可ヲ得テ之ヲ競賣シ其代價ヲ供託スルコトヲ得其物ノ保存ニ付キ過分ノ費用ヲ要スルトキ亦同シ

問《とひ》　辨濟《べんさい》の目的物《もくてきぶつ》を競賣《きやうばい》し其代價《そのだいか》を供託《きやうたく》することを得《う》る場合《ばあひ》ありや

答《こたへ》　辨濟の目的物が樹木船舶等《じゆもくせんぱくとう》の如《ごと》く供託に適《てき》せざる物《もの》なるときは其物《そのもの》に付《つ》き滅失若《めつしつもし》くは毀損《きそん》の虞《うれい》あるとき又《また》は其物《そのもの》の保存《ほぞん》に付き過分《くわぶん》の費用《ひよう》を要《えう》するときは辨濟者《べんさいしや》は裁判所《さいばんしよ》の許可《きよか》を得《え》て之《これ》を競賣《きやうばい》し其《その》代價《だいか》を供託《きやうたく》することを得《う》るものとす

第四百九十八條　債務者カ債權者ノ給付ニ對シテ辨濟ヲ爲スヘキ場合ニ於テハ債權者ハ其給付ヲ爲スニ非サレハ供託物ヲ受取ルコトヲ得ス

○債務者《さいむしや》が債權者《さいけんしや》の給付《きふふ》に對《たい》して辨濟《べんさい》を爲《な》すべき場合例《ばあひたと》へば一箇《か》の金時計《きんとけい》を受《う》け其代價《そのだいか》として金貳百圓を辨濟《べんさい》する場合《ばあひ》に於《おい》て代金《だいきん》を供託《きやうたく》したるときの如《ごと》きは債權者《さいけんしや》は其時計《そのとけい》の給付《きふふ》を爲《な》すに非《あら》ざれば供託物《ぶつ》を受取《うけと》ることを得《え》ざるものとす

第四百九十九條　債務者ノ爲メニ辨濟ヲ爲シタル者ハ其辨濟ト同時ニ債權者ノ承諾ヲ得テ之ニ代位スルコトヲ得

第四百六十七條ノ規定ハ前項ノ場合ニ之ヲ準用ス

○債務者《さいむしや》の爲めに辨濟《べんさい》をなしたる者《もの》は其辨濟《そのべんさい》と同時《どうじ》に債權者《さいけんしや》の承諾《しやうだく》を得《え》て債權者の位地《ゐち》を代《か》はることを得《え》るものとす

第四百六十七條の規定《きてい》は前項《ぜんかう》の場合《ばあひ》に準用《じゆんよう》す

第五百條　辨濟ヲ爲スニ付キ正當ノ利益ヲ有スル者ハ辨濟ニ因リテ當然債權者

ニ代位ス

○辨濟《べんさい》を爲《な》もに付《つき》正當《せいたう》の利益《りえき》を有《いう》する者《もの》例《たと》へば保証人《ほしやうにん》の如《ごと》きは辨濟《べんさい》に因《よ》りて當然《たうぜん》債權者《さいけんしや》に代位《だいゐ》するものとす

第五百一條　前二條ノ規定ニ依リテ債權者ニ代位シタル者ハ自己ノ權利ニ基キ求償ヲ爲スコトヲ得ヘキ範圍内ニ於テ債權ノ效力及ヒ擔保トシテ其債權者カ有セシ一切ノ權利ヲ行フコトヲ得但左ノ規定ニ從フコトヲ要ス

一　保證人ハ豫メ先取特權、不動産質權又ハ抵當權ノ登記ニ其代位ヲ附記シタルニ非サレハ其先取特權、不動産質權又ハ抵當權ノ目的タル不動産ノ第三取得者ニ對シテ債權者ニ代位セス

二　第三取得者ハ保證人ニ對シテ債權者ニ代位セス

三　第三取得者ノ一人ハ各不動産ノ價格ニ應スルニ非サレハ他ノ第三取得者ニ對シテ債權者ニ代位セス

四　前號ノ規定ハ自己ノ財産ヲ以テ他人ノ債務ノ擔保ニ供シタル者ノ間ニ之ヲ準用ス

五　保證人ト自己ノ財産ヲ以テ他人ノ債務ノ擔保ニ供シタル者トノ間ニ於テハ其頭數ニ應スルニ非サレハ債權者ニ代位セス但自己ノ財産ヲ以テ他人ノ

債務ノ擔保ニ供シタル者數人アルトキハ保證人ノ負擔部分ヲ除キ其殘額ニ付キ各財產ノ價格ニ應スルニ非サレハ之ニ對シテ代位ヲ爲スコトヲ得ス
右ノ場合ニ於テ其財產カ不動產ナルトキハ第一號ノ規定ヲ準用ス

問 債權者《さいけんしや》に代位《だいゐ》したるものゝ權利《けんり》如何《いかん》

答 前《ぜん》二條《でう》規定《きてい》に依《よ》りて債權者《さいけんしや》に代位《だいゐ》したる者《もの》は自己《じこ》の權利《けんり》に基《もとづ》き債務者《さいむしや》に對《たい》し求償《きうしやう》を爲《な》すことを得《う》べき範圍《はんゐ》內《ない》に於て債權《さいけん》の效力《かうりよく》及《およ》び擔保《たんぽ》として其債權者《そのさいけんしや》が有《いう》せし一切《さい》の權利《けんり》を行《おこな》ふことを得《う》るものとす但《たゞ》左《さ》の規定《きてい》に從《したが》ふことを要《えう》す

一 保證人《ほしようにん》は豫《あらかじ》め先取特權《さきとりとくけん》不動產質權《ふどうさんしちけん》又は抵當權《ていたうけん》の登記《とうき》に其代位《そのだいゐ》を附記《ふき》したるに非《あら》ざれば其先取特權《そのさきとりとくけん》不動產質權《ふどうさんしちけん》又は抵當權《ていたうけん》の目的《もくてき》たる不動產《ふどうさん》の第三取得者《しゆとくしや》に對《たい》して債權者《さいけんしや》に代位《だいゐ》せざるものとす例《たと》へば甲《かう》か其家屋《そのかおく》を抵當《ていたう》に入《い》れ乙《おつ》を保証人《ほしようにん》として丙《へい》より金一万圓を借用《しやくよう》したる場合に於《おい》て其家屋《そのかおく》を丁《てい》に賣却《ばいきやく》したるときは丙《へい》は尚《な》ほ第《だい》三取得者《しゆとくしや》即《すなは》ち丁《てい》に對《たい》して抵當權《ていたうけん》を主張《しゆちやう》することを得るも保証人《ほしようにん》乙が甲に代《か》はりて丙に辨濟《べんさい》したるが爲め丙《へい》に代位《だいゐ》したるときは抵當權の登記《とうき》に代位したる旨《むね》を附記《ふき》するにあらざれば第《だい》三取得者《しゆとくしや》に對《たい》して抵當權《ていたうけん》を主張《しゆちやう》することを得ざるものとす

二 第《だい》三取得者《しゆとくしや》は保証人《ほしようにん》に對《たい》して債權者に代位《だいゐ》せざるものとす故《ゆゑ》に債務者《さいむしや》に代《か》はりて辨濟《べんさい》したる第《だい》三者《しや》は保證人《ほしようにん》に對《たい》して請求《せいきう》することを得ざるものとす

三 第三取得者《しゆとくしや》の一人は各不動產《かくふどうさん》の價格《かかく》に應《おう》ずるに非《あら》ざれば他《た》の第三取得者に對《たい》して債權者《さいけんしや》に代位《だいゐ》

せざるものとす故《ゆゑ》に例《たと》へば二千六百圓を借用《しやくよう》したる債務《さいむ》の擔保《たんほ》として三箇《か》の不動産《ふどうさん》を抵當《ていたう》に差入《さしい》れたる後《のち》債務者《さいむしや》は甲《かう》に千圓の價格《かゝく》ある不動産《ふどうさん》を賣却《ばいきやく》し乙《おつ》に二千圓の價格《かゝく》ある不動産を賣却《ばいきやく》し丙に五百圓の價格《かゝく》ある不動産を賣却《ばいきやく》し而《しか》して其不動産《そのふどうさん》は皆《みな》二千六百圓の債務《さいむ》の抵當《ていたう》となり居《ゐ》るものなり然《しか》るに此場合《このばあひ》に於《おい》て丙者債務者《へいしやさいむしや》に代《か》はりて二千六百圓を債權者《さいけんしや》に辨濟《べんさい》したりとせんに此《この》二千六百圓の中《うち》五百圓は其不動産《そのふどうさん》の代價《だいか》なるを以《もつ》て他《た》の第《だい》三取得者《しゆとくしや》に對《たい》して求償《きうしやう》を爲《な》すことを得《え》ざるも他《た》の二千百圓に對《たい》しては甲者《かうしや》に六百圓乙者《をつしや》に千二百圓の求償《きうしやう》することを得《う》べし

四　前號《ぜんがう》の規定《きてい》は自己《じこ》の財産《ざいさん》を以《もつ》て他人《たにん》の債務《さいむ》の擔保《たんほ》に供《きやう》したる者《もの》の間《あひだ》に之《これ》を準用《じゆんよう》するものとす

五　保證人《ほしようにん》と自己《じこ》の財産《ざいさん》を以《もつ》て他人《たにん》の債務《さいむ》の擔保《たんほ》に供《きやう》したる者《もの》との間《あひだ》に於《おい》ては其頭數《そのとうすう》に應《おう》ずるに非《あら》ざれば債權者《さいけんしや》に代位《だいゐ》せざるものとす但自巳《たゞしじこ》の財産《ざいさん》を以《もつ》て他人《たにん》の債務《さいむ》の擔保《たんほ》に供《きやう》したる者數人《ものすにん》あるときは保証人《ほしようにん》の負擔部分《ふたんぶぶん》を除《のぞ》き其殘額《そのざんがく》に付《つ》き各財産《かくざいさん》の價格《かゝく》に應《おう》ずるに非《あら》ざれば之《これ》に對《たい》して代位《だいゐ》を爲《な》すことを得《え》ず

右《みぎ》の場合《ばあひ》に於《おい》て其財産《そのざいさん》が不動産《ふどうさん》なるときは第《だい》一號《がう》の規定《きてい》を準用《じゆんよう》するものとす

第五百二條　債權ノ一部ニ付キ代位辨濟アリタルトキハ代位者ハ其辨濟シタル價額ニ應シテ債權者ト共ニ其權利ヲ行フ

前項ノ場合ニ於テ債務ノ不履行ニ因ル契約ノ解除ハ債權者ノミ之ヲ請求スルコトヲ得但代位者ニ其辨濟シタル價額及ヒ其利息ヲ償還スルコトヲ要ス

問《とひ》　債權《さいけん》の一部《ぶ》に付《つ》き代位《だいゐ》辨濟《べんさい》ありたるときは其効果《そのかうくわ》如何《いかん》

答《こたへ》　債權の一部《ぶ》に付《つ》き代位辨濟ありたるとき例《たと》へば金一万圓に付き五千圓を辨濟《べんさい》したるときは代位者《だいゐしゃ》は其辨濟《そのべんさい》したる價額即《かゞくすなは》ち五千圓丈《だけ》債權者と共《とも》に其權利《そのけんり》を行《おこな》ふものとす

前項《ぜんかう》の場合《ばあひ》に於《おい》て債務者《さいむしゃ》其債務を履行《りかう》せざるが爲に契約《けいやく》を解除《かいぢよ》すべしとの請求《せいきう》は債權者《さいけんしゃ》のみ之《これ》を行《おこな》ふことを得《う》るものとす但此場合《たゞしこのばあひ》に於ては代位者《だいゐしゃ》に其辨濟《そのべんさい》したる價額即《かゞくすなは》ち前例《ぜんれい》によれば金五千圓及《およ》び其利息《そのりそく》を償還《しゃうくわん》せざるべからざるや當然《たうぜん》なり

第五百三條　代位辨濟ニ因リテ全部ノ辨濟ヲ受ケタル債權者ハ債權ニ關スル證書及ヒ其占有ニ在ル擔保物ヲ代位者ニ交付スルコトヲ要ス

債權ノ一部ニ付キ代位辨濟アリタル場合ニ於テハ債權者ハ債權證書ニ其代位ヲ記入シ且代位者ヲシテ其占有ニ在ル擔保物ノ保存ヲ監督セシムルコトヲ要ス

○代位《だいゐ》辨濟《べんさい》に因《よ》りて全部《ぜんぶ》の辨濟《べんさい》を受《う》けたる債權者《さいけんしゃ》は債權に關《くわん》する證書及《しようしよおよ》び其占有《そのせんいう》に在《あ》る擔保物《たんぽぶつ》を代位《だいゐ》者《しゃ》に交付《かうふ》すべきものとす

債權《さいけん》の一部《ぶ》に付《つ》き代位《だいゐ》辨濟《べんさい》ありたる場合《ばあひ》に於《おい》ては債權者《さいけんしゃ》は債權證書《しやうしよ》に其代位を記入《きにふ》し且代位者《かつだいゐしゃ》をして其占有《そのせんいう》に在《あ》る擔保物《たんぽぶつ》の保存《ほぞん》を監督《かんとく》すべきものとす

第五百四條　第五百條ノ規定ニ依リテ代位ヲ爲スヘキ者アル場合ニ於テ債權者カ故意又ハ懈怠ニ因リテ其擔保ヲ喪失又ハ減少シタルトキハ代位ヲ爲スヘキ者

ハ其喪失又ハ減少ニ因リ償還ヲ受クルコト能ハサルニ至リタル限度ニ於テ其責ヲ免ル

○第五百條の規定《きてい》に依《よ》りて代位《だいゐ》を爲《な》すべき者《もの》ある場合《ばあひ》に於《おい》て債權者《さいけんしや》が故意《こい》又《また》は懈怠《かいたい》に因《よ》りて其擔保物《そのたんぽぶつ》を喪失《さうしつ》又は減少《げんせう》したるときは代位《だいゐ》を爲すべき者は其喪失《そのさうしつ》又は減少《げんせう》に因《よ》り償還《しやうくわん》を受《う》くること能《あた》はざるに至《いた》りたる限度《げんど》に於て其責《そのせめ》を免《まぬが》るものとす

第二款　相殺

第五百五條　二人互ニ同種ノ目的ヲ有スル債務ヲ負擔スル場合ニ於テ雙方ノ債務カ辨濟期ニ在ルトキハ各債務者ハ其對當額ニ付キ相殺ニ因リテ其債務ヲ免ルルコトヲ得但債務ノ性質カ之ヲ許ササルトキハ此限ニ在ラス

前項ノ規定ハ當事者カ反對ノ意思ヲ表示シタル場合ニハ之ヲ適用セス但其意思表示ハ之ヲ以テ善意ノ第三者ニ對抗スルコトヲ得ス

問《とひ》　相殺《あひさい》とは何《なに》ぞや

答《こたへ》　相殺とは二人互《たがひ》に同種《どうしゆ》の目的《もくてき》を有《いう》する債務《さいむ》を負擔《ふたん》する場合《ばあひ》に於《おい》て双方《さうはう》の債務《さいむ》が辨濟期《べんさいき》に在《あ》るときは各債務者《かくさいむしや》は其對當額《そのたいたうがく》までは互《たがひ》に負債《ふさい》する所《ところ》の者《もの》を以《もつ》て已《おの》れに得《う》べき辨濟《べんさい》と看做《みな》して各自之《かくじこれ》を保持《ほぢ》するを謂《い》ふ例《たと》へば余《よ》甲に三万圓を辨濟《べんさい》すべき義務《ぎむ》あり甲も亦余《またよ》に三万圓を辨濟《べんさい》すべき義務《ぎむ》ある場合《ばあひ》又《また》は余《よ》甲に肥後《ひご》米《まい》五千石《こく》を給付《きふ》すべき義務《ぎむ》あり甲も又余《またよ》に肥後《ひご》米《まい》五千石《こく》を給付《きふ》すべき義務ある場合

の如《ごと》きは互《たがひ》に辨濟《べんさい》又は給付《きうふ》したるものと看做《みなし》して各自《かくじ》の義務《ぎむ》を消滅《せうめつ》せしむるなり之《これ》をば名《なづ》けて相殺《あひさい》と謂《い》ふ而《しか》して相殺《あひさい》は其對當額《そのたいたうがく》まで即《すなは》ち二箇《か》の債務《さいむ》をして其寡少《そのくわせう》なる債務《さいむ》の數額《すうがく》に滿《み》つるまで消滅《せうめつ》せしむるものにして敢《あへ》て相互《あひたがひ》の債務額《さいむがく》が前例《ぜんれい》の如《ごと》く同《どう》一なることを要《えう》せざるなり例《たと》へば甲乙に五万圓を辨濟《べんさい》する義務《ぎむ》を負《お》ひ乙は甲に二万五千圓を辨濟する義務《ぎむ》を負《お》ふときには五万圓の内《うち》より二万五千圓を引去《ひきさ》り殘《のこり》二万五千圓を甲《かう》より乙《おつ》に辨濟《べんさい》すればそれにて可《か》なることゝなるなり即《すなは》ち甲五万圓の内《うち》二万五千圓を乙に辨濟《べんさい》したることゝなり乙も亦《また》二万五千圓を辨濟《べんさい》したることゝなるなり

右《みぎ》の如《ごと》く相殺《あひさい》を爲《な》すことを得《う》るものとするときは大《だい》なる便益《べんえき》あり辨濟《べんさい》の手數及《てすうおよ》び費用《ひよう》を省《はぶ》く其《その》一なり辨濟《べんさい》を受《う》くる能《あた》はざるの危險《きけん》を免《まぬ》がるゝ其《その》二なり辨濟せざる塲合《ばあひ》に起訴《きそ》の手續《てつゞき》を省《はぶ》くことを得《う》る塲合《ばあひ》ある其三なりかゝる便益《べんえき》あるが故《ゆゑ》に法律《はふりつ》は相殺《あひさい》を設《まう》けたるなり

問 相殺《あひさい》を爲《な》すに必要《ひつえう》なる條件如何《でうけんいかん》

答《こたへ》 相殺は前段《ぜんだん》に於《おい》て述《の》べたるが如《ごと》き便益《べんえき》あるも然《しか》れども如何《いか》なる塲合《ばあひ》に於《おい》ても行《おこな》はるゝものにあらず

相殺《あひさい》の行《おこな》はるゝに必要《ひつえう》なる條件《でうけん》四あり左《さ》の如《ごと》し

一 二人互《たがひ》に同種《どうしゆ》の目的《もくてき》を有《いう》する債務《さいむ》を負擔《ふたん》する塲合なること　故《ゆゑ》に甲乙二人互《たがひ》に債務《さいむ》を負擔《ふたん》するも其目的《そのもくてきこと》異なるときは其間《そのかん》に相殺《あひさい》の行《おこな》はるゝものにあらず甲は乙に馬《うま》一頭《とう》を給付《きうふ》するの義務《ぎむ》を負《お》ひ乙は甲に金百圓を支拂《しはら》ふの義務《ぎむ》を負《お》ふときの如《ごと》きは其目的《そのもくてきこと》異なるが故に相殺《あひさい》に因《よ》りて其義務を

免《まぬ》がるゝことを得《え》ざるものとす

二　双方《さうはう》の債務《さいむ》が辨濟期《べんさいき》にある場合《ばあひ》なること　故《ゆゑ》に甲乙二人互《たがひ》に同種《どうしゆ》の目的《もくてき》を有《いう》する債務《さいむ》を負擔《ふたん》するも其債務《そのさいむ》が双方辨濟期《さうはうべんさいき》にあるにあらざれば相殺《あひさい》は行《おこな》はれず例《たと》へば甲は十月一日に金五千圓を乙に辨濟《べんさい》すべきの義務《ぎむ》を負《お》ひ乙は十一月一日に金五千圓を甲《かう》に辨濟すべきの義務《ぎむ》を負《お》ふ場合《ばあひ》の如《ごと》き其目的《そのもくてき》は同《どう》一なる辨濟期日《きじつ》を異《こと》にするが故《ゆゑ》に十月一日に至《いた》り乙の請求《せいきう》に對《たい》し甲は相殺《あひさい》を主張《しゆちやう》することを得《え》さるものとす然《しか》れども十月一日に辨濟《べんさい》せずして十一月二日に至《いた》りたるときは甲の債務《さいむ》も乙の債務も共《とも》に辨濟期《べんさいき》に在《あ》るが故《ゆゑ》に此場合《このばあひ》に於ては相殺《あひさい》に因《よ》りて互《たがひ》に其債務《そのさいむ》を免《まぬが》るゝことを得《う》べきや當然《たうぜん》なり

三　債務《さいむ》の性質《せいしつ》が相殺《あひさい》を許《ゆる》すべき場合《ばあひ》なること　故《ゆゑ》に縱令《たとひ》同種《どうしゆ》の目的《もくてき》にして共《とも》に辨濟期《べんさいき》に在《あ》る場合《ばあひ》と雖《いへど》も其性質之《そのせいしつこれ》を許《ゆる》さゞるときは相殺《あひさい》は行《おこな》はれざるものとす例《たと》へば甲は十月一日までに乙に山水《さんすゐ》の畫《ぐわ》を認《したゝ》めて給付《きうふ》すべきことを約《やく》し乙も亦《また》十月一日までに山水《さんすゐ》の畫《ぐわ》を認《したゝ》めて給付《きうふ》すべきことを約《やく》したるとき又《また》は甲は十月一日までに乙に名刀一振《めいたうひとふり》を與《あた》ふべきことを約《やく》し乙も又《また》が十月一日まで甲に名刀一振《めいたうひとふり》を與《わた》ふべきことを約《やく》したるときの如《ごと》きは目的同一《もくてきどういつ》にして辨濟期《べんさいき》も亦同《またどう》一なりと雖《いへど》も債《さい》務《む》の性質之《せいしつこれ》を許《ゆる》さゞるが故《ゆゑ》に相殺《あひさい》は行《おこな》はれざるものとす

四　當事者《たうじしや》が反對《はんたい》の意思《いし》を表示《へうじ》せざる場合《ばあひ》なること　故《ゆゑ》に前《ぜん》三箇《か》の條件《でうけん》を具備《ぐび》するも當事者《たうじしや》が反對《はんたい》の意思《いし》を表示《へうじ》したるとき即《すなは》ち相殺《あひさい》せざることを約《やく》したるときは行《おこな》はれざるものとす然《しか》れども此場《このば》

合《あひ》に於《おい》ては之《これ》を以《もつ》て善意《ぜさい》の第三者《しや》に對抗《たいかう》することを得ざるものとす

第五百六條 相殺ハ當事者ノ一方ヨリ其相手方ニ對スル意思表示ニ依リテ之ヲ爲ス但其意思表示ニハ條件又ハ期限ヲ附スコトヲ得ス

前項ノ意思表示ハ雙方ノ債務カ互ニ相殺ヲ爲スニ適シタル始ニ遡リテ其效力ヲ生ス

問《とひ》 相殺《あひさい》は如何《いか》にして之《これ》を爲《な》すべきや

答《こたへ》 相殺は當事《たうじ》者《しや》の一方《ぱう》より其相手《そのあひて》方《かた》に對《たい》する意思表示《いしへうし》に依《よ》りて之《これ》を爲《な》すものとす然《しか》れども其意思表《そのいしへう》示《し》には條件《でうけん》又は期限《きげん》を附《ふ》することを得ざるものとす

前項《ぜんかう》の意思表示《いしへうじ》は双方《さうはう》の債務《さいむ》が互《たがひ》に相殺《あひさい》を爲《な》すに適《てき》したる始《はじめ》に遡《さかのぼ》りて其効力《そのかうりよく》を生《しやう》ずるものとす

第五百七條 相殺ハ雙方ノ債務ノ履行地カ異ナルトキト雖モ之ヲ爲スコトヲ得

但相殺ヲ爲ス當事者ハ其相手方ニ對シ之ニ因リテ生シタル損害ヲ賠償スルコトヲ要ス

○相殺《あひさい》は双方《さうはう》の債務《さいむ》の履《り》行地《かうち》が異《こと》なるときと雖《いへど》も之《これ》を爲《な》すことを得《う》るものとす但《たゞし》相殺《あひさい》を爲《な》す當事《たうじ》者《しや》は其相手《そのあひて》方《かた》に對《たい》し之《これ》に因《よ》りて生《しやう》じたる損害《そんがい》を賠償《ばいしやう》することを要す

第五百八條 時效ニ因リテ消滅シタル債權カ其消滅以前ニ相殺ニ適シタル場合ニ於テハ其債權者ハ相殺ヲ爲スコトヲ得

○時効《じかう》に因《よ》りて消滅《せうめつ》したる債權《さいけん》が其消滅以前《そのせうめついぜん》に相殺《あひさい》に適《てき》したるとき即《すなは》ち第五百五條の下《もと》に於《おい》て詳說《しやうせつ》したる條件具備《でうけんぐび》したるときは其債權《そのさいけん》は相殺《あひさい》を爲《な》すことを得《う》るものとす

第五百九條　債務カ不法行爲ニ因リテ生シタルトキハ其債務者ハ相殺ヲ以テ債權者ニ對抗スルコトヲ得ス

○債務《さいむ》が不《ふ》法行爲《はふかうゐ》即《すなは》ち公《おほやけ》の秩序《ちつじよ》又は善良《ぜんりやう》の風俗《ふうぞく》に反《はん》する事項《じかう》を目的《もくてき》とする法律行爲《はふりつかうゐ》に因《よ》りて生《しやう》じたるときは其債務者《そのさいむしや》は相殺《あひさい》を以《もつ》て債權者《さいけんしや》に對抗《たいかう》することを得《え》ざるものとす

第五百十條　債權カ差押ヲ禁シタルモノナルトキハ其債務者ハ相殺ヲ以テ債權者ニ對抗スルコトヲ得

○債權《さいけん》が民事訴訟法《みんじそしやうはふ》によりて差押《さしおさ》ふることを禁《きん》じたるものなるときは其債務者《そのさいむしや》は相殺《あひさい》を以《もつ》て債權者《さいけんしや》に對抗《たいかう》することを得《え》ざるものとす

第五百十一條　支拂ノ差止ヲ受ケタル第三債務者ハ其後ニ取得シタル債權ニ依リ相殺ヲ以テ差押債權者ニ對抗スルコトヲ得ス

○民事訴訟法《みんじそしやうはふ》によりて支拂《しはらひ》の差止《さしとめ》を受《う》けたる第三債務者《さいむしや》は其後《そのゝち》に取得《しゆとく》したる債權《さいけん》に依《よ》り相殺《あひさい》を以《もつ》て差《さし》押債權者《おさへさいけんしや》に對抗《たいかう》することを得《え》ざるものとす例《たと》へば甲乙に金一万圓を貸渡《かしわた》し辨濟期日《べんさいきじつ》に辨濟せざるが爲め乙の財産《ざいさん》を差押《さしおさ》へ併《あは》せて乙に對《たい》して金五千圓を支拂《しはら》ふの義務《ぎむ》ある丙者即《へいしやすなは》ち第三債務者《さいむしや》に對《たい》し其支拂《そのしはらひ》を差止《さしと》めたり此場合《このばあひ》に於《おい》て丙者其差止《そのさしとめ》を受《う》けたる後《のち》乙者《しや》に對《たい》し金五千圓を貸渡《かしわた》したるときは自己《じこ》の支《し》

拂《はら》ふべき五千圓も乙者より辨濟《べんさい》を受《う》くべき五千圓も共《とも》に辨濟期《べんさいき》に至《いた》りたるときと雖《いへど》も乙者に對《たい》しては相殺《あひさい》を主張《しゆちやう》することを得《う》るも差押債權者《さしおさへさいけんしや》甲に對《たい》しては之《これ》を以《もつ》て對抗《たいかう》することを得《え》ざるものとす

第五百十二條　第四百八十八條乃至第四百九十一條ノ規定ハ相殺ニ之ヲ準用ス

○第《だい》四百八十八條乃至《でうないし》第四百九十一條の規定《きてい》は相殺《あひさい》に之《これ》を準用《じゆんよう》するものとす

第三款　更改

第五百十三條　當事者カ債務ノ要素ヲ變更スル契約ヲ爲シタルトキハ其債務ハ更改ニ因リテ消滅ス

條件附債務ヲ無條件債務トシ無條件債務ニ條件ヲ附シ又ハ條件ヲ變更スルハ債務ノ要素ヲ變更スルモノト看做ス債務ノ履行ニ代ヘテ爲替手形ヲ發行スル亦同シ

問　更改《かうかい》とは何《なん》ぞや

答《こたへ》　更改とは舊義務《きうぎむ》を消滅《せうめつ》せしめて新義務《しんぎむ》を發生《はつせい》せしむる法律行爲《はふりつかうゐ》を謂《い》ふ

問　更改《かうかい》に因《よ》りて債務《さいむ》の消滅《せうめつ》する場合如何《ばあひいかん》

答　當事者《たうじしや》が債務《さいむ》の要素《えうそ》を變更《へんかう》する契約《けいやく》を爲《な》したるときは其債務《そのさいむ》は更改《かうかい》に因《よ》りて消滅《せうめつ》するものとす例《たと》へば米《こめ》千石《ぞく》を給付《きうふ》する義務《ぎむ》に代《か》へて金三千圓を支拂《しはら》ふことを約《やく》したるとき又《また》は金五千圓を支拂《しはら》ふに代《か》へて米《こめ》千石《こく》を給付《きうふ》することを約《やく》したるときの如《ごと》きは更改《かうかい》によりて舊義務《きうぎむ》消滅《せうめつ》するものとす然《しか》れど

も舊義務《きうぎむ》の目的《もくてき》を他《た》の目的《もくてき》に變更《へんかう》して義務《ぎむ》を約《やく》し直《たゞ》ちに其目的物《そのもくてきぶつ》を引渡《ひきわた》して辨濟《べんさい》したるときの如《ごと》きは第《だい》四百八十二條《でう》の代物辨濟《だいぶつべんさい》にして純然《じゆんぜん》たる更改《かうかい》とならざるものとす又舊義務《またきうぎむ》の目的《もくてき》が特定物《とくていぶつ》なるときは停止條件附《ていしでうけんつき》の場合《ばあひ》の外直《ほかたゞ》ちに所有權移轉《しよいうけんいてん》すべきが故《ゆゑ》に之《こ》れ亦更改《またかうかい》とならざるものとす義務《ぎむ》の目的《もくてき》を變《へん》ぜずして其原因《そのげんいん》を變《へん》ずる場合《ばあひ》も亦更改《またかうかい》に因《よ》りて舊義務《きうぎむ》消滅《せうめつ》すべし賣買《ばいゞ》の代價《だいか》若《もし》くは借貸《かりちん》として負擔《ふたん》する金額《きんがく》を借用金《しやくようきん》として負擔《ふたん》すべきことに代《か》へたるときの如《ごと》き然《しか》り條件附債務《でうけんつきさいむ》を無條件債務《むでうけんさいむ》とし無條件債務に條件《でうけん》を附《ふ》し又《また》は前《まへ》の條件《でうけん》を變更《へんかう》する場合《ばあひ》の如《ごと》きも亦債務《またさいむ》の要素《えうそ》を變更《へんかう》するものと看做《みな》し舊義務《きうぎむ》は之《これ》に依《よつ》て消滅《せうめつ》するものとす債務《さいむ》の履行《りかう》に代《か》へて爲替手形《かはせてがた》を發行《はつかう》するときの如《ごと》き亦然《またしか》り而《しか》してこゝに所謂條件附債務《いはゆるでうけんつきさいむ》とは如何《いか》なる債務《さいむ》を謂《い》ふものなれや第百二十七條の下《もと》に明《あきら》かなり

第五百十四條　債務者ノ交替ニ因ル更改ハ債權者ト新債務者トノ契約ヲ以テ之ヲ爲スコトヲ得但舊債務者ノ意思ニ反シテ之ヲ爲スコトヲ得ス

○債務者《さいむしや》の交替《かうたい》に因《よ》る更改《かうかい》は債權者《さいけんしや》と新債務者《しんさいむしや》との契約《けいやく》を以《もつ》て之《これ》を爲《な》すことを得《う》るものとす但舊債務《たゞしきうさいむ》者《しや》の意思《いし》に反《はん》して之《これ》を爲《な》すことを得《え》ず

第五百十五條　債權者ノ交替ニ因ル更改ハ確定日附アル證書ヲ以テスルニ非サレハ之ヲ以テ第三者ニ對抗スルコトヲ得ス

○債權者《さいけんしや》の交替《かうたい》に因《よ》る改更《かうかい》は確定日附《かくていひつけ》ある証書《しやうしよ》を以《もつ》てするに非《あら》ざれば之《これ》を以《もつ》て第三者《だいさんしや》に對抗《たいかう》すること

を得ざるものとす

第五百十六條　第四百六十八條第一項ノ規定ハ債權者ノ交替ニ因ル更改ニ之ヲ準用ス

○第四百六十八條第一項《かう》の規定《きてい》は債權者《さいけんしや》の交替《かうたい》に因《よ》る更改《かうかい》に之《これ》を準用《じゆんよう》するものとす

第五百十七條　更改ニ因リテ生シタル債務カ不法ノ原因ノ爲メ又ハ當事者ノ知ラサル事由ニ因リテ成立セス又ハ取消サレタルトキハ舊債務ハ消滅セス

○改更《かうかい》に因《よ》りて生《しやう》じたる債務《さいむ》が不法《ふはふ》の原因《げんいん》の爲《た》め又《また》は當事《たうじ》者《しや》の知《し》らざる事由《じいう》に因《よ》りて成立《せいりつ》せず又は取《と》消《けし》されたるときは舊債務《きうさいむ》は之《これ》が爲《た》めに消滅《せうめつ》せざるものとす

第五百十八條　更改ノ當事者ハ舊債務ノ目的ノ限度ニ於テ其債務ノ擔保ニ供シタル質權又ハ抵當權ヲ新債務ニ移スコトヲ得但第三者カ之ヲ供シタル場合ニ於テハ其承諾ヲ得ルコトヲ要ス

○更改《かうかい》の當事《たうじ》者《しや》は舊債務《きうさいむ》の目的《もくてき》の限度《げんど》に於《おい》て其債務《そのさいむ》の擔保《たんぽ》に供《きやう》したる質權《しちけん》又は抵當權《ていたうけん》を新債務《しんさいむ》に移《うつ》すことを得《う》るものとす但其擔保《たゞしそのたんぽ》は第《だい》三者《しや》に於て之《これ》を供《きやう》したる場合《ばあひ》なるときは其承諾《そのしやうだく》を得ざるべからず

第四款　免除

第五百十九條　債權者カ債務者ニ對シテ債務ヲ免除スル意思ヲ表示シタルトキハ其債權ハ消滅ス

○債權者《さいけんしや》が債務者《さいむしや》に對《たい》して債務を免除《めんぢよ》する意思《いし》を表示《へうし》したるとき例《たと》へば辨濟《べんさい》を要《えう》せざる旨《むね》を明言《めいげん》したるとき又は債務の證書《しようしよ》を返還《へんくわん》したるときの如《ごと》きは其債權《そのさいけん》は之が爲に消滅《せうめつ》するものとす

第五款　混同

第五百二十條　債權及ヒ債務カ同一人ニ歸シタルトキハ其債權ハ消滅ス

但其債權カ第三者ノ權利ノ目的タルトキハ此限ニ在ラス

問《とひ》　混同《こんどう》とは何《なん》ぞや

答《こたへ》　混同とは彼此《ひし》兩立《りやうりつ》すべからざる二箇《か》の分限《ぶんげん》の一身《しん》に集《あつま》るを謂《い》ふ例《たと》へば余《よ》甲者に對《たい》し一万圓を辨濟《べんさい》するの義務《ぎむ》を負擔《ふたん》したりしに其後《そのご》余甲者の相續人《さうぞくにん》となりたるときの如《ごと》きは債權者《さいけんしや》と債務者《さいむしや》との二箇の資格《しかく》が余《よ》の一身《しん》に集《あつま》りたるものなれば余の債務《さいむ》は之《こ》れが爲め當然消滅《たうぜんせうめつ》するものなり之《こ》れらは混同《こんどう》に因《よ》りて消滅《せうめつ》するとはいふなり

然《しか》れども右《みぎ》の場合《ばあひ》に於《おい》て其債權《そのさいけん》が第三者《しや》の權利《けんり》の目的《もくてき》たるときは消滅《せうめつ》せざるものとす

第二章　契約

○本章《ほんしやう》分《わかつ》て十四節《せつ》とす第一節《せつ》に於《おい》ては總則《さうそく》の事《こと》を規定《きてい》し第二節《せつ》に於《おい》ては贈與《ぞうよ》のことを規定《きてい》し第三節に於《おい》ては賣買《ばいばい》第四節に於ては交換《かうくわん》第五節に於ては消費貸借《せうひたいしやく》第六節に於ては使用貸借《しようたいしやく》第七節に於ては賃《ちん》貸借《たいしやく》第八節《せつ》に於《おい》ては雇傭《こよう》第九節に於ては請負《うけおひ》第十節に於ては委任《ゐにん》第十一節《せつ》に於ては寄託《きたく》第十二節に於ては組合《くみあひ》第十三節に於ては終身定期金《しうしんていききん》第十四節に於ては和解《わかい》のことを規定《きてい》したり

第一節　總則

第一款　契約ノ成立

第五百二十一條　承諾ノ期間ヲ定メテ爲シタル契約ノ申込ハ之ヲ取消スコトヲ得ス

申込者カ前項ノ期間内ニ承諾ノ通知ヲ受ケサルトキハ申込ハ其效力ヲ失フ

問《とひ》　承諾《しやうだく》の期間《きかん》を定《さだ》めて爲《な》したる契約《けいやく》の申込《まをしこみ》は之《これ》を取消《とりけ》すことを得《う》るか

答《こたへ》　承諾の期間《きかん》を定めて爲したる契約《けいやく》の申込例《まをしこみたと》へば甲が乙に余《よ》の家屋《かおく》を五千圓にて賣却《ばいきやく》すべきが故《ゆゑ》に貴殿《きでん》に於《おい》て御買受被下間敷《おんかひうけくだされまじく》や來《きた》る十日まで御返事《おへんじ》を請《こ》ふと申送《まをしおく》りたるときの如《ごと》きは其申込《そのまをしこみ》は十日までは有効《いうかう》にして其間《そのあひだ》に之《これ》を取消《とりけ》そことを得ざるものとす

問　右《みぎ》の期間内《きかんない》に承諾《しやうだく》の通知《つうち》を受《う》けざるときは其《その》申込の效力如何《かうりよくいかん》

答　前例《ぜんれい》の場合《ばあひ》に於《おい》て承諾《しやうだく》の通知《つうち》を受《う》けたるときは賣《う》らんと言《い》ひ買《か》はんと言《い》ふ甲乙二人の意思投合《いしとうがふ》するが故《ゆゑ》に其賣買契約《そのばいばいけいやく》は成立《せいりつ》すべきも甲者其言送《そのいひおく》りたる期間内《きかんない》に承諾《しやうだく》の通知《つうち》を受《う》けざるときは申込《まをしこみ》は其効力《そのかうりよく》を失《うしな》ふものとす

第五百二十二條　承諾ノ通知カ前條ノ期間後ニ到達シタルモ通常ノ場合ニ於テハ其期間内ニ到達スヘカリシ時ニ發送シタルモノナルコトヲ知リ得ヘキトキハ申込者ハ遲滯ナク相手方ニ對シテ其延著ノ通知ヲ發スルコトヲ要ス但其到達前

ニ遲延ノ通知ヲ發シタルトキハ此限ニ在ラス

申込者カ前項ノ通知ヲ怠リタルトキハ承諾ノ通知ハ延著セサリシモノト看做ス

○承諾《しやうだく》の通知《つうち》が前條《ぜんでう》の期間後《きかんご》に到達《たうたつ》したるも通常《つうじやう》の場合《ばあひ》に於《おい》ては其期間内《そのきかんない》に到達《たうたつ》すべかりしときに發《はつ》送《そう》したるものなることを知《し》り得《う》べきときは申込者《まをしこみしや》は遲滯《ちたい》なく相手方《あひてかた》に對《たい》して其延著《そのえんちやく》の通知《つうち》を發《はつ》すべきものとす但其到達前《たゞしそのたうたつぜん》に遲延《ちえん》の通知《つうち》を發《はつ》したるときは更《さら》に之《これ》を發《はつ》するを要《えう》せざるものとす

申込者《まをしこみしや》が前項《ぜんかう》の通知《つうち》を怠《おこた》りたるときは承諾《しやうだく》の通知《つうち》は延著《えんちやく》せざるものと看做《みな》すべきものとす

問　其期間内《そのきかんない》に到達《たうたつ》すべかりし時《とき》に發送《はつそう》したる者《もの》にあらざる時《とき》は延著《えんちやく》の通知《つうち》を發《はつ》することを要《えう》するか

答　承諾《しやうだく》の通知《つうち》が申込者《まをしこみしや》の定《さだ》めたる期間内《きかんない》に達《たつ》せざるは天災其他《てんさいそのた》の爲《た》めに延著《えんちやく》したるにあらざるときは別《べつ》に延著《えんちやく》の通知《つうち》を發《はつ》するの要《えう》なきものとす

第五百二十三條　遲延シタル承諾ハ申込者ニ於テ之ヲ新ナル申込ト看做スコトヲ得

問《とひ》　遲延《ちえん》したる承諾《しやうだく》は何等《なんら》の効力《かうりよく》を有《いう》せざるか

答《こたへ》　申込《まをしこみ》に定《さだ》めたる期間《きかん》に遲《おく》れて達《たつ》したる承諾《しやうだく》は承諾《しやうだく》としては何等《なんら》の効力《かうりよく》を有《いう》せざれども申込者《まをしこみしや》に於ては之《これ》を新《あらた》なる申込《まをしこみ》と看做《みな》すことを得《う》るものとす例《たと》へば甲が乙に余《よ》の有《いう》する正宗《まさむね》の刀《かたな》を價《あたひ》百圓に賣《ばい》却《きやく》すべきが故《ゆゑ》に八月一日まで購求《かうきう》の有無《うむ》を通知《つうち》すべしと申込《まをしこ》みたるに八月十日に至《いた》りて乙者より購《かう》求《きう》すべしとの通知《つうち》が到着《たうちやく》したるときの如《ごと》きは甲者の申込其効力《まをしこみそのかうりよく》を失《うしな》ひたる後《のち》なるが故《ゆゑ》に此賣買契《このばいばいけい》

約《やく》は成立《せいりつ》せず然《しか》れども甲者尙《な》は之を乙者に賣《う》らんと欲《ほつ》するときは乙者の承諾《しやうだく》を新《あらた》なる申込《まをしこみ》と看做《みな》して愈々《いよ〳〵》賣却《ばいきやく》すべきことを言《い》ひ送《おく》ることを得《う》べく然《しか》るときは賣買契約《ばいばいけいやく》こゝに成立《せいりつ》すべし

第五百二十四條　承諾ノ期間ヲ定メスシテ隔地者ニ爲シタル申込ハ申込者カ承諾ノ通知ヲ受クルニ相當ナル期間之ヲ取消スコトヲ得ス

○承諾《しやうだく》の期間《きかん》を定《さだ》めずして隔地者《かくちしや》例《たと》へば大阪《おほさか》に在《あ》る甲より東京《とうきやう》に在《あ》る乙に爲《な》したる申込《まをしこみ》は申込者か承《しやう》諾《だく》の通知《つうち》を受《う》くるに相當《さうたう》なる期間《きかん》之《これ》を取消《とりけ》すことを得《え》ざるものとす

第五百二十五條　第九十七條第二項ノ規定ハ申込者カ反對ノ意思ヲ表示シ又ハ其相手方カ死亡若クハ能力喪失ノ事實ヲ知リタル場合ニハ之ヲ適用セス

○第九十七條第二項《かう》の規定《きてい》は申込者《まをしこみしや》か反對《はんたい》の意思《いし》を表示《へうじ》し又は其相手《そのあいて》方《かた》か死亡《しばう》若《もし》くは能力喪失《のうりよくそしつ》の事實《じじつ》を知《し》りたる場合には之を適用《てきよう》せざるものとす故に申込者か申込書中《まをしこみしよちう》に申込後《ど》自巳《じこ》の死亡《しばう》したるとき又は能力《のうりよく》を失《うしな》ひたるときは申込の效《かう》なきことを明示《めいじ》したるとき又は其相手《そのあいて》方《かた》か死亡《しばう》若《もし》くは能力喪失《のうりよくそうしつ》の事《じ》實《じつ》を知《し》りたるときは其申込《そのまをしこみ》の效《かう》なきものとす

第五百二十六條　隔地者間ノ契約ハ承諾ノ通知ヲ發シタル時ニ成立ス
申込者ノ意思表示又ハ取引上ノ慣習ニ依リ承諾ノ通知ヲ必要トセサル場合ニ於テハ契約ハ承諾ノ意思表示ト認ムヘキ事實アリタル時ニ成立ス

問　隔地者間《かくちしやかん》の契約成立《けいやくせいりつ》の時期《じき》如何《いかん》

答《こたへ》　隔地者《かくち》間《しやかん》の契約例《たと》へは大阪《おほさか》に在《あ》る者《もの》と長崎《ながさき》に在《あ》る者《もの》との間《あひだ》になす契約《けいやく》は一方《ぱう》の者《もの》が承諾《しやうだく》の通知《つうち》を發《はつ》したる時《とき》に成立《せいりつ》するものにして敢《あな》て其通知《そのつうち》の申込者に到着《たうちやく》し又は披見《ひけん》したるときを待《ま》たさるものとす

申込者《まをしこみしや》の意思表示《いしへうじ》又は取引上《とりひきじやう》の慣習《くわんしふ》に依《よ》り承諾《しやうだく》の通知《つうち》を必要《ひつえう》とせさる場合《ばあひ》に於《おい》ては契約《けいやく》は承諾の意《い》思表示《しへうじ》と認《した》むへき事實《じじつ》ありたる時《とき》に成立《せいりつ》するものとす

第五百二十七條　申込ノ取消ノ通知カ承諾ノ通知ヲ發シタル後ニ到達シタルモ通常ノ場合ニ於テハ其前ニ到達スヘカリシ時ニ發送シタルモノナルコトヲ知リ得ヘキトキハ承諾者ハ遲滯ナク申込者ニ對シテ其延著ノ通知ヲ發スルコトヲ要ス

承諾者カ前項ノ通知ヲ怠リタルトキハ契約ハ成立セサリシモノト看做ス

○申込《まをしこみ》の取消《とりけし》の通知《つうち》か承諾《しやうだく》の通知を發《はつ》したる後《のち》に到達《たうたつ》したるも通常《つうじやう》の場合《ばあひ》に於《おい》ては其承諾《そのしやうだく》の通知《つうち》を發《はつ》す前《まへ》に到達《たうたつ》すへかりし時《とき》に發送《はつそう》したるものなることを知《し》り得《う》とき時《とき》は承諾者《しやうだくしや》は遲《ち》滯《たい》なく申込者《まをしこみしや》に對《たい》して其延着《そのゑんちやく》の通知《つうち》を發《はつ》すべきものとす

承諾者《しやうだくしや》が前項《ぜんかう》の通知《つうち》を怠《おこた》りたるときは契約《けいやく》は成立《せいりつ》せざりしもの即《すなは》ち承諾《しやうだく》の通知《つうち》を發《はつ》する前《まへ》に申込の取《とり》消《けし》の通知が到着《たうちやく》したるものと看做《みな》すべきものとす

第五百二十八條　承諾者カ申込ニ條件ヲ附シ其他變更ヲ加ヘテ之ヲ承諾シタル

トキハ其申込ノ拒絶ト共ニ新ナル申込ヲ爲シタルモノト看做ス

問《とひ》 承諾者《しやうだくしや》が申込《まをしこみ》に條件《でうけん》を附《ふ》し其他《そのた》變更《へんかう》を加《くは》へて承諾《しやうだく》したるときは其効力如何《そのかうりよくいかん》

答《とたへ》 此場《このば》合《あひ》に於ては申込を拒絶《きよぜつ》したると共《とも》に新《あらた》なる申込を爲《な》したるものと看做《みな》すべきものとそ

第五百二十九條　或行爲ヲ爲シタル者ニ一定ノ報酬ヲ與フヘキ旨ヲ廣告シタル者ハ其行爲ヲ爲シタル者ニ對シテ其報酬ヲ與フル義務ヲ負フ

○或行爲《あるかうゐ》を爲したる者に一定《てい》の報酬《はうしう》を與《あた》ふべき旨《むね》を新聞《しんぶん》又は其他《そのた》の方法《はうはふ》を以て廣告《くわうこく》したる者は其行爲《そのかうゐ》を爲したる者《もの》に對《たい》して其報酬《はうしう》を與ふる義務《ぎむ》あるものとす

第五百三十條　前條ノ場合ニ於テ廣告者ハ其指定シタル行爲ヲ完了スル者ナキ間ハ前ノ廣告ト同一ノ方法ニ依リテ其廣告ヲ取消スコトヲ得但其廣告中ニ取消ヲ爲ササル旨ヲ表示シタルトキハ此限ニ在ラス

前項ニ定メタル方法ニ依リテ取消ヲ爲スヿ能ハサル場合ニ於テハ他ノ方法ニ依リテ之ヲ爲スコトヲ得但其取消ハ之ヲ知リタル者ニ對シテノミ其效力ヲ有ス

廣告者カ其指定シタル行爲ヲ爲スヘキ期間ヲ定メタルトキハ其取消權ヲ拋棄シタルモノト推定ス

○前條《ぜんでう》の場《ば》合《あひ》に於て廣告者《くわうこくしや》は其指《そのし》定《てい》したる行爲《かうゐ》を完了《くわんれう》せる者なき間《あひだ》は其廣告中《そのくわうこくちう》に取消《とりけし》を爲さゝる旨《むね》を表示《ひやうじ》したるときの外前《ほかまへ》の廣告《くわうこく》と同《どう》一の方法《はうはふ》に依《よ》りて其廣告《そのくわうこく》を取消《とりけし》すことを得べし

前項《ぜんかう》に定《さだ》めたる方法《はうはふ》に依《よ》りて取消《とりけし》を爲すこと能《あた》はざる場合例《たと》へば前の廣告《くわうこく》は新聞紙《しんぶんし》を以てしたるも後《ご》日之《じつこれ》を取消さんとするに當《あた》り其新聞廢刊《しんぶんはいかん》して他《た》に其地に新聞紙《しんぶんし》なきときの如き場合《ばあひ》に於ては他の方法《はうはふ》に依《よ》りて取消を爲すことを得《う》べし但此場合《このばあひ》に於ては其取消は之を知《し》りたる者に對《たい》してのみ其効力《そのかうりよく》を有《いう》するものとす

廣告者《くわうこくしや》が何《なん》ヶ年《ねん》の間《あひだ》に又は何年何月までと云ふが如《ごと》く其指定《そのしてい》したる行爲《かうゐ》を爲すべき期間《きかん》を定めたるときは其取消權《そのとりけしけん》を拋棄《はうき》したるものと推定《すいてい》すべきものとす

第五百三十一條　廣告ニ定メタル行爲ヲ爲シタル者數人アルトキハ最初ニ其行爲ヲ爲シタル者ノミ報酬ヲ受クル權利ヲ有ス

數人カ同時ニ右ノ行爲ヲ爲シタル場合ニ於テハ各平等ノ割合ヲ以テ報酬ヲ受クル權利ヲ有ス但報酬カ其性質上分割ニ不便ナルトキ又ハ廣告ニ於テ一人ノミ之ヲ受クヘキモノトシタルトキハ抽籤ヲ以テ之ヲ受クヘキ者ヲ定ム

前二項ノ規定ハ廣告中ニ之ニ異ナリタル意思ヲ表示シタルトキハ之ヲ適用セス

問《とひ》　廣告《くわうこく》に定《さだ》めたる行爲《かうゐ》を爲《な》したる者數人《すにん》あるときは何人其報酬《はうしう》を受《う》くべきや

答《こたへ》　廣告に定めたる行爲《かうゐ》を爲したる者《もの》數人あるときは最初《さいしよ》に其行爲《そのかうゐ》を爲《な》したる者《もの》のみ報酬《はうしう》を受《う》くる權《けん》利《り》を有《いう》するものとす

數人《すうにん》が同時《どうじ》に右《みぎ》の行爲《かうゐ》を爲《な》したる場合《ばあひ》に於《おい》ては各平等《かくびやうどう》の割合《わりあひ》を以《もつ》て報酬《はうしう》を受《う》くる權利《けんり》を有《いう》するもの

とす但《たゞし》報酬《はうしう》が其性質上分割《そのせいしつじやうぶんかつ》に不便《ふべん》なるとき又は廣告《くわうこく》に於て一人《にん》のみ之《これ》を受《う》くべきものとしたるときは抽籤《ちうせん》を以《もつ》て其報酬を受くべきものを定《さだ》むべし

前《ぜん》二項《かう》の規定《きてい》は廣告中《くわくこくちう》に之《これ》に異《こと》なりたる意思《いし》を表示《へうじ》したるときは之《これ》を適用《てきよう》せざるものとす

第五百三十二條　廣告ニ定メタル行爲ヲ爲シタル者數人アル場合ニ於テ其優等者ノミニ報酬ヲ與フヘキトキハ其廣告ハ應募ノ期間ヲ定メタルトキニ限リ其效力ヲ有ス

前項ノ場合ニ於テ應募者中何人ノ行爲カ優等ナルカハ廣告中ニ定メタル者之ヲ判定ス若シ廣告中ニ判定者ヲ定メサリシトキハ廣告者之ヲ判定ス

應募者ハ前項ノ判定ニ對シテ異議ヲ述フルコトヲ得ス

數人ノ行爲カ同等ト判定セラレタルトキハ前條第二項ノ規定ヲ準用ス

○廣告《くわうこく》に定《さだ》めたる行爲《かうゐ》を爲《な》したる者數人《ものすうにん》ある場合《ばあひ》に於《おい》て其優等者《そのいうとうしや》のみに報酬《はうしう》を與《あた》ふべきときは其廣告《そのくわうこく》は應募《おうぼ》の期間《きかん》を定《さだ》めたるときに限《かぎ》り其効力《そのかうりよく》を有《いう》するものとす

前項《ぜんかう》の塲合に於て應募者中何人《おうぼしやちうなんぴと》の行爲《かうゐ》が優等《いうとう》なるかは廣告中に定《さだ》めたる者若《ものも》し廣告中《くわうこくちう》に定めたる者《もの》なきときは廣告者之《くわうこくしやこれ》を判定《はんてい》すべく其判定《そのはんてい》に對《たい》しては異議《いぎ》を述《の》ぶることを得《え》ざるものとす

若《も》し數人《すうにん》の行爲が同等《どうとう》と判定《はんてい》せられたるときは前條第《ぜんてうだい》二項《かう》規定《きてい》を準用《じゆんよう》するものとす

第二款　契約ノ效力

第五百三十三條　雙務契約當事者ノ一方ハ相手方カ其債務ノ履行ヲ提供スルマテハ自己ノ債務ノ履行ヲ拒ムコトヲ得但相手方ノ債務カ辨濟期ニ在ラサルトキハ此限ニ在ラス

問　雙務《さうむ》契約《けいやく》とは何《なん》ぞや

答《こたへ》　雙務契約とは當事者相互《たうじしやあひたがひ》に義務《ぎむ》を負擔《ふたん》する契約《けいやく》を謂《い》ふ賣買交換《ばいばいかうくわん》、賃貸《ちんかし》、和解《わかい》等《とう》の如《ごと》き然《しか》り

問　双務契約當事者《さうむけいやくたうじしや》の一方《ぱう》は相手方《あひてかた》が其債務《そのさいむ》の履行《りかう》を提供《ていきやう》する迄《まで》は自己《じこ》の債務《さいむ》の履行《りかう》を拒《こば》む事《こと》を得《うる》や

答　相手方《あひてかた》の債務《さいむ》が辨濟期《べんさいき》に在《あ》らざるときの外《ほか》は之《これ》を拒《こば》むことを得《う》べし

第五百三十四條　特定物ニ關スル物權ノ設定又ハ移轉ヲ以テ雙務契約ノ目的ト爲シタル場合ニ於テ其物カ債務者ノ責ニ歸スヘカラサル事由ニ因リテ滅失又ハ毀損シタルトキハ其滅失又ハ毀損ハ債務者ノ負擔ニ歸ス

不特定物ニ關スル契約ニ付テハ第四百一條第二項ノ規定ニ依リテ其物カ確定シタル時ヨリ前項ノ規定ヲ適用ス

問　双務契約《さうむけいやく》の目的物《もくてきぶつ》が滅失《めつしつ》又は毀損《きそん》したるときは其損害《そのそんがい》は何人《なんぴと》に於《お》て負擔《ふたん》すべきや

答《こたへ》　特定物《とくていぶつ》に關《くわん》する物權《ぶつけん》の設定《せつてい》又は移轉《いてん》を以《もつ》て双務契約《さうむけいやく》の目的《もくてき》となし塲合《ばあひ》に於《おい》て其物《そのもの》が債務者《さいむしや》の責《せめ》に歸《き》すべからざる事由《じいう》に因《よ》りて滅失又《めつしつまた》は毀損《きそん》したるときは其滅失《そのめつしつ》又は毀損は債權者《さいけんしや》の負擔《ふたん》に屬《ぞく》するものとす例《たと》へば甲が乙に大阪倉庫會社《おほさかさうこくわいしや》の第《だい》十番倉庫《ばんさうこ》にある余《よ》の肥後米若干《ひごまいじやくかん》を價《あたひ》若干《じやくかん》にて賣却《ばいきやく》すべし

と約《やく》したる場合《ばあひ》に於《おい》て其肥後米《そのひごまい》が甲《かう》の過失《くわしつ》によらずして例《たと》へば落雷《らくらい》の爲《た》めに滅失《めつしつ》又は毀損《きそん》したるときは其損失《そのそんしつ》は之を買《か》ひ受けたる乙者の負擔《ふたん》に歸《き》すべきものなるが故に其肥後米《そのひごまい》の滅失又は減少《げんせう》したるに拘《かゝは》らず甲は前《ぜん》に約《やく》したる代價《だいか》の全部《ぜんぶ》を請求《せいきう》ずることを得《う》べし何《なん》となれば特定物《とくていぶつ》の賣買《ばいゝ》は賣買契《けい》約《やく》の成立《せいりつ》と同時《どうじ》に其所有權《そのしよいうけん》買主《かひぬし》に移轉《いてん》するものにして敢《あへ》て物《もの》の引渡《ひきわた》すを待《ま》たざればなり右《みぎ》に反《はん》し其目的物《そのもくてきぶつ》が不特定物《ふとくていぶつ》あるときは第四百一條第二項《かう》の規定《きてい》に依《よ》りて其物《そのもの》が確定《かくてい》したる後《のち》にあらざれば前段《ぜんだん》の法理《はふり》を適用《てきよう》することを得《え》ざるものとす

第五百三十五條　前條ノ規定ハ停止條件附雙務契約ノ目的物カ條件ノ成否未定ノ間ニ於テ滅失シタル場合ニハ之ヲ適用セス

物カ債務者ノ責ニ歸スヘカラサル事由ニ因リテ毀損シタルトキハ其毀損ハ債權者ノ負擔ニ歸ス

物カ債務者ノ責ニ歸スヘキ事由ニ因リテ毀損シタルトキハ債權者ハ條件成就ノ場合ニ於テ其選擇ニ從ヒ契約ノ履行又ハ其解除ヲ請求スルコトヲ得但損害賠償ノ請求ヲ妨ケス

〇前條《ぜんでう》の規定《きてい》は停止《ていし》條件附双務契約《でうけんつきさうむけいやく》の目的物《もくてきぶつ》が條件《でうけん》の成否未定《せいひみてい》の間《あひだ》に於《おい》て滅失《めつしつ》したる場合には之《これ》を適《てき》用《よう》せざるものとす

物《もの》が債務者《さいむしや》の責《せめ》に歸《き》すべからざる事由《じいう》に因《よ》りて毀損《きそん》したるときは其毀損は債權者《さいけんしや》に於て負擔《ふたん》そべきも

のとす又物《またもの》が債務者《さいむしや》の責《せめ》に歸《き》すべき事由《じいう》に因《よ》りて毀損《きそん》したるときは債權者は條件成就《でうけんじやうじゆ》の場合に於て其《その》欲《ほつ》する所《ところ》に從《したが》ひ契約《けいやく》の履行《りかう》又は其解除《そのかいぢよ》を請求《せいきう》することを得《う》べく尙《な》ほ損害《そんがい》あるときは其賠償《そのばいしやう》を請求《せいきう》することを得《う》べし

第五百三十六條　前二條ニ掲ケタル場合ヲ除ク外當事者雙方ノ責ニ歸スヘカラサル事由ニ因リテ債務ヲ履行スルコト能ハサルニ至リタルトキハ債務者ハ反對給付ヲ受クル權利ヲ有セス

債權者ノ責ニ歸スヘキ事由ニ因リテ履行ヲ爲スコト能ハサルニ至リタルトキハ債務者ハ反對給付ヲ受クル權利ヲ失ハス但自己ノ債務ヲ免レタルニ因リテ利益ヲ得タルトキハ之ヲ債權者ニ償還スルコトヲ要ス

○前《ぜん》二條《でう》に掲《かゝ》げたる場合を除《のぞ》く外當事者双方《ほかたうじしやさうはう》の責《せめ》に歸《き》すべからざる事由《じいう》に因《よ》りて債務《さいむ》を履行《りかう》することを能《あた》はざるに至《いた》りたるときは債務者《さいむしや》は反對給付《はんたいきうふ》を受くる權利卽自己《けんりすなはちじこ》の債務を履行《りかう》せずして相手方《あひてかた》にのみ其債務《そのさいむ》を履行せしむるの權利《けんり》を有《いう》せざる者《もの》とす

債權者《さいけんしや》の責《せめ》に歸《き》すべき事由《じいう》に因《よ》りて履行《りかう》をなすこと能《あた》はざるに至《いた》りたるときは債務者《さいむしや》は反對給付《はんたいきうふ》を受る權利《けんり》を失《うしな》はざるものとす但自己《たゞしじこ》の債務を免《まぬが》れたるに因《よ》りて利益《りえき》を得《え》たるときは之《これ》を債權者《さいけんしや》に償還《しやうくわん》せざるべからず

第五百三十七條　契約ニ依リ當事者ノ一方カ第三者ニ對シテ或給付ヲ爲スヘキ

「コトヲ約シタルトキハ其第三者ハ債務者ニ對シテ直接ニ其給付ヲ請求スル權利ヲ有ス

前項ノ場合ニ於テ第三者ノ權利ハ其第三者カ債務者ニ對シテ契約ノ利益ヲ享受スル意思ヲ表示シタル時ニ發生ス

○契約《けいやく》に依《よ》り當事者《たうじしや》の一方《はう》が第三者《しや》に對《たい》して或給付《あるきうふ》を爲すべきことを約《やく》したるとき例《たと》へば甲が乙に金《きん》の指輪《ゆびわ》を與《あた》ふる代《か》はりに乙より丙に銀《ぎん》の指輪《ゆびわ》を與《あた》ふべしと約《やく》したるときの如《ごと》きは其第《そのだい》三者《しや》即《すなは》ち丙者《へいしや》は債務者《さいむしや》乙に甲の手《て》を待《ま》たずして直接《ちよくせつ》に其給付《そのきうふ》を請求《せいきう》する權利《けんり》を有《いう》するものとす
然《しか》れども右《みぎ》の場合《ばあひ》に於て第三者の權利《けんり》は其第《だい》三者《しや》が債務者に對《たい》して契約《けいやく》の利益《りえき》を享受《きやうじゆ》する意思《いし》即《すなは》ち前《ぜん》例《れい》の場合《ばあひ》に於ては指輪《ゆびわ》を受《う》くる意思《いし》を表示《へうじ》したる時《とき》に發生《はつせい》するものとす

第五百三十八條　前條ノ規定ニ依リテ第三者ノ權利カ發生シタル後ハ當事者ハ之ヲ變更シ又ハ之ヲ消滅セシムルコトヲ得ス

○前條《ぜんでう》の規定《きてい》に依《よ》りて第三者の權利《けんり》が發生《はつせい》したる後《のち》は當事者《たうじしや》は之《これ》を變更《へんかう》し又は之を消滅《せうめつ》せしむることを得ざるものとす

第五百三十九條　第五百三十七條ニ揭ケタル契約ニ基因スル抗辯ハ債務者之ヲ以テ其契約ノ利益ヲ受クヘキ第三者ニ對抗スルコトヲ得

○第五百三十七條に揭《かゝ》げたる契約《けいやく》に基因《きいん》する抗辯《かうべん》は債務者之《これ》を以《もつ》て其契約《そのけいやく》の利益《りえき》を受くべき第《だい》三者《しや》に

對抗《たいかう》することを得《う》るものとす

第三款　契約ノ解除

第五百四十條　契約又ハ法律ノ規定ニ依リ當事者ノ一方カ解除權ヲ有スルトキハ其解除ハ相手方ニ對スル意思表示ニ依リテ之ヲ爲ス
前項ノ意思表示ハ之ヲ取消スコトヲ得ス

問　契約《けいやく》の解除《かいぢよ》は如何《いか》にして之《これ》を爲《な》すべきや

答《こたへ》　契約又は法律《はふりつ》の規定《きてい》に依《よ》り當事者《たうじしや》の一方《ぱう》が解除權《かいぢよけん》を有《いう》するときは其解除《そのかいぢよ》は相手方《あひてかた》に對《たい》する意思表示《いしへうじ》に依《よ》りて之を爲《な》すものにして此意思表示《このいしへうじ》は之を取消《とりけ》すことを得ざるものとす

第五百四十一條　當事者ノ一方カ其債務ヲ履行セサルトキハ相手方ハ相當ノ期間ヲ定メテ其履行ヲ催告シ若シ其期間內ニ履行ナキトキハ契約ノ解除ヲ爲スコトヲ得

○當事者《たうじしや》の一方《ぱう》が其債務《そのさいむ》を履行《りかう》せざるときは相手方《あひてかた》は相當《さうたう》の期間《きかん》を定《さだ》めて其履行《そのりかう》を催告《さいこく》し若《も》し其期間《そのきかん》內《ない》に履行《りかう》せざるときは契約《けいやく》の解除《かいぢよ》を爲《な》すことを得るものとす

第五百四十二條　契約ノ性質又ハ當事者ノ意思表示ニ依リ一定ノ日時又ハ一定ノ期間內ニ履行ヲ爲スニ非サレハ契約ヲ爲シタル目的ヲ達スルコト能ハサル場合ニ於テ當事者ノ一方カ履行ヲ爲サスシテ其時期ヲ經過シタルトキハ相手方ハ

前條ノ催告ヲ爲サスシテ直チニ其契約ノ解除ヲ爲スコトヲ得

○契約《けいやく》の性質《せいしつ》又は當事者《たうじしや》の意思表示《いしへうじ》に依《よ》り一定《てい》の日時《じつじ》又《また》は一定《てい》の期間内《きかんない》に履行《りかう》を爲《な》すに非《あら》ざれば契約《けいやく》を爲したる目的《もくてき》を達《たつ》すること能《あた》はざる場合《ばあひ》に於《おい》て當事者《たうじしや》の一方《ぱう》が履行《りかう》を爲さずして其時間《そのじかん》を經過《けいくわ》したるときは相手方《あひてかた》は前條《ぜんでう》の催告《さいこく》を爲さずして直《たゞ》ちに其契約の解除《かいぢよ》を爲《な》すことを得《う》るものとす

第五百四十三條　履行ノ全部又ハ一部カ債務者ノ責ニ歸スヘキ事由ニ因リテ不能ト爲リタルトキハ債權者ハ契約ノ解除ヲ爲スコトヲ得

○履行《りかう》の全部《ぜんぶ》又は一部が債務者《さいむしや》の責《せめ》に歸《き》すべき事由《じいう》に因《よ》りて不能《ふのう》となりたるとき即《すなは》ち履行《りかう》すること能《あた》はざるに至《いた》りたるときは債權者契約《さいけんしやけいやく》の解除《かいぢよ》を爲《な》すことを得《う》るものとす

第五百四十四條　當事者ノ一方カ數人アル場合ニ於テハ契約ノ解除ハ其全員ヨリ又ハ其全員ニ對シテノミ之ヲ爲スコトヲ得

前項ノ場合ニ於テ解除權カ當事者中ノ一人ニ付キ消滅シタルトキハ他ノ者ニ付テモ亦消滅ス

○當事者《たうじしや》の一方《ぱう》が數人《すうにん》ある場合《ばあひ》に於《おい》ては契約《けいやく》の解除《かいぢよ》は其全員《そのぜんゐん》より又《また》は其全員《そのぜんゐん》に對《たい》してのみ之《これ》を爲《な》すことを得《う》べく而《しか》して此場合《このばあひ》に於《おい》て解除權《かいぢよけん》が當事者中《たうじしやちう》の一人に付《つ》き消滅《せうめつ》したるときは他《た》の者《もの》に付ても亦消《またせう》滅《めつ》するものとす

第五百四十五條　當事者ノ一方カ其解除權ヲ行使シタルトキハ各當事者ハ其相

手方ヲ原狀ニ復セシムル義務ヲ負フ但第三者ノ權利ヲ害スルコトヲ得ス
前項ノ場合於テ返還スヘキ金錢ニハ其受領ノ時ヨリ利息ヲ附スルコトヲ要ス
解除權ノ行使ハ損害賠償ノ請求ヲ妨ケス

○當事者《たうじしや》の一方《ぱう》が其解除權《このかいぢよけん》を行使《かうし》したるときは各當事者《かくたうじしや》は其相手《このあひて》方《かた》を原狀《げんじやう》に復せしむる義務《ぎむ》を負《お》ふものとす但第三者《たゞしだいさんしや》の權利《けんり》を害《がい》することを得《え》ず
前項《ぜんかう》の場合《ばあひ》に於て返還《へんくわん》すべき金錢《きんせん》には其受領《そのじゆりやう》の時《とき》より利息《りそく》を附《ふ》すべきものとす
解除權《かいぢよけん》の行使《かうし》は損害賠償《そんがいばいしやう》の請求《せいきう》を妨《さまた》げず故に契約《けいやく》を解除《かいぢよ》し尚《な》ほ損害《そんがい》あるときは之《これ》を賠償《ばいしやう》せしむることを得べし

第五百四十六條　第五百三十三條ノ規定ハ前條ノ場合ニ之ヲ準用ス

○第百五三十三條の規定《きてい》は前條《ぜんでう》の場合《ばあひ》に之《これ》を準用《じゆんよう》するものとす

第五百四十七條　解除權ノ行使ニ付キ期間ノ定ナキトキハ相手方ハ解除權ヲ有スル者ニ對シ相當ノ期間ヲ定メ其期間内ニ解除ヲ爲スヤ否ヤ確答スヘキ旨ヲ催告スルコトヲ得若シ其期間内ニ解除ノ通知ヲ受ケサルトキハ解除權ハ消滅ス

○解除權《かいぢよけん》の行使《かうし》に付《つ》き期間《きかん》の定《さだめ》なきときは相手方《あひてかた》は解除權《かいぢよけん》を有《いう》する者《もの》に對《たい》し相當《さうたう》の期間《きかん》を定《さだ》め其期間《そのきかん》内《ない》に解除《かいぢよ》を爲《な》すや否《いな》やを確答《かくたう》すべき旨《むね》を催告《さいこく》することを得《う》るものとす若《も》し其期間内《そのきかんない》に解除《かいぢよ》の通知《つうち》を受けざるときは解除權《かいぢよけん》は消滅《せうめつ》すべし

第五百四十八條　解除權ヲ有スル者カ自己ノ行爲又ハ過失ニ因リテ著シク契約ノ目的物ヲ毀損シ若クハ之ヲ返還スルコトヲ能ハサルニ至リタルトキ又ハ加工若クハ改造ニ因リテ之ヲ他ノ種類ノ物ニ變シタルトキハ解除權ハ消滅ス

契約ノ目的物カ解除權ヲ有スル者ノ行爲又ハ過失ニ因ラスシテ消滅又ハ毀損シタルトキハ解除權ハ消滅セス

○解除權《かいぢよけん》を有《いう》する者《もの》が自已《じこ》の行爲《かうゐ》又は過失《くわしつ》に因《よ》りて著《いちじる》しく契約《けいやく》の目的物《もくてきぶつ》を毀損《きそん》し若《もし》くは之を返還《へんくわん》すること能《あた》はざるに至《いた》りたるとき又は加工《かこう》若《も》しくは改造《かいざう》に因《よ》りて之を他《た》の種類《しゆるゐ》の物《もの》に變《へん》じたるときは最早《もはや》解除權《ぢよけん》を行《おこな》ふことを得《え》ざるものとす然《しか》れども契約《けいやく》の目的物《もくてきぶつ》が解除權《かいぢよけん》を有《いう》する者《もの》の行爲《かうゐ》又は過失《くわしつ》に因《よ》らずして滅失《めつしつ》又は毀損《きそん》するも解除權は爲に消滅《せうめつ》することなし

第二節　贈與

第五百四十九條　贈與ハ當事者ノ一方カ自己ノ財產ヲ無償ニテ相手方ニ與フル意思ヲ表示シ相手方カ受諾ヲ爲スニ因リテ其效力ヲ生ス

問《とひ》　贈與《ぞうよ》は如何《いか》にして其效力《そのかうりよく》を生《しやう》ずるや

答《こたへ》　贈與は當事者《たうじしや》の一方《はう》が自己《じこ》の財產《ざいさん》を無償《むしやう》にて即《すなは》ち代價《だいか》又は報酬《はうしう》を要求《えうきう》せずして相手方《あひてかた》に與《あた》ふる意《い》思《し》を表示《へうじ》し相手方が受諾《じゆだく》を爲すに因《よ》りて其效力《そのかうりよく》を生《しやう》ずるものとす例《たと》へば甲男其愛《かうだんそのあい》する乙女《おつぢよ》に金《きん》の腕《うで》輪《わ》を無償《むしやう》にて與《あた》へんと言《い》ひ乙女《おつぢよ》之を受《う》けたるときの如《ごと》きは即ち贈與《ぞうよ》の效力發生《かうりよくはつせい》したるものにして其《その》

腕輪《うでわ》は乙女の所有《じよいう》に歸《き》するものとす

第五百五十條　書面ニ依ラサル贈與ハ各當事者之ヲ取消スコトヲ得但履行ノ終ハリタル部分ニ付テハ此限ニ在ラス

問　書面《しよめん》に依《よ》らざる贈與《ぞうよ》は之を取消《とりけ》すことを得《う》るや

答　書面《しよめん》に依《よ》らざる贈與《ぞうよ》即《すなは》ち口頭《こうとう》又は擧動《きよどう》にてなしたる贈與《ぞうよ》は各當事者《かくたうじ》即《すなは》ち與ふる者も受《う》くるものも之を取消《とりけ》すことを得べし但履行《りかう》の終《をは》りたる部分《ぶぶん》に付《つい》ては此限《このかぎり》に有《あ》らず

第五百五十一條　贈與者ハ贈與ノ目的タル物又ハ權利ノ瑕疵又ハ欠缺ニ付キ其責ニ任セス但贈與者カ其瑕疵又ハ欠缺ヲ知リテ之ヲ受贈者ニ告ケサリシキハ此限ニ在ラス

負擔附贈與ニ付テハ贈與者ハ其負擔ノ限度ニ於テ賣主ト同シク擔保ノ責ニ任ス

○贈與者《ぞうよしや》は贈與《ぞうよ》の目的《もくてき》たる物《もの》又は權利《けんり》の瑕疵《かし》又は欠缺《けんけつ》に付き知りて之を受贈者《じゆぞうしや》に告《つ》けざりし場合《ばーあひ》の外《ほか》は其責《そのせめ》に任《にん》せざるものとそ

負擔附與《ふたんふよ》に付ては贈與者《ぞうよしや》は其負擔《そのふたん》の限度《げんど》に於て賣主《ばいしゆ》と同《おな》じく擔保《たんぽ》の責《せめ》に任《にん》すべきものとす

第五百五十二條　定期ノ給付ヲ目的トスル贈與ハ贈與者又ハ受贈者ノ死亡ニ因リテ其效力ヲ失フ

○定期《ていき》の給付《きうふ》を目的《てき》とする贈與《ぞうよ》例《たと》へば毎月《まいげつ》米《こめ》一石《こく》を與ふべしと約《やく》したるときの如《ごと》きは贈與者《ぞうよしや》又は受贈《じゆぞう》

者《しや》の死亡《しばう》に因《よ》りて其効力《そのかうりよく》を失《うしな》ふものとす

第五百五十三條　負擔附贈與ニ付テハ本節ノ規定ノ外雙務契約ニ關スル規定ヲ適用ス

○負擔附贈與《ふたんふぞうよ》に付ては本節《ほんせつ》の規定《きてい》の外雙務契約《ほかさうむけいやく》に關《くわん》する規定《きてい》を適用《てきよう》すべきものとす

第五百五十四條　贈與者ノ死亡ニ因リテ效力ヲ生スヘキ贈與ハ遺與ニ關スル規定ニ從フ

○贈與者《ぞうよしや》の死亡《しばう》に因《よ》りて効力《かうりよく》を生《しやう》ずべき贈與《ぞうよ》は遺贈《ゐぞう》に關《くわん》する規定《きてい》に從《したが》ふべきものとす

第三節　賣買

第一款　總則

第五百五十五條　賣買ハ當事者ノ一方カ或財産權ヲ相手方ニ移轉スルコトヲ約シ相手方カ之ニ其代金ヲ拂フコトヲ約スルニ因リテ其效力ヲ生ス

問　賣買《ばいばい》は如何《いか》にして其効力《そのかうりよく》を生《しやう》ずるや

答　賣買は當事者《たうじしや》の一方が或財産權《あるざいさんけん》を相手方《あひて》に移轉《いてん》することを約《やく》し相手方《あひてかた》が之に其代金《そのだいきん》を拂《はら》ふことを約《やく》そるに因《よ》りて其効力《そのかうりよく》を生《しやう》ずるものとす故に賣買《ばいばい》は左の三箇《か》の條件《でうけん》して成《な》るものなり

一　賣買《ばいばい》の目的《もくてき》たる財産權《ざいさんけん》

二　代價《だいか》

三　財産權《さいさんけん》幷《ならび》に代價《だいか》に付き双方意思《さうはういし》の一致《ち》

賣買契約《ばいゝけいやく》は双方《さうはう》に於て義務《ぎむ》を負擔《ふたん》するものなるが故に双務《さうむ》契約《けいやく》なり又双方に於て利益《りえき》を得るが故に有償契約《いうしやうけいやく》なり即ち一方に於ては物《もの》の所有權《しよいうけん》又は支分權《しぶんけん》を移轉《いてん》し又は移轉《いてん》するの義務《ぎむ》を負擔《ふたん》し他《た》の一方《はう》に於ては定《さだ》まりたる代價《だいか》を支拂《しはら》ふの義務《ぎな》を負擔《ふたん》するなり故に双務《さうむ》の契約《けいやく》なり又一方に於ては物《もの》の所有權《しよいうけん》又は支分權《しぶんけん》を得一方に於ては其代價《そのだいか》を得るが故に有効契約《いうしやうけいやく》なり

第五百五十六條　賣買ノ一方ノ豫約ハ相手方カ賣買ヲ完結スル意思ヲ表示シタル時ヨリ賣買ノ效力ヲ生ス

前項ノ意思表示ニ付キ期間ヲ定メサリシトキハ豫約者ハ相當ノ期間ヲ定メ其期間内ニ賣買ヲ完結スルヤ否ヤヲ確答スヘキ旨ヲ相手方ニ催告スルコトヲ得若シ相手方カ其期間内ニ確答ヲ爲ササルトキハ豫約ハ其效力ヲ失フ

問《とひ》　賣買《ばいゝ》の一方の豫約《よやく》は如何《いか》なる時《とき》より其効力《そのかうりよく》を生《しやう》ずるや

答《こたへ》　賣買の一方《ぱう》の豫約即《すなは》ち賣《う》らんと云ひ又は買《か》はんと云ふの豫約《よやく》は相手《あひて》方《かた》が賣買《ばいゝ》を完結《くわんけつ》する意思《いし》を表《ひやう》示《じ》したる時より賣買の効力《かうりよく》を生ずるものとそ

前項《ぜんかう》の意思表示《いしひやうじ》に付き期間《きげん》を定《さだ》めざりしときは豫約者《よやくしや》は相當《さうたう》の期間《きげん》を定め其期間内《そのきげんない》に賣買《ばいゝ》を完結《くわんけつ》するや否《いな》やを確答《かくたう》すべき旨《むね》を相手《あひて》方《かた》に催告《さいこく》することを得るものとす若《も》し相手《あひて》方《かた》が其期間内《そのきげんない》に確答《かくたう》を爲さゞるときは豫約《よやく》は其効力《そのかうりよく》を失《うしな》ふべし

第五百五十七條　買主ガ賣主ニ手附ヲ交付シタルトキハ當事者ノ一方ガ契約ノ履行ニ著手スルマデハ買主ハ其手附ヲ拋棄シ賣主ハ其倍額ヲ償還シテ契約ノ解除ヲ爲スコトヲ得

第五百四十五條第三項ノ規定ハ前項ノ場合ニハ之ヲ適用セス

問　買主《ばいしゆ》が賣主《ばいしゆ》に手附《てつけ》を交附《かうふ》したるときは如何《いか》にして其契約《そのけいやく》を解除《かいぢよ》すべきや

答　買主《かひぬし》が賣主《うりぬし》に手附を交附《かうふ》したるときは當事者《たうじしや》の一方が契約《けいやく》の履行《りかう》に着手《ちやくしゆ》するまでは買主《かひぬし》は其手附《そのてつけ》を拋棄《はうき》し賣主《うりぬし》は其倍額《そのばいがく》を償還《しやうくわん》して契約《けいやく》の解除《かいぢよ》を爲すことを得べし例《たと》へば余《よ》甲者《かうしや》の家屋《かおく》を買受《かひう》くることを約《やく》し手附《てづけ》として金千圓を甲者《かうしや》に與へたる場合《ばあひ》に於て之を買《か》ふことを欲《ほつ》せざるときは其千圓を拋棄《はうき》して賣買を解除《かいぢよ》することを得《う》べく又甲者之を賣《う》ることを欲《ほつ》せざるときは其受取《うけと》りたる手附金《てつけきん》の倍額即《ばいがくすなは》ち二千圓を余《よ》に償還《しやうくわん》して賣買契約《ばいばいけいやく》を解除《かいぢよ》することを得べし

第五百四十五條第三項の規定《きてい》は前段《ぜんだん》の場合には之を適用《てきよう》せざるものとす

第五百五十八條　賣買契約ニ關スル費用ハ當事者雙方平分シテ之ヲ負擔ス

問　賣買契約《ばいばいけいやく》に關《くわん》する費用《ひよう》は何人《なんぴと》之を負擔《ふたん》すべきや

答　賣買契約に關《くわん》する費用例《たと》へば公正證書《こうせいしようしよ》を以《もつ》て賣買契約を締結《ていけつ》したる場合に於て公正証書調製の費《こうせいしようしよてうせいひ》用《よう》の如きは當事者双方平分《たうじしやさうはうへいぶん》して之を負擔《ふたん》すべきものとす

第五百五十九條　本節ノ規定ハ賣買以外ノ有償契約ニ之ヲ準用ス但其契約ノ性

質カ之ヲ許サヽルトキハ此限ニ在ラス

○本節《ほんせつ》の規定《きてい》は契約の性質《せいしつ》が之を許《ゆる》さゞるときの外《ほか》賣買以外《いぐわい》の有償《いうしやう》契約に之を準用《じゆんよう》するものとす

第二款　賣買ノ效力

第五百六十條　他人ノ權利ヲ以テ賣買ノ目的ト爲シタルトキハ賣主ハ其權利ヲ取得シテ之ヲ買主ニ移轉スル義務ヲ負フ

問　他人《たにん》の權利《けんり》を以て賣買の目的《もくてき》と爲すことを得《う》るや

答《こたへ》・他人の權利《けんり》例《たと》へば他人の土地《とち》家屋《かおく》、器具《きぐ》の如《ごと》きも之を以て賣買の目的《もくてき》となすことを得《う》べし此場合《このばあひ》に於《おい》ては賣主《うりぬり》は其權利《そのけんり》を取得《しゆとく》して之を買主《かひぬし》に移轉《いてん》するの義務《ぎむ》を負擔《ふたん》するものとす

第五百六十一條　前條ノ場合ニ於テ賣主カ其賣却シタル權利ヲ取得シテ之ヲ買主ニ移轉スルコト能ハサルトキハ買主ハ契約ノ解除ヲ爲スコトヲ得但契約ノ當時其權利ノ賣主ニ屬セサルコトヲ知リタルトキハ損害賠償ノ請求ヲ爲スコトヲ得ス

○前條《ぜんでう》の場合《ばあひ》に於て賣主《うりぬし》が其賣却《そのばいきやく》したる權利《けんり》を取得《しゆとく》して之を買主《かひぬし》に移轉《いてん》すること能《あた》はざるときは買主《かひぬし》は其契約《そのけいやく》を解除《かいぢよ》することを得べく又契約の當時《たうじ》其權利《そのけんり》の賣主《うりぬし》に屬《ぞく》せざることを知《し》りたるときの外《ほか》は損《そん》害賠償《がいばいしやう》の請求《せいきう》を爲すことを得《う》べし

第五百六十二條　賣主カ契約ノ當時其賣却シタル權利ノ自己ニ屬セサルコトヲ

知ラサリシ場合ニ於テ其權利ヲ取得シテ之ヲ買主ニ移轉スルコト能ハサルトキハ賣主ハ損害ヲ賠償シテ契約ノ解除ヲ爲スコトヲ得

前項ノ場合ニ於テ買主カ契約ノ當時其買受ケタル權利ノ賣主ニ屬セサルコトヲ知リタルトキハ賣主ハ買主ニ對シ單ニ其賣却シタル權利ヲ移轉スルコト能ハサル旨ヲ通知シテ契約ノ解除ヲ爲スコトヲ得

問 賣主《ばいしゆ》が契約《けいやく》の當時《たうじ》其賣却《そのばいきやく》したる權利《けんり》の自己《じこ》に屬《ぞく》せざることを知らざりし場合《ばあひ》は其賣買契約《そのばいばいけいやく》を解除《かいぢよ》することを得るや

答 賣主《うりぬし》が契約《けいやく》の當時《たうじ》其賣却《そのばいきやく》したる權利《けんり》の自己《じこ》に屬《ぞく》せざることを知《し》らざりし場合《ばあひ》に於て其權利《そのけんり》を取得《しゆとく》して之を買主《かひぬし》に移轉《いてん》することを能《あた》はざるときは賣主は損害《そんがい》を賠償《ばいしやう》して契約の解除《かいぢよ》を爲すことを得《う》るものとす

前項《ぜんかう》の場合に於て買主《かひぬし》が契約の當時《たうじ》其買受《そのかひう》けたる權利《けんり》の賣主《うりぬし》に屬《ぞく》せざることを知《し》りたるとき即《すなは》ち賣主之《ばいしゆこれ》を知らずして買主之を知《し》りたるときは賣主《うりぬし》は買主《かひぬし》に對《たい》し損害《そんがい》を賠償《ばいしやう》することなく單《たん》に其賣却《そのばいきやく》したる權利《けんり》を取得《しゆとく》して移轉《いてん》することを能《あた》はざる旨《むね》を通知《つうち》して契約の解除を爲《な》すことを得《う》るものとす

第五百六十三條 賣買ノ目的タル權利ノ一部カ他人ニ屬スルニ因リ賣主カ之ヲ買主ニ移轉スルコト能ハサルトキハ買主ハ其足ラサル部分ノ割合ニ應シテ代金ノ減額ヲ請求スルコトヲ得

前項ノ場合ニ於テ殘存スル部分ノミナレハ買主カ之ヲ買受ケサルヘカリシトキハ善意ノ買主ハ契約ノ解除ヲ爲スコトヲ得

代金減額ノ請求又ハ契約ノ解除ハ善意ノ買主カ損害賠償ノ請求ヲ爲スコトヲ妨ケス

問　賣買《ばいばい》の目的《もくてき》たる權利《けんり》の一部《ぶ》が他人《たにん》に屬《ぞく》するときは買主《ばいしゆ》は減額《げんがく》を求《もと》め又は解除《かいぢよ》を爲《な》すことを得《う》るや

答　賣買の目的《もくてき》たる權利《けんり》の一部《ぶ》が他人に屬《ぞく》するに因《よ》り賣主《うりぬし》が之を買主《かひぬし》に移轉《いてん》すること能《あた》はざるときは買主《かひぬし》は其足《そのた》らざる部分《ぶぶん》の割合《わりあひ》に應《おう》じて代金《だいきん》を減少《げんせう》すべきことを請求《せいきう》することを得べし然《しか》れども殘存《ざんぞん》する部分《ぶぶん》のみなれば即ち全部《ぜんぶ》にあらざれば買主が之を買受《かひう》けざるべかりしときは善意《ぜんい》の買主は契約《けいやく》の解除《かいぢよ》を爲すことを得《う》るものとす

代金減額《だいきんげんがく》の請求《せいきう》又は契約《けいやく》の解除は善意《ぜんい》の買主《かひぬし》が損害賠償《そんがいばいしやう》の請求《せいきう》を爲《な》すことを妨《さまた》げず

第五百六十四條　前條ニ定メタル權利ハ買主カ善意ナリシトキハ事實ヲ知リタル時ヨリ惡意ナリシトキハ契約ノ時ヨリ一年内ニ之ヲ行使スルコトヲ要ス

○前條《ぜんでう》に定《さだ》めたる權利《けんり》は買主《かひぬし》が善意《ぜんい》なりしときは事實《じじつ》を知《し》りたる時より惡意《あくい》なりしときは契約《けいやく》の時より一年内《ねんない》に之《これ》を行《おこな》ふべきものとす

第五百六十五條　數量ヲ指示シテ賣買シタル物カ不足ナル場合及ヒ物ノ一部カ契約ノ當時既ニ滅失シタル場合ニ於テ買主カ其不足又ハ滅失ヲ知ラサリシトキ

ハ前二條ノ規定ヲ準用ス

○數量《すうりやう》を指示《しじ》して賣買《ばいばい》したる物《もの》が不足《ふそく》なるとき及《およ》び物《もの》の一部《いちぶ》が契約《けいやく》の當時《たうじ》既《すで》に滅失《めつしつ》したるときに於《おい》て買主が其不足《そのふそく》又は滅失《めつしつ》を知《し》らざりしときは前《ぜん》二條の規定《きてい》を準用《じゆんよう》するものとす

第五百六十六條　賣買ノ目的物カ地上權、永小作權、地役權、留置權又ハ質權ノ目的タル場合ニ於テ買主カ之ヲ知ラサリシトキハ之カ爲メニ契約ノ爲シタル目的ヲ達スルコト能ハサル場合ニ限リ買主ハ契約ノ解除ヲ爲スコトヲ得其他ノ場合ニ於テハ損害賠償ノ請求ノミヲ爲スコトヲ得

前項ノ規定ハ賣買ノ目的タル不動産ノ爲メニ存セリト稱セシ地役權カ存セサリシトキ及ヒ其不動産ニ付キ登記シタル賃貸借アリタル場合ニ之ヲ準用ス

前二項ノ場合ニ於テ契約ノ解除又ハ損害賠償ノ請求ハ買主カ事實ヲ知リタル時ヨリ一年内ニ之ヲ爲スコトヲ要ス

○賣買《ばいばい》の目的物《もくてきぶつ》が地上權《ちじやうけん》、永小作權《えいこさくけん》、地役權《ちえきけん》、留置權《りうちけん》又は質權《しちけん》の目的《もくてき》たる場合《ばあひ》に於て買主《ばいしゆ》が之を知《し》らずして買受《かひうけ》たるときは之が爲めに契約《けいやく》を爲したる目的《もくてき》を達《たつ》すること能《あた》はざる場合に限《かぎ》り買主は契約の解除《かいぢよ》を爲すことを得《う》べく其他《そのた》の場合に於ては損害賠償《そんがいばいしやう》の請求《せいきう》のみを爲すことを得べし

前項《ぜんかう》の規定《きてい》は賣買の目的《もくてき》たる不動産《ふどうさん》の爲めに存《そん》せりと稱《しやう》せし他役權《ちえきけん》が存《そん》せざりしとき及《およ》び其不動産《そのふどうさん》に付《つ》き登記《とうき》したる賃貸借《ちんたいしやく》ありたる場合《ばあひ》に之を準用《じゆんよう》するものとす

前《ぜん》二項《かう》の場合《ばあひ》に於て契約《けいやく》の解除《かいぢよ》又は損害賠償《そんがいばいしやう》の請求《せいきう》は買主が事實《じじつ》を知りたる時《とき》より一年内《ねんない》に之を爲《な》すべきものとす

第五百六十七條　賣買ノ目的タル不動産ノ上ニ存シタル先取特權又ハ抵當權ノ行使ニ因リ買主カ其所有權ヲ失ヒタルトキハ其買主ハ契約ノ解除ヲ爲スコトヲ得

買主カ出捐ヲ爲シテ其所有權ヲ保存シタルトキハ賣主ニ對シテ其出捐ノ償還ヲ請求スルコトヲ得

右孰レノ場合ニ於テモ買主カ損害ヲ受ケタルトキハ其賠償ヲ請求スルコトヲ得

○賣買《ばいばい》の目的《もくてき》たる不動産《ふどうさん》の上《うへ》に存《そん》したる先取特權《せんしゆとくけん》又は抵當權《ていたうけん》の行使《かうし》に因《よ》り買主が其所有權《そのしよいうけん》を失《うしな》ひたるときは其買主《そのかいぬし》は契約《けいやく》の解除《かいぢよ》を爲《な》すことを得るものとす又買主《またかいぬし》が出捐を爲して例へば先取特權者《せんしゆとくけんしや》又は抵《てい》當權者《たうけんしや》に自《みづか》ら金錢《きんせん》を支出《ししゆつ》して其所有權《そのしよいうけん》を保存《ほぞん》したるときは賣主《うりぬし》に對《たい》して其出捐《しゆつけん》の償還《しやうくわん》を請求《せいきう》することを得《う》べし以上《いじやう》孰れの場合に於ても買主が損害《そんがい》を受《う》けたるときは其賠償《ばいしやう》を請求《せいきう》することを得るものとす

第五百六十八條　強制競賣ノ場合ニ於テハ競落人ハ前七條ノ規定ニ依リ債務者ニ對シテ契約ノ解除ヲ爲シ又ハ代金ノ減額ヲ請求スルコトヲ得

前項ノ場合ニ於テ債務者カ無資力ナルトキハ競落人ハ代金ノ配當ヲ受ケタル債權者ニ對シテ其代金ノ全部又ハ一部ノ返還ヲ請求スルコトヲ得

前二項ノ場合ニ於テ債務者カ物又ハ權利ノ欠缺ヲ知リテ之ヲ申出テス又ハ債權者カ之ヲ知リテ競賣ヲ請求シタルトキハ競落人ハ其過失者ニ對シテ損害賠償ノ請求ヲ爲スコトヲ得

○强制競賣《きやうせいきやうばい》の場合《ばあひ》に於《おい》ては競落人《きやうらくにん》は前《ぜん》七條《でう》の規定《きてい》に依《よ》り債務者《さいむしや》に對《たい》して契約《けいやく》の解除《かいぢよ》を爲《な》し又《また》は代金《だいきん》の減額《げんがく》を請求《せいきう》することを得べし此場合《このばあひ》に於て債務者《さいむしや》が無《む》資力《しりよく》なるときは競落人《きやうらくにん》は代金《だいきん》の配當《はいたう》を受《う》けたる債權者《さいけんしや》に對《たい》して其代金《そのだいきん》の全部《ぜんぶ》又は一部の返還《へんくわん》を請求《せいきう》することを得るものとす

以上《いじやう》の場合に於て債務者《さいむしや》が物《もの》又は權利《けんり》の欠缺《けんけつ》を知りて之を申出《まをしい》でず又は債權者《さいけんしや》が之を知りて競賣《きやうばい》を請《せい》求《きう》したるときは競落人《きやうらくにん》は其過失者《そのくわしつしや》に對《たい》して損害賠償《そんがいばいしやう》の請求《せいきう》を爲《な》すことを得《う》べし

第五百六十九條　債權ノ賣主カ債務者ノ資力ヲ擔保シタルトキハ契約ノ當時ニ於ケル資力ヲ擔保シタルモノト推定ス

辨濟期ニ至ラサル債權ノ賣主カ債務者ノ將來ノ資力ヲ擔保シタルトキハ辨濟ノ期日ニ於ケル資力ヲ擔保シタルモノト推定ス

○債權《さいけん》の賣主《ばいしゆ》が債務者《さいむしや》の資力《しりよく》を擔保《たんぽ》したるときは契約《けいやく》の當時《たうじ》に於ける資力《しりよく》を擔保《たんぽ》したるものと推定《すいてい》し辨濟期《べんさいき》に至《いた》らざる債權《さいけん》の賣主が債務者《さいむしや》の將來《しやうらい》の資力《しりよく》を擔《たん》保《ほ》したるときは辨濟《べんさい》の期日《きじつ》に於ける資力《しりよく》を擔保《たんぽ》したるものと推定《すいてい》するものとす

第五百七十條　賣買ノ目的物ニ隱レタル瑕疵アリタルトキハ第五百六十六條ノ

規定ヲ準用ス但強制競賣ノ場合ハ此限ニ在ラス

○賣買《ばいゝ》は目的物《もくてきぶつ》に隱《かく》したる瑕疵《かし》ありたるときは強制競賣《きやうせいきやうばい》の場合《ばあひ》を除《のぞ》くの外《ほか》第五百六十六條の規定《きてい》を準用《じゆんよう》するものとす

第五百七十一條　第五百三十三條ノ規定ハ第五百六十三條乃至第五百六十六條及ヒ前條ノ場合ニ之ヲ準用ス

○第《だい》五百三十三條《でう》の規定《きてい》は第五百六十三條乃至《ないし》第五百六十六條及び前條《ぜんでう》の場合に之れを準用《じゆんよう》するものとす

第五百七十二條　賣主ハ前十二條ニ定メタル擔保ノ責任ヲ負ハサル旨ヲ特約シタルトキト雖モ其知リテ告ケサリシ事實及ヒ自ラ第三者ノ爲メニ設定シ又ハ之ニ讓渡シタル權利ニ付テハ其責ヲ免ルルコトヲ得ス

○賣主《ばいしゆ》は前《ぜん》十三條に定《さだ》めたる擔保《たんぽ》の責任《せきにん》を負《お》はざる旨《むね》を特約《とくやく》したるときと雖《いへ》ども其知《そのし》りて告《つ》げざりし事實《じじつ》及び自ら第三者の爲めに設定《せつてい》し又は之に讓渡《じやうと》したる權利《けんり》に付ては其責《そのせめ》を免《まぬが》るゝことを得《え》ざるものとす

第五百七十三條　賣買ノ目的物ノ引渡ニ付キ期限アルトキハ代金ノ支拂ニ付テモ亦同一ノ期限ヲ附シタルモノト推定ス

○賣買《ばいゝ》の目的物《もくてきぶつ》の引渡《ひきわたし》に付き期限《きげん》あるときは代金《だいきん》の支拂《しはらひ》に付《つい》ても亦同《またどう》一の期限《きげん》を附《ふ》したるものと推定《すいてい》

するものとす

第五百七十四條　賣買ノ目的物ノ引渡ト同時ニ代金ヲ拂フヘキトキハ其引渡ノ場所ニ於テ之ヲ拂フコトヲ要ス

○賣買《ばいばい》の目的物《もくてきぶつ》を引渡《ひきわた》すと同時《どうじ》に代金《だいきん》を拂《はら》ふべきときは其引渡《ひきわたし》の場所《ばしよ》に於《おい》て之を支拂《しはら》ふべきものとす

第五百七十五條　未タ引渡サヽル賣買ノ目的物カ果實ヲ生シタルトキハ其果實ハ賣買ニ屬ス

買主ハ引渡ノ日ヨリ代金ノ利息ヲ拂フ義務ヲ負フ但代金ノ支拂ニ付キ期限アルトキハ其期限ノ到來スルマテハ利息ヲ拂フコトヲ要セス

○未《いま》だ引渡《ひきわた》さゞる賣買《ばいばい》の目的物《もくてきぶつ》が果實《くわじつ》を生《しやう》じたるときは其果實《くわじつ》は賣主《ばいしゆ》に屬《ぞく》するものとす
買主《ばいしゆ》の代金《だいきん》の支拂《しはらひ》に付き期限《きげん》あるときの外引渡《ほかひきわたし》を受《う》けたる日より代金《だいきん》の利息《りそく》を支拂《しはら》ふの義務《ぎむ》あるものとす

第五百七十六條　賣買ノ目的ニ付キ權利ヲ主張スル者アリテ買主カ其買受ケタル權利ノ全部又ハ一部ヲ失フ虞アルトキハ買主ハ其危險ノ限度ニ應シ代金ノ全部又ハ一部ノ支拂ヲ拒ムコトヲ得但賣主カ相當ノ擔保ヲ供シタルトキハ此限ニ在ラス

○賣買の目的《もくてき》に付き權利《けんり》を主張《しゆちやう》する者ありて買主《ばいしゆ》が其買受《そのかひう》けたる權利《けんり》の全部《ぜんぶ》又は一部《ぶ》を失ふ虞《うれい》あると

きは賣主《うりぬし》が相當《さうたう》の擔保《たんぽ》を供《きやう》したるときの外《ほか》、買主《かひぬし》は其危險《きけん》の限度《げんど》に應《おう》じ代金の全部《ぜんぶ》又は一部の支拂《しはらひ》を拒《こば》むことを得るものとす

第五百七十七條　買受タル不動産ニ付キ先取特權、質權又ハ抵當權ノ登記アルトキハ買主ハ滌除ノ手續ヲ終ハルマテ其代金ノ支拂ヲ拒ムコトヲ得但賣主ハ買主ニ對シテ遲滯ナク滌除ヲ爲スヘキ旨ヲ請求スルコトヲ得

○買受《かひう》けたる不動産《ふどうさん》に付き先取特權《せんしゆとくけん》、質權《しちけん》又は抵當權《ていたうけん》の登記《とうき》あるときは買主《ばいしゆ》は滌除《できぢよ》の手續《てつゞき》を終《をは》るまで其代金《だいきん》の支拂《しはらひ》を拒《こば》むことを得べし但賣主《うりぬし》は買主《かひぬし》に對《たひ》して滯遲《ちたい》なく滌除《できぢよ》を爲すべきことを請求《せいきう》することを得るものとす

第五百七十八條　前二條ノ場合ニ於テ賣主ハ買主ニ對シテ代金ノ供託ヲ請求スルコトヲ得

○前《ぜん》二條の場合《ばあひ》に於ては賣主《うりぬし》は買主《かひぬし》に對《たい》して其代金《だいきん》を供託所《きやうたくしよ》に供託すべきことを請求《せいきう》することを得《う》べし

第三款　買受

第五百七十九條　不動産ノ賣主ハ賣買契約ト同時ニ爲シタル買戻ノ特約ニ依リ買主カ拂ヒタル代金及ヒ契約ノ費用ヲ返還シテ其賣買ノ解除ヲ爲スコトヲ得但當事者カ別段ノ意思ヲ表示セサリシトキハ不動産ノ果實ト代金ノ利息トハ之ヲ相殺シタルモノト看做ス

問《とひ》　買戻《かひもどし》の爲めに賣買《ばいばい》を解除《かいぢよ》することを得《う》るや

答《こたへ》　不動産《ふどうさん》の賣主《うりぬし》は賣買契約《ばいばいけいやく》と同時《どうじ》に爲したる買戻《かひもどし》の特約《とくやく》に依《よ》り買主《かひぬし》が拂《はら》ひたる代金《だいきん》及び契約《けいやく》の費用《ひよう》を返還《へんくわん》して其賣買《ばいばい》の解除《かいぢよ》を爲すことを得《う》べし故に買戻《かひもどし》の爲めに其契約《そのけいやく》を解除《かいぢよ》するには左の條件《でうけん》を要《えう》するものとす

一　賣買の目的物《もくてきぶつ》は不動産《ふどうさん》なること

二　買戻《かいもどし》の特約《とくやく》は賣買契約と同時《どうじ》に締結《ていけつ》したること

三　買主《かひぬし》が拂《はら》ひたる代金《だいきん》及び契約《けいやく》の費用《ひよう》を返還《へんくわん》すること

右買戻《みぎかひもどし》の塲合に於て當事者《たうじしや》が別段《べつだん》の意思《いし》を表示《へうじ》せざりしときは不動産《ふどうさん》より生《しやう》じたる果實《くわじつ》と代金《だいきん》の利《り》息《そく》とは之を相殺したるものと看做《みな》すべきものとす

第五百八十條　買戻ノ期間ハ十年ヲ超ユルコトヲ得ス若シ之ヨリ長キ期間ヲ定メタルトキハ之ヲ十年ニ短縮ス

買戻ニ付キ期間ヲ定メタルトキハ後日之ヲ伸長スルコトヲ得ス

買戻ニ付キ期間ヲ定メサリシトキハ五年內ニ之ヲ爲スコトヲ要ス

問　買戻《かひもどし》の期間《きげん》如何

答　買戻の期間《きげん》は永《なが》くも十年を超《こ》ゆることを得《え》ざるものとす故に之《これ》より長《なが》き期間《きげん》例《たと》へば十五年の後《のち》又は二十年の後《のち》に買戻《かひもどし》すべしと約《やく》したるときの如《ごと》き塲合に於《おい》ては其期間を十年に短縮《たんしゆく》すべき若《も》し又買

戻に付き期間《きげん》を定《さだ》めざりしときは五年内《さい》に之を爲《な》すべきものとす

買戻《かひもどし》に付き特約《とくやく》を以《もつ》て三年又は五年と云ふ如《ごと》き期間《きげん》を定めたるときは其後《そのご》に至りて之を伸縮《しんちゆう》することを得《え》ざるものとす

第五百八十一條　賣買契約ト同時ニ買戻ノ特約ヲ登記シタルトキハ買戻ハ第三者ニ對シテモ其效力ヲ生ス

登記ヲ爲シタル賃借人ノ權利ハ其殘期一年間ニ限リ之ヲ以テ賣主ニ對抗スルコトヲ得但賣主ヲ害スル目的ヲ以テ賃貸借ヲ爲シタルトキハ此限ニ在ラス

問《とひ》　買戻《かひもどし》の特約《とくやく》は之を以《もつ》て第三者に對抗《たいかう》することを得るや如何《いかん》

答《こたへ》　賣買契約《ばいばいけいやく》と同時《どうじ》に買戻の特約《とくやく》を登記《とうき》したるときは其買戻期間《きげん》の經過《けいくわ》せざる以上《いじやう》は第三者《しや》に對《たい》しても其效力《そのかうりよく》を有《いう》するものとす然《しか》れども買主《かひぬし》が其不動産《ふどうさん》を他人《たにん》に賃貸《ちんたい》し之を登記《とうき》したるときは賃借人《ちんしやくにん》の權利《けんり》は其殘期《ざんき》一年間に限《かぎ》り之を以て買戻《かひもど》したる賣主に對抗《たいかう》することを得るものとす但賣主《うりぬし》を害《がい》する目的《もくてき》を以て賃貸借《ちんたいしやく》を爲したるときは此限《このかぎり》に在《あ》らず

第五百八十二條　賣主ノ債權者カ第四百二十三條ノ規定ニ依リ賣主ニ代ハリテ買戻ヲ爲サント欲スルトキハ買主ハ裁判所ニ於テ選定シタル鑑定人ノ評價ニ從ヒ不動産ノ現時ノ價額ヨリ賣主カ返還スヘキ金額ヲ控除シタル殘額ニ達スルマテ賣主ノ債務ヲ辨濟シ尙ホ餘剩アルトキハ之ヲ賣主ニ返還シテ買戻權ヲ消滅セ

「シムルコトヲ得

問　賣主《うりぬし》の債權者《さいけんしや》は賣主に代《か》はりて買戻《かひもどし》を爲すことを得るや

答　賣主の債權者《さいけんしや》は第四百二十三條の規定《きてい》に依《よ》り賣主に代《か》はりて買戻《かひもどし》を爲すことを得《う》べし

問　左《さ》の塲合《ばあひ》に於《おい》て買主は其買戻權《かひもどしけん》を消滅《せうめつ》せしむことを能《あた》はざるや

答　下《しも》の如《ごと》くせば之を消滅《せうめつ》せしむることを得《う》べし買主《かひぬし》は裁判所《さいばんしよ》に於て選定《せんてい》したる鑑定人《かんていにん》の評價《ひやうか》に從《したが》ひ不動產《ふどうさん》の現時《げんじ》の價格《かかく》より賣主《うりぬし》が返還《へんくわん》すべき金額《きんがく》を控除《こうぢよ》したる殘額《ざんがく》に達《たつ》するまで賣主の債務《さいむ》を辨濟《べんさい》し尙《なほ》は餘《あま》りあるときは之《これ》を賣主《うりぬし》に返還することと例《たと》へば鑑定人《かんていにん》の評價《ひやうか》により其不動產《そのふどうさん》の現時《げんじ》の價額《かがく》一万圓と確定《かくてい》したるときは其內《そのうち》より賣主《うりぬし》が買戻《かひもどし》の際《さい》に返還《へんくわん》すべき金額《きんがく》例《たと》へば七千圓を引《ひ》き去《き》り殘《のこり》三千圓に達《たつ》するまで賣主の債務《さいむ》を辨濟《べんさい》し尙《な》は余《あま》りあるとき例《たと》へば債權額《さいけんしや》二千圓なるときは三千圓の內《うち》より二千圓を辨濟《べんさい》し殘《のこり》一千圓を賣主に返還《へんくわん》したるときは其買戻權《かひもどしけん》は消滅《せうめつ》すべし

第五百八十三條　賣主ハ期間內ニ代金及ヒ契約ノ費用ヲ提供スルニ非サレハ買戻ヲ爲スコトヲ得ス

買主又ハ轉得者カ不動產ニ付キ費用ヲ出タシタルトキハ賣主ハ第百九十六條ノ規定ニ從ヒ之ヲ償還スルコトヲ要ス但有益費ニ付テハ裁判所ハ賣主ノ請求ニ因リ之ニ相當ノ期限ヲ許與スルコトヲ得

○賣主《うりぬし》は期間内《きげんない》に代金《だいきん》及び契約《けいやく》の費用《ひよう》を提供《ていきやう》するに非《あら》ざれば買戻《かひもどし》を爲すことを得ざるものとす又買主《かひぬし》又は轉得者《てんとくしや》が不動產《ふどうさん》に付き費用《ひよう》を出《いだ》したるときは賣主は第《だい》百九十六條《でう》の規定《きてい》に從《したが》ひ之を償還《しやうくわん》せざるべからず但有益費《いうえきひ》に付ては裁判所《さいばんしよ》は賣主の請求《せいきう》に因《よ》り之に相當《さうたう》の期限《きげん》を許與《きよ》することを得《う》べし

第五百八十四條　不動產ノ共有者ノ一人カ買戻ノ特約ヲ以テ其持分ヲ賣却シタル後其不動產ノ分割又ハ競賣アリタルトキハ賣主ハ買主カ受ケタル若クハ受クヘキ部分又ハ代金ニ付キ買戻ヲ爲スコトヲ得但賣主ニ通知セスシテ爲シタル分割及ヒ競賣ハ之ヲ以テ賣主ニ對抗スルコトヲ得ス

問　不動產《ふどうさん》の共有者《きやういうしや》の一人が買戻《かひもどし》の契約《けいやく》を以て其持分《もちぶん》を賣却《ばいきやく》したる後《のち》其不動產の分割《ぶんくわつ》又は競賣《きやうばい》ありたるときは賣主《うりぬし》は之を買戻すことを得《う》るや

答《こたへ》　甲乙《かうおつ》二人にて或《あ》る山林《さんりん》を所有《しよいう》したる場合に於《おい》て甲其持分《もちぶん》を買戻《かひもどし》の特約《とくやく》を以《もつ》て丙《へい》に賣却《ばいきやく》したり而《しか》して未《いま》だ之を買戻さゞる中《うち》其山林《さんりん》を乙と丙との間《あひだ》に分割《ぶんくわつ》したるか又は之を競賣《きやうばい》して其代價《そのだいか》を配分《はいぶん》したるときは賣主《うりぬし》甲は買主丙が受《う》けたる若《も》しくは受くべき山林《さんりん》の一部分《ぶぶん》又は代金《だいきん》に付《つ》き買戻を爲《な》すことを得《う》べし而して甲は買戻《かひもどし》の權利《けんり》あるが故に甲に通知《つうち》せずして乙丙の間《あひだ》に分割《ぶんくわつ》又は配分《はいぶん》したるときは之を以《もつ》て賣主《うりぬし》甲に對抗《たいかう》することを得ざるものとす

第五百八十五條　前條ノ場合ニ於テ買主カ不買產ノ競落人ト爲リタルトキハ賣主ハ競賣ノ代金及ヒ第五百八十三條ニ掲ケタル費用ヲ拂ヒテ買戻ヲ爲スコトヲ

得此場合ニ於テハ賣主ハ其不動産ノ全部ノ所有權ヲ取得ス
他ノ共有者ヨリ分割ヲ請求シタルニ因リ買主カ競落人ト爲リタルトキハ賣主ハ其持分ノミニ付キ買戻ヲ爲スコトヲ得ス

○前條《ぜんでう》の下《しも》に述《の》べたる場合に於て買主《かいぬし》丙が其山林《そのさんりん》の競落人《きやうらくにん》と爲りたるときは賣主甲《うりぬしかう》は競賣《きやうばい》の代金《だいきん》及び第五百八十三條に掲《かゝ》げたる費用《ひよう》を拂《はら》ひて買戻《かひもどし》を爲《な》すことを得《う》べく此場合《このばあひ》に於《おい》ては甲は其不動産《ふどうさん》の全部《ぜんぶ》の所有權《しよいうけん》を取得《しゆとく》するものとす他《た》の共有者即《きやういうしやすなは》ち乙より分割《ぶんくわつ》を請求《せいきう》したるに依《よ》り競賣《きやうばい》ありたる場合に於て丙が競落人《きやうらくにん》と爲りたる場合《ばあひ》なるときは賣主甲《うりぬしかう》は其持分《もちぶん》のみに付き丙《へい》より買戻《かひもど》すことを得《う》るものとす

第四節　交換

第五百八十六條　交換ハ當事者カ互ニ金錢ノ所有權ニ非サル財産權ヲ移轉スルコトヲ約スルニ因リテ其效力ヲ生ス
當事者ノ一方カ他ノ權利ト共ニ金錢ノ所有權ヲ移轉スコトヲ約シタルトキハ其金錢ニ付テハ賣買ノ代金ニ關スル規定ヲ準用ス

問　交換《かうくわん》は如何《いか》にして其効力《そのかうりよく》を生《しやう》ずるや

答　交換は當事者《たうじしや》が互《たがひ》に金錢《きんせん》の所有權《しよいうけん》に非《あら》ざる財産權《ざいさんけん》を移轉《いてん》することを約《やく》するに依《よ》りて其効力《かうりよく》を生《しやう》ずるものとす例《たと》へば甲の有《いう》する時計《とけい》の所有權《しよいうけん》を乙に移轉《いてん》し乙の有する時計の所有權《しよいうけん》を甲に移轉《いてん》するて

とを約《やく》したるときの如《ごと》き即《すなは》ち然《しか》り
當事者《たうじしや》の一方《ぱう》が他《た》の權利《けんり》と共《とも》に金錢《きんせん》の所有權《しよいうけん》を移轉《いてん》することを約《やく》したるときは其金錢に付《つい》ては賣買《ばいばい》の代金《だいきん》に關《くわん》する規定《きてい》を準用《じゆんよう》するものとす

第五節　消費貸借

第五百八十七條　消費貸借ハ當事者ノ一方カ種類、品等及ヒ數量ノ同シキ物ヲ以テ返還ヲ爲スコトヲ約シテ相手方ヨリ金錢其他ノ物ヲ受取ルニ因リテ其效力ヲ生ス

問《とひ》　消費貸借《せうひたいしやく》は如何《いか》にして其効力《そのかうりよく》を生《しやう》ずるや

答《こたへ》　消費貸借は當事者《たうじしや》の一方《ぱう》が種類《しゆるゐ》、品等《ひんとう》及び數量《すうりやう》の同《おな》じき物《もの》を以て返還《へんくわん》を爲すことを約《やく》して相手方《あひてかた》より金錢其他《きんせんそのた》の物例《ものたと》へば味噌《みそ》、醤油《しやうゆ》、薪《たきぎ》、炭《すみ》、酒《さけ》、油等《あぶらとう》の如《ごと》き代替物《だいきんぶつ》を受取《うけと》るに依《よ》りて其効力《そのかうりよく》を生《しやう》ずるものとす

第五百八十八條　消費貸借ニ因ラスシテ金錢其他ノ物ヲ給付スル義務ヲ負フ者アル場合ニ於テ當事者カ其物ヲ以テ消費貸借ノ目的ト爲スコトヲ約シタルトキハ消費貸借ハ之ニ因リテ成立シタルモノト看做ス

○消費貸借《せうひたいしやく》に依《よ》らずして金錢其他《きんせんそのた》の物《もの》を給付《きうふ》する義務《ぎむ》を負《お》ふ者《もの》ある場合《ばあひ》に於て當事者《たうじしや》が其物《そのもの》を以て消《せう》費貸借《ひたいしやく》の目的《もくてき》と爲すことを約《やく》したるときは消費貸借《せうひたいしやく》は之に依《よ》りて成立《せいりつ》したるものと做看《みな》すべきものとす

第五百八十九條　消費貸借ノ豫約ハ爾後當事者ノ一方カ破産ノ宣告ヲ受ケタルトキハ其效力ヲ失フ

○消費《せうひ》貸借《たいしやく》の豫約《よやく》は爾後《じご》當事者《たうじしや》の一方《ぱう》が破産《はさん》の宣告《せんこく》を受《う》けたるときは其効力《そのかうりよく》を失《うしな》ふものとす

第五百九十條　利息附ノ消費貸借ニ於テ物ニ隱レタル瑕疵アリタルトキハ貸借ハ瑕疵ナキ物ヲ以テ之ニ代フルコトヲ要ス但損害賠償ノ請求ヲ妨ケス

無利息ノ消費貸借ニ於テハ借主ハ瑕疵アル物ノ價額ヲ返還スルコトヲ得但貸主カ其瑕疵ヲ知リテ之ヲ借主ニ告ケサリシトキハ前項ノ規定ヲ準用ス

○利息附《りそくつき》の消費《せうひ》貸借《たいしやく》に於て物《もの》に隱《かく》したる瑕疵《かし》ありたるときは貸主《たいしゆ》は瑕疵《かし》なき物を以て之《これ》に代《か》ふることを要《えう》す但損害賠償《たゞしそんがいばいしやう》の請求《せいきう》を妨《さまた》げざるものとす

無利息《ひりそく》の消滅貸借《せうめつたいしやく》に於ては借主《しやくしゆ》は瑕疵《かし》ある物の價額《かがく》を返還《へんくわん》することを得《う》べし但貸主《たいしゆ》が其瑕疵《そのかし》を知《し》りて之を借主《しやくしゆ》に告《つ》げざりしときは前項《ぜんかう》の規定《きてい》を準用《じゆんよう》するものとす

第五百九十一條　當事者カ返還ノ時期ヲ定メサリシトキ貸主ハ相當ノ期間ヲ定メテ返還ノ催告ヲ爲スコトヲ得

借主ハ何時ニテモ返還ヲ爲スコトヲ得

○當事者《たうじしや》が返還《へんくわん》の時期《じき》を定《さだ》めざりしときは貸主《たいしゆ》が相當《さうたう》の期間《きげん》を定《さだ》めて返還《へんくわん》の催告《さいこく》を爲《な》すことを得《う》べく又借主《さいしゆ》は催告《さいこく》を待《ま》たずして何時《いつ》にても返還を爲《な》すことを得《う》るものとす

第五百九十二條　借主カ第五百八十七條ノ規定ニ依リテ返還ヲ爲スコト能ハサルニ至リタルトキハ其時ニ於ケル物ノ價額ヲ償還スルコトヲ要ス但第四百二條第二項ノ場合ハ此限ニ在ラス

○借主《さいしゆ》が第五百八十七條の規定《きてい》に依《よ》りて返還《へんくわん》を爲《な》すこと能《あた》はざるに至《いた》りたるときは其時《そのとき》に於《お》ける物《もの》の價額《かかく》を償還《しやうくわん》すべきものとす但第四百二條第二項の場合《ばあひ》は此限《このかぎり》に在《あ》らず

第六節　使用貸借

第五百九十三條　使用貸借ハ當事者ノ一方カ無償ニテ使用及ヒ收益ヲ爲シタル後返還ヲ爲スコトヲ約シテ相手方ヨリ或物ヲ受取ルニ因リテ其效力ヲ生ス

問《とひ》　使用貸借《しようたいしやく》の効力《かうりよく》を生《しやう》ずる時期《じき》如何《いかん》

答《こたへ》　使用貸借は當事者《たうじしや》の一方が無償《むしやう》にて使用《しよう》及び收益《しうえき》を爲したる後返還《のちへんくわん》を爲《な》すことを約《やく》して相手方《あひてかた》より或物《あるもの》を受取《うけと》るに因《よ》りて其効力《そのかうりよく》を生《しやう》ずるものとす故に使用貸借《しようたいしやく》は一般契約《ばんけいやく》に必要《ひつえう》なる條件《でうけん》の外尚《ほかな》ほ其條件《そのでうけん》を要《えう》す

一　當事者《たうじしや》の一方《ぱう》より他《た》の一方に或《あ》る物件《ぶつけん》を交付《かうふ》即引渡《ひきわた》すこと

二　其引渡《そのひきわたし》を受取《うけと》る者即《ものすなは》ち借主《さいしゆ》に使用《しよう》せしむる爲《ため》なること

三　借主《さいしゆ》に於て或《あ》る期間《きかん》に之を返還《へんくわん》するの義務《ぎむ》を負擔《ふたん》すること

四　返還《へんくわん》の際《さい》には借《か》り受けたる物其者《ものそのもの》を返還《へんくわん》すること

五　無償《むしやう》なること即《すなは》ち貸主《かしぬし》より借主《さいしゆ》に賃銀《ちんぎん》を得《え》んと要約《えうやく》せざること

第五百九十四條　借主ハ契約又ハ其目的物ノ性質ニ因リテ定マリタル用方ニ従ヒ其物ノ使用及ヒ收益ヲ爲スコトヲ要ス

借主ハ貸主ノ承諾アルニ非サレハ第三者ヲシテ借用物ノ使用又ハ收益ヲ爲サシムルコトヲ得ス

借主カ前二項ノ規定ニ反スル使用又ハ收益ヲ爲シタルトキハ貸主ハ契約ノ解除ヲ爲スコトヲ得

○借主《さいしゆ》は契約《けいやく》又は其目的物《そのもくてきぶつ》の性質《せいしつ》に因《よ》りて定《さだ》まりたる用方《ようはう》に従《したが》ひ其物《そのもの》の使用《しよう》及び收益《しうえき》を爲《な》すべきものとす

借主《さいしゆ》は貸主《たいしゆ》の承諾《しやうだく》あるに非《あら》ざれば第三者をして借用物《しやくようぶつ》の使用《しよう》又は收益《しうえき》を爲《な》さしむること即《すなは》ち復貸《ふくしやく》をなすことを得《え》ざるものとす

借主《さいしゆ》が前《ぜん》二項《かう》の規定《きてい》に反《はん》する使用《しよう》又は收益を爲したるとき貸主《たいしゆ》は契約《けいやく》の解除《かいぢよ》を爲《な》すことを得《う》べし

第五百九十五條　借主ハ借用物ノ通常ノ必要費ヲ負擔ス

此他ノ借用ニ付テハ第五百八十三條第二項ノ規定ヲ準用ス

○借主は借用物《しやくようぶつ》の通常《つうじやう》の必要費《ひつえう》を負擔《ふたん》すべく此他《このた》の費用《ひよう》に付ては第五百八十三條第二項の規定《きてい》を準用《じゆんよう》するものとす

第五百九十六條　第五百五十一條ノ規定ハ使用貸借ニ之ヲ準用ス

○第五百五十條の規定《きてい》は使用貸借《しようたいしやう》に之を準用《じゆんよう》するものとす

第五百九十七條　借主ハ契約ニ定メタル時期ニ於テ借用物ノ返還ヲ為スコトヲ要ス

當事者カ返還ノ時期ヲ定メサリシトキハ借主ハ契約ニ定メタル目的ニ從ヒ使用及ヒ收益ヲ終ハリタル時ニ於テ返還ヲ為スコトヲ要ス但其以前ト雖モ使用及ヒ收益ヲ為スニ足ルヘキ期間ヲ經過シタルトキハ貸主ハ直チニ返還ヲ請求スルコトヲ得

當事者カ返還ノ時期又ハ使用及ヒ收益ノ目的ヲ定メサリシトキハ貸主ハ何時ニテモ返還ヲ請求スルコトヲ得

○借主《さいしゆ》は契約《けいやく》に定《さだ》めたる時期《じき》に於て借用物《しやくようぶつ》の返還《へんくわん》を為《な》すべきものとす

當事者《たうじしや》が返還《へんくわん》の時期《じき》を定《さだ》めざりしときは借主《さいしゆ》は契約《けいやく》に定めたる目的《もくてき》に從《したが》ひ使用及び收益《しうえき》を終《をは》りたる時《とき》に於て返還を為《な》すべく其以前《そのいぜん》と雖《いへど》も使用《しよう》及び收益を為すに足《た》るべき期間《きげん》を經過《けいくわ》したるときは貸主《たいしゆ》は直《たゞ》ちに返還《へんくわん》を請求《せいきう》することを得べし

當事者《たうじしや》が返還の時期《じき》又は使用《しよう》及び收益《しうえき》の目的《もくてき》を定《さだ》めざりしときは貸主《かしぬし》は何時《いつ》にても返還《へんくわん》を請求《せいきう》することを得《う》るものとす

第五百九十八條　借主ハ使用物ヲ原狀ニ復シテ之ニ附屬セシメタル物ヲ收去スルコトヲ得

○借主《かりぬし》は借用物《しやくようぶつ》を原狀《げんじやう》に復《ふく》して自《みづか》ら之に附屬《ふぞく》せしめたるものを收去《しうきよ》することを得《う》べし

第五百九十九條　使用貸借ハ借主ノ死亡ニ因リテ其效力ヲ失フ

○使用貸借《しようたいしやく》は借主《かりぬし》の死亡《しばう》に因《よ》りて其効力《そのかうりよく》を失《うしな》ふものとす

第六百條　契約ノ本旨ニ反スル使用又ハ收益ニ因リテ生シタル損害ノ賠償及ヒ借主カ出タシタル費用ノ償還ハ貸主カ返還ヲ受ケタル時ヨリ一年內ニ之ヲ請求スルコトヲ要ス

○契約《けいやく》の本旨《ほんし》に反《はん》する使用《しよう》又は收益《しうえき》に因《よ》りて生《しやう》じたる損害《そんがい》の賠償《ばいしやう》及び借主《かりぬし》が出《い》だしたる費用《ひよう》の償還《しやうくわん》は貸主《かしぬし》が返還《へんくわん》を受けたる時《とき》より一年內《ない》に之を請求《せいきう》すべきものとす

第七節　賃貸借

第一款　總則

第六百一條　賃貸借ハ當事者ノ一方カ相手方ニ或物ノ使用及ヒ收益ヲ爲サシムルコトヲ約シ相手方カ之ニ其賃金ヲ拂フコトヲ約スルニ因リテ其效力ヲ生ス

問　賃貸借《ちんたいしやく》は如何《いか》にして其效力《そのかうりよく》を生《しやう》ずるや

答　賃貸借は當事者《たうじしや》の一方が相手《あひて》方《かた》に或物《あるもの》の使用及び收益を爲《な》さしむること例《たと》へば家屋《かおく》を使用《しよう》し又は

山林《さんりん》の樹木《じゆもく》を伐採《ばつさい》せしむることを約《やく》し相手方《あひてかた》が之に其賃金《そのちんきん》を拂《はら》ふことを約《やく》するに因《よ》りて其效力《そのかうりよく》を生《しやう》ずるものとす

第六百二條　處分ノ能力又ハ權限ヲ有セサル者カ賃貸借ヲ爲ス場合ニ於テハ其賃貸借ハ左ノ期間ヲ超ユルコトヲ得ス

一　樹木ノ栽植又ハ伐採ヲ目的トスル山林ノ賃貸借ハ十年

二　其他ノ土地ノ賃貸借ハ五年

三　建物ノ賃貸借ハ三年

四　動產ノ賃貸借ハ六箇月

○物《もの》を處分《しよぶん》するの能力《のうりよく》又は權限《けんげん》を有《いう》せざる者が賃貸借《ちんたいしやく》を爲《な》す場合《ばあひ》に於ては其賃貸借《そのちんたいしやく》は左の期間《げん》を超《こ》ゆることを得ざるものとす

一　樹木《じゆもく》を植附《うえつ》くるか又は植附ある所《ところ》の樹木《じゆもく》を伐採《ばつさい》するを以て目的《もくてき》とする山林《さんりん》の賃貸借《ちんたいしやく》は十ヶ年

二　其他《そのた》の土地《とち》の賃貸借《ちんたいしやく》は五ヶ年

三　家屋倉庫《かおくさうこ》其他《そのた》の建物《たてもの》の賃貸借《ちんたいしやく》三ヶ年

四　動產《どうさん》の賃貸借《ちんたいしやく》は六ヶ月

第六百三條　前條ノ期間ハ之ヲ更新スルコトヲ得ス其期間滿了前土地ニ付テハ一年內建物ニ付テハ三箇月內動產ニ付テハ一箇月內ニ其更新ヲ爲スヿヲ要ス

○前條《ぜんでう》の期間《きげん》は之を更新《かうしん》そることを得《う》べし但其賃貸期間《そのちんたいきげん》の滿了《まんれう》する前土地《ぜんどち》に付ては一年内建物《たてもの》に付ては三ヶ月内動產《どうさん》に付ては一ヶ月内に其更新《そのかうしん》を爲すべきものとす

第六百四條　賃貸借ノ存續期間ハ二十年ヲ超ユルコトヲ得ス若シ之ヨリ長キ期間ヲ以テ賃貸借ヲ爲シタルトキハ其期間ハ之ヲ二十年ニ短縮ス

前項ノ期間ハ之ヲ更新スルコトヲ得但更新ノ時ヨリ二十年ヲ超ユルコトヲ得ス

問　賃貸借《ちんたいしやく》の存續期間《そんぞくきげん》の最長期如何《さいちやうきいかん》

答　賃貸借の存續期間《そんぞくきげん》は長くも二十年を超《こ》ゆることを得《え》ざるものとす若《も》し之《これ》より長《なが》き期間《きげん》を以て賃貸借《ちんたいしやく》を爲《な》したるときは其期間《そのきげん》は之を二十年に短縮《たんしゆく》すべし

前項《ぜんかう》の期間は之を更新《かうしん》することを得《う》べきも更新の時《とき》より二十年を超《こ》ゆることを得《え》ざるものとす

第二款　賃貸借ノ效力

第六百五條　不動產ノ賃貸借ハ之ヲ登記シタルトキハ爾後其不動產ニ付キ物權ヲ取得シタル者ニ對シテモ其效力ヲ生ス

問　不動產《ふどうさん》の賃貸借《ちんたいしやく》は之《これ》を以《もつ》て其不動產《そのふどうさん》に付《つ》き物權《ぶつけん》を取得《しゆとく》したる者に對抗《たいかう》そることを得《う》るや

答　不動產例《たと》へば土地《とち》、山林《さんりん》、家屋《かおく》等の賃貸借は之を登記《とうき》したるときは爾後《じご》其不動產に付き物權《ぶつけん》を取得《しゆとく》したる者例《たと》へば其所有權《そのしよいうけん》を買受《かふう》けたる者に對《たい》しても其效力《そのかうりよく》を生《しやう》するものとす

第六百六條　賃貸人ハ賃貸物ノ使用及ヒ收益ニ必要ナル修繕ヲ爲ス義務ヲ負フ

賃貸人カ賃貸物ノ保存ニ必要ナル行爲ヲ爲サント欲スルトキハ賃借人ハ之ヲ拒ムコトヲ得ス

○賃貸人《ちんたいにん》は賃貸物の使用《しよう》及び收益《しうえき》に必要《ひつえう》なる修繕《しゆぜん》例《たと》へば家屋《かおく》の貸借《たいしやく》の場合に於て屋根《やね》又は雨戸《あまど》等《とう》の破《は》損《そん》の爲め風雨《ふうう》を防《ふせ》ぐことを能《あた》はざるときは之が修繕《しゆぜん》を爲す義務《ぎむ》を負《お》ふものとす何《なん》となれば賃金《ちんぎん》を受《う》けて人に貸與《たいよ》したるものなればなり

賃貸人が賃貸物《ちんたいぶつ》の保存《ほぞん》に必要《ひつえう》なる行爲《かうゐ》を爲《な》さんと欲《ほつ》するときは賃借人《ちんしやくにん》は之れを拒《こば》むことを得《え》ざるものとす

第六百七條　賃貸人カ賃借人ノ意思ニ反シテ保存行爲ヲ爲サント欲スル場合ニ於テ之カ爲メ賃借人カ賃借ヲ爲シタル目的ヲ達スルコト能ハサルトキハ賃借人ハ契約ノ解除ヲ爲スコトヲ得

○賃貸人《ちんたいにん》が賃借人《ちんしやくにん》の意思《いし》に反《はん》して保存行爲《ほぞんかうゐ》を爲さんと欲《ほつ》する場合に於《おい》て之が爲め賃借人《ちんしやくにん》が賃借を爲《な》したる目的《もくてき》を達《たつ》することを能《あた》はざるとき例《たと》へば家屋《かおく》の保存行爲《ほぞんかうゐ》を爲《な》すが爲《た》め其間其家屋《そのあひだそのかおく》に住居《じうきよ》することを能《あた》はざるときの如《ごと》きは賃借人は契約《けいやく》の解除《かいぢよ》を爲すことを得《う》るものとす

第六百八條　賃借人カ賃借物ニ付キ賃貸人ノ負擔ニ屬スル必要費ヲ出タシタルトキハ賃貸人ニ對シテ直チニ其償還ヲ請求スルコトヲ得

賃借人カ有益費ヲ出タシタルトキハ賃貸人ハ賃貸借終了ノ時ニ於テ第百九十六

條第二項ノ規定ニ從ヒ其償還ヲ爲スコトヲ要ス但裁判所ハ賃貸人ノ請求ニ因リ之ニ相當ノ期限ヲ許與スルコトヲ得

○賃借人《ちんしやくにん》が賃借物に付き賃貸人《ちんたい》の負擔《ふたん》に屬《ぞく》する必要費《ひつえうひ》を出だしたるとき例《たと》へば家屋《かおく》の修繕《しゆぜん》をなしたるときの如《ごと》きは賃貸人に對《たい》して直《たゞ》ちに其償還《そのしやうくわん》を請求《せいきう》することを得《う》るものとす

賃借人が有益費《いうえきひ》を出だしたるときは賃貸人は賃貸借終了《ちんたいしやくしうれう》の時に於て第百九十六條第二項《かう》の規定《きてい》に從《したが》ひ其償還《そのしやうくわん》を爲すべきものとす但裁判所《さいばんしよ》は賃貸人の請求《せいきう》に因《よ》り之に相當《さうたう》の期限《きげん》を許與《きよ》することを得べし

第六百九條　收益ヲ目的トスル土地ノ貸借人カ不可抗力ニ因リ借賃ヨリ少キ收益ヲ得タルトキハ其收益ノ額ニ至ルマテ借賃ノ減額ヲ請求スルコトヲ得但宅地ノ賃貸借ニ付テハ此限ニ在ラス

問　土地《とち》の賃借人は收益《しうえき》の減少《げんせう》を理由《りいう》として其借賃《そのしやくちん》の減額《げんがく》を貸主《たいしゆ》に請求《せいきう》することを得るや

答　收益を目的《もくてき》とする土地賃借人が天災其他《てんさいそのた》不可抗力《ふかかうりよく》に因《よ》り其土地の借賃《しやくちん》より少《すく》き收益を得《え》たるときは宅地《たくち》の賃貸借《ちんたいしやく》の場合の外其收益《ほかそのしうえき》の額《かく》に至るまで例《たと》へば借賃一ヶ年千圓なるに其收益の額《かく》が一ヶ年《ねん》七百圓なるときの如《ごと》きは七百圓まで借賃《しやくちん》の減額《げんかく》を請求《せいきう》することを得るものとす

第六百十條　前條ノ場合ニ於テ賃借人カ不可抗力ニ因リ引續キ二年以上借賃ヨリ少キ收益ヲ得タルトキハ契約ノ解除ヲ爲スコトヲ得

○前條《ぜんでう》の場合に於《おい》て賃借人が不可抗力《ふかかうりよく》に因り引續《ひきつゞ》き二年以上《いじやう》借賃より少き收益を得《え》たるときは契約《けいやく》の

解除《かいぢよ》を為《な》すことを得《う》るものとす

第六百十一條　賃借物ノ一部カ賃借人ノ過失ニ因ラスシテ滅失シタルトキハ賃借人ハ其滅失シタル部分ノ割合ニ應シテ借賃ノ減額ヲ請求スルコトヲ得

前項ノ場合ニ於テ殘存スル部分ノミニテハ賃借人カ賃借ヲ為シタル目的ヲ達スルコト能ハサルトキハ賃借人ハ契約ノ解除ヲ為スコトヲ得

○賃借物《ちんしやくぶつ》の一部《ぶ》が賃借人の過失《くわしつ》に依《よ》らずして減失《げんしつ》したるときは賃借人《ちんしやくにん》の其減失《そのげんしつ》したる部分《ぶゞん》の割合《わりあひ》に應《おう》じて借賃《しやくちん》の減額《げんがく》を請求《せいきう》することを得《う》べく又殘存《ざんぞん》する部分《ぶゞん》のみにては賃借人が賃借《ちんしやく》を為したる目的《もくてき》を達《たつ》すること能《あた》はざるとき例《たと》へば家屋《かおく》の半《なか》ば減失《げんしつ》したるときの如《ごと》きは賃借人《ちんしやくにん》は契約《けいやく》の解除《かいぢよ》を為すことを得るものとす

第六百十二條　賃借人ハ賃貸人ノ承諾アルニ非サレハ其權利ヲ讓渡シ又ハ賃借物ヲ轉貸スルコトヲ得ス

賃借人カ前項ノ規定ニ反シ第三者ヲシテ賃借物ノ使用又ハ收益ヲ為サシメタルトキハ賃貸人ハ契約ノ解除ヲ為スコトヲ得

問《とひ》　賃借人《ちんしやくにん》は賃借物を轉貸《てんたい》し又は其權利《そのけんり》を讓渡《じやうと》することを得《う》るや

答《こたへ》　賃借人は賃貸人《ちんたいにん》の承諾《しやうだく》あるに非《あら》ざれは其權利《そのけんり》を讓渡《じやうと》し又は賃借物を轉貸《てんたい》即ち復貸《ふくたい》をなすことを得《う》ざるものとす若《も》し賃借人が此規定《このきてい》に反《はん》し第三者をして賃借物《ちんしやくぶつ》の使用《しよう》又は收益《しうえき》を為さしめたるときは

賃貸人《ちんたいにん》は契約《けいやく》の解除《かいぢよ》を爲すことを得《う》べし

第六百十三條　賃借人カ適法ニ賃借物ヲ轉貸シタルトキハ轉借人ハ賃貸人ニ對シテ直接ニ義務ヲ負フ此場合ニ於テハ借賃ノ前拂ヲ以テ賃貸人ニ對抗スルコトヲ得ス

前項ノ規定ハ賃借人カ賃貸人ニ對シテ其權利ヲ行使スルコトヲ妨ケス

○賃借人《ちんしやくにん》甲が適法《てきはふ》に即ち賃貸人《ちんたいにん》乙の承諾《しやうだく》を得て賃借物《ちんしやくぶつ》を丙に轉貸《てんたい》したるときは轉貸人《てんたいにん》丙は賃貸人乙に對《たい》して直接《ちよくせつ》に義務《ぎむ》を負《お》ふべく此場合《このばあひ》に於ては甲のなしたる借賃《しやくちん》の前拂《まへばらひ》を以て賃貸人乙に對抗《たいかう》することを得ざるものとす

前項《ぜんかう》の規定《きてい》は賃貸《ちんたい》人乙が賃借《ちんしやく》人甲に對して其權利《そのけんり》を行使《かうし》することを妨《さまた》げず

第六百十四條　借賃ハ動産、建物及ヒ宅地ニ付テハ毎月末ニ其他ノ土地ニ付テハ毎年末ニ之ヲ拂フコトヲ要ス但收穫季節アルモノニ付テハ其季節後遲滯ナク之ヲ拂フコトヲ要ス

問　借賃《しやくちん》を支拂《しはら》ふべき時期《じき》如何《いかん》

答　借賃は動産《どうさん》、建物《たてもの》及び宅地《たくち》に付ては毎月末《まいげつまつ》に其他《そのた》の土地《とち》に付ては毎年末《まいねんまつ》に收穫季節《しうくわくきせつ》あるもの例《たと》へば米麥等《こめむぎとう》の收穫《しうくわく》に付ては其季節《そのきせつ》後に之を支拂《しはら》ふべきものとす

第六百十五條　賃借物カ修繕ヲ要シ又ハ賃借物ニ付キ權利ヲ主張スル者アルト

キハ賃借人ハ遲滯ナク之ヲ賃貸人ニ通知スルコトヲ要ス但賃貸人カ既ニ之ヲ知レルトキハ此限ニ在ラス

○賃借物《ちんしやくぶつ》が修繕《しゆぜん》を要《よう》するとき又は賃借物《ちんしやくぶつ》に付き權利《けんり》を主張《しゆちやう》するものあるときは賃貸人《ちんたいにん》が既《すで》に之を知《し》れるときの外《ほか》賃借人《ちんしやくにん》は遲滯《ちたい》なく之を賃貸人に通知《つうち》すべきものとす

第六百十六條　第五百九十四條第一項、第五百九十七條第一項及ヒ第五百九十八條ノ規定ハ賃貸借ニ之ヲ準用ス

○第《だい》五百九十四條第一項《かう》第五百九十七條第一項及び第五百九十八條の規定《きてい》は賃貸借《ちんたいしやく》に之を準用《じゆんよう》す

第三款　賃貸借ノ終了

第六百十七條　當事者カ賃貸借ノ期間ヲ定メサリシトキハ各當事者ハ何時ニテモ契約ノ申入ヲ爲スコトヲ得此場合ニ於テハ賃貸借ハ解約申入ノ後左ノ期間ヲ經過シタルニ因リテ終了ス

一　土地ニ付テハ一年
二　建物ニ付テハ三箇月
三　貸席及ヒ動産ニ付テハ一日

收穫季節アル土地ノ賃貸借ニ付テハ其季節後次ノ耕作ニ著手スル前ニ解約ノ申入ヲ爲スコトヲ要ス

問《とひ》 當事者《たうじしや》が賃貸借《ちんたいしやく》の期間《きげん》を定《さだ》めざりしときは其終了《そのしうれう》の時期《じき》如何《いかん》

答《こたへ》 當事者が賃貸借をなす場合《ばあひ》に於て其期間《そのきげん》を定《さだ》めざりしときは各當事者《かくたうじしや》即ち貸主《たいしゆ》又は借主《かりぬし》は何時《いつ》にても解約《かいやく》の申入を爲すことを得《う》べし此場合《このばあひ》に於ては賃貸借《ちんたいしやく》は解約申入《かいやくまをしいれ》の後《のち》土地《ち》に付ては一ヶ年建物《たてもの》に付ては三ヶ月貸席《たいせき》及び動産《どうさん》に付ては一日の期間《きげん》を經過《けいくわ》したるに因《よ》りて終了《しうれう》するものとす但收穫季《しうくわくき》節《せつ》ある土地《とち》例へば田畑《でんばた》の賃貸借に付ては其季節《そのきせつ》に於て收穫《しうくわく》を終りたる後次《のちつぎ》の耕作《かうさく》に着手《ちやくしゆ》せる前《まへ》に解《かい》約《やく》の申入を爲すことを要《えう》す

第六百十八條　當事者カ賃貸借ノ期間ヲ定メタルモ其一方又ハ各自カ其期間内ニ解約ヲ爲ス權利ヲ留保シタルトキハ前條ノ規定ヲ準用ス

○當事者《たうじしや》が何ヶ月《なんげつ》又は何ヶ年と云《い》ふが如《ごと》く賃貸借の期間《きげん》を定《さだ》めたるも其一方又は各自《かくじ》か其期間内《ない》に解《かい》約《やく》を爲す權利《けんり》を留保《るほ》したるとき即《すなは》ち期間内と雖《いへど》も解約《かいやく》をなすことを得《う》べきことを約《やく》したるときは前條《ぜんでう》の規定《きてい》を準用《じゆんよう》するものとす

第六百十九條　賃貸借ノ期間滿了ノ後賃借人カ賃借物ノ使用又ハ收益ヲ繼續スル場合ニ於テ賃貸人カ之ヲ知リテ異議ヲ述ヘサルトキハ前賃貸借ト同一ノ條件ヲ以テ更ニ賃貸借ヲ爲シタルモノト推定ス但當事者ハ第六百十七條ノ規定ニ依リテ解約ノ申入ヲ爲スコトヲ得

前賃貸借ニ付キ當事者カ擔保ヲ供シタルトキハ其擔保ハ期間ノ滿了ニ因リテ消

滅ス但敷金ハ此限ニ在ラス

○賃貸借《ちんたいしやく》の期間滿了《きげんまんれう》したるにも拘《かゝ》はらず賃借人が尚《な》ほ其賃借物《そのちんしやくぶつ》の使用《しよう》又は收益《しうえき》を繼續《けいぞく》する場合《ばあひ》に於て賃借人が之れを知《し》りて異議《いぎ》を述《の》べざるときは前の賃貸借《ちんたいしやく》と同一の條件《でうけん》を以て更《さら》に賃貸借を爲《な》したるものと推定《すいてい》するものとす但各當事者《かくたうじしや》は第六百十七條の規定《きてい》に依《よ》り何時《いつ》にても解約《かいやく》の申入を爲すことを得べし

前賃貸借《ぜんちんたいしやく》に付き當事者《たうじしや》が擔保《たんぽ》を供《きやう》したるときは其擔保《そのたんぽ》は期間《きけん》の滿了《まんれう》に因《よ》りて消滅《せうめつ》するものとす但家屋《か》の敷金《しきゝん》の如きは此限《このかぎり》に在《あ》らず

第六百二十條　賃貸借ヲ解除シタル場合ニ於テハ其解除ハ將來ニ向テノミ其效力ヲ生ス但當事者ノ一方ニ過失アリタルトキハ之ニ對スル損害賠償ノ請求ヲ妨ケス

○賃貸借《ちんたいしやく》を解除《かいぢよ》したる場合《ばあひ》に於ては其解除《そのかいぢよ》は將來《しやうらい》に向《むか》てのみ其效力《そのかうりよく》を生《しやう》ずるものとす但當事者《たうじしや》の一方に過失《くわしつ》ありたるときは之に對《たい》する損害賠償《そんがいばいしやう》の請求《せいきう》を妨《さまた》げず

第六百二十一條　賃借人カ破產ノ宣告ヲ受ケタルトキハ賃貸借ニ期間ニ定アルトキト雖モ賃貸人又ハ破產管財人ハ第六百十七條ノ規定ニ依リテ解約ノ申入ヲ爲スコトヲ得此場合ニ於テハ各當事者ハ相手方ニ對シ解約ニ因リテ生シタル損害ノ賠償ヲ請求スルコトヲ得ス

○賃貸人《ちんたいしやく》が破産《はさん》の宣告《せんこく》を受《う》けたるときは賃貸借に期間《きげん》の定《さだめ》あるときと雖《いへど》も賃貸人又は破産管財人《はさんくわんざいにん》は第六百十七條の規定《きてい》に依《よ》りて解約《かいやく》の申入《まをしいれ》を爲《な》すことを得《う》べし然《しか》れども此場《このば》合《あひ》に於て各當事《かくたうじ》者《しや》は相手方《あひてかた》に對《たい》し解約《かいやく》に因りて生《しやう》じたる損害《そんがい》の賠償《ばいしやう》を請求《せいきう》せることを得ざるものとす

第六百二十二條　第六百條ノ規定ハ賃貸借ニ之ヲ準用ス

○第六百條の規定《きてい》は賃貸借に之を準用《じゆんよう》するものとす

第八節　雇傭

第六百二十三條　雇傭ハ當事者一方ノ相手方ニ對シテ勞務ニ服スルコトヲ約シ相手方カ之ニ其報酬ヲ與フルコトヲ約スルニ因リテ其效力ヲ生ス

問　雇傭《こよう》は如何《いか》にして其効力《そのかうりよく》を生《しやう》ずるや

答　雇傭は當事《たうじ》者《しや》の一方が相手方《あひてかた》に對《たい》し例《たと》へば乙が甲に對して勞務《らうむ》に服《ふく》することを約《やく》し相手方即ち甲は之に其報酬《そのほうしう》を與《あた》ふることを約《やく》するに因《よ》りて其効力《かうりよく》を生ずるにものとす其相手方《あひてかた》に對《たい》して勞務《らうむ》に服《ふく》するものとは番頭《ばんとう》、手代《てだい》、職工《しよくこう》、仲仕《なかし》、手傳《てつたひ》、土方《どかた》、人足等《にんそくとう》の如《ごと》きを謂《い》ふ

第六百二十四條　勞務者ハ其約シタル勞務ヲ終ハリタル後ニ非サレハ報酬ヲ請求スルコトヲ得ス

期間ヲ以テ定メタル報酬ハ其期間ノ經過シタル後之ヲ請求スルコトヲ得

問　勞務者《らうむしや》が報酬《はうしう》を請求《せいきう》する時期《じき》如何《いかん》

答 勞務者《らうむしや》は其約《そのやく》したる勞務《らうむ》を終《を》はりたる後例《のちたと》へば一箇《か》の井戸《ゐど》の掘《ほ》るべき場合に於《お》ては之を掘《ほ》り上《あ》げて完成《くわんせい》したる後《のち》に非《あら》ざれば報酬《ほうしう》を請求《せいきう》することを得《え》ざるものとす
期間《きげん》を以て定《さだ》めたる報酬例《ほうしうたと》へば植木屋《うゑきや》に春秋《しゆんしう》二期《き》に其報酬を與《あた》ふべきことを約《やく》したるときの如《ごと》き其報酬《ほうしう》は其期間《そのきげん》の經過《けいくわ》したる後之《のちこれ》を請求《せいきう》することを得《う》るものとす

第六百二十五條 使用者ハ勞務者ノ承諾アルニ非サレハ其權利ヲ第三者ニ讓渡スコトヲ得ス
勞務者ハ使用者ノ承諾アルニ非サレハ第三者ヲシテ自己ニ代ハリテ勞務ニ服セシムルコトヲ得ス
勞務者カ前項ノ規定ニ反シ第三者ヲシテ勞務ニ服セシメタルトキハ使用者ハ契約ノ解除ヲ爲スコトヲ得

○使用者《しようしや》は勞務者《らうむしや》の承諾《しやうだく》あるに非《あら》ざれば其勞務者《そのらうむしや》を使用《しよう》する權利《けんり》を第三者に讓渡《ゆづりわた》すことを得《え》ず又勞務者《らうむしや》は使用者の承諾《しやうだく》あるに非《あら》ざれば第三者をして自己《じこ》に代《かは》りて勞務に服《ふく》せしむることを得《え》ざるものとす若《も》し勞務者《らうむしや》が使用者《しようしや》の承諾《しやうだく》を得《え》ずして第三者《しや》をして勞務に服《ふく》せしめたるときは使用者《しようしや》は契約《けいやく》の解除《かいぢよ》を爲すことを得べし

第六百二十六條 雇傭ノ期間カ五年ヲ超過シ又ハ當事者ノ一方若クハ第三者ノ終身間繼續スヘキトキハ當事者ノ一方ハ五年ヲ經過シタル後何時ニテモ契約ノ

解除ヲ爲スコトヲ得但此期間ハ商工業見習者ノ雇傭ニ付テハ之ヲ十年トス

前項ノ規定ニ依リテ契約ノ解除ヲ爲サント欲スルトキハ三箇月前ニ其豫告ヲ爲スコトヲ要ス

○雇傭《こよう》の期間《きげん》が五年を超過《ちようくわ》し又は當事者《たうじしや》の一方若《ばうもし》くは第三者の死《し》に至るまで繼續《けいぞく》すべきときは當事者の一方は五年を經過《けいくわ》したる後何時《のちいつ》にても契約《けいやく》の解除《かいぢよ》を爲すことを得《う》べし但此期間《このきげん》は商工業見習者《しやうこうげふみならひしや》の雇《こ》傭《よう》に付《つき》ては之を十年とす

前段《ぜんだん》の場合に於て契約《けいやく》の解除《かいぢよ》を爲さんと欲《ほつ》するときは三ヶ月前に其豫告《そのよこく》を爲《な》すべきものとす

第六百二十七條　當事者カ雇傭ノ期間ヲ定メサリシトキハ各當事者ハ何時ニテモ解約ノ申入ヲ爲スコトヲ得此場合ニ於テハ雇傭ハ解約申入ノ後二週間ヲ經過シタルニ因リテ終了ス

期間ヲ以テ報酬ヲ定メタル場合ニ於テハ解約ノ申入ハ次期以後ニ對シテ之ヲ爲スコトヲ得其申入ハ當期ノ前半ニ於テ之ヲ爲スコトヲ要ス

六箇月以上ノ期間ヲ以テ報酬ヲ定メタル場合ニ於テハ前項ノ申入ハ三箇月前ニ之ヲ爲スコトテ要ス

○當事者《たうじしや》が雇傭《こよう》の期間を定めざりしときは各《かく》當事者は何時《いつ》にても解約《かいやく》の申入を爲すことを得べし此場《このば》合《あひ》に於ては雇傭は解約《かいやく》申入の後二週間《しうかん》を經過《けいくわ》したるに因《よ》りて終了《しうれう》するものとす

期間《きげん》を以て報酬《ほうしう》を定《さだ》めたる塲合に於ては解約《かいやく》の申入は次期以後《じきいご》に對《たい》して之を爲すことを得《う》べきも其申《そのまをし》入《いれ》を當期《たうき》の前半に於て之を爲《な》すべく若《も》し六ケ月以上の期間《きげん》を以て報酬《ほうしう》を定めたる塲合に於《おい》ては前項《ぜんかう》の申入《まをしいれ》は三ケ月前に之《これ》を爲すべきものとす

第六百二十八條 當事者カ雇傭ノ期間ヲ定メタルトキト雖モ巳ムコトヲ得サル事由アルトキハ各當事者ハ直チニ契約ノ解除ヲ爲スコトヲ得但其事由カ當事者ノ一方ノ過失ニ因リテ生シタルトキハ相手方ニ對シテ損害賠償ノ責ニ任ス

問 當事者《たうじしや》が雇傭《こよう》の期間《きげん》を定《さだ》めたるときは如何《いか》なる塲合《ばあひ》と雖《いへど》も契約《けいやく》の解除《かいぢよ》を爲すことを得《う》ざるや

答 當事者が雇傭の期間を定めたるときと雖《いへど》も巳《や》むことを得ざる事由《じいう》あるときは各當事者《かくたうじしや》は直《たつち》に契約《けいやく》の解除《かいぢよ》を爲すことを得べし但其事由《たゞしそのじいう》が當事者の一方《ばう》の過失《くわしつ》に因《よ》りて生《しやう》じたるときは相手方《あひてかた》に對《たい》して損害賠償《そんがいばいしやう》の責《せめ》に任《にん》すべきものとす

第六百二十九條 雇傭ノ期間滿了ノ後勞務者カ引續キ其勞務ニ服スル塲合ニ於テ使用者カ之ヲ知リテ異議ヲ述ヘサルトキハ前雇傭ト同一ノ條件ヲ以テ更ニ雇傭ヲ爲シタルモノト推定ス但各當事者ハ第六百二十七條ノ規定ニ依リテ解約ノ申入ヲ爲スコトヲ得

前雇傭ニ付キ當事者カ擔保ヲ供シタルトキハ其擔保ハ期間ノ滿了ニ因リテ消滅ス但身元保證金ハ此限ニ在ラス

○雇傭《こよう》の期間《きげん》既《すで》に經過《けいくわ》したる後《のち》勞務者《らうむしや》が引續《ひきつゞ》き其勞務《そのらうむ》に服《ふく》する塲合に於て使用者《しようしや》が之を知《し》りて異議《いぎ》を述《の》べざるときは前雇傭《ぜんこよう》と同《どう》一の條件《でうけん》を以て更《さら》に雇傭《こよう》を爲したるものと推定《すいてい》するものとす但各當事者《たゞしかくたうじしや》は第六百二十七條の規定《きてい》に依《よ》り何時にても解約《かいやく》の申入を爲すことを得《う》べし前雇傭《ぜんこよう》に付《つ》き當事者《たうじしや》が擔保《たんぽ》を供《きやう》したるときは身本保證金《みもとほしやうきん》を除《のぞ》く外其擔保《ほかそのたんぽ》は期間《きげん》の滿了《まんれう》に因《よ》りて消滅《せうめつ》をるものとす

第六百三十條

第六百二十條ノ規定ハ雇傭ニ之ヲ準用ス

○第六百二十條の規定《きてい》は雇傭《こよう》に之を準用《じゆんよう》す

第六百三十一條

使用者カ破産ノ宣告ヲ受ケタルトキハ雇傭ニ期間ノ定アルトキト雖モ勞務者又ハ破産管財人ハ第六百二十七條ノ規定ニ依リテ解約ノ申入ヲ爲スコトヲ得此場合ニ於テハ各當事者ハ相手方ニ對シ契約ニ因リテ生シタル損害ノ賠償ヲ請求スルコトヲ得ス

○使用者《しようしや》が破産《はさん》の宣告《せんこく》を受《う》けたるときは報酬《ほうしう》の支拂《しはらひ》を受《う》くる望《のぞみ》なきにより雇傭《こよう》に期間《きげん》の定あるときと雖《いへど》も勞務者《らうむしや》又は破産管財人《はさんくわんざいにん》は第六百二十七條の規定《きてい》に依《よ》りて解約《かいやく》の申入を爲すことを得べし然《しか》れども此場合《このばあひ》に於ては各當事者《かくたうじしや》は相手方《あひてかた》に對《たい》し解約《かいやく》に因《よ》りて生じたる損害《そんがい》の賠償《ばいしやう》を請求《せいきう》することを得ざるものとす

第九節 請負

第六百三十二條 請負ハ當事者ノ一方カ或仕事ヲ完成スルコトヲ約シ相手方カ其仕事ノ結果ニ對シテ之ニ報酬ヲ與フルコトヲ約スルニ因リテ其效力ヲ生ス

問 請負《うけおひ》は如何《いか》にして其効力《そのかうりよく》を生《しやう》ずるや

答 請負は當事者《たうじしや》の一方が或仕事《あるしごと》例《たと》へば土木《どぼく》其他《そのた》の建築《けんちく》、工作《こうさく》、田園《でんゑん》の耕耨《かうじよく》、樹木《じゆもく》の栽植若《さいしよくもし》くは伐採《ばつさい》又は寫字《しやじ》、翻譯《ほんやく》、計算等《けいさんとう》の仕事《しごと》を完成《くわんせい》することを約《やく》し相手方《あひてかた》が其仕事《そのしごと》の結果《けつくわ》に對《たい》して之に報酬《ほうしう》を與《あた》ふることを約《やく》するに因《よ》りて其効力《そのかうりよく》を生ずるものとす

問 雇傭《こよう》と請負《うけおひ》とは如何《いか》なる点《てん》に於て同《どう》一ならざるや

答 雇傭《こよう》も請負も共《とも》に勞力《らうりよく》の賃貸《ちんたい》なりと雖《いへど》も一者決《けつ》して混同《こんどう》すべからず即ち雇傭契約《こようけいやく》は日《ひ》、月《つき》、又は年等《ねんとう》の如《ごと》き勞務《らうむ》の時間《じかん》を以て其賃銀《そのちんぎん》を定め其仕事の完成《くわんせい》すると否《いな》とを問《と》はず勞務《らうむ》に服《ふく》するの一事《じ》を以て之を受《う》くるものなれども請負《うけおひ》は或《あ》る仕事《しごと》を其全部《そのぜんぶ》又は一部に付き豫定代價《よていだいか》にて爲すべき合意《がふい》なるが故《ゆゑ》に勞務に服《ふく》するの一事《じ》を以て報酬《ほうしう》を受くることなく其引受《そのひきう》けたる仕事《しごと》の完成《くわんせい》したる後始めて其報酬《そのほうしう》を受くるものとす要《えう》するに二者の異《こと》なる所は或仕事《あるしごと》を完成《くわんせい》すべきことを約《やく》して人の爲に働《はたら》くと否《いな》との点《てん》にあり

問《とひ》 請負《うけおひ》は注文者《ちうもんしや》より主《しゆ》たる材料《ざいれう》を供《きやう》すると否《いな》とによりて其性質《そのせいしつ》を異《こと》にする所《ところ》なきや

答《こたへ》 舊民法《きうみんぽふ》に於ては注文者《ちうもんしや》より主《しゆ》たる材料《ざいれう》を供《きやう》したると否《いな》とを區別《くべつ》し注文者より主たる材料《ざいれう》を供《きやう》したるとき例《たと》へば家屋建築《かおくけんちく》の場合に於て注文者《ちうもんしや》より木材其他《もくざいそのた》の必要品《ひつえうひん》を供したるときは請負《うけおひ》にして請負

人より主《しゆ》たる材料《ざいれう》を供《きやう》したるときは條件附《でうけんつき》の賣買《ばいばい》なりと定《さだ》めたり然れども本條《ほんでう》には其區別《そのくべつ》なきが故《ゆゑ》に主《しゆ》たる材料の何人《なんぴと》の手より出《いづ》るを問《と》はず苟《いやし》くも當事者《たうじしや》の一方が或仕事《あるしごと》を完成《くわんせい》することを約《やく》し相手《あひて》方《かた》が其仕事《そのしごと》の結果《けつくわ》に對して之に報酬《ほうしう》を與ふることを約《やく》したるときは凡《すべ》て請負《うけおひ》なりと云《い》ふことを得《う》べし

第六百三十三條　報酬ハ仕事ノ目的物ノ引渡ト同時ニ之ヲ與フルコトヲ要ス但物ノ引渡ヲ要セサルトキハ第六百二十四條第一項ノ規定ヲ準用ス

問　報酬《ほうしう》は何《いづ》れの時《とき》に之《これ》を與《あた》ふべきや

答　報酬は仕事《しごと》の目的物《もくてきぶつ》の引渡例《ひきわたしたとへ》ば織工《しよくこう》が織物《をりもの》を調製《てうせい》する場合に於ては其織物《そのをりもの》の引渡《ひきわたし》と同時《どうじ》に之を與《あた》ふべきものとす但物《たゞしもの》の引渡を要《えう》せざるときは第六百二十四條第一項の規定《きてい》を準用《じゆんよう》すべきものとす

第六百三十四條　仕事ノ目的物ニ瑕疵アルトキハ注文者ハ請負人ニ對シ相當ノ期限ヲ定メテ其瑕疵ノ修補ヲ請求スルコトヲ得但瑕疵カ重要ナラサル場合ニ於テ其修補カ過分ノ費用ヲ要スルトキハ此限ニ在ラス

注文者ハ瑕疵ノ修補ニ代ヘ又ハ其修補ト共ニ損害賠償ノ請求ヲ為スコトヲ得此場合ニ於テハ第五百三十二條ノ規定ヲ準用ス

問　仕事《しごと》の目的物《もくてきぶつ》に瑕疵《かし》あるときは注文者《ちうもんしや》は請負人《うけおひにん》に對《たい》し修補《しうほ》を請求《せいきう》することを得《う》るや

答　仕事《しごと》の目的物《もくてきぶつ》に瑕疵あるときは注文者《ちうもんしや》は請負人《うけおひにん》に對し相當《さうたう》の期限《きげん》を定めて其瑕疵《そのかし》の修補《しうほ》を請求《せいきう》することを得《う》べし然《しか》れども其瑕疵《そのかし》が重要《ぢうえう》ならざる場合《ばあひ》にして且其《かつその》修補が過分《くわぶん》の費用《ひよう》を要《えう》するときは修《しう》

補《ほ》の請求《せいきう》をなすことを得《え》ざるものとす
又注文者《ちうもんしや》は瑕疵《かし》の修補《しうほ》に代《か》へ又は其修補と共《とも》に損害賠償《そんがいばいしやう》の請求《せいきう》を爲《な》すことを得《う》べく而《しか》して此場合《このばあひ》には第五百三十三條の規定《きてい》を準用《じゆんよう》するものとす

第六百三十五條　仕事ノ目的物ニ瑕疵アリテ之カ爲メニ契約ヲ爲シタル目的ヲ達スルコト能ハサルトキハ注文者ハ契約ノ解除ヲ爲スコトヲ得但建物其他土地ノ工作物ニ付テハ此限ニ在ラス

○仕事《しごと》の目的物《もくてきぶつ》に瑕疵《かし》ありて之《これ》が爲《た》めに契約《けいやく》を爲したる目的を達《たつ》することを能《あた》はざるときは建物其他《たてものそのた》土《と》地《ち》の工作物《こうさくぶつ》を除《のぞ》く外《ほか》注文者《ちうもんしや》は契約《けいやく》の解除《かいぢよ》を爲すことを得るものとす

第六百三十六條　前二條ノ規定ハ仕事ノ目的物ノ瑕疵カ注文者ヨリ供シタル材料ノ性質又ハ注文者ノ與ヘタル指圖ニ因リテ生シタルトキハ之ヲ適用セス但請負人カ其材料又ハ指圖ノ不適當ナルコトヲ知リテ之ヲ告ケサリシトキハ此限ニ在ラス

○前《ぜん》二條《でう》の規定《きてい》は仕事《しごと》の目的物《もくてきぶつ》の瑕疵《かし》が注文者《ちうもんしや》より供《きやう》したる材料《ざいれう》の性質《せいしつ》より生《しやう》じたるか又は注文者の與《あた》へたる指圖《きしづ》に因《よ》りて生じたるときは請負人《うけおひにん》が其材料《そのざいれう》又は指圖《きしづ》の不適當《ふてきたう》なることを知《し》りて之を告《つ》げざるときの外《ほか》は之を適用《てきよう》せざるものとす

第六百三十七條　前三條ニ定メタル瑕疵修補又ハ損害賠償ノ請求及ヒ契約ノ解

除ハ仕事ノ目的物ノ引渡シタル時ヨリ一年內ニ之ヲ爲スコトヲ要ス

仕事ノ目的物ノ引渡ヲ要セサル場合ニ於テハ前項ノ期間ハ仕事終了ノ時ヨリ之ヲ起算ス

○前《ぜん》三條《でう》の定《さだ》めたる瑕疵《かし》修補《しうほ》人《にん》は損害賠償《そんがいばいしやう》の請求《せいきう》及び契約《けいやく》の解除《かいぢよ》は仕事《しごと》の目的物《もくてきぶつ》を引渡《ひきわた》したる時、引渡を要《えう》せざる場合《ばあひ》に於ては仕事終了《しごとしうれう》の時より一年内にあらざれば之《これ》をなすことを得《え》ざるものとす

第六百三十八條　土地ノ工作物ノ請負人ハ其工作物又ハ地盤ノ瑕疵ニ付テハ引渡ノ後五年間其擔保ノ責ニ任ス但此期間ハ石造、土造、煉瓦造又ハ金屬造ノ工作物ニ付テハ之ヲ十年トス

工作物カ前項ノ瑕疵ニ因リテ滅失又ハ毀損シタルトキハ注文者ハ其滅失又ハ毀損ノ時ヨリ一年內ニ第六百三十四條ノ權利ヲ行使スルコトヲ要ス

○土地《とち》の工作物《こうさくぶつ》の請負人《うけおひにん》は其工作物《そのこうさくぶつ》又は地盤《ちばん》の瑕疵《かし》に付ては引渡《ひきわたし》の後《のち》五年間石造《かんせきざう》、土造《どざう》、煉瓦造《れんぐわざう》又は金屬造《きんぞくざう》の工作物《こうさくぶつ》に付ては引渡《ひきわたし》の後十年間其擔保《そのたんぽ》の責《せめ》に任《にん》すべきものとなす
工作物《こうさくぶつ》が前項《ぜんかう》の瑕疵《かし》に因《よ》りて滅失《めつしつ》又は毀損《きそん》したるときは注文者《ちうもんしや》は其滅失《このめつしつ》又は毀損《きそん》の時より一年内に第六百三十四條の權利《けんり》を行使《かうし》すべきものとす

第六百三十九條　第六百三十七條及ヒ前條第一項ノ期間ハ普通ノ時效期間內ニ限リ契約ヲ以テ之ヲ伸張スルコトヲ得

○第六百三十六條及び前條第一項《かう》の期間《きげん》は普通《ふつう》の時效期間内《じかうきげんない》に限《かぎ》り契約《けいやく》を以て之を伸長《しんちやう》することを得るものとす

第六百四十條　請負人ハ第六百三十四條及ヒ第六百三十五條ニ定メタル擔保ノ責任ヲ負ハサル旨ヲ特約シタルトキト雖モ其知リテ告ケサリシ事實ニ付テハ其責ヲ免ルルコトヲ得ス

○請負人《うけおひにん》は第六百三十四條及《およ》び第六百三十五條に定《さだ》めたる擔保《たんぽ》の責任《せきにん》を負《お》はざる旨《むね》を特約《とくやく》したるときと雖《いへど》も其《その》知りて告《つ》げざりし事實《じじつ》に付ては其責《そのせめ》を免《まぬが》るゝことを得《え》ざるものとす

第六百四十一條　請負人カ仕事ヲ完成セサル間ハ注文者ハ何時ニテモ損害ヲ賠償シテ契約ノ解除ヲ爲スコトヲ得

○請負人《うけおひにん》が仕事《しごと》を完成《くわんせい》せざる間《あひだ》は注文者《ちうもんしや》は何時《なんどき》にても損害《そんがい》を賠償《ばいしやう》して契約《けいやく》の解除《かいぢよ》を爲すことを得《う》るものとす

第六百四十二條　注文者カ破産ノ宣告ヲ受ケタルトキハ請負人又ハ破産管財人ハ契約ノ解除ヲ爲スコトヲ得此場合ニ於テハ請負人ハ其既ニ爲シタル仕事ノ報酬及ヒ其報酬中ニ包含セサル費用ニ付キ財團ノ配當ニ加入スルコトヲ得

前項ノ場合ニ於テハ各當事者ハ相手方ニ對シ解約ニ因リテ生シタル損害ノ賠償ヲ請求スルコトヲ得ス

○注文者《ちうもんしや》が破産《はさん》の宣告《せんこく》を受《う》けたるときは請負人《うけおひにん》又は破産管財人《はさんくわんざいにん》は契約《けいやく》の解除《かいぢよ》を爲すことを得《う》べく又此《またこの》場合《ばあひ》に於ては請負人《うけおひにん》は其既《そのすで》に爲《な》したる仕事《しごと》の報酬《はうしう》及び其報酬中《ちう》に包含《はうがん》せざる費用《ひよう》に付《つ》き財團《さいだん》の配當《はいたう》に加入《かにふ》することを得べし然れども各當事者《かくたうじしや》は相手方《あひてかた》に對《たい》し解約《かいやく》に因《よ》りて生《しやう》じたる損害《そんがい》の賠償《ばいしやう》を請求《せいきう》することを得《う》ざるものとす

第十節　委任

第六百四十三條　委任ハ當事者ノ一方カ法律行爲ヲ爲スコトヲ相手方ニ委託シ相手方カ之ヲ承諾スルニ因リテ其效力ヲ生ス

問　委任《ゐにん》は如何《いか》にして其効力《そのかうりよく》を生《しやう》ずるや

答　委任は當事者《たうじしや》の一方《ばう》が法律行爲《はふりつかうゐ》を爲《な》すことを相手方《あひてかた》に委托《いたく》し相手方《あひてかた》が之を承諾《しやうだく》するに因《よ》りて其効力《そのかうりよく》を生《しやう》ずるものとす

問　本前《ほんせつ》の委任《ゐにん》と第《だい》一編《へん》第四章《しやう》第三節《せつ》に定《さだ》めたる代理《だいり》との差違《さしちがひ》如何《いかん》

答《こたへ》　代理《だいり》は本人自身《ほんにんじしん》が法律行爲《はふりつかうゐ》を爲《な》したると同《どう》一なる結果《けつくわ》を本人《ほんにん》と第三者《しや》との間《あひだ》に於《おい》て發生《はつせい》せしむる行爲《かうゐ》なり故《ゆゑ》に代理《だいり》は常《つね》に第三者に對《たい》する關係《くわんけい》なり之《こ》れに反《はん》して委任《ゐにん》は當事者《たうじしや》の一方《ばう》が法律行爲《はふりつかうゐ》を爲すことを相手方《あひてかた》に委託《ゐたく》し相手方が之れを承諾《しやうだく》するに因りて其効力《そのかうりよく》を生《しやう》ずるものなるが故に法律行爲を委託《ゐたく》したる本人《ほんにん》と其委託を受けたるものとの間《あひだ》に於ける契約的關係《けいやくてきくわんけい》なりことを以《もつ》て代理《だいり》は或《あるひ》は契約《けいやく》に關《くわん》するものあり或《あるひ》は催告《さいこく》の如《ごと》き單獨行爲《たんどくかうゐ》に關するものあるも委任《ゐにん》は相手方《あひてかた》に委託《ゐたく》する法律行爲に

して必《かなら》ず一箇《け》の契約《けいやく》なり

第六百四十四條　受任者ハ委任ノ本旨ニ従ヒ善良ナル管理者ノ注意ヲ以テ委任事務ヲ處理スル義務ヲ負フ

○受任者《じゆにんしや》は委任《ゐにん》の本旨《ほんし》に従《したが》ひ善良《ぜんりやう》なる管理者《くわんりしや》の注意《ちうい》を以て委任事務《ゐにんじむ》を處理《しより》する義務《ぎむ》を負《お》ふものとす

第六百四十五條　受任者ハ委任者ノ請求アルトキハ何時ニテモ委任事務處理ノ狀況ヲ報告シ又委任終了ノ後ハ遅滯ナク其顚末ヲ報告スルコトヲ要ス

○受任者《じゆにんしや》は委任者《ゐにんしや》の請求《せいきう》あるときは何時《なんどき》にても委任事務管理《ゐにんじむくわんり》の有様《ありさま》を報告《はうこく》し又委任事務の終了《しうれう》したる後《のち》は遅滯《ちたい》なく其顚末《そのてんまつ》を報告《はうこく》すべきものとす

第六百四十六條　受任者ハ委任事務ヲ處理スルニ當リテ受取リタル金錢其他ノ物ヲ委任者ニ引渡スコトヲ要ス其收取シタル果實亦同シ

受任者カ委任者ノ爲メニ自己ノ名ヲ以テ取得シタル權利ハ之ヲ委任者ニ移轉スルコトヲ要ス

○受任者《じゆにんしや》は委任事務《ゐにんじむ》を處理《しより》するに當《あた》りて他人《たにん》より受取《うけと》りたる金錢其他《きんせんそのた》の物又《ものまた》は其收取《そのしうしゆ》したる果實《くわじつ》を委任者《ゐにんしや》に引渡《ひきわた》すべきものとす

○受任者が委任者の爲《た》めに自己《じこ》の名《な》を以て取得《しゆとく》したる權利《けんり》あるときは之を委任者《ゐにんしや》に移轉《いてん》すべきものとす

第六百四十七條　受任者カ委任者ニ引渡スヘキ金額又ハ其利益ノ爲メニ用ユヘ

キ金額ヲ自己ノ爲メニ消費シタルトキハ其消費シタル日以後ノ利息ヲ拂フコトヲ要ス尚ホ損害アリタルトキハ其賠償ノ責ニ任ス

○受任者《じゆにんしや》即《すなは》ち委任を受《う》けたる者《もの》が委任者に引渡《ひきわた》すべき金額《きんがく》又は其利益《そのりえき》の爲めに用《もち》ゆべき金額《きんがく》を自己《じこ》の爲《た》めに消費《せうひ》したるときは其消費《そのせうひ》したる日《ひ》以後《いご》の利息《りそく》を支拂《しはら》ふべく尚損害《なほそんがい》ありたるときは其損害《そのそんがい》を賠償《ばいしやう》すべきものとす

第六百四十八條　受任者ハ特約アルニ非サレハ委任者ニ對シテ報酬ヲ請求スルコトヲ得ス

受任者カ報酬ヲ受クヘキ場合ニ於テハ委任履行ノ後ニ非サレハ之ヲ請求スルコトヲ得ス但期間ヲ以テ報酬ヲ定メタルトキハ第六百二十四條第二項ノ規定ヲ準用ス

委任カ受任者ノ責ニ歸スヘカラサル事由ニ因リ其履行ノ半途ニ於テ終了シタルトキハ受任者ハ其既ニ爲シタル履行ノ割合ニ應シテ報酬ヲ請求スルコトヲ得

問　受任者《じゆにんしや》は委任者《ゐにんしや》に對《たい》して報酬《はうしう》を請求《せいきう》することを得《う》るや

答　委任者は本來無償契約《ほんらいむしやうけいやく》なるが故に別段《べつだん》の約束《やくそく》あるに非《あ》らざれば受任者《じゆにんしや》は委任者に對《たい》して報酬《はうしう》を請求《せいきう》することを得《え》ざるものとす

○受任者《じゆにんしや》が報酬《はうしう》を受《う》くべき場合《ばあひ》に於《おい》ては委任せられたる行爲《かうゐ》を履行《りかう》したる後《のち》に非《あら》ざれば之を請求《せいきう》する

とを得《え》ざるものとす但期間《たゞしきげん》を以て報酬《はうしう》を定めたるときは第《だい》六百貳拾四條第二項《かう》の規定《きてい》を準用《じゆんよう》す
若《も》し委任《ゐにん》が受任者《じゆにんしや》の責《せめ》に歸《き》すべからざる事由《じいう》に因《よ》り其履行《そのりかう》の半途《はんと》に於《おい》て終《をは》りたるときは受任者《じゆにんしや》は其既《そのすで》に爲《な》したる履行《りかう》の割合《わりあひ》に應《おう》じて報酬《はうしう》を請求《せいきう》することを得《う》べし

第六百四十九條　委任事務ヲ處理スルニ付キ費用ヲ要スルトキハ委任者ハ受任者ノ請求ニ因リ其前拂ヲ爲スコトヲ要ス

○委任事務《ゐにんじむ》を處理《しより》するに付《つ》き費用《ひよう》を要《えう》するときは委任者《ゐにんしや》は受任者《じゆにんしや》の請求《せいきう》に因《よ》り其前拂《そのぜんはらひ》を爲《な》すべきものとす

第六百五十條　受任者カ委任事務ヲ處理スルニ必要ト認ムヘキ費用ヲ出タシタルトキハ委任者ニ對シテ其費用及ヒ支出ノ日以後ニ於ケル其利息ノ償還ヲ請求スルコトヲ得

受任者カ委任事務ヲ處理スルニ必要ト認ムヘキ債務ヲ負擔シタルトキハ委任者ヲシテ自己ニ代ハリテ其辨濟ヲ爲サシメ又其債務カ辨濟期ニ在ラサルトキハ相當ノ擔保ヲ供セシムルコトヲ得

受任者カ委任事務ヲ處理スル爲メ自己ニ過失ナクシテ損害ヲ受ケタルトキハ委任者ニ對シテ其賠償ヲ請求スルコトヲ得

○受任者《じゆにんしや》が委任事務《ゐにんじむ》を處理《しより》するに必要《ひつえう》と認《みと》むべき費用《ひよう》を出《いだ》したるときは委任者《ゐにんしや》に對《たい》して其費用及《そのひようおよ》び

支出《しゆつ》したる日以後《ひいご》に於《お》ける其費用《そのひよう》の償還《しやうくわん》を請求《せいきう》することを得《う》るものとす又受任者《じゆにんしや》が委任事務《ゐにんじむ》を處理《しより》するに必要《ひつえう》と認《みと》むべき債務《さいむ》を負擔《ふたん》したるときは委任者をして自巳《じこ》に代《か》はりて其辨濟《そのべんさい》を爲さしめ又其債務《さいむ》が辨濟期《べんさいき》に在《あ》らざるときは相當《さうたう》の擔保《たんぽ》を供《きやう》せしむることを得《う》べく又受任《またじゆにん》者《しや》が委任事務《ゐにんじむ》を處理《しより》する爲《た》め自己《じこ》に過失《くわしつ》なくして損害《そんがい》を受《う》けたるときは委任者に對《たい》して其賠償《そのばいしやう》を請求《せいきう》することを得るものとす

第六百五十一條　委任ハ各當事者ニ於テ何時ニテモ之ヲ解除スルコトヲ得
當事者ノ一方カ相手方ノ爲メニ不利ナル時期ニ於テ委任ヲ解除シタルトキハ其損害ヲ賠償スルコトヲ要ス但已ムコトヲ得サル事由アリタルトキハ此限ニ在ラス

問　委任《ゐにん》は何時《なんどき》にても之《これ》を解除《かいぢよ》することを得《う》るや

答　委任は各當事者《かくたうじしや》に於て即《すなは》ち委任者《ゐにんしや》に於ても受任者《じゆにんしや》に於ても何時《なんどき》にても之を解除《かいぢよ》することを得《う》るものとす然《しか》れども當事者《たうじしや》の一方《ぱう》が相手方《あいてかた》の爲めに不利《ふり》なる時期《じき》に於《おい》て委任を解除したるときは已《や》むことを得ざる事由《じいう》ある場合《ばあひ》の外其損害《ほかそのそんがい》を賠償《ばいしやう》せざるべからず

第六百五十二條　第六百二十條ノ規定ハ委任ニ之ヲ準用ス

○第六百廿條の規定《きてい》は委任に之《これ》を準用《じゆんよう》するものとす

第六百五十三條　委任ハ委任者又ハ受任者ノ死亡又ハ破産ニ因リテ終了ス受任

者カ禁治產ノ宣告ヲ受ケタルトキ亦同シ

○委任《ゐにん》は委任者又は受任者《じゆにんしや》の死亡《しばう》又は破產《はさん》に依《よ》りて又は受任者《じゆにんしや》が禁治產《きんちさん》の宣告《せんこく》を受《う》けたるに依《よ》りて終了《しうれう》するものとす

第六百五十四條　委任終了ノ場合ニ於テ急迫ノ事情アルトキハ受任者、其相續人又ハ法定代理人ハ委任者其相續人又ハ法定代理人カ委任事務ヲ處理スルコトヲ得ルニ至ルマテ必要ナル處分ヲ爲スコトヲ要ス

○委任終了《ゐにんしうれう》の場合《ばあひ》に於て急迫《きうはく》の事情《じじやう》あるときは受任者其相續人《じゆにんしやそのさうぞくにん》又は法定代理人《はふていだいりにん》は委任者其相續人《そのさうぞくにん》又は法定代理人《はふていだいりにん》が委任事務《ゐにんじむ》を處《しよ》することを得《う》るに至《いた》るまで必要《ひつえう》なる處分《しよぶん》を爲《な》すべきものとす

第六百五十五條　委任終了ノ事由ハ其委任者ニ出テタルト受任者ニ出テタルトヲ問ハス之ヲ相手方ニ通知シ又ハ相手方カ之ヲ知リタルトキニ非サレハ之ヲ以テ其相手方ニ對抗スルコトヲ得ス

○委任終了《ゐにんしうれう》の事由《じいう》例へば死亡破產者等《しばうはさんしやとう》の事由《じいう》は其委任者に出《い》でたると受任者《じゆにんしや》に出《い》でたるとを問《と》はず之《これ》を相手方《あひてかた》に通知《つうち》し又は相手方が之《これ》を知《し》りたるときに非《あら》ざれば之を以て其相手方《そのあひてかた》に對抗《たいかう》することを得《え》ざるものとす

第六百五十六條　本節ノ規定ハ法律行爲ニ非サル事務ノ委託ニ之ヲ準用ス

○本節《ほんせつ》の規定《きてい》は法律行爲《はふりつかうゐ》に非《あら》ざる事務《じむ》の委託《ゐたく》に之《これ》を準用《じゆんよう》するものとす

第十一節　寄託

第六百五十七條　寄託ハ當事者ノ一方カ相手方ノ爲メニ保管ヲ爲スコトヲ約シテ或物ヲ受取ルニ因リテ其效力ヲ生ス

問《とひ》　寄託《きたく》は如何《いか》にして其効力《そのかうりよく》を生《しやう》ずるや

答《こたへ》　寄託は當事者《たうじしや》の一方が相手方《あひてかた》の爲めに保管《ほくわん》を爲すことを約《やく》して或物《あるもの》を受取《うけと》るに因《よ》りて其効力《そのかうりよく》を生ずるものとす

第六百五十八條　受寄者ハ寄託者ノ承諾アルニ非サレハ受寄物ヲ使用シ又ハ第三者ヲシテ之ヲ保管セシムルコトヲ得ス

受寄者カ第三者ヲシテ受寄物ヲ保管セシムルコトヲ得ル場合ニ於テハ第百五條及ヒ第百七條第二項ノ規定ヲ準用ス

○受寄者《じゆきしや》即ち寄託《きたく》を受けたるものは寄託者《きたくしや》の承諾《しやうだく》あるに非《あら》ざれば受寄物《じゆきぶつ》を使用《しよう》し又は第三者《しや》をして之を保管《ほくわん》せしむることを得《え》ざるものとす

受寄者《じゆきしや》が委託者《いたくしや》の承諾《しやうだく》を得第三者をして受寄物《じゆきぶつ》を保管《ほくわん》せしむることを得《う》る場合《ばあひ》に於ては第百五條及び第百七條第二項《かう》の規定《きてい》を準用《じゆんよう》するものとす

第六百五十九條　無報酬ニテ寄託ヲ受ケタル者ハ受寄物ノ保管ニ付キ自己ノ財産ニ於ケルト同一ノ注意ヲ爲ス責ニ任ス

○無報酬《むはしう》にて寄託《きたく》を受《う》けたる者は受寄物《じゆきぶつ》の保管《ほくわん》に付き自己《じこ》の財産《ざいさん》に於けると同《とう》一の注意《ちうい》を爲すを以て其任務《そのにんむ》を尽《つく》したるものとす故に受寄者《じゆきしや》が若《も》し善良《ぜんりやう》なる管理人《くわんりにん》なりせば更《さら》に一層《そう》の注意《ちうい》を加《くは》へ物件《ぶつけん》をして安固《あんこ》ならしむべかりしに受寄者之《これ》を爲《な》さゞりし塲合《ばあひ》に於ても受寄者《じゆきしや》に對《たい》して其過怠《そのくわたい》の責《せめ》を問《と》はざるものとす

第六百六十條　寄託物ニ付キ權利ヲ主張スル第三者カ受寄者ニ對シテ訴ヲ提起シ又ハ差押ヲ爲シタルトキハ受寄者ハ遲滯ナク其事實ヲ寄託者ニ通知スルコトヲ要ス

○寄託物《きたくぶつ》に付き權利《けんり》を主張《しゆちやう》する第三者が受寄者《じゆきしや》に對《たい》して訴《うつたへ》を提起《ていき》し又は差押《さしおさへ》を爲《な》したるときは受寄者《じゆきしや》は遲滯《ちたい》なく其事實《そのじじつ》を寄託者《きたくしや》に通知《つうち》すべきものとす

第六百六十一條　寄託者ハ寄託物ノ性質又ハ瑕疵ヨリ生シタル損害ヲ受寄者ニ賠償スルコトヲ要ス但寄託者カ過失ナクシテ其性質若クハ瑕疵ヲ知ラサリシトキ又ハ受寄者カ之ヲ知リタルトキハ此限ニ在ラス

○寄託者《きたくしや》は寄託物の性質《せいしつ》又は瑕疵《かし》より生《しやう》じたる損害《そんがい》を受寄者《じゆきしや》に賠償《ばいしやう》すべきものとす但寄託者《きたくしや》が過失《くわしつ》なくして其性質若《そのせいしつも》くは毀疵《かし》を知《し》らざりしとき又は受寄者が之《これ》を知《し》りたるときは此限《このかぎり》に在《あ》らず

第六百六十二條　當事者カ寄託物返還ノ時期ヲ定メタルトキト雖モ寄託者ハ何時ニテモ其返還ヲ請求スルコトヲ得

○當事《たうじ》者《しや》が寄《き》託物《たくぶつ》返還《へんくわん》の時期《じき》を定《さだ》めたるときと雖《いへど》も寄託者は何時《いつ》にても其返還《そのへんくわん》を請求《せいきう》することを得《う》るものとす

第六百六十三條　當事者カ寄託物返還ノ時期ヲ定メサリシトキハ受寄者ハ何時ニテモ其返還ヲ爲スコトヲ得

返還時期ノ定アルトキハ受寄者ハ已ムコトヲ得サル事由アルニ非サレハ其期限前ニ返還ヲ爲スコトヲ得ス

○當事《たうじ》者《しや》が寄《き》託物《たくぶつ》返還《へんくわん》の時期《じき》を定《さだ》めざりしときは寄託《じゆき》者《しや》は何時《いつ》にても其返還《そのへんくわん》を爲《な》すことを得《う》べし然《しか》れども返還時期《へんくわんじき》の定あるときは受寄《じゆき》者《しや》は已《や》むことを得《は》ざる事由《じいう》あるに非《あら》ざれば其期《そのき》限前《げんぜん》に返還《へんくわん》を爲《な》すことを得ざるものとす

第六百六十四條　寄託物ノ返還ハ其保管ヲ爲スヘキ場所ニ於テ之ヲ爲スコトヲ要ス但受寄者カ正當ノ事由ニ因リテ其物ヲ轉置シタルトキハ其現在ノ場所ニ於テ之ヲ返還スルコトヲ得

○寄《き》託物《たくぶつ》の返還は其保管《そのほくわん》を爲すべき場所《ばしよ》に於て爲すべきものとす但受寄《じゆき》者《しや》が正當《せいたう》の事由《じいう》に因《よ》りて其物を轉置《てんち》したるときは其現在《げんざい》の場所《ばしよ》に於て之を返還《へんくわん》することを得《う》べし

第六百六十五條　第六百四十六條乃至第六百四十九條及ヒ第六百五十條第一項第二項ノ規定ハ寄託ニ之ヲ準用ス

○第六百四十九條乃至《ないし》第六百四十九條及び第六百五十條第一項《かう》、第二項の規定《きてい》は寄託《きたく》に之を準用《じゆんよう》するものとす

第六百六十六條　受寄者カ契約ニ依リ受寄物ヲ消費スルコトヲ得ル場合ニ於テハ消費貸借ニ關スル規定ヲ準用ス但契約ニ返還ノ時期ヲ定メサリシトキハ寄託者ハ何時ニテモ返還ヲ請求スルコトヲ得

○受寄者《じゆきしや》が契約《けいやく》に依《よ》り受寄物を消費《せうひ》することを得る場合《ばあひ》に於ては消費貸借《せうひたいしやく》に關《くわん》する規定《きてい》を準用《じゆんよう》するものとす但《たゞし》契約に返還《へんくわん》の時期《じき》を定めざりしときは寄託者《きたくしや》は何時《いつ》にても返還を請求《せいきう》することを得《う》べし

第十二節　組合

第六百六十七條　組合契約ハ各當事者カ出資ヲ爲シテ共同ノ事業ヲ營ムルコトヲ約スルニ因リテ其效力ヲ生ス

出資ハ勞務ヲ以テ其目的ト爲スコトヲ得

問《とひ》　組合契約《くみあひけいやく》は如何《いか》にして其効力《そのかうりよく》を生《しやう》ずるや

答《こたへ》　組合契約は各當事者《かくたうじしや》が出資《しゆつし》即《すなは》ち金錢有價物等《きんせんいうかぶつとう》を出《いだ》して共同《きやうどう》の事業《じげふ》を營《いとな》むことを約《やく》するに因《よ》りて其《その》効力《かうりよく》を生《しやう》ずるものとす

問《とひ》　出資《しゆつし》は勞務《らうむ》を以《もつ》て其目的《そのもくてき》をなすことを得《う》るや

答《こたへ》　出資は勞務《らうむ》即《すなは》ち技術《ぎじゆつ》又は勞力等《らうりよくとう》を以て其目的《そのもくてき》と爲すことを得《う》べし故に金錢《きんせん》又は有價物《いうかぶつ》のみに限《かぎ》ら

ざるものとす

第六百六十八條　各組合員ノ出資其他ノ組合財產ハ總組合員ノ共有ニ屬ス

問《とひ》　組合財產《くみあひざいさん》は何人《なんびと》の所有《しよいう》に屬《ぞく》するや

答《こたへ》　各組合員《かくくみあひゐん》の出資其他《しゆつしそのた》の組合財產《くみあひざいさん》は總組合員《そうくみあひゐん》の共有《きやういう》に屬《ぞく》するものとす蓋《けだ》し民事會社《みんじくわいしや》即《すなはち》組合は商事《しやうじ》會社《くわいしや》の如《ごと》く法人《はふじん》を組成《そせい》するものにあらざればなり

第六百六十九條　金錢ヲ以テ出資ノ目的ト爲シタル場合ニ於テ組合員カ其出資ヲ爲スコトヲ怠リタルトキハ其利息ヲ拂フ外尙ホ損害ノ賠償ヲ爲スコトヲ要ス

○金錢《きんせん》を以《もつ》て出資《しゆつし》の目的《もくてき》と爲《な》したる場合《ばあひ》に於て組合員《くみあひゐん》が其出資《そのしゆつし》を爲すことを怠《おこた》りたるときは其利息《そのりそく》を拂《はら》ふ外損害《ほかそんがい》あるときは尙《な》ほ其損害《そのそんがい》を賠償《ばいしやう》すべきものとす

第六百七十條　組合ノ業務執行ハ組合員ノ過半數ヲ以テ之ヲ決ス

組合契約ヲ以テ業務ノ執行ヲ委任シタル者數人アルトキハ其過半數ヲ以テ之ヲ決ス

組合ノ常務ハ前二項ノ規定ニ拘ハラス各組合員又ハ各業務執行者之ヲ專行スルコトヲ得但其結了前ニ他ノ組合員又ハ業務執行者カ異議ヲ述ヘタルトキハ此限ニ在ラス

問　組合《くみあひ》の業務《げふむ》執行《しつかう》如何《いか》にして之《これ》を決《けつ》すべきや

答　組合《くみあひ》の業務《げふむ》執行《しつかう》は組合員《くみあひゐん》の過半數《くわはんすう》を以て之を決《けつ》すべく若《も》し組合契約《くみあひけいやく》を以て業務《げふむ》の執行《しつかう》を委任《ゐにん》したる者《もの》數人《すにん》あるときは其過半數《くわはんすう》を以て之を決するものとす然《しか》れども組合《くみあひ》の常務《じやうむすなは》即ち日常《にちじやう》の事務《じむ》は各組合人又は各業務《かくげふむ》執行者《しつかうしや》之を專行《せんかう》するを得《う》べし但其終了前《たゞしそのけつれうぜん》に他《た》の組合員又は業務《げふむ》執行者が異議《いぎ》を述《の》べたるときは此限《このかぎり》に在《あ》らず

第六百七十一條　組合ノ業務ヲ執行スル組合員ニハ第六百四十四條乃至第六百五十條ノ規定ヲ準用ス

○組合《くみあひ》の業務を執行《しつかう》する組合員には第《だい》六百四拾四條乃至《でうないし》第六百五拾條の規定《きてい》を準用《じゆんよう》するものとす

第六百七十二條　組合契約ヲ以テ一人又ハ數人ノ組合員ニ業務ノ執行ヲ委任シタルトキハ其組合員ハ正當ノ事由アルニ非サレハ辭任ヲ爲スコトヲ得ス又解任セラルルコトナシ

正當ノ事由ニ因リテ解任ヲ爲スニハ他ノ組合員ノ一致アルコトヲ要ス

○組合契約《くみあひけいやく》を以て一人又は數人《すうにん》の組合員に業務《げふむ》執行《しつかう》を委任《ゐにん》したるときは委任せられたる組合員《くみあひゐん》は正當《せいたう》の事由《じいう》あるに非《あら》ざれば辭任《じにん》を爲すことを得《ゑ》ず又正當《またせいたう》の事由《じいう》に因《よ》りて組合員《くみあひゐん》の一致《ち》を以てする場合《ばあひ》の外《ほか》は解任《かいにん》せらるゝことなきものとす

第六百七十三條　各組合員ハ組合ノ業務ヲ執行スル權利ヲ有セサルトキト雖モ其業務及ヒ組合財産ノ狀況ヲ檢査スルコトヲ得

○各組合員《かく〻みあひゐん》は組合の業務《げふむ》を執行《しつかう》する權利《けんり》を有《いう》せざるときと雖《いへど》も其業務《そのげふむ》及《およ》び組合財產《くみあひざいさん》の狀況《じやうきやう》を撿查《けんさ》することを得るものとそ

第六百七十四條　當事者カ損益分配ノ割合ヲ定メサリシトキハ其割合ハ各組合員ノ出資ノ價額ニ應シテ之ヲ定ム

利益又ハ損失ニ付テノミ分配ノ割合ヲ定メタルトキハ其割合ハ利益及ヒ損失ニ共通ナルモノト推定ス

問　損益分配《そんえきぶんぱい》の割合《わりあひ》は如何《いか》にして定《さだ》むべきや

答　損益分配《そんえきぶんぱい》の割合は當事者《たうじしや》之を定《さだ》むべく若《も》し當事者《たうじしや》其割合《そのわりあひ》を定めざりしときは其割合《そのわりあひ》は各組合員《かく〻みあひゐん》の出資《しゆつし》の價額《かがく》に應《おう》じて之を定むるものとす若《も》し當事者《たうじしや》が其利益《りえき》及び損失《そんしつ》に付《つき》てのみ分配《ぶんぱい》の割合《わりあひ》を定めたるときは其利益《そのりえき》及び損失《そんしつ》に付て共通《きやうつう》なるものと推定《すいてい》す

第六百七十五條　組合ノ債權者ハ其債權發生ノ當時組合員ノ損失分擔ノ割合ヲ知ラサリシトキハ各組合員ニ對シ均一部分ニ付キ其權利ヲ行フコトヲ得

○組合《くみあひ》の債權者《さいけんしや》は其債權發生《そのさいけんはつせい》の當時《たうじ》組合員の損失分擔《そんしつぶんたん》の割合を知《し》らざりしときは各組合員《かく〻みあひゐん》に對し均一《きん》部分《ぶぶん》に付き其權利《そのけんり》を行《おこな》ふことを得《う》るものとす例《たと》へば十人を以て組成《そせい》したる組合《くみあひ》に對《たい》し一万圓の債權《さいけん》を有《いう》するときは一人《にん》に對《たい》して千圓宛《ゑんづゝ》を請求《せいきう》することを得《う》べし

第六百七十六條　組合員カ組合財産ニ付キ其持分ヲ處分シタルトキハ其處分ハ之ヲ以テ組合及ヒ組合ト取引ヲ爲シタル第三者ニ對抗スルコトヲ得ス
組合員ハ清算前ニ組合財産ノ分割ヲ求ムルコトヲ得ス

○組合員《くみあひゐん》が組合財産《ざいさん》に付き其持分《そのもちぶん》を處分《しよぶん》したるとき例《たと》へば他人《たにん》に賣却《ばいきやく》したるとき又は其權利《そのけんり》を抛棄《はうき》したるときの如《ごと》きは其處分《そのしよぶん》は之《これ》を以《もつ》て組合《くみあひ》及び組合と取引《とりひき》を爲したる第三者《だいしや》に對抗《たいかう》することを得《え》ざるものとす
又組合員《くみあひゐん》は清算《せいさん》に組合財産《くみあひざいさん》の分割《ぶんかつ》を求《もと》むることを得《え》ざるものとす

第六百七十七條　組合ノ債務者ハ其債務ト組合員ニ對スル債權トヲ相殺スルコトヲ得ス

○組合《くみあひ》の債務者《さいむしや》は其債務《そのさいむ》と組合に對《たい》する債權《さいけん》とを相殺《あひさつ》することを得《え》ざるものとす故に甲が組合《くみあひ》に對《たい》して五千圓を支拂《しはら》ふの義務《ぎむ》あり又其組合乙に對して五千圓を請求《せいきう》するの權利《けんり》ある塲合《ばあひ》に於て差引勘定《さしひきかんぢやう》の上無出入《ていりなし》となすことを得《え》す

第六百七十八條　組合契約ヲ以テ組合ノ存續期間ヲ定メサリシトキ又ハ或に組合員ノ終身間組合ノ存續スヘキコトヲ定メタルトキハ各組合員ハ何時ニテモ脱退ヲ爲スコトヲ得但已ムコトヲ得サル事由アル塲合ヲ除ク外組合ノ爲メ不利ナル時期ニ於テ之ヲ爲スコトヲ得ス

組合ノ存續期間ヲ定メタルトキト雖モ各組合員ハ已ムコトヲ得サル事由アルトキハ脱退ヲ爲スコトヲ得

○組合契約《くみあひけいやく》を以《もつ》て組合の存續期間《そんぞくきげん》を定めざりしとき又は或組合員《あるくみあひゐん》の終身間《しうしんかん》組合の存續《そんぞく》すべきことを定《さだ》めたるときは各組合員《かくくみあひゐん》は何時《いつ》にても脱退《だつたい》を爲《な》すことを得《う》べし但已《や》むことを得ざる事由《じいう》ある場合《ばあひ》を除《のぞ》く外《ほか》組合の爲め不利《ふり》なる時期《じき》に於て之《これ》を爲すことを得《え》ざるものとす

又組合の存續期間《そんぞくきげん》を定めたるときと雖《いへど》も各《かく》組合員は已《や》むことを得《え》ざる事由《じいう》あるときは脱退《だつたい》を爲すことを得べし

第六百七十九條　前條ニ掲ケタル場合ノ外組合員ハ左ノ事由ニ因リテ脱退ス

一　死亡

二　破産

三　禁治産

四　除名

○前條《ぜんでう》の場合《ばあひ》の外《ほか》組合員は左《き》の事由《じいう》に依《よ》りて脱退《だつたい》するものとす

一　死亡《しばう》したるとき

二　破産《はさん》したるとき

三　禁治産《きんちさん》の宣告《せんこく》を受《う》けたるとき

四　除名《じよめい》せられたるとき

第六百八十條　組合員ノ除名ハ正當ノ事由アル場合ニ限リ他ノ組合員ノ一致ヲ以テ之ヲ爲スコトヲ得但除名シタル組合員ニ其旨ヲ通知スルニ非サレハ之ヲ以テ其組合員ニ對抗スルコトヲ得ス

問　組合員《くみあひゐん》の除名《じよめい》は如何《いか》にして之《これ》をなすべきや

答《こたへ》　組合員の除名は正當《せいたう》の事由《じいう》ある場合《ばあひ》に限《かぎ》り他《た》の組合員の一致《ち》を以《もつ》て之を爲《な》すことを得《う》べし但《たゞ》し除《じよ》名《めい》したる組合《くみあひ》したる組合員に其旨《そのむね》を通知《つうち》するに非《あら》ざれば之を以《もつ》て其組合員に對抗《たいかう》することを得《え》ざるものとす

第六百八十一條　脱退シタル組合員ト他ノ組合員トノ間ノ計算ハ脱退ノ當時ニ於ケル組合財産ノ状況ニ從ヒ之ヲ爲スコトヲ要ス

脱退シタル組合員ノ持分ハ其出資ノ種類如何ヲ問ハス金錢ヲ以テ之ヲ拂戻スコトヲ得

脱退ノ當時ニ於テ未タ結了セサル事項ニ付テハ其結了後ニ計算ヲ爲スコトヲ得

○脱退《だつたい》したる組合員《くみあひゐん》と他《た》の組合員との間《あひだ》の計算《けいさん》は脱退《だつたい》の當時《たうじ》に於《お》ける組合財産《ざいさん》の状況《じやうきやう》に從《したが》ひて之を爲《な》すべきものとす脱退《だつたい》したる組合員の持分《もちぶん》は其出資《そのしゆつし》の種類《しゆるゐ》即ち物品《ぶつぴん》を以てしたると常務《じやうむ》を以てしたるとを問《と》はず

之を拂戻《はらひもど》すことを得《う》るものとす
脫退《だつたい》の當時《たうじ》に於て未《いま》だ結了《けつれう》せざる事項《じかう》あるときは其事項《そのじかう》に付《つい》ては後《のち》に計算《けいさん》を爲《な》すことを得《う》べし

第六百八十二條　組合ハ其目的タル事業ノ成功又ハ其成功ノ不能ニ因リテ解散ス

問　組合《くみあひ》の解散《かいさん》すべき場合《ばあひ》如何《いかん》

答　組合は其目的《そのもくてき》たる事業《じげふ》の成功《せいこう》即ち成《な》し遂《と》げたること又は其成功《そのせいこう》の不能《ふのう》即ち如何《いか》にするも其目的《そのもくてき》たる事業《じげふ》を成《な》し遂《と》ぐること能《あた》はざるに因《よ》りて解散《かいさん》するものとす

第六百八十三條　已ムコトヲ得サル事由アルトキハ各組合員ハ組合ノ解散ヲ請求スルコトヲ得

○已《や》むことを得《う》ざる事由《じいう》あるときは各組合員《かくくみあひゐん》は組合の解散《かいさん》を請求《せいきう》することを得《う》るものとす

第六百八十四條　第六百二十條ノ規定ハ組合契約ニ之ヲ準用ス

○第六百二十條の規定《きてい》は組合契約《くみあひけいやく》に之を準用《じゆんよう》するものとす

第六百八十五條　組合カ解散シタルトキハ清算ハ總組合員共同ニテ又ハ其選任シタル者ニ於テ之ヲ爲ス

清算人ノ選任ハ總組合員ノ過半數ヲ以テ之ヲ決ス

問　解散《かいさん》の場合《ばあひ》に於て清算《せいさん》は何人《なんぴと》之《これ》をなすべきや

答 組合が解散《かいさん》したるときは清算《せいさん》は總組合員共同《そうくみあひゐんきやうどう》にて又は其選任《そのせんにん》したる者《もの》に於て之を爲《な》すべきものとす而《しか》して清算人《せいさんにん》の選任《せんにん》は總組合員《そのくみあひゐん》の過半數《くわはんすう》を以て之を決《けつ》すべし

第六百八十六條 清算人數人アルトキハ第六百七十條ノ規定ヲ準用ス

○清算人數人《せいさんにんすうにん》あるときは第六百七十九條の規定《きてい》を準用《じゆんよう》するものとす

第六百八十七條 組合契約ヲ以テ組合員中ヨリ清算人ヲ選任シタルトキハ第六百七十二條ノ規定ヲ準用ス

○組合契約《くみあひけいやく》を以《もつ》て組合員中より清算人《せいさんにん》を選任《せんにん》したるときは第六百七十二條の規定《きてい》を準用《じゆんよう》するものとす

第六百八十八條 清算人ノ職務及ヒ權限ニ付テハ第七十八條ノ規定ヲ準用ス

殘餘財産ハ各組合員ノ出資ノ價額ニ應シテ之ヲ分割ス

○清算人《せいさんにん》の職務《しよくむ》及び權限《けんげん》に付ては第七十八條の規定《きてい》を準用《じゆんよう》するものとす

殘餘《ざんよ》の財産《ざいさん》は各組合員《かくくみあひゐん》の出資《しゆつし》の價額《かかく》に應《おう》じて之を分割《ぶんかつ》するものとす

第十三節 終身定期金

第六百八十九條 終身定期金契約ハ當事者ノ一方カ自己、相手方又ハ第三者ノ死亡ニ至ルマテ定期ニ金錢其他ノ物ヲ相手方又ハ第三者ニ給付スルコトヲ約スルニ因リテ其效力ヲ生ス

問《とひ》 終身定期金契約《しうしんていききんけいやく》は如何《いかん》

答《こたへ》　終身定期金契約《しうしんていききんけいやく》は當事者《たうじしや》の一方《ぱう》が自己《じこ》相手《あひて》方《かた》又は第三者の死亡《しばう》に至《いた》るまで定期《ていき》に金錢其他《そのた》の物《もの》を相手《あひて》方《かた》又は第三者に給付《きうふ》することを約《やく》そるに由《よ》りて其効力《かうりよく》を生《しやう》するものとす

第六百九十條　終身定期金ハ日割ヲ以テ之ヲ計算ス

○終身定期金《しうしんていきん》は日割《ひわり》を以て之を計算《けいさん》するものとす故に例《たと》へば甲が甲の終身間《しうしんかん》乙に每年《まいねん》六月十二月の兩《りやう》度《ど》に金五百圓宛《づゝ》を給付《きうふ》そべき場合《ばあひ》に於て七月二十日に甲が死亡《しばう》したるときは五百圓を七月一日より十二月三十一日までの日に割《わ》り尚《な》ほ其割合《そのわりあひ》を以て七月一日より二十日まで二十日間分《かんぶん》を給付《きうふ》すべきものとす

第六百九十一條　定期金債務者カ定期金ノ元本ヲ受ケタル場合ニ於テ其定期金ノ給付ヲ怠リ又ハ其他ノ義務ヲ履行セサルトキハ相手方ハ元本ノ返還ヲ請求スルコトヲ得但既ニ受取リタル定期金ノ中ヨリ其元本ノ利息ヲ控除シタル殘額ヲ債務者ニ返還スルコトヲ要ス

前項ノ規定ハ損害賠償ノ請求ヲ妨ケス

○定期金債務者《ていききんさいむしや》が定期金《ていききん》の元本《げんぽん》を受《う》けたる場合例《たと》へる債務者《さいむしや》の終身間每月《しうしんかんまいげつ》金十圓宛《づゝ》給付《きうふ》すべきの約《やく》を以て其元本《そのげんぽん》として金千圓を受取《うけと》りたるときの如《ごと》き場合《ばあひ》に於《おい》て其定期金の給付《きうふ》を怠《おこた》り又は其他《そのた》の義務《ぎむ》を履行《りかう》せざるときは相手方《あひてかた》は元本《げんにん》の返還《へんくわん》を請求《せいきう》することを得《う》るものとす但此場合《たゞしこのばあひ》に於ては既《すで》に受取りれる定期金《ていききん》の中《うち》より其元本《そのげんぽん》の利息《りそく》を控除《こうぢよ》したる殘額《ざんがく》を債務者《さいむしや》に返還《へんくわん》せざるべからず

前項《ぜんかう》規定《きてい》は損害賠償《そんがいばいしやう》の請求《せいきう》を妨《さまた》げざるものとす

第六百九十二條　第五百三十三條ノ規定ハ前條ノ場合ニ之ヲ準用ス

○第五百三十三條の規定《きてい》は前條《ぜんでう》の場合に之を準用《じゆんよう》するものとす

第六百九十三條　死亡カ定期金債務者ノ責ニ歸スヘキ事由ニ因リテ生シタルトキハ裁判所ハ債權者又ハ其相續人ノ請求ニ因リ相當ノ期間債權ノ存續スルコトヲ宣告スルコトヲ得

前項ノ規定ハ第六百九十一條ニ定メタル權利ノ行使ヲ妨ケス

○死亡《しばう》が定期金債務者《ていきゝんさいむしや》の責《せめ》に歸《き》すべき事由例《じいうたと》へば自殺等《じさつとう》に因《よ》りて生《しやう》じたるときは裁判所《さいばんしよ》は債權者《さいけんしや》又は其相續人《そのさうぞくにん》の請求《せいきう》に因《よ》り相當《さうたう》の期間債權《きげんさいけん》の存續《そんぞく》することを宣告《せんこく》することを得るものとす

前項《ぜんかう》の規定《きてい》は第六百九十一條に定《さだ》めたる權利《けんり》の行使《かうし》を妨《さまた》げず

第六百九十四條　本節ノ規定ハ終身定期金ノ遺贈ニ之ヲ準用ス

○本節《ほんせつ》の規定《きてい》は終身定期金《しうしんていきゝん》の遺贈《ゐぞう》に之を準用するものとす

第十四節　和　解

第六百九十五條　和解ハ當事者カ互ニ讓歩ヲ爲シテ其間ニ存スル爭ヲ止ムルコトヲ約スルニ因リテ其效力ヲ生ス

問《とひ》　和解《わかい》は如何《いか》にして其効力《そのかうりよく》を生《しやう》ずるや

答《こたへ》　和《わ》解《かい》は當事《たうじ》者《しや》が互《たがひ》に讓歩《じやうほ》を爲して其間《そのあひだ》に存《そん》する爭《あらそひ》を止《さや》むることを約《やく》するに因《よ》りて其效力《かうりよく》を生《しやう》するものとす

第六百九十六條　當事者ノ一方カ和解ニ依リテ爭ノ目的タル權利ヲ有スルモノト認メラレ又ハ相手方カ之ヲ有セサルモノト認メラレタル場合ニ於テ其者カ從來此權利ヲ有セサリシ確證又ハ相手方カ之ヲ有セシ確證出テタルトキハ其權利ハ和解ニ因リテ其者ニ移轉シ又ハ消滅シタルモノトス

○當事《たうじ》者《しや》の一方が和《わ》解《かい》に依《よ》りて爭《あらそひ》の目的《もくてき》たる權利《けんり》を有《いう》するものと認《みと》められたるときに於て其者が從來《じやうらい》此權利《このけんり》を有《いう》せざりし確《たし》かなる證據《しやうこ》又は相手《あひて》方《かた》が之を有《いう》せし確證《かくしよう》出でたるときは其權利《けんり》は和《わ》解《かい》に因《よ》りて其者に移轉《いてん》し又は消滅《せうめつ》したるものとす

第三章　事務管理

第六百九十七條　義務ナクシテ他人ノ爲メニ事務ノ管理ヲ始メタル者ハ其事務ノ性質ニ從ヒ最モ本人ノ利益ニ適スヘキ方法ニ依リテ其管理ヲ爲スコトヲ要ス

管理者カ本人ノ意思ヲ知リタルトキ又ハ之ヲ推知スルコトヲ得ヘキトキハ其意思ニ從ヒテ管理ヲ爲スコトヲ要ス

問　事務管理《じむくわんり》とは何《なん》ぞや

答　事務管理《じむくわんり》とは不在者其他《ふざいしやそのた》の人の財産《ざいさん》に患害《くわんがい》ありと見《み》ゆる場合に於て人の委任《ゐにん》なくして卽ち好意《かうい》を

以て其事務《じむ》を管理《くわんり》するを謂《い》ふ例《たと》へば失踪者《しつそうしや》の家屋《かおく》に修繕《しうぜん》を加《くは》へざれば其家屋《かおく》は廢頽用《はいたいよう》を爲《な》さゞる場合に於て其所有者《しよいうしや》の爲めに費用《ひよう》を立替《たてか》へ職工《しよくこう》をして修繕《しうぜん》を加へしむるが如き即ち然《しか》り

問　義務《ぎむ》なくして他人《たにん》の爲めに事務《じむ》の管理《くわんり》を始《はじ》めたるものは如何《いか》なる方法《はうはふ》に依《よ》りて管理《くわんり》を爲《な》すべきや

答　義務なくして即《すなは》ち何人の委任《ゐにん》をも受《う》けずして他人《たにん》の爲めに事務《じむ》の管理《くわんり》を始《はじ》めたる者《もの》は其事務《そのじむ》の性質《せいしつ》に從《したが》ひ最《もつと》も本人の利益《りえき》に適《てき》すべき方法《はうはふ》に依《よ》りて其管理《そのくわんり》を爲すべく若《も》し管理者が本人の意思《いし》を知《し》りたるとき又は之《これ》を推知《すいち》することを得《う》べきときは其意思《そのいし》に從《したが》ひて管理《くわんり》を爲《な》すべきものとす

第六百九十八條　管理者カ本人ノ身體、名譽又ハ財産ニ對スル急迫ノ危害ヲ免レシムル爲メニ其事務ノ管理ヲ爲シタルトキハ惡意又ハ重大ナル過失アルニ非サレハ之ニ因リテ生シタル損害ヲ賠償スル責ニ任セス

○管理者《くわんりしや》が本人《ほんにん》の身體名譽《しんたいめいよ》又は財産《ざいさん》に對《たい》する急迫《きふはく》の危害《きがい》を免《まぬが》れしむる爲めに其事物《そのじぶつ》の管理を爲したるときは惡意《あくい》又は重大《ぢうだい》なる過失《くわしつ》あるときの外《ほか》は之に依《よ》りて生《しやう》したる損害《そんがい》を賠償《ばいしやう》するの責《せめ》に任《にん》せざるものとす

第六百九十九條　管理者ハ其管理ヲ始メタルコトヲ遲滯ナク本人ニ通知スルコトヲ要ス但本人カ既ニ之ヲ知レルトキハ此限ニ在ラス

○管理者《くわんりしや》は本人《ほんにん》が既《すで》に之れを知《し》れる場合《ばあひ》の外《ほか》其管理を始《はじ》めたることを遲滯《ちたい》なく本人に通知《つうち》すべきものとす

第七百條　管理者ハ本人、其相續人又ハ法定代理人カ管理ヲ爲スコトヲ得ルニ至ルマテ其を理ヲ繼續スルコトヲ要ス但其を理ノ繼續カ本人ノ意思ニ反シ又ハ本人ノ爲メニ不利ナルコトヲ明カナルトキハ此限ニ在ラス

○管理者《くわんりしや》は本人《ほんにん》其相續人《そのさうぞくにん》又は法定代理人《はふていだいりにん》が管理を爲すことを得《う》るに至《いた》るまで其管理《そのくわんり》の繼續《けいぞく》か本人の意思《し》に反《はん》し又は本人の爲《た》めに不利《ふり》なること明《あきら》かなる場合《ばあひ》の外《ほか》其管理を繼續《けいぞく》すべきものとす

第七百一條　第六百四十五條乃至第六百四十七條ノ規定ハ事務管理ニ之ヲ準用ス

○第六百四十五條乃至《ないし》第六百四十七條の規定《きてい》は事務《じむ》管理《くわんり》に之《これ》を準用《じゆんよう》するものとす

第七百二條　管理者カ本人ノ爲メニ有益ナル費用ヲ出タシタルトキハ本人ニ對シテ其償還ヲ請求スルコトヲ得

管理者カ本人ノ爲メニ有益ナル債務ヲ負擔シタルトキハ第六百五十條第二項ノ規定ヲ準用ス

管理者カ本人ノ意思ニ反シテ管理ヲ爲シタルトキハ本人カ現ニ利益ヲ受クル限度ニ於テノミ前二項ノ規定ヲ適用ス

○管理者が本人《ほんにん》の爲めに有益《いうえき》なる費用《ひよう》を出《い》だしたるときは本人《ほんにん》に對《たい》して其償還《そのしやうくわん》を請求《せいきう》することの得《う》るものとす

又管理者《またくわんりしや》が本人《ほんにん》の爲めに有益《いうえき》なる債務《さいむ》を負擔《ふたん》したるときは第六百五十條第二項《かう》の規定《きてい》を準用《じゆんよう》するものとす

又管理者が本人の意思《いし》に反《はん》して管理《くわんり》を爲したるときは本人《ほんにん》が現《げん》に利益《りえき》を受くる限度《げんど》に於《お》てのみ前《ぜん》二項《かう》の規定《きてい》を適用《てきよう》するものとす

第四章　不當利得

第七百三條　法律上ノ原因ナクシテ他人ノ財産又《また》ハ勞務ニ因リ利益ヲ受ケ之カ爲メニ他人ニ損失ヲ及ホシタル者ハ其利益ノ存スル限度ニ於テ之ヲ返還スル義務ヲ負フ

問《とひ》　不當《ふたう》の利益《りえき》を得《え》たる者《もの》の義務《ぎむ》如何《いかん》

答《こたへ》　法律上《はふりつじやう》の原因《げんいん》なくして他人《たにん》の財産《ざいさん》又は勞務《らうむ》に因《よ》り利益《りえき》を受け之が爲めに他人《たにん》に損失《そんしつ》を及《およ》ぼしたる者《もの》例《たと》へば他人に貸與《たいよ》したることなき金錢《きんせん》を貸與《たいよ》せしものとして辨濟《べんさい》を受《う》けたる者は受くべからざる利得《りとく》即《すなは》ち不當《ふたう》の利益を受けたる者《もの》なれば其利益《そのりえき》の存《そん》する限度《げんど》に於て之を返還《へんくわん》する義務《ぎむ》を負《お》ふものとす

第七百四條　惡意ノ受益者ハ其受ケタル利益ニ利息ヲ附シテ之ヲ返還スルコトヲ要ス尙ホ損害アリタルトキハ其賠償ノ責ニ任ス

○惡意《あくい》の受益者《じゆえきしや》即《すなは》ち受くべからざることを知《し》りて受けたる者《もの》は其受《そのう》けたる利益《りえき》に利息《りそく》を附《ふ》して之を返還《へんくわん》すべく尙《なほ》は損害《そんがい》ありたるときは其賠償《そのばいしやう》の責《せめ》に任《にん》すべきものとす

第七百五條　債務ノ辨濟トシテ給付ヲ爲シタル者カ其當時債務ノ存在セルコトヲ知リタルトキハ其給付シタルモノノ返還ヲ請求スルコトヲ得ス

問《とひ》　債務《さいむ》の存在《そんざい》せざることを知《し》りて辨濟《べんさい》したるときは其返還《そのへんくわん》を求《もと》むることを得《う》るや

答《こたへ》　債務の辨濟《べんさい》として給付《きうふ》を爲《な》したる者《もの》が其當時《そのたうじ》債務《さいむ》の存在《そんざい》せざることを知《し》りたるときは其給付《そのきうふ》したるものゝ返還《へんくわん》を請求《せいきう》することを得ざるものとす蓋《けだ》し辨濟《べんさい》は第《だい》三者《しや》より自巳《じこ》の名《な》を以《もつ》ても之を爲すことを得るものなればなり

第七百六條　債務者カ辨濟期ニ在ラサル債務ノ辨濟トシテ給付ヲ爲シタルトキハ其給付シタルモノノ返還ヲ請求スルコトヲ得ス但債務者カ錯誤ニ因リテ其給付ヲ爲シタルトキハ債權者ハ之ニ因リテ得タル利益ヲ返還スルコトヲ要ス

問　債務者《さいむしや》が辨濟期《べんさいき》にあらざる債務《さいむ》を辨濟《べんさい》したるときは其返還《そのへんくわん》を求《もと》むることを得るや

答　債務者《さいむしや》が辨濟期に在《あ》らざる債務の辨濟《べんさい》として給付《きうふ》をなしたるときは其給付《そのきうふ》したるものゝ返還《へんくわん》を請《せい》求《きう》することを得ざるものとす但債務者《たゞしさいむしや》が錯誤《さくご》に因《よ》りて即《すなは》ち辨濟期《べんさいき》にあらざるものを辨濟期なりと信《しん》じて其給付《そのきうふ》を爲したるときは債權者《さいけんしや》は之に因《よ》りを得たる利益《りえき》を返還《へんくわん》するの義務《ぎむ》あるものとす

第七百七條　債務者ニ非サル者カ錯誤ニ因リテ債務ノ辨濟ヲ爲シタル場合ニ於テ債權者カ善意ニテ證書ヲ毀滅シ、擔保ヲ抛棄シ又ハ時效ニ因リテ其債權ヲ失ヒタルトキハ辨濟者ハ返還ノ請求ヲ爲スルコトヲ得ス

前項ノ規定ハ辨濟者ヨリ債務者ニ對スル求償權ノ行使ヲ妨ケス

問　債務《さいむ》者《しや》に非《あら》ざる者《もの》が錯誤《さくご》に因《よ》りて即《すなは》ち債務《さいむ》者《しや》なりと信《しん》じて債務の辨濟《べんさい》を爲したる場合《ばあひ》に於《おい》て債權《さいけん》者《しや》が善意《ぜんい》にて即《すなは》ち眞《しん》の債務《さいむ》者《しや》より辨濟《べんさい》を受《う》けたるものとして債權《さいけん》の證書《しやうしよ》を毀滅《きめつ》し擔保《たんぽ》を抛棄《はうき》し又は時効《じかう》に因《よ》りて其債權《そのさいけん》を失《うしな》ひたるときは辨濟者は返還《へんくわん》の請求《せいきう》を爲すことを得ざるものす
前項《ぜんかう》の規定《きてい》は辨濟者《べんさいしや》より債務《さいむ》者《しや》に對《たい》する求償權《きうしやうけん》の行使《かうし》を妨《さまた》げざるものとす

第七百八條　不法ノ原因ノ爲メ給付ヲ爲シタル者ハ其給付シタルモノノ返還ヲ請求スルコトヲ得ス但不法ノ原因カ受益者ニ付テノミ存シタルトキハ此限ニ在ラス

○不法《ふはふ》の原因《げんいん》の爲め給付《きうふ》を爲したる者《もの》は不法《ふはふ》の原因《げんいん》が受益者《じゆえきもの》に付《つき》てのみ存《そん》したるときの外《ほか》其給付《そのきうふ》したる者《もの》の返還《へんくわん》を請求《せいきう》そることを得ざるものとす

第五章　不法行爲

第七百九條　故意又ハ過失ニ因リテ他人ノ權利ヲ侵害シタル者ハ之ニ因リテ生シタル損害ヲ賠償スル責ニ任ス

問《とひ》　不法行爲《ふはふかうゐ》によりて他人《たにん》の權利《けんり》を侵害《しんがい》したる者《もの》の義務《ぎむ》如何《いかん》

答《こたへ》　故意《こい》又は過失《くわしつ》に因《よ》りて他人の權利《けんり》を侵害《しんがい》したる者例《ものたとへ》へば他人に損害《そんがい》を加《くは》ふるの意思《いし》を以《もつ》て人の身《しん》体名譽《たいめいよ》を傷《きづ》け又は財産《ざいさん》を毀《こぼ》ちたる者《もの》又は他人に損害《そんがい》を加《くは》ふるの意思《いし》なきも過《あやま》ちて之に損害《そんがい》を與《あた》へた

る者《もの》は之《これ》に因《よ》りて生《しやう》じたる損害《そんがい》を賠償《ばいしやう》する責《せめ》に任《にん》すべきものとす

第七百十條　他人ノ身體、自由又ハ名譽ヲ害シタル場合ト財產權ヲ害シタル場合トヲ問ハス前條ノ規定ニ依リテ損害賠償ノ責ニ任スル者ハ財產以外ノ損害ニ對シテモ其賠償ヲ爲スコトヲ要ス

○他人《たにん》の身体《しんたいじ》自由《いう》又は名譽《めいよ》を害《がい》したる場合《ばあひ》と財產權《ざいさんけん》を害《がい》したる場合《ばあひ》とを問《と》はず前條《ぜんでう》の規定《きてい》に依《よ》りて損《そん》害賠償《がいばいしやう》の責《せめ》に任《にん》する者《もの》は財產以外《ざいさんいぐわい》の損害《そんがい》に對《たい》しても其賠償《このばいしやう》を爲すべものとす

第七百十一條　他人ノ生命ヲ害シタル者ハ被害者ノ父母、配偶者及ヒ子ニ對シテハ其財產權ヲ害セラレサリシ場合ニ於テモ損害ノ賠償ヲ爲スコトヲ要ス

○他人《たにん》の生命《せいめい》を害《がい》したる者《もの》は其害《そのがい》せられたる者《もの》の父母《ふぼ》配偶者《はいぐうしや》及び子《こ》に對《たい》しては其財產權《そのざいさんけん》を害《がい》せられざりし場合《ばあひ》に於《おい》ても損害《そんがい》の賠償《ばいしやう》を爲すべきものとす

第七百十二條　未成年者カ他人ニ損害ヲ加ヘタル場合ニ於テ其行爲ノ責任ヲ辨識スルニ足ルヘキ知能ヲ具ヘサリシトキハ其行爲ニ付キ賠償ノ責ニ任セス

問　未成年者《みせいねんしや》他人に損害《そんがい》を加《くは》へたるときは如何《いか》なる場合《ばあひ》に於ても其賠償《そのばいしやう》の責《せめ》に任《にん》すべきや

答　未成年者即《すなは》ち二十才未滿《さいみまん》の者《もの》が他人《たにん》に損害《そんがい》を加《くは》へたる場合《ばあひ》に於《おい》て其行爲《そのかうゐ》の責任《せきにん》を辨識《べんしき》するに足《た》るべき智能《ちのう》を具《そな》へざりしときは其行爲《そのかうゐ》に付き賠償《ばいしやう》の責《せめ》に任《にん》せざるものとす

第七百十三條　心神喪失ノ間ニ他人ニ損害ヲ加ヘタル者ハ賠償ノ責ニ任セス但

故意又ハ過失ニ因リテ一時ノ心神喪失ヲ招キタルトキハ此限ニ在ラス

○心神喪失《しんくそしつ》の間《あひだ》に他《た》人《にん》に損害《そんがい》を加《くは》へたる者《もの》は故意《こい》又は過失《くわしつ》に因《よ》りて一時《じ》の心神喪失《しんくそしつ》を招《まね》きたるときの外《ほか》は賠償《ばいしやう》の責《せめ》に任《にん》せざるものとす

第七百十四條　前二條ノ規定ニ依リ無能力者ニ責任ナキ場合ニ於テ之ヲ監督スヘキ法定ノ義務アル者ハ其無能力者カ第三者ニ加ヘタル損害ヲ賠償スル責ニ任ス但監督義務者カ其義務ヲ怠ラサリシトキハ此限ニ在ラス

監督義務者ニ代ハリテ無能力者ヲ監督スル者モ亦前項ノ責ニ任ス

○前《ぜん》二條《でう》の規定《きてい》に依《よ》り無能力者《ふのうりよくしや》に責任《せきにん》なき場合《ばあひ》に於て之を監督《かんとく》すべき法定《はふてい》の義務《ぎむ》ある者《もの》は監督義務者《かんとくぎむしや》が其義務《そのぎむ》を怠《おこ》たらざりしときの外《ほか》は其無能力者《そのむのうりよくしや》が第三者《だいさんしや》に加《くは》へたる損害《そんがい》を賠償《ばいしやう》する責《せめ》に任《にん》すべきものとす

監督義務者《かんとくぎむしや》に代《か》はりて無能力者《むのうりやくしや》を監督《かんとく》する者《もの》も亦前項《またぜんかう》の責《せめ》に任《にん》すべきものとす

第七百十五條　或事業ノ爲メニ他人ヲ使用スル者ハ被用者カ其事業ノ執行ニ付キ第三者ニ加ヘタル損害ヲ賠償スル責ニ任ス但使用者カ被用者ノ選任及ヒ其事業ノ監督ニ付キ相當ノ注意ヲ爲シタルトキ又ハ相當ノ注意ヲ爲スモ損害カ生スヘカリシトキハ此限ニ在ラス

使用者ニ代ハリテ事業ヲ監督スル者モ亦前項ノ責ニ任ス

前二項ノ規定ハ使用者又ハ監督者ヨリ被用者ニ對スル求償權ノ行使ヲ妨ケス

或事《あるじ》業《げふ》の爲《た》めに他人《たにん》を使用《しよう》する者例《ものたと》へば紡績會社《ばうせきくわいしや》が紡績《ばうせき》の職工《しよくこう》を使用《しよう》する場合《ばあひ》に於《おい》て紡績會社《ばうせきくわいしや》は被用《ひよう》者《しや》即ち職工《しよくこう》が其事業《そのじげふ》の執行《しつかう》に付き第《だい》三者《しや》に加《くは》へたる損害《そんがい》を賠償《ばいしやう》する責《せめ》に任《にん》すべきものとす但使用者《たゞしようしや》が被用者《ひようしや》の選任及《せんにんおよ》び其事《そのじ》業《げふ》の監督《かんとく》に付き相當《さうたう》の注意《ちうい》を爲したるとき又は相當《さうたう》の注意《ちうい》を爲《な》すも損害《そんがい》が生《しやう》ずべかりしとき　前段賠償《ぜんだんばいしやう》の義務《ぎむ》の責《せめ》なきものとす

前《ぜん》二項《かう》の規定《きてい》は使用者《しようしや》又は監督者《かんとくしや》より被用者《ひようしや》に對《たい》する求償權《きうしやうけん》の行使《かうし》を妨《さまた》げざるものとす

第七百十六條　注文者ハ請負人カ其仕事ニ付キ第三者ニ加ヘタル損害ヲ賠償スル責ニ任セス但注文又ハ指圖ニ付キ注文者ニ過失アリタルトキハ此限ニ在ラス

○注文者《ちうもんしや》は注文《ちうもん》又は指圖《さしづ》に付き注文者に過失《くわしつ》ありたるときの外請負人《ほかうけおひにん》が其仕事《そのしごと》に付き第《だい》三者《しや》に加《くは》へたる損害《そんがい》を賠償《ばいしやう》する責《せめ》に任《にん》せざるものとす

第七百十七條　土地ノ工作物ノ設置又ハ保存ニ瑕疵アルニ因リテ他人ニ損害ヲ生シタルトキハ其工作物ノ占有者ハ被害者ニ對シテ損害賠償ノ責ニ任ス但占有者カ損害ノ發生ヲ防止スルニ必要ナル注意ヲ爲シタルトキハ此損害ハ所有者之ヲ賠償スルコトヲ要ス

前項ノ規定ハ竹木ノ栽植又ハ支持ニ瑕疵アル場合ニ之ヲ準用ス

前二項ノ場合ニ於テ他ニ損害ノ原因ニ付キ其責ニ任スヘキ者アルトキハ占有者

又ハ所有者ハ之ニ對シテ求償權ヲ行使スルコトヲ得

○土地《とち》の工作物《こうさくぶつ》の設置《せつち》又は保存《ほぞん》に瑕疵《かし》あるに因《よ》りて例《たと》へば家屋倉庫《かおくさうこ》等《とう》の毀壞《きくわい》したるが爲に他人《たにん》に損害《そんがい》を生《しやう》じたるときは其工作物《そのこうさくぶつ》の占有者《せんいうしや》は被害者《ひがいしや》に對《たい》して損害賠償《そんがいばいしやう》の責《せめ》に任《にん》すべく占有者《せんいうしや》が損害《そんがい》の發生《はつせい》を防止《ぼうし》するに必要《ひつえう》なる注意《ちうい》を爲《な》したるときは其損害《そのそんがい》は所有者之《しよいうしやこれ》を賠償《ばいしやう》すべきものとす

前項《ぜんかう》の規定《きてい》は竹木《ちくぼく》の栽植《さいしよく》又は支持《しち》に瑕疵《かし》ある場合に之を準用《じゆんよう》するものとす

前《ぜん》二項《かう》の場合《ばあひ》に於《お》いて他に損害《そんがい》の原因《げんいん》に付き其責《そのせめ》に任《にん》すべき者《もの》あるときは占有者《せんいうしや》又は所有者《しよいうしや》は之に對《たい》して求償權《きうしやうけん》を行使《かうし》することを得《う》べし

第七百十八條　動物ノ占有者ハ其動物カ他人ニ加ヘタル損害ヲ賠償スル責ニ任ス但動物ノ種類及ヒ性質ニ從ヒ相當ノ注意ヲ以テ其保管ヲ爲シタルトキハ此限ニ在ラス

占有者ニ代ハリテ動物ヲ保管スル者モ亦前項ノ責ニ任ス

○動物《どうぶつ》の占有者《せんいうしや》は其動物例《そのどうぶつたと》へば牛馬《ぎうば》が他人の田畑《でんぱた》を荒《あら》し又は人を傷《きず》つけたるときの如《ごと》きは其損害《そのそんがい》を償《ばい》責《しやう》する責《せめ》に任《にん》すべきものとす但動物《たゞしどうぶつ》の種類《しゆるゐ》及び性質《せいしつ》に從《したが》ひ相當《さうたう》の注意《ちうい》を以て其保管《そのほくわん》を爲したるときは此限《このかぎり》に在《あ》らす

占有者《せんいうしや》に代《か》はりて動物《どうぶつ》を保管《ほくわん》する者《もの》も亦前項《またぜんかう》の責《せめ》に任《にん》すべきものとす

第七百十九條　數人カ共同ノ不法行爲ニ因リテ他人ニ損害ヲ加ヘタルトキハ各

自連帶ニテ其賠償ノ責ニ任ス共同行爲者中ノ孰レカ其損害ヲ加ヘタルカヲ知ルコトヲ能ハサルトキハ亦同シ
敎唆者及ヒ幇助者ハ之ヲ共同行爲者ト看做ス

問《とひ》　數人共同《すうにんきやうどう》の不法行爲《ふはふかうゐ》に因《よ》りて他人《たにん》に損害《そんがい》を加《くは》へたる者《もの》は其責任《そのせきにん》は連帶《れんたい》なるや否《いな》

答《こたへ》　數人共同の不法行爲《ふはふかうゐ》に因りて即《すなは》ち二人以上共同《いじやうきやうどう》して不法《ふはふ》のことを行《おこな》ひ爲めに他人に損害《そんがい》を加《くは》へたるときは各自連帶《かくじれんたい》にて其賠償《そのばいしやう》の責《せめ》に任《にん》すべきものとす共同行爲者《きやうどうかうゐしや》中の孰《いづ》れが其損害《そのそんがい》を加《くは》へたるかを知《し》ること能《あた》はざるとも亦同《またおな》じ
敎唆者《けうさしや》即ち自《みづか》ら不法行爲《ふはふかうゐ》をなさゞるも人《ひと》に不法行爲をなすべきことを敎唆《けうさ》したる者及《ものおよ》び幇助者《はうぢよしや》即ち他人《たにん》の不法行爲を助《たす》けを之《これ》を容易《ようい》ならしめたる者《もの》は之を共同行爲者《きやうどうかうゐしや》と看做《みな》すものとす

第七百二十條　他人ノ不法行爲ニ對シ自已又ハ第三者ノ權利ヲ防衛スル爲メ已ムコトヲ得スシテ加害行爲ヲ爲シタル者ハ損害賠償ノ責ニ任セス但被害者ヨリ不法行爲ヲ爲シタル者ニ對スル損害賠償ノ請求ヲ妨ケス
前項ノ規定ハ他人ノ物ヨリ生シタル急迫ノ危難ヲ避クル爲メ其物ヲ毀損シタル場合ニ之ヲ準用ス

○他人《たにん》の不法行爲に對《たい》し自已《じこ》又は第三者《だいさんしや》の權利《けんり》を防衛《ばうゑい》せる爲め已《や》むことを得《え》ずして加害行爲《かがいかうゐ》を爲したる者《もの》は權利《けんり》の實行《じつかう》なるが故に損害賠償《そんがいばいしやう》の責《せめ》に任《にん》せざるものとす但被害者《たゞしひがいしや》より不法行爲《ふはふかうゐ》を爲したる者《もの》に

對《たい》して損害賠償《そんがいばいしやう》の請求《せいきう》をなすことを得《う》べし
前項《ぜんかう》の規定《きてい》は他人《たにん》の物《もの》より生《しやう》じたる急迫《きふはく》の危難《きなん》を避《さ》くる爲《た》め其物《そのもの》を毀損《きそん》したる塲合《ばあひ》にも之《これ》を適用《てきよう》するものとす

第七百二十一條　胎兒ハ損害賠償ノ請求權ニ付テハ既ニ生マレタルモノト看做ス

○胎兒《たいじ》は損害賠償《そんがいばいしやう》の請求權《せいきうけん》に付《つき》ては既《すで》に生《う》まれたるものと看做《みな》すべきものとす

第七百二十二條　第四百十七條ノ規定ハ不法行爲ニ因ル損害ノ賠償ニ之ヲ準用ス
被害者ニ過失アリタルトキハ裁判所ハ損害賠償ノ額ヲ定ムルニ付キ之ヲ斟酌スルコトヲ得

○第《だい》四百十七條《でう》の規定《きてい》は不法行爲《ふはふかうゐ》に因《よ》る損害《そんがい》の賠償《ばいしやう》に之《これ》を準用《じゆんよう》するものとす
被害者《ひがいしや》に過失《くわしつ》ありたるときは裁判所《さいばんしよ》は損害賠償の額《がく》を定《さだ》むるに付《つ》き之《これ》を斟酌《しんしやく》することを得《う》べし

第七百二十三條　他人ノ名譽ヲ毀損シタル者ニ對シテハ裁判所ハ被害者ノ請求ニ因リ損害賠償ニ代ヘ又ハ損害賠償ト共ニ名譽ヲ回復スルニ適當ナル處分ヲ命ズルコトヲ得

○他人《たにん》の名譽《めいよ》を毀損《きそん》したる者《もの》に對《たい》しては裁判所《さいばんしよ》は被害《ひがい》の請求《せいきう》に因《よ》り損害賠償《そんがいばいしやう》に代《か》へ又《また》は損害賠償と共《とも》

に名譽《めいよ》を回復《くわいふく》するに適當《てきたう》なる處分《しよぶん》例《たと》へば新聞《しんぶん》に廣告《くわうこく》をなすべきことを命《めい》ずることを得《う》るものとす

第七百二十四條　不法行爲ニ因ル損害賠償ノ請求權ハ被害者又ハ其法定代理人カ損害及ヒ加害者ヲ知リタル時ヨリ三年間之ヲ行ハサルトキハ時效ニ因リテ消滅ス不法行爲ノ時ヨリ二十年ヲ經過シタルトキ亦同シ

○不法行爲《ふはふかうゐ》に因《よ》る損害賠償《そんがいばいしやう》の請求權《せいきうけん》は被害者《ひがいしや》又は亦法定代理人《そのはふていだいりにん》が損害《そんがい》及び加害者《かがいしや》を知《し》りたる時《とき》より三年間《ねんかん》之を行《おこな》はざるときは時效《じかう》に因《よ》りて消滅《せうめつ》するものとす不法行爲《ふはふかうゐ》の時《とき》より二十年《ねん》を經過《けいくわ》したるとき亦《また》同《おな》じ

民法問答正解終

明治三十一年七月十五日二版
明治三十一年七月廿八日三版
同　　　年八月十五日四版

大阪市東區北濱五丁目八十六番屋敷
著作者　法學士　柿﨑欽吾
大阪市西區江戸堀上通二丁目卅番屋敷
著作者　山田正賢
大阪市南區末吉橋通四丁目八十九番屋敷
發行者　中村芳松
大阪市南區西清水町二百二十二番屋敷
印刷者　井下幸三郎
東京市神田區錦町二丁目六番地
發賣所　鍾美堂出張店

◎中村鍾美堂發行書籍廣告

後藤光憲編纂

日本大玉編

薄用帙入
書數殆八万字余
石版印刷頗美本
實價金壹圓廿錢

字書ノ種類多シト雖𪜈或ハ繁ニシテ遠キ文字ヲモ多ク收メタレバ捜索ニ却テ不便ナリ或ハ簡ニ過ギ載スベキ文字ヲモ載セザレバ索ムルニ當テ多クハ無シ此ノ書ハ其ノ中ヲ執リ索ムル文字盡ク載セテ漏スヿナシ又他ノ字書ノ如キ洋紙製ノ嵩斗リ厚キモノニアラズ薄葉紙石版摺ニテ其ノ版ノ鮮明ナルヿ購求有リテ知ラルベシ

加藤伴之編纂

新撰活版 廣益いろは字典

紙數二百五十葉即チ五百頁　活版鮮明印刷頗美本

帙入
實價六十五錢

本書ノ特色ハ弊堂ガ事々シク誇言セザルモ大方諸君ガ其用テ廣益ノ書名ニ背カザルハ已ニ了知セラルヽ所ナレバ乞フ未ダ閲讀セザルノ諸君ハ必ズ座右ニ備ヘ弊堂ノ誇言ニアラザルヲ知リ玉ハンヿヲ

書名	冊數	正價	郵税
二書字典 薄用帙入	全一冊	七十五錢	十錢
袖珍字典 薄用帙入	全一冊	四十錢	六錢
日本新玉編	全一冊	三十錢	十錢
活用いろは字典	全一冊	三十錢	十錢
普通いろは玉編	全一冊	十五錢	六錢
普通玉編	全一冊	十三錢	六錢
明治早引大全	全一冊	二十錢	十錢
袖珍いろは引	全一冊	八錢	二錢
袖珍明治玉編 薄用	全一冊	七錢	二錢
袖珍いろは字典	全一冊	十七錢	二錢

大槻東陽先生

訓蒙日本外史

本書ハ博學ナル大槻東洋先生ガ訓解シ讀者ヲシテ讀易カラシメタル書ナリ故ニ此書ヲ一讀スル時ハ意義ヲ取ルヿ原漢文ヲ讀ミシニ異ラズ且今回讀者諸君ノ御購求ノ便ヲ計リ全部ヲ七冊ニ分チ何卷ナリ共便宜發賣ス

帙入全部七冊完備
正價金七十、
小包料十里迄七錢百里迄十二錢百里外廿四錢

訓蒙文章軌範

全部四冊完備
正價金四十錢
郵税金十四錢

訓蒙十八史略

全部四冊完備
正價金四十錢
郵税金十四錢

訓蒙四書

全部三冊完備
正價金三十錢
郵税金十錢

右記三書ハ漢文學ヲ獨習者ノ便ヲ圖リ原漢文ヲ一字一句增減セズシテ左傍ニ正確ナル直譯ヲ揭ケ圏点ヲ附シ鼇頭ニハ文法ノ解剖ハ素ヨリ一段落毎ニ其意味ヲ解釋シ殊ニ難解文字ニ至テハ訓点ヲ施シ專ラ獨習者ノ至便ニ供セリ

軍隊文範

全一冊洋装美本
正價金二十錢
郵税金六錢

本書ハ中欄ニ類語類句ヲ揭ケ上欄ニ軍隊ノ用語ヲ以呂波トシテ捜索ニ便シ軍人諸士ノ耳ニセラルヽ者ハ網羅シテ遺サズ言語ヲ聞テ文字ヲ識ルモ其意ヲ解セザル時言語ノ解數ニ由リ數ヲ算ヘテ其文字ト意義トヲ知ニ易カラシム

博言博士エーボーカート先生
修藝社長敬香大江孝之先生合著

英和實用新式會話

西洋綴全一冊
三百卅二頁
定價四十五錢
特別實價卅八錢
郵税六錢

改正條約ノ實施明年ニ迫リタル社會ノ趨勢ニ連レ近來英語會話書ノ世ニ出ヅルモノ甚ダ多シ然レ𪜈大抵皆大同小異或ハ通常ノ一方ニ偏リ若シクハ商業ノ專用ニ傾クモノアリ豈遺憾ナラズヤ弊堂茲ニ觀ルアリ言語ニ該博ナル「ボーカート」先生ト社會ノ事物ニ通曉セラル、大江先生ニ囑シ本書ヲ發行セリ本書ノ主要トスル所ハ外國人ト相往來交通スル諸君ノ便ヲ圖リ日常缺クベカラザル事項ヲ採リテ題目トナシ部門ヲ分チテ先ヅ單語ヲ揭グ通常、商業二編ノ會話數十項ヲ擧ゲテ英語ヲ話スル方法ヲ示スニ在リ而シテ附錄ニハ手形類請取證契約書等ヲ始メ送リ狀及ビ書翰ノ書法英米ノ俗語各國貨幣ノ換算表商用略字及記號ヲ添載シアレバ其体裁洵ニ斬新ニシテ眞ニ新式ノ名ニ背カズ學生諸君ハ勿論交際家ニマレ實業家ニマレ英語ヲ話セント欲スル諸彥ニ最適切ナル良書ナリ幸ニ一本ヲ購ハレテ机邊ニ置カレナバ其裨益スル所蓋シ鮮少ナラザルベシ謹テ本書ノ發行ヲ大方ニ稟告ス

的場麗水先生編

登高自卑 作文教授書

菊判形金文字入全一冊美本
正價金廿五錢
郵便税金八錢

本書ヲ發行セシ主眼ハ輓近作文書ノ世ニ流布セルモノハ概ネ高尚ニ失スルカ若シクハ卑猥ニ近ヅクカノモノノミニテ其中庸ヲ得タルモノ、少キハ殊ニ憾ミトスベキナリ故ニ弊堂ハ多年敎育界ニ有名ナル的場先生ニ乞ヒ高等小學科ノ程度ヲ其中トシ編纂セシモノナレバ學生タルノ諸君必ズ一本ヲ備ヘ斯道ノ羅針盤トナシ玉ハンヿヲ

適堂逸史著

言文比照 新撰帝國用文

西洋綴全壹冊
頗美本
定價十四錢
郵税六錢

大澤勇著

用文早學

洋綴全壹冊
定價金五錢
郵税金貳錢

野際馨著

實地活用 言文一致用文

洋綴全壹冊
定價金十三錢
郵税金六錢

改正日本民法問答正解　総則編物権編債権編
日本立法資料全集　別巻 1220

平成31年３月20日　　復刻版第１刷発行

著　者　柿　嵜　欽　吾
　　　　山　田　正　賢

発行者　今　井　　　貴
　　　　渡　辺　左　近

発行所　信　山　社　出　版
〒113-0033　東京都文京区本郷６-２-９-102
モンテベルデ第２東大正門前
電　話　03（3818）1019
ＦＡＸ　03（3818）0344
郵便振替　00140-2-367777（信山社販売）
Printed in Japan.

制作／(株)信山社，印刷・製本／松澤印刷・日進堂

ISBN 978-4-7972-7337-3 C3332

別巻　巻数順一覧【950 ～ 981 巻】

巻数	書　名	編・著者	ISBN	本体価格
950	実地応用町村制質疑録	野田藤吉郎、國吉拓郎	ISBN978-4-7972-6656-6	22,000 円
951	市町村議員必携	川瀬周次、田中迪三	ISBN978-4-7972-6657-3	40,000 円
952	増補 町村制執務備考 全	増澤鐵、飯島篤雄	ISBN978-4-7972-6658-0	46,000 円
953	郡区町村編制法 府県会規則 地方税規則 三法綱論	小笠原美治	ISBN978-4-7972-6659-7	28,000 円
954	郡区町村編制 府県会規則 地方税規則 新法例纂 追加地方諸要則	柳澤武運三	ISBN978-4-7972-6660-3	21,000 円
955	地方革新講話	西内天行	ISBN978-4-7972-6921-5	40,000 円
956	市町村名辞典	杉野耕三郎	ISBN978-4-7972-6922-2	38,000 円
957	市町村吏員提要〔第三版〕	田邊好一	ISBN978-4-7972-6923-9	60,000 円
958	帝国市町村便覧	大西林五郎	ISBN978-4-7972-6924-6	57,000 円
959	最近検定 市町村名鑑 附 官国幣社 及 諸学校所在地一覧	藤澤衛彦、伊東順彦、増田穆、関惣右衛門	ISBN978-4-7972-6925-3	64,000 円
960	鼇頭対照 市町村制解釈 附 理由書 及 参考諸布達	伊藤寿	ISBN978-4-7972-6926-0	40,000 円
961	市町村制釈義 完　附 市町村制理由	水越成章	ISBN978-4-7972-6927-7	36,000 円
962	府県郡市町村 模範治績　附 耕地整理法 産業組合法 附属法令	荻野千之助	ISBN978-4-7972-6928-4	74,000 円
963	市町村大字読方名彙〔大正十四年度版〕	小川琢治	ISBN978-4-7972-6929-1	60,000 円
964	町村会議員選挙要覧	津田東璋	ISBN978-4-7972-6930-7	34,000 円
965	市制町村制 及 府県制　附 普通選挙法	法律研究会	ISBN978-4-7972-6931-4	30,000 円
966	市制町村制註釈 完　附 市制町村制理由〔明治21年初版〕	角田真平、山田正賢	ISBN978-4-7972-6932-1	46,000 円
967	市町村制詳解 全　附 市町村制理由	元田肇、加藤政之助、日鼻豊作	ISBN978-4-7972-6933-8	47,000 円
968	区町村会議要覧 全	阪田辨之助	ISBN978-4-7972-6934-5	28,000 円
969	実用 町村制市制事務提要	河邨貞山、島村文耕	ISBN978-4-7972-6935-2	46,000 円
970	新旧対照 市制町村制正文〔第三版〕	自治館編輯局	ISBN978-4-7972-6936-9	28,000 円
971	細密調査 市町村便覧(三府 四十三県 北海道 樺太 台湾 朝鮮 関東州)　附 分類官公衙公私学校銀行所在地一覧表	白山榮一郎、森田公美	ISBN978-4-7972-6937-6	88,000 円
972	正文 市制町村制 並 附属法規	法曹閣	ISBN978-4-7972-6938-3	21,000 円
973	台湾朝鮮関東州 全国市町村便覧 各学校所在地〔第一分冊〕	長谷川好太郎	ISBN978-4-7972-6939-0	58,000 円
974	台湾朝鮮関東州 全国市町村便覧 各学校所在地〔第二分冊〕	長谷川好太郎	ISBN978-4-7972-6940-6	58,000 円
975	合巻 佛蘭西邑法・和蘭邑法・皇国郡区町村編成法	箕作麟祥、大井憲太郎、神田孝平	ISBN978-4-7972-6941-3	28,000 円
976	自治之模範	江木翼	ISBN978-4-7972-6942-0	60,000 円
977	地方制度実例総覧〔明治36年初版〕	金田謙	ISBN978-4-7972-6943-7	48,000 円
978	市町村民 自治読本	武藤榮治郎	ISBN978-4-7972-6944-4	22,000 円
979	町村制詳解　附 市制及町村制理由	相澤富蔵	ISBN978-4-7972-6945-1	28,000 円
980	改正 市町村制 並 附属法規	楠綾雄	ISBN978-4-7972-6946-8	28,000 円
981	改正 市制 及 町村制〔訂正10版〕	山野金蔵	ISBN978-4-7972-6947-5	28,000 円

別巻　巻数順一覧【915～949巻】

巻数	書　名	編・著者	ISBN	本体価格
915	改正 新旧対照市町村一覧	鍾美堂	ISBN978-4-7972-6621-4	78,000円
916	東京市会先例彙輯	後藤新平、桐島像一、八田五三	ISBN978-4-7972-6622-1	65,000円
917	改正 地方制度解説〔第六版〕	狭間茂	ISBN978-4-7972-6623-8	67,000円
918	改正 地方制度通義	荒川五郎	ISBN978-4-7972-6624-5	75,000円
919	町村制市制全書 完	中嶋廣蔵	ISBN978-4-7972-6625-2	80,000円
920	自治新制 市町村会法要談 全	田中重策	ISBN978-4-7972-6626-9	22,000円
921	郡市町村吏員 収税実務要書	荻野千之助	ISBN978-4-7972-6627-6	21,000円
922	町村至宝	桂虎次郎	ISBN978-4-7972-6628-3	36,000円
923	地方制度通 全	上山満之進	ISBN978-4-7972-6629-0	60,000円
924	帝国議会府県会郡会市町村会議員必携 附関係法規 第1分冊	太田峯三郎、林田亀太郎、小原新三	ISBN978-4-7972-6630-6	46,000円
925	帝国議会府県会郡会市町村会議員必携 附関係法規 第2分冊	太田峯三郎、林田亀太郎、小原新三	ISBN978-4-7972-6631-3	62,000円
926	市町村是	野田千太郎	ISBN978-4-7972-6632-0	21,000円
927	市町村執務要覧 全 第1分冊	大成館編輯局	ISBN978-4-7972-6633-7	60,000円
928	市町村執務要覧 全 第2分冊	大成館編輯局	ISBN978-4-7972-6634-4	58,000円
929	府県会規則大全　附 裁定録	朝倉達三、若林友之	ISBN978-4-7972-6635-1	28,000円
930	地方自治の手引	前田宇治郎	ISBN978-4-7972-6636-8	28,000円
931	改正 市制町村制と衆議院議員選挙法	服部喜太郎	ISBN978-4-7972-6637-5	28,000円
932	市町村国税事務取扱手続	広島財務研究会	ISBN978-4-7972-6638-2	34,000円
933	地方自治制要義 全	末松偕一郎	ISBN978-4-7972-6639-9	57,000円
934	市町村特別税之栞	三邊長治、水谷平吉	ISBN978-4-7972-6640-5	24,000円
935	英国地方制度 及 税法	良保両氏、水野遵	ISBN978-4-7972-6641-2	34,000円
936	英国地方制度 及 税法	髙橋達	ISBN978-4-7972-6642-9	20,000円
937	日本法典全書 第一編 府県制郡制註釈	上條慎蔵、坪谷善四郎	ISBN978-4-7972-6643-6	58,000円
938	判例挿入 自治法規全集 全	池田繁太郎	ISBN978-4-7972-6644-3	82,000円
939	比較研究 自治之精髄	水野錬太郎	ISBN978-4-7972-6645-0	22,000円
940	傍訓註釈 市制町村制 並ニ 理由書〔第三版〕	筒井時治	ISBN978-4-7972-6646-7	46,000円
941	以呂波引町村便覧	田山宗堯	ISBN978-4-7972-6647-4	37,000円
942	町村制執務要録 全	鷹巣清二郎	ISBN978-4-7972-6648-1	46,000円
943	地方自治 及 振興策	床次竹二郎	ISBN978-4-7972-6649-8	30,000円
944	地方自治講話	田中四郎左衛門	ISBN978-4-7972-6650-4	36,000円
945	地方施設改良 訓諭演説集〔第六版〕	鹽川玉江	ISBN978-4-7972-6651-1	40,000円
946	帝国地方自治団体発達史〔第三版〕	佐藤亀齢	ISBN978-4-7972-6652-8	48,000円
947	農村自治	小橋一太	ISBN978-4-7972-6653-5	34,000円
948	国税 地方税 市町村税 滞納処分法問答	竹尾高堅	ISBN978-4-7972-6654-2	28,000円
949	市町村役場実用 完	福井淳	ISBN978-4-7972-6655-9	40,000円

別巻　巻数順一覧【878 ～ 914 巻】

巻数	書　名	編・著者	ISBN	本体価格
878	明治史第六編 政黨史	博文館編輯局	ISBN978-4-7972-7180-5	42,000 円
879	日本政黨發達史 全〔第一分冊〕	上野熊藏	ISBN978-4-7972-7181-2	50,000 円
880	日本政黨發達史 全〔第二分冊〕	上野熊藏	ISBN978-4-7972-7182-9	50,000 円
881	政党論	梶原保人	ISBN978-4-7972-7184-3	30,000 円
882	獨逸新民法商法正文	古川五郎、山口弘一	ISBN978-4-7972-7185-0	90,000 円
883	日本民法鼇頭對比獨逸民法	荒波正隆	ISBN978-4-7972-7186-7	40,000 円
884	泰西立憲國政治攬要	荒井泰治	ISBN978-4-7972-7187-4	30,000 円
885	改正衆議院議員選擧法釋義 全	福岡伯、横田左仲	ISBN978-4-7972-7188-1	42,000 円
886	改正衆議院議員選擧法釋義 附 改正貴族院令,治安維持法	犀川長作、犀川久平	ISBN978-4-7972-7189-8	33,000 円
887	公民必携 選擧法規ト判決例	大浦兼武、平沼騏一郎、木下友三郎、清水澄、三浦數平	ISBN978-4-7972-7190-4	96,000 円
888	衆議院議員選擧法輯覽	司法省刑事局	ISBN978-4-7972-7191-1	53,000 円
889	行政司法選擧判例總覽―行政救濟と其手續―	澤田竹治郎・川崎秀男	ISBN978-4-7972-7192-8	72,000 円
890	日本親族相續法義解 全	髙橋捨六・堀田馬三	ISBN978-4-7972-7193-5	45,000 円
891	普通選擧文書集成	山中秀男・岩本溫良	ISBN978-4-7972-7194-2	85,000 円
892	普選の勝者 代議士月旦	大石末吉	ISBN978-4-7972-7195-9	60,000 円
893	刑法註釋 巻一～巻四(上巻)	村田保	ISBN978-4-7972-7196-6	58,000 円
894	刑法註釋 巻五～巻八(下巻)	村田保	ISBN978-4-7972-7197-3	50,000 円
895	治罪法註釋 巻一～巻四(上巻)	村田保	ISBN978-4-7972-7198-0	50,000 円
896	治罪法註釋 巻五～巻八(下巻)	村田保	ISBN978-4-7972-7198-0	50,000 円
897	議會選擧法	カール・ブラウニアス、國政研究科會	ISBN978-4-7972-7201-7	42,000 円
901	鼇頭註釈 町村制　附 理由 全	八乙女盛次、片野続	ISBN978-4-7972-6607-8	28,000 円
902	改正 市制町村制　附 改正要義	田山宗堯	ISBN978-4-7972-6608-5	28,000 円
903	増補訂正 町村制詳解〔第十五版〕	長峰安三郎、三浦通太、野田千太郎	ISBN978-4-7972-6609-2	52,000 円
904	市制町村制 並 理由書　附 直接間接税類別及実施手続	高崎修助	ISBN978-4-7972-6610-8	20,000 円
905	町村制要義	河野正義	ISBN978-4-7972-6611-5	28,000 円
906	改正 市制町村制義解〔帝國地方行政学会〕	川村芳次	ISBN978-4-7972-6612-2	60,000 円
907	市制町村制 及 関係法令〔第三版〕	野田千太郎	ISBN978-4-7972-6613-9	35,000 円
908	市町村新旧対照一覧	中村芳松	ISBN978-4-7972-6614-6	38,000 円
909	改正 府県郡制問答講義	木内英雄	ISBN978-4-7972-6615-3	28,000 円
910	地方自治提要 全　附 諸届願書式 日用規則抄録	木村時義、吉武則久	ISBN978-4-7972-6616-0	56,000 円
911	訂正増補 市町村制問答詳解　附 理由及追輯	福井淳	ISBN978-4-7972-6617-7	70,000 円
912	改正 府県制郡制註釈〔第三版〕	福井淳	ISBN978-4-7972-6618-4	34,000 円
913	地方制度実例総覧〔第七版〕	自治館編輯局	ISBN978-4-7972-6619-1	78,000 円
914	英国地方政治論	ジョージ・チャールズ・ブロドリック、久米金彌	ISBN978-4-7972-6620-7	30,000 円

巻数	書　名	編・著者	ISBN	本体価格
843	法律汎論	熊谷直太	ISBN978-4-7972-7141-6	40,000 円
844	英國國會選擧訴願判決例 全	オマリー、ハードカッスル、サンタース	ISBN978-4-7972-7142-3	80,000 円
845	衆議院議員選擧法改正理由書 完	内務省	ISBN978-4-7972-7143-0	40,000 円
846	戇齋法律論文集	森作太郎	ISBN978-4-7972-7144-7	45,000 円
847	雨山遺稾	渡邉輝之助	ISBN978-4-7972-7145-4	70,000 円
848	法曹紙屑籠	鷺城逸史	ISBN978-4-7972-7146-1	54,000 円
849	法例彙纂 民法之部 第一篇	史官	ISBN978-4-7972-7147-8	66,000 円
850	法例彙纂 民法之部 第二篇〔第一分冊〕	史官	ISBN978-4-7972-7148-5	55,000 円
851	法例彙纂 民法之部 第二篇〔第二分冊〕	史官	ISBN978-4-7972-7149-2	75,000 円
852	法例彙纂 商法之部〔第一分冊〕	史官	ISBN978-4-7972-7150-8	70,000 円
853	法例彙纂 商法之部〔第二分冊〕	史官	ISBN978-4-7972-7151-5	75,000 円
854	法例彙纂 訴訟法之部〔第一分冊〕	史官	ISBN978-4-7972-7152-2	60,000 円
855	法例彙纂 訴訟法之部〔第二分冊〕	史官	ISBN978-4-7972-7153-9	48,000 円
856	法例彙纂 懲罰則之部	史官	ISBN978-4-7972-7154-6	58,000 円
857	法例彙纂 第二版 民法之部〔第一分冊〕	史官	ISBN978-4-7972-7155-3	70,000 円
858	法例彙纂 第二版 民法之部〔第二分冊〕	史官	ISBN978-4-7972-7156-0	70,000 円
859	法例彙纂 第二版 商法之部・訴訟法之部〔第一分冊〕	太政官記録掛	ISBN978-4-7972-7157-7	72,000 円
860	法例彙纂 第二版 商法之部・訴訟法之部〔第二分冊〕	太政官記録掛	ISBN978-4-7972-7158-4	40,000 円
861	法令彙纂 第三版 民法之部〔第一分冊〕	太政官記録掛	ISBN978-4-7972-7159-1	54,000 円
862	法令彙纂 第三版 民法之部〔第二分冊〕	太政官記録掛	ISBN978-4-7972-7160-7	54,000 円
863	現行法律規則全書（上）	小笠原美治、井田鐘次郎	ISBN978-4-7972-7162-1	50,000 円
864	現行法律規則全書（下）	小笠原美治、井田鐘次郎	ISBN978-4-7972-7163-8	53,000 円
865	國民法制通論 上巻・下巻	仁保龜松	ISBN978-4-7972-7165-2	56,000 円
866	刑法註釋	磯部四郎、小笠原美治	ISBN978-4-7972-7166-9	85,000 円
867	治罪法註釋	磯部四郎、小笠原美治	ISBN978-4-7972-7167-6	70,000 円
868	政法哲學 前編	ハーバート・スペンサー、濱野定四郎、渡邊治	ISBN978-4-7972-7168-3	45,000 円
869	政法哲學 後編	ハーバート・スペンサー、濱野定四郎、渡邊治	ISBN978-4-7972-7169-0	45,000 円
870	佛國商法復説 第壹篇自第壹卷至第七卷	リウヒエール、商法編纂局	ISBN978-4-7972-7171-3	75,000 円
871	佛國商法復説 第壹篇第八卷	リウヒエール、商法編纂局	ISBN978-4-7972-7172-0	45,000 円
872	佛國商法復説 自第二篇至第四篇	リウヒエール、商法編纂局	ISBN978-4-7972-7173-7	70,000 円
873	佛國商法復説 書式之部	リウヒエール、商法編纂局	ISBN978-4-7972-7174-4	40,000 円
874	代言試驗問題擬判録 全 附録明治法律學校民刑問題及答案	熊野敏三、宮城浩蔵 河野和三郎、岡義男	ISBN978-4-7972-7176-8	35,000 円
875	各國官吏試驗法類集 上・下	内閣	ISBN978-4-7972-7177-5	54,000 円
876	商業規篇	矢野亨	ISBN978-4-7972-7178-2	53,000 円
877	民法実用法典 全	福田一覺	ISBN978-4-7972-7179-9	45,000 円

別巻　巻数順一覧【810～842巻】

巻数	書　名	編・著者	ISBN	本体価格
810	訓點法國律例 民律 上卷	鄭永寧	ISBN978-4-7972-7105-8	50,000円
811	訓點法國律例 民律 中卷	鄭永寧	ISBN978-4-7972-7106-5	50,000円
812	訓點法國律例 民律 下卷	鄭永寧	ISBN978-4-7972-7107-2	60,000円
813	訓點法國律例 民律指掌	鄭永寧	ISBN978-4-7972-7108-9	58,000円
814	訓點法國律例 貿易定律・園林則律	鄭永寧	ISBN978-4-7972-7109-6	60,000円
815	民事訴訟法 完	本多康直	ISBN978-4-7972-7111-9	65,000円
816	物権法(第一部)完	西川一男	ISBN978-4-7972-7112-6	45,000円
817	物権法(第二部)完	馬場愿治	ISBN978-4-7972-7113-3	35,000円
818	商法五十課 全	アーサー・B・クラーク、本多孫四郎	ISBN978-4-7972-7115-7	38,000円
819	英米商法律原論 契約之部及流通券之部	岡山兼吉、淺井勝	ISBN978-4-7972-7116-4	38,000円
820	英國組合法 完	サー・フレデリック・ポロック、榊原幾久若	ISBN978-4-7972-7117-1	30,000円
821	自治論 一名人民ノ自由 卷之上・卷之下	リーバー、林董	ISBN978-4-7972-7118-8	55,000円
822	自治論纂 全一册	獨逸學協會	ISBN978-4-7972-7119-5	50,000円
823	憲法彙纂	古屋宗作、鹿島秀麿	ISBN978-4-7972-7120-1	35,000円
824	國會汎論	ブルンチュリー、石津可輔、讃井逸三	ISBN978-4-7972-7121-8	30,000円
825	威氏法學通論	エスクバック、渡邊輝之助、神山亨太郎	ISBN978-4-7972-7122-5	35,000円
826	萬國憲法 全	高田早苗、坪谷善四郎	ISBN978-4-7972-7123-2	50,000円
827	綱目代議政體	J・S・ミル、上田充	ISBN978-4-7972-7124-9	40,000円
828	法學通論	山田喜之助	ISBN978-4-7972-7125-6	30,000円
829	法學通論 完	島田俊雄、溝上與三郎	ISBN978-4-7972-7126-3	35,000円
830	自由之權利 一名自由之理 全	J・S・ミル、高橋正次郎	ISBN978-4-7972-7127-0	38,000円
831	歐洲代議政體起原史 第一册・第二册／代議政體原論 完	ギゾー、漆間眞學、藤田四郎、アンドリー、山口松五郎	ISBN978-4-7972-7128-7	100,000円
832	代議政體 全	J・S・ミル、前橋孝義	ISBN978-4-7972-7129-4	55,000円
833	民約論	J・J・ルソー、田中弘義、服部徳	ISBN978-4-7972-7130-0	40,000円
834	歐米政黨沿革史總論	藤田四郎	ISBN978-4-7972-7131-7	30,000円
835	内外政黨事情・日本政黨事情 完	中村義三、大久保常吉	ISBN978-4-7972-7132-4	35,000円
836	議會及政黨論	菊池學而	ISBN978-4-7972-7133-1	35,000円
837	各國之政黨 全〔第1分册〕	外務省政務局	ISBN978-4-7972-7134-8	70,000円
838	各國之政黨 全〔第2分册〕	外務省政務局	ISBN978-4-7972-7135-5	60,000円
839	大日本政黨史 全	若林淸、尾崎行雄、箕浦勝人、加藤恒忠	ISBN978-4-7972-7137-9	63,000円
840	民約論	ルソー、藤田浪人	ISBN978-4-7972-7138-6	30,000円
841	人權宣告辯妄・政治眞論一名主權辯妄	ベンサム、草野宣隆、藤田四郎	ISBN978-4-7972-7139-3	40,000円
842	法制講義 全	赤司鷹一郎	ISBN978-4-7972-7140-9	30,000円